高职高专国际商务专业工学结合规划教材

国际贸易实务与操作

杨金玲　张志　编著

清华大学出版社

北京

内 容 简 介

本教材由两笔完整的业务项目组成,出口贸易实务与操作部分以天津商务职业学院优秀毕业生高彤自主创业成立浩海纺织品有限公司为原型,业务内容是将新开发的特种面料制作的防护服成功打入欧洲市场。该部分包括这位优秀毕业生成立公司、开发市场寻找潜在客户、与客户进行交易磋商、草拟外销出口合同、顺利执行出口合同以及最后进行外汇核销和出口退税。进口贸易实务与操作部分则是天津商务职业学院优秀毕业生王宇毕业后应聘到长虹纸制品有限公司工作,成功地从事加拿大废纸进口业务,满足了本公司对原材料的需求。该部分包括前期办理废纸进口所特需的各种证书、开发国外供货商、与国外供货商进行讨价还价、草拟进口采购合同、执行废纸进口合同以及最后进行进口付汇核销和对外短重索赔。

本书可作为高职高专国际商务专业、国际贸易实务及相关专业"教学做一体化"教材,其完整性、操作性、实战性、时效性有助于学生成就自己做老板的梦想,同时也可以作为中小外贸企业业务操作的参考书,对帮助相关人员提高实际业务操作能力具有指导意义。

图书在版编目(CIP)数据

国际贸易实务与操作/杨金玲,张志编著. --北京:清华大学出版社,2014(2019.7重印)
高职高专国际商务专业工学结合规划教材
ISBN 978-7-302-33290-9

Ⅰ. ①国… Ⅱ. ①杨… ②张… Ⅲ. ①国际贸易-贸易实务-高等职业教育-教材 Ⅳ. ①F740.4

中国版本图书馆 CIP 数据核字(2013)第 168797 号

责任编辑:陈凌云
封面设计:傅瑞学
责任校对:袁 芳
责任印制:李红英

出版发行:清华大学出版社
   网 址:http://www.tup.com.cn,http://www.wqbook.com
   地 址:北京清华大学学研大厦 A 座   邮 编:100084
   社 总 机:010-62770175   邮 购:010-62786544
   投稿与读者服务:010-62776969,c-service@tup.tsinghua.edu.cn
   质 量 反 馈:010-62772015,zhiliang@tup.tsinghua.edu.cn
   课 件 下 载:http://www.tup.com.cn,010-62795764
印 装 者:三河市君旺印务有限公司
经 销:全国新华书店
开 本:185mm×260mm 印 张:23.5 插 页:2 字 数:575 千字
版 次:2014 年 1 月第 1 版   印 次:2019 年 7 月第 7 次印刷
定 价:54.00 元

产品编号:042103-03

高职高专国际商务专业工学结合模式课程研究课题组

顾问委员会：

刘宝荣（中国国际贸易学会副会长兼秘书长、研究员）

李　健（教育部高职高专经济类专业教学指导委员会主任、中央财经大学教授）

王乃彦（全国外经贸职业教育教学指导委员会常务副主任、教授）

周建松（教育部高职高专经济类专业教学指导委员会副主任、浙江金融职业学院党委书记、教授）

黎孝先（对外经贸大学教授、中国海商法起草委员会委员）

总课题负责人：

姚大伟（上海思博职业技术学院）

课题组成员：

窦　然（上海金融学院）

郭晓晶（南京工业职业技术学院）

刘红燕（深圳职业技术学院）

鲁丹萍（温州职业技术学院）

聂相玲（淄博职业学院）

潘海红（安徽国际商务职业学院）

任东红（商丘职业技术学院）

时启亮（上海东海职业技术学院）

吴　薇（广东轻工职业技术学院）

杨金玲（天津商务职业学院）

杨　频（苏州经贸职业技术学院）

章安平（浙江金融职业学院）

赵　轶（山西省财政税务专科学校）

曾　理（四川商务职业学院）

编辑出版组：

陈凌云（yoyo31@126.com）

作者简介

姚大伟：总课题负责人，"国际货物运输代理"子课题负责人

　　上海思博职业技术学院副校长，兼国际商务与管理学院院长，经济学教授。领衔的国际商务和报关与国际货运两个教学团队被评为上海市高等学校市级优秀教学团队。近 5 年主编《国际商务单证理论与实务》等教材、著作 30 余部，其中 1 部为教育部高等教育"十一五"规划教材，5 部为商务部"十二五"规划教材。主持国家级科研项目 2 项、省市级科研项目 6 项。发表学术论文 25 篇，其中在《对外经贸实务》等中文核心期刊上发表 18 篇。

主要兼职和荣誉

- 教育部高职高专经济类教学指导委员会委员兼商贸专业委员会副主任，上海市高职高专经济类专业教学指导委员会主任委员，中国对外贸易经济合作企业协会兼职副会长。
- 全国国际商务单证考试中心主任，全国外贸跟单员考试中心主任，全国报关员国家职业资格专家委员会成员，中国国际货运代理国家标准化委员会委员，全国国际货运代理资格培训与考试专家。
- 中国国际货运代理国家标准化委员会委员、商务部中国企业境外商务投诉特聘专家。
- 全国商贸高职高专师资培训基地主任，中国国际贸易学会常务理事。
- 2009 年荣获上海市模范教师称号，2008 年荣获第四届上海高等学校教学名师称号。
- 上海高校精品课程"国际商务单证"、"国际货运代理实务"负责人。

刘红燕："国际市场营销实务"子课题负责人

　　深圳职业技术学院教授，高级经济师，国际商务师，管理学博士，国家教学名师。广东省示范专业国际商务专业负责人。主持的教学成果获 2009 年广东省教学成果一等奖。先后主编《国际市场营销》等教材，发表科研论文 40 余篇，教学论文近 20 篇，主持的省、市、校级科研、教研项目 11 项，作为主要参加人参与国家级、省级项目各 1 项，参与企业横向项目 6 项。

主要兼职和荣誉

- 2011 年获评国家第六届高等学校教学名师称号。
- 2000 年、2008 年先后两次获得"深圳市优秀教师"称号。
- 广东省高职高专市场营销类专业协作委员会副主任委员。
- 广东省、深圳市专家库成员。
- 2007 年国家级精品课程"国际市场营销实务"负责人。
- 2006 年广东省精品课程"进出口业务"负责人。

杨金玲："国际贸易实务"子课题负责人

　　天津商务职业学院教授，国际商务师，国际贸易实务专业带头人，领衔的国际贸易实务专业教学团队获 2010 年天津市优秀教学团队称号。在专业进出口公司从事外贸进出口业务达 15 年，在教学一线从事国际贸易实务专业课程教学工作 10 年多，是典型的"双师型"教师。主持天津市高等学校人文社会科学研究项目，在《国际贸易问题》、《国际经贸探索》等 CSSCI 来源期刊发表论文近 20 篇，主编《国际商务单证实务》等多部教材。

主要兼职和荣誉

- 2009 年被教育部授予全国优秀教师称号。
- 2010 年被教育部全国教师基金会授予全国"十一五"教育科研先进工作者称号。
- 2011 年获天津市第六届高等学校教学名师奖。
- 2008 年国家级精品课程"进出口单证实务"负责人。
- 2007 年被天津市教育委员会、人事局授予天津市优秀教师称号。

郭晓晶："国际商务单证实务"子课题负责人

南京工业职业技术学院经济管理学院教授，国家示范性院校建设国际贸易实务重点专业建设项目负责人，江苏省高职高专国际贸易实务专业带头人，江苏省优秀教学团队、特色专业负责人。主要研究方向：国际贸易和国际金融。2002年以来，共发表学术和教研论文37篇，其中核心期刊18篇，EI收录5篇；编著及主编、主审各类教材15部，其中教育部规划教材1部，省级立项建设教材1部；主持省部级以上教研及科研课题8项。

主要兼职和荣誉

- 教育部高职高专工商管理类教学指导委员会国家精品课程评审专家。
- 2007年国家级精品课程"外贸单证实务"负责人。
- 2011年获江苏省先进工作者称号。
- 2008年获第四届江苏省教学名师称号。
- 2009年获南京市劳动模范称号。

章安平："国际结算"子课题负责人

浙江金融职业学院国际商务系系主任，教授，国家示范性高职院校国际贸易实务重点专业建设项目负责人，浙江省高职高专国际贸易实务专业带头人。主要研究方向：国际贸易理论与实务。近5年在《国际贸易问题》《中国高教研究》等核心期刊发表论文20余篇，主编国家级"十一五"规划教材《国际结算》等。

主要兼职和荣誉

- 2009年国家级精品课程"外贸单证操作"负责人。
- 教育部高职高专经济类教学指导委员会商贸专业委员会副秘书长。
- 全国外经贸职业教育教学指导委员会专业建设委员会委员。
- 全国外贸业务员、全国外贸跟单员培训认证考试专家委员会委员。
- 浙江省高职高专国际商贸类专业建设委员会副主任兼秘书长。

鲁丹萍："国际贸易理论与实务（非国贸专业）"子课题负责人

温州职业技术学院教授，California State University Fullerton 访问学者，师从美国全球外包协会创始人之一 Dr. Joe Greco，经贸研究与服务中心主任，管理学硕士，温州市政协委员。浙江省首批国际商务专业带头人，浙江省首批优秀教学团队负责人，浙江省特色专业国际商务专业负责人。浙江省151人才工程和温州市551人才工程第一层次培养人选。发表学术论文50余篇，主编、主审教材28部，其中学术专著2部，曾获得国家、省、市、区和学院的多项奖励。

主要兼职和荣誉

- 2007年国家级精品课程"国际贸易理论与实务"负责人。
- 浙江省高职高专国际商贸类专业建设委员会副主任委员。
- 教育部国家级精品课程评委。
- 全国外贸单证员培训认证考试专家委员会委员。

潘海红："国际金融"子课题负责人

安徽国际商务职业学院副教授，中级会计师，中共党员，金融学硕士。主要研究方向：国际金融、证券投资、财务会计。主编教材3部，其中1部入选安徽省"十一五"规划教材，主持省级课题2项，多次获得学院教研成果奖，公开发表学术论文多篇。

主要兼职和荣誉

- 2009年安徽省精品课程"国际金融"负责人。
- 2009年入选安徽省涉外会计专业带头人。

杨频:"报关实务"子课题负责人

苏州经贸职业技术学院国际学院院长,副教授,国际商务师,11 年专业外贸公司进出口经营和管理经验,拥有报关员、外销员、国际商务单证员、国际商务单证培训师职业资格。作为核心成员参与了江苏省教育厅和财政厅拨款资助的项目"省级示范性实训基地——现代物流与电子商务实训基地"的建设工作。主要参与省级优秀教学团队"纺织品检验与贸易"专业团队建设。主持江苏省高校哲学社会科学基金资助项目 1 项,主持江苏省高等教育教学改革研究课题 1 项。

主要兼职和荣誉

- 2008 年江苏省精品课程"海关实务"负责人。
- 2006 年开始担任商务部中国对外贸易经济合作企业协会全国国际商务单证培训认证考试中心培训师,负责苏州考点的考试强化培训工作。

曾理:"商检实务"子课题负责人

四川商务职业学院副教授,经济学硕士,经济贸易系副主任,国际贸易实务教研室主任,国际商务师,中国国际贸易学会会员,国际贸易实务专业带头人。2005 年获得国际商务师资格证书,并成为商务厅外贸实务人才培训班主要培训讲师。2007 年主编的高职高专规划教材《国际贸易实务操作流程》被列入四川省省级精品教材建设项目。

主要兼职和荣誉

- 2008 年四川省精品课程"国际贸易实务"负责人。
- 2007 年度、2008 年度获得"十佳教师"称号。
- 2008 年度获得四川省直工委"优秀共产党员"称号。
- 2009 年度获得"十佳教师"、"教学标兵"、商务厅"优秀教师"称号。

时启亮:"国际商务英语"子课题负责人

上海东海职业技术学院商贸学院院长,经济学教授,讲授商务英语、网络营销等课程,并负责对学生进行商务英语实训指导。编写和翻译出版了教科书和译著 10 余本,发表学术论文 20 余篇。自 2002 年起,先后在中国香港、美国、韩国、日本等地讲学或参加国际学术会议和交流。主持和参与过的研究项目有"电子商务概论课程建设与创新"(2005 年,上海市教委项目),"网络经济环境下上海区域竞争力研究"(2006 年,上海市教委项目),"教育部与商务部电子商务案例调研"(2007 年,商务部项目)。

主要兼职和荣誉

- 2005 年上海市精品课程"电子商务概论"负责人。
- 2010 年上海市精品课程"商务英语"负责人。
- 2011 年上海市优秀教学团队负责人。

吴薇:"国际货物运输与保险"子课题负责人

广东轻工职业技术学院国际贸易专业副教授,学科带头人,骨干教师,高级国际商务师、企业法律顾问、律师,从事国际贸易业务工作和外贸企业法律顾问工作超过 15 年,为北京盈科(广州)律师事务所兼职律师、广州市律师协会公平贸易委员会委员、珠三角地区多家企业法律顾问,中国国际贸易学会会员。熟悉国际贸易和国际航运业务与法律。从事高等职业的教学工作近 10 年,承担学校多项教改项目和社科研究项目,主持"海关报关实务"、"国际贸易实务"和"外贸跟单实务"等多门网络精品课程,在核心期刊上发表多篇论文,主编《国际贸易实务》、《国际商法》等教材。

主要兼职和荣誉

- 2010 年教育部高职高专经济类教学指导委员会精品课程"外贸跟单实务"负责人。

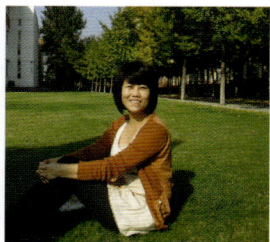

任东红："国际商务信函写作"子课题负责人

商丘职业技术学院副教授、教育硕士、经济师、物流信息管理师、国际贸易专业带头人、国际贸易教研室主任，院专业教学能手，兼任商丘市物流研究所研究员。2010年带队参加全国大学生企业经营管理沙盘模拟大赛获河南省赛区一等奖、全国总决赛二等奖，获优秀辅导教师称号。2009年主持的河南省教育厅"十一五"规划课题"职业教育与劳动力市场适应性研究"被评为河南省教育科学研究优秀成果二等奖。2010年9月，"国际货物运输保险"荣获河南省第十四届多媒体教育软件大奖赛二等奖。

主要兼职和荣誉

- 2010年教育部工商管理类教学指导委员会精品课程"电子商务运营实务"、"商品学基础与实务"和"配送中心实务"主要完成人，教育部经济类教学指导委员会精品课程"外贸函电"负责人。
- 2008年获得商丘市名师之教坛新星称号。2010年获得商丘市十佳青年科技专家称号。2011年被评为商丘市巾帼建功标兵。
- 2010年被聘为教育部高职高专工商管理类专业教学指导委员会中国市场营销专业课程标准开发中心(CMC)专家委员会研究员。

赵轶："国际商法"子课题负责人

山西省财政税务专科学校副教授，贸易经济系副主任，高等院校市场营销专业工作过程系统化课程联盟常务理事。2006年，参加教育部"中德职教师资培训项目"，形成了先进的职业教育理念，并在现有课程改革和新课程开发方面做了大量尝试。先后主编了具有先进职业教育理念的《市场调查与分析》、《进出口贸易实务》等教材和《高职财经管理类专业工作过程导向课程开发——以市场营销专业为例》等专著。发表科研、教研论文20余篇。主持的教学项目"高职财经类专业人才知识、技能与素质结构研究"获2007年省级教学成果二等奖；"高职市场营销专业人才培养模式的创新实践研究"获2008年省级教学成果一等奖；"任务导向型市场调查与分析课程建设研究与实践"获2010年省级教学成果二等奖。

聂相玲："外贸跟单理论与实务"子课题负责人

淄博职业学院副教授、经济师、项目管理工程硕士，教育教学部主任，拥有外销员、货代员培训师等资格证书。山东省省级特色专业国际商务专业负责人，国家示范性院校建设国际商务专业建设项目负责人。2010年带队参加首届高校报关后备人才技能大赛获二等奖。主持研发的"H2000电子口岸通关仿真系统"虚拟教学软件获全国实践教学仿真软件大赛三等奖。主编的教材有《外贸单证与函电》等。2009年主持1项教学成果《高职国际商务专业工学结合教育教学模式的研究与实践》获得院级教学成果二等奖，第二参与人承担1项教学成果获得山东省教学成果二等奖，主持山东省教育厅人文课题2项、院级课题1项，承担省级课题3项，发表多篇核心期刊论文。2008年获得"市优秀教师"称号。

窦然："国际商务谈判与沟通"子课题负责人

上海金融学院教师，高级国际商务师，亚特兰大州立大学访问学者，历任国际贸易教研室主任、国际经贸系副主任、国际经贸学院副院长、《上海金融学院学报》编辑部主任，主讲国际贸易实务(双语)、国际商务管理、国际商务谈判等课程。具有丰富的国际商务从业经历：在香港中迈有限公司历任金融投资部经理、总裁办副总经理，辽远旅游(香港)有限公司董事副总经理，中信证券上海总部研究部负责人，上海新黄浦置业股份有限公司证券部副经理，上海外经贸委国际经济贸易研究所《国际市场》杂志主编，《沪港经济》杂志采编总监等职。到过包括南极洲在内的七大洲40多个国家和地区，有丰富的跨国跨行业实践经验和教学经验。2009年被评为"学生心中的好老师"。主编《国际商务谈判》、《国际贸易地理》、《长三角商务环境动态发展研究》等著作5部，在境内外期刊、报纸上发表论文100余篇，主持和参与上海市教委等研究课题2项。

出版说明

　　中国职业教育发展迅猛,硕果累累。《国家中长期人才发展规划纲要(2010—2020年)》和教育部"十二五"规划中强调,要大力发展职业教育以满足社会经济发展需求,对课程、教材改革提出了更高的要求。广大高职高专院校在教学改革中,积极推行订单培养,探索工学交替、任务驱动、项目导向、顶岗实习等有利于增强学生能力的教学模式;积极与行业企业合作开发课程,建立突出职业能力培养的课程标准,建设融"教学做"为一体、强化学生能力培养的优质教材。

　　为了适应高职高专院校教学模式改革的新要求,全面推进广大高职高专院校在"十二五"期间教学和教改的发展,清华大学出版社以课题研究的方式,邀请全国著名高职高专院校会计、市场营销和国际商务专业的老师与企业相关专家,对会计专业、市场营销专业、国际商务专业工学结合的教学改革进行了从专业的宏观建设到规划教材的微观开发的一系列研究,主要课题成果汇集形成了《工学结合模式下高职高专会计专业建设指导方案》、《工学结合模式下高职高专市场营销专业建设指导方案》和《工学结合模式下高职高专国际商务专业建设指导方案》,其中包括各专业的人才培养方案,核心课程的课程标准,考核手册,相关专业的职业标准、职业判断能力培养、职业生涯规划,以及相关专业在教学改革中遇到的前瞻性问题的探究成果。根据工学结合模式下各专业的专业建设指导方案,出版了"高职高专会计专业工学结合系列教材"、"高职高专市场营销专业工学结合规划教材"、"高职高专国际商务专业工学结合规划教材"。各专业的规划教材呈现如下特色。

　　(1)项目导向、任务驱动,体现工学结合特色。

　　(2)依据最新法律、法规,体现教材的新颖性、时效性和及时性。

　　(3)对各专业教材进行广泛开发、深度挖掘和立体化建设。

　　(4)强化练习和实训,体现"教学做一体化"和"理实一体化"。

　　(5)丰富且持续的配套资源和配套服务。

　　"汇聚金牌作者,深化工学结合,建设专业精品"是清华大学出版社"十二五"期间出版规划的重要内容之一,而出版优秀的、高质量的教材更是清华大学出版社一直倡导的出版理念。清华大学出版社将根据不同的项目,采取不同的教材开发和建设方式,提供全方位、精细化的出版服务,具体包括以下4部分内容。

　　(1)采用"课题研究"的方式,对专业课的教学改革进行专业宏观建设和教材微观开发的系列研究。我社为优秀的教学改革研究提供支持,积极鼓励广大高职高专院校申请立项,出版优秀的教改特色教材,并组织教育部教学指导委员会和学会专家对研究成果进行评审。

　　(2)采用"课程群"的方式,对专业基础课、专业课和实训课进行规划性、整合性建设。

采用"教材建设研讨"的方式,对系列教材进行主题挖掘和特色提炼。我社将对课程规划、课程整合、系列教材建设研究提供支持,优先出版国家级、省级精品课程,国家级、省级特色专业,国家级、省级示范专业的配套教材。

(3) 优秀课题研究成果和优秀教材的报奖。我社将向教育部推荐优秀教材参与国家级规划教材的评审,以及其他各类教材评奖。

(4) 教学成果推广与教师培训。我社将组织力量在全国范围内宣传推广优秀的教学改革成果、专业建设成果和优秀教材,扶持优秀人才成为名师、名家,并组织相关教师培训。

目前,我国高职高专教育正处于新一轮教学改革中,欢迎广大高职院校推荐教学改革成果和优秀的教材,我们将紧跟国家法律、法规的指导和高职高专教育实践的发展,不断出版新教材以满足市场需求,同时对已出版的教材不断修订和完善,提高质量,完善教材服务体系,为广大高职高专院校提供优秀的、高质量的教材。

清华大学出版社
2012 年 1 月

丛书序

2006 年 11 月 16 日，教育部发布了《全面提高高等职业教育教学质量的若干意见》（教高［2006］16 号）文件，提出要积极推行订单培养，探索工学交替、任务驱动、项目导向、顶岗实习等有利于增强学生能力的教学模式，要积极与行业企业合作开发课程，建立突出职业能力培养的课程标准，建设融"教学做"为一体、强化学生能力培养的优质教材。

《2010 年国际贸易术语解释通则》（INCOTERMS 2010）于 2011 年 1 月 1 日开始施行，已经实施 4 年的 UCP 600 也给国际贸易理论和实践增加了新的内容和新的案例，惯例在变、业务在变，国际商务专业教材也需要及时更新，与时俱进。

为了适应广大高职高专院校国际商务专业教学模式改革的需要，为了适应新的贸易惯例和新的业务模式，清华大学出版社通过招标，以课题研究的方式，邀请全国部分省市高职高专院校国际商务专业的骨干教师组成课题组，共同研究"高职高专国际商务专业工学结合模式课程研究"课题，出版课题成果《工学结合模式下高职高专国际商务专业建设指导方案》和"高职高专国际商务专业工学结合规划教材"。本课题由清华大学出版社和中国国际贸易学会共同立项，列为重点课题。"高职高专国际商务专业工学结合规划教材"共 16 种 23 本，包括《国际贸易实务与操作》、《国际商务单证实务与操作》、《报检实务与操作》、《报关实务与操作》、《外贸跟单实务与操作》、《国际货代实务与操作》、《国际贸易基础与实务（非国贸专业）》、《国际服务外包》、《国际商务法规与惯例》、《国际货物运输与保险》、《国际商务英语》、《国际商务函电》、《国际金融实务》、《国际结算操作》、《国际商务谈判与沟通》、《国际市场营销实务》，其中前 6 种教材单独配备了"习题与实训指导"，《国际商务法规与惯例》单独配备了"模拟法庭"，以方便"教学做"一体化和及时的讲练结合。本套规划教材具有以下特色。

（1）项目导向，任务驱动。以真实的工作目标作为项目，以完成项目的典型工作过程（环节、方法、步骤）为任务，以任务引领知识、技能和方法，让学生在完成工作任务的过程中学习知识，训练技能，获得实现目标所需要的职业能力。

（2）内容新颖，突出能力。本套规划教材内容依据 INCOTERMS 2010 和 UCP 600，按照国际贸易的最新惯例、最新业务和最新案例，围绕职业能力的培养，以国际商务岗位的各种业务为主线展开，注重内容的实用性和针对性，体现职业教育课程的本质特征。

（3）资料丰富，教学做一体化。本套规划教材内容含有丰富、典型、反映国际商务最新业务的案例和资料，从内容的构建到课后训练，处处体现"教学做"一体化的思想。

（4）配套资源丰富，方便教学。本套规划教材以立体化方式建设，教材配套习题与实训指导、多媒体课件、习题答案、课程标准等，以方便老师教学。

本套规划教材无论从课程标准的研发，还是到教材的内容和结构，都倾注了职业教育专

VI

家、国际商务教育专家、国际商务实务专家和清华大学出版社编辑的心血,是高等职业教育教材为适应从学科教育到职业教育、从学科体系到能力体系两个转变进行的有益尝试。

本规划教材适合作为广大高职高专院校、成人高校及应用本科院校相关二级学院、继续教育学院的国际商务专业使用,也可作为在职国际商务人员岗位培训、自学进修和岗位职称考试的教学用书。

由于编者水平有限,本套规划教材难免存在疏漏之处,敬请各位专家、老师和广大读者批评指正。

高职高专国际商务专业工学结合规划教材编写委员会
2012 年 1 月

前 言

　　随着我国经济体制改革的不断深入,外贸企业由原来的"大而全"逐步过渡到"小而精"的局面,伴随我国对外贸易法的修订,越来越多的个人涉足国际贸易领域,自主创业自己做老板,这就需要我们培养的人才不仅要具备相应的进出口贸易方面的基础知识,更应该掌握相应的操作技能,提高岗位适应能力。

　　美国次贷危机后,欧盟随即又发生欧债危机,全球经济委靡,人民币不断升值,在这个大背景下,外贸企业一方面不断提升进口贸易的比重,另一方面也把目光逐步转向国内市场,进口贸易将占据进出口贸易的半壁江山。因此本教材的编写也改变以往只注重出口贸易部分,不提及进口贸易或将进口贸易一带而过的情况,出口贸易部分实务与操作和进口贸易实务与操作部分二者平分秋色。

　　出口贸易实务与操作部分以天津商务职业学院优秀毕业生高彤自主创业成立浩海纺织品有限公司为原型,业务内容是将新开发的特种面料制作的防护服成功打入欧洲市场为例。该部分展示了这位优秀毕业生成立公司、开发市场寻找潜在客户、与客户进行交易磋商、草拟外销出口合同、顺利执行出口合同以及最后进行外汇核销和出口退税。

　　进口贸易实务与操作部分则是天津商务职业学院优秀毕业生王宇毕业后应聘到长虹纸制品有限公司工作,成功地从事加拿大废纸进口业务,满足了本公司对原材料的需求。该部分包括前期办理废纸进口所特需的各种证书、开发国外供货商、与国外供货商进行讨价还价、草拟进口采购合同、顺利执行废纸进口合同以及最后如何进行进口付汇核销和对外短重索赔。

　　为了给学生及读者真实感,成立公司所需要的各种资质证书及实际业务需要的各种许可证书的证书号,作者尽可能按照实际编排规则拟定,若与实际业务中的某个公司证书号相同,纯属巧合,敬请谅解。

　　本教材集杨金玲教授10多年的外贸一线的实战经验及10多年高职教育一线的教学经验编撰而成。在编写过程中得到了天津商务职业学院"双师型"教师张志副教授的鼎力襄助,北方国际集团天津金家纺进出口有限公司副总经理付斌及天津光大银行国际结算部刘斌经理提出了许多好的建议,使得本教材形成以下三个鲜明的特色。

　　1. 完整性＋操作性

　　两笔完整的业务贯穿教材始终,一笔是出口法国男式工作服的业务,一笔是进口加拿大的废纸业务。每项任务不仅有工作内容导入和操作过程,而且还穿插有关国际贸易基础知识的链接。通过两笔完整业务的操作,使得学生不仅掌握国际贸易的基本知识,而且掌握国际贸易的操作要领和操作规范,提高学生动手能力。

2. 真实性＋实战性

各种政府网站平台和各种业务软件融入教材始终，有注册公司需要登录的中国企业登记网站，有备案进出口经营权需要登录的商务部网站，还有执行合同中各种手续办理需要运用的软件，如九城电子报检软件、外贸企业出口退税申报软件。这些软件都是实际业务中使用的真实软件，网站是方便国际贸易各环节操作的网上服务平台，如帮助实现航线及运费查询的中国海运网和锦程物流网、帮助实现在线办理投保手续的中国货运保险网和保运通。本书以真实性＋实战性摆脱了国际贸易实务操作大多停留在模拟仿真的层面，实现了业务各环节操作的实战性，增加了学生毕业后的岗位适应性，实现了零距离就业（"实用网站及软件"详见本书附录）。

3. 时效性＋无纸化

最新的贸易惯例和最新进出口贸易操作方式尽在教材中，如 2010 年开始实施的《2010 年国际贸易术语解释通则》。在"视野拓展"栏目介绍了有关进出口贸易操作的新规，如 2012 年8 月 1 日开始取消纸质核销单，货物贸易收付汇采用更加便利化的操作方式，这些不仅体现了教材内容的与时俱进，而且顺应国际贸易向无纸化方向发展的趋势。

本教材既可作为高职高专国家商务专业、国际贸易实务及相关专业"教学做一体化"教材，教材的完整性、操作性、实战性、时效性有助于学生成就自己做老板的梦想，同时也可以作为中小外贸企业业务操作的参考书，对帮助中小外贸企业相关人员提高实际业务操作能力具有指导意义。

由于编者水平所限，不妥之处在所难免，恳请国际贸易专家、职业教育同行与广大学子不吝赐教。

编　者

2013 年 10 月于天津

目录

项目一 出口工作服到法国的贸易实务与操作

项目二　进口加拿大废纸的贸易实务与操作

项目一

出口工作服到法国的贸易实务与操作

任务速递

　　高彤就读天津商务职业学院,在校学习期间是一名品学兼优的学生。他充分利用假期到外贸公司进行顶岗实习。2007年毕业后,他开始自主创业,成立天津浩海纺织品有限公司,并进行相关出口登记备案工作,获得经营进出口贸易的资质。

　　随后高彤借助网络、展会等各种渠道了解国内国际市场行情,获悉防静电阻燃抗油拒水特种面料制成的工作服对安全生产有多重防护功能,广泛适用于冶金、石化、煤炭、电力、交通、军工、消防等行业的安全防护,该款服装在欧盟市场有广泛的市场需求,深受欧盟客户的青睐,因此,高彤最终把目标市场锁定在欧盟,希望尽早把该产品打入欧洲市场。

　　经历了交易前准备、出口交易洽商、签订出口合同、履行合同,直至业务善后全过程,高彤成功地将产品输出到欧洲市场。

温馨提示

　　整笔出口业务操作都是基于当时的外汇牌价、贸易监管条件、《出口收汇核销管理办法》,而我国的贸易管制条件、各种管理条例随着整体经济形势的变化会做相应的调整,这些都会影响业务的操作流程和具体的操作规范,望各位读者加以注意,在实际业务中做到活学活用。

任务一

出口交易前准备

能力目标
- 了解相关出口登记备案手续
- 熟悉出口商品及其质量要求
- 掌握出口商品海关监管条件及产品退税率

知识目标
- 了解公司成立相关手续
- 熟悉国际市场行情的调研方法
- 掌握相关出口登记备案的要领

从事出口交易活动如同从事其他工作一样,需要做好交易前的各项准备工作,正所谓"凡事预则立"。这些准备工作主要包括办理公司成立相关手续、办理各种进出口登记备案手续、进而调研国际市场行情、熟悉所经营的出口商品及其海关监管条件等。

1.1 办理公司成立相关手续

工作内容

2005 年高彤毕业后计划自主创业,准备与其他人合伙投资成立一家纺织品有限公司,主营纺织品及服装进出口业务。她开始着手办理工商登记注册领取工商营业执照、办理企业组织代码证和税务登记证、开立基本账户等。

操作过程

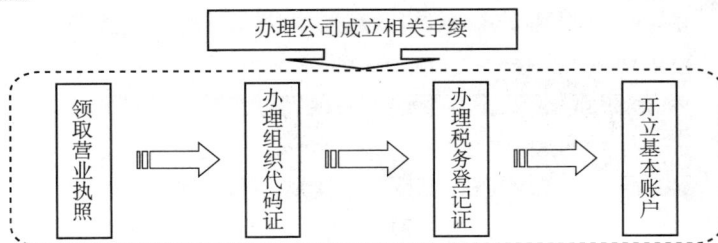

1.1.1 办理工商登记注册

在国内成立申请外贸经营权有两种情况，一种是新办公司申请外贸经营权，另外一种是已成立内贸公司增加外贸经营权。两种情况的手续及办法略有不同。注册有进出口权的外贸公司，先期登记办理程序以及所需材料与注册普通贸易公司相同，在其经营范围内需加入"技术进出口和货物进出口"。

【步骤一】打开 IE 浏览器，输入网址 http://qyj. saic. gov. cn，进入企业注册局主页（见图 1-1）。

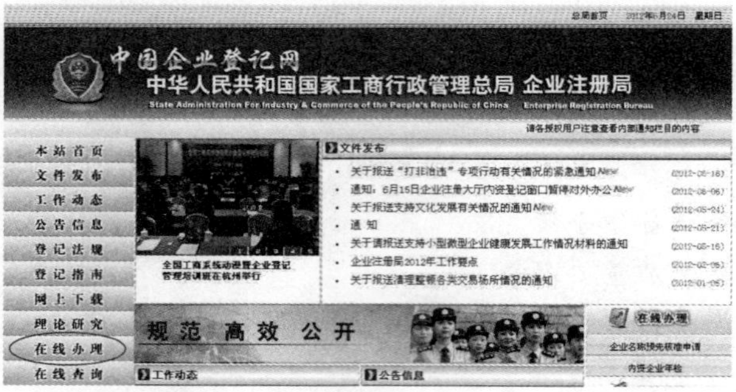

图 1-1

单击左侧"在线办理"按钮。进行新用户注册后，选择"名称预先核准申请"（见图 1-2）。

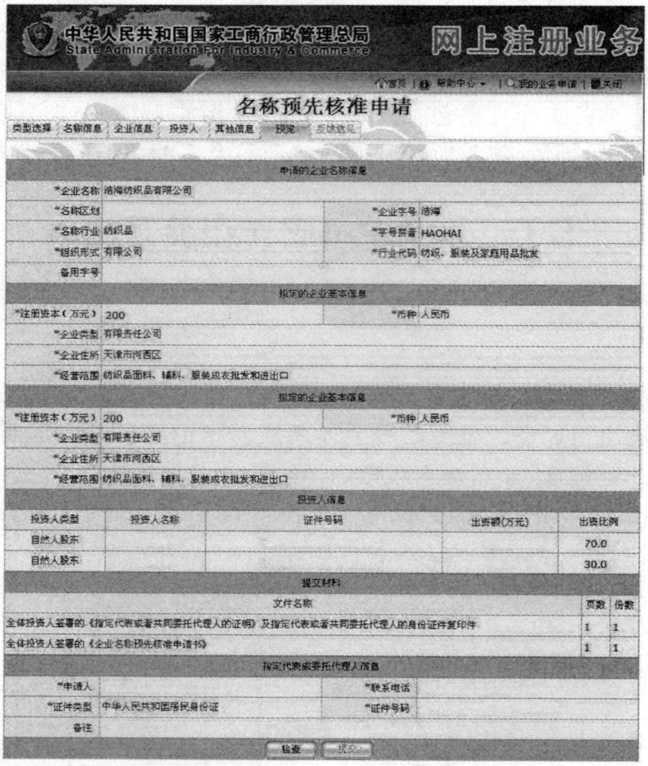

图 1-2

如果通过预审核,工商管理局会签发"企业名称预先核准通知书"。

【步骤二】办理租房、编写公司章程、刻制法定代表人名章、开立公司验资户、办理验资报告等手续。

【步骤三】办理工商注册登记,领取营业执照(见样例1-1)。

样例 1-1

企业法人营业执照

		注册号	120103210188918
名　　　称	浩海纺织品有限公司		
住　　　所	天津市河西区珠江道86号		
法定代表人姓名	高彤	注 册 资 本	贰佰万元
公 司 类 型	有限责任公司	实 收 资 本	贰佰万元
经 营 范 围	纺织品、服装服饰、家用纺织品、鞋帽生产与经营		
成 立 日 期	2007年7月1日		
营 业 期 限	2007年7月1日至2025年6月30日	2007年 7月 1日	

![知识链接]

公司的种类

根据股东对公司所负责任的不同,公司划分为五类。

(1)无限公司:所有股东无论出资数额多少,均需对公司债务承担无限连带责任的公司。

(2)有限责任公司:所有股东均以其出资额为限对公司债务承担责任的公司。

(3)两合公司:由无限责任股东和有限责任股东共同组成的公司。

(4)股份有限公司:全部资本分为金额相等的股份,所有股东均以其所持股份为限对公司的债务承担责任。

(5)股份两合公司:由无限责任股份和有限公司股东共同组成的公司。

这种划分方法是最基本的公司划分方法。

1.1.2　办理企业组织机构代码证

高彤领到工商管理局颁发的企业法人营业执照,意味着获得经营许可权,可以进行合法经营,按照我国《组织机构代码管理办法》的规定,接下来还需要办理企业组织机构代码证。

【步骤一】打开 IE 浏览器,登录全国组织机构代码网 http://www.nacao.org.cn,单击下方的"业务咨询"按钮(见图 1-3)。

图　1-3

【步骤二】在业务咨询页面,选择"下载中心",单击"申领组织机构代码证基本信息登记表"进行下载(见图 1-4)。

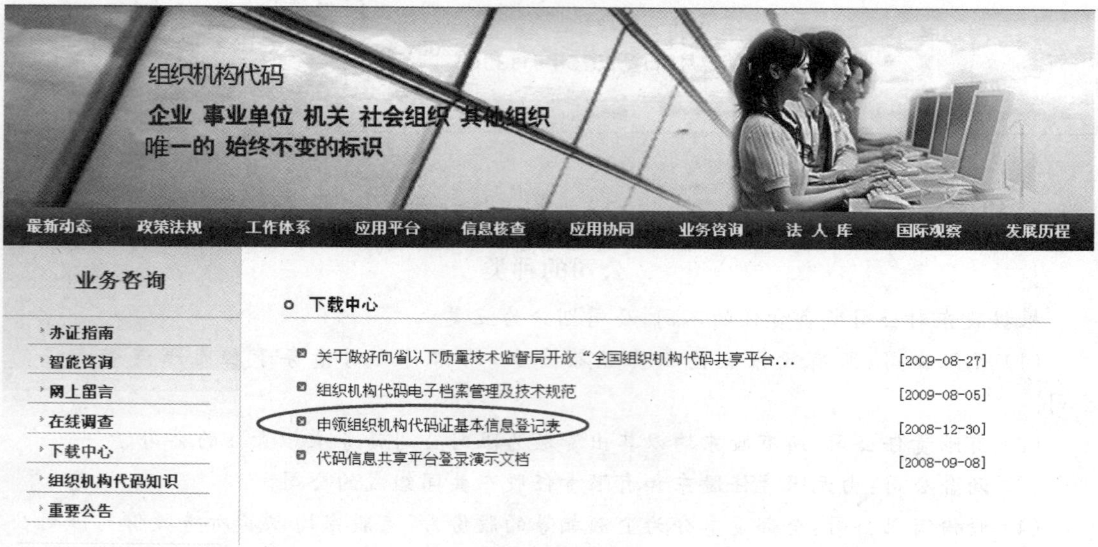

图　1-4

【步骤三】按照"中华人民共和国组织机构代码证申报表"填表说明填写登记表,并提交企业法人营业执照或者营业执照复印件、法定代表人身份证件及复印件、经办人身份证件及复印件,组织机构授权经办人办理登记的证明等。

【步骤四】经审查,确认所提交的文件、证书和申报表真实、有效,则按国家标准及上级分配的码段赋予企业代码,并颁发中华人民共和国组织机构代码证(见样例 1-2)。

样例 1-2

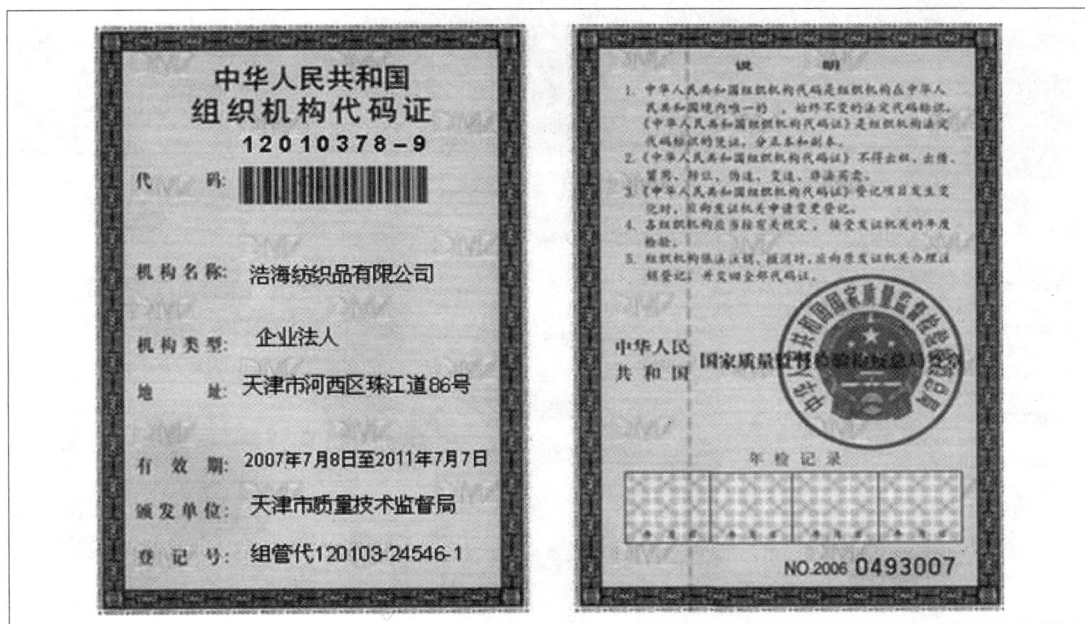

组织机构代码

　　组织机构代码是对中国境内依法注册、依法登记的机关、企业及事业单位、社会团体和民办非企业单位等机构颁发的在全国范围内唯一的、始终不变的代码标识，其作用相当于单位的身份证号。组织机构代码具有唯一性、终身不变性、准确性、完整性和统一性的特征。办理工商登记之后在向各地商务主管部门办理其他各项备案手续之前，应先获取组织机构代码，受理单位为各地质量技术监督局。

　　组织机构代码证书有 7 个项目：组织机构代码、机构名称、机构类型、地址、有效期、颁发单位、登记号。这些基本信息记录在代码载体中，以便查验和应用。代码证的正本、副本、电子副本(IC 卡)均具有同等的法律效力，组织机构代码由 8 位数字(或大写拉丁字母)本体代码和 1 位数字(或大写拉丁字母)校验码组成。组织机构代码证书的有效期最长不超过 4 年，组织机构代码证实施年审制度。

1.1.3　办理税务登记证

　　办妥工商营业执照意味着公司可以合法经营，办妥组织机构代码证意味着公司有了合法身份，接下来还需要办理税务登记手续。一般办理税务登记证的同时，还要办理新办商贸企业申请认定增值税一般纳税人手续。

　　【步骤一】打开 IE 浏览器，登录国家税务总局网站 http://www.chinatax.gov.cn，进入国家税务总局网站主页(见图 1-5)。

　　【步骤二】进入国家税务总局资料下载页面，选择"办税服务"，进入办理税务登记手续

图 1-5

所需要表格的下载页面(见图 1-6),单击"税务登记证件式样、标准"右侧的"下载"按钮,将税务登记表保存在本地机上,然后将"税务登记表(适用单位纳税人)"和"房屋、土地、车船情况登记表"(略)按照要求填写完整。

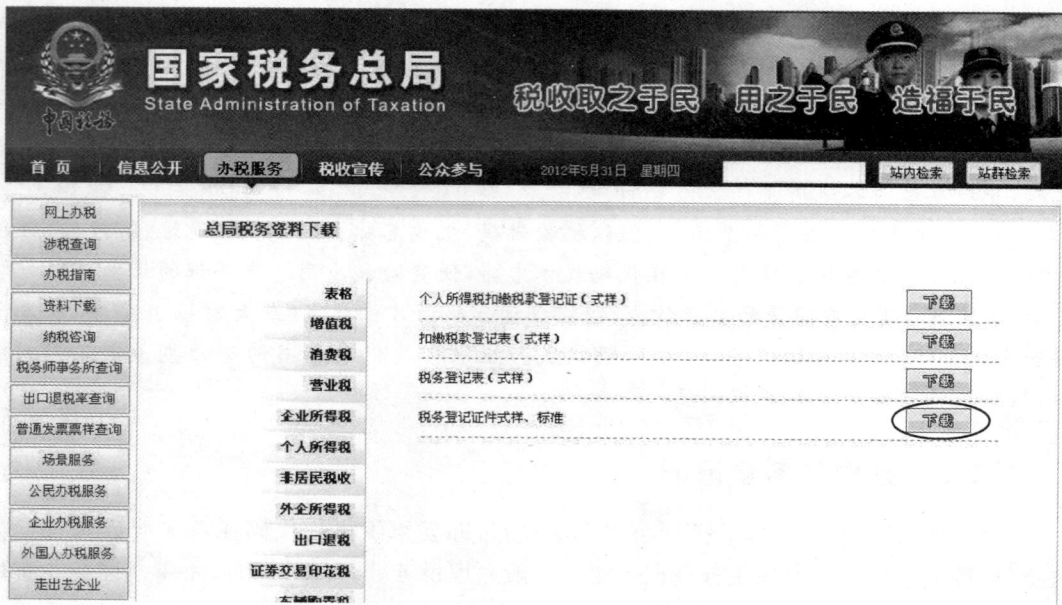

图 1-6

【步骤三】复印工商营业执照、企业组织机构代码证、验资报告、法定代表人身份证、合同、公司章程、协议书等资料。将全部资料带齐,到当地税务部门现场办理税务登记手续,缴纳工本费,领取税务登记证(见样例1-3)。

样例1-3

知识链接

税务登记与税务登记证

税务登记是整个税收征收管理的首要环节,是税务机关对纳税人的基本情况及生产经营项目进行登记管理的一项基本制度,也是纳税人已经纳入税务机关监督管理的一项证明。根据法律法规规定,具有应税收入、应税财产或应税行为的各类纳税人都应依照有关规定办理税务登记。

税务登记证是从事生产、经营的纳税人向生产、经营地或者纳税义务发生地的主管税务机关申报办理税务登记时,所颁发的登记凭证。

从事生产、经营的纳税人应当自领取营业执照或者自有关部门批准设立之日起30日内,或者自纳税义务发生之日起30日内,到税务机关领取税务登记表,填写完整后提交税务机关,办理税务登记。

1.1.4 开立基本账户

办妥浩海纺织品有限公司工商登记注册、组织机构代码证及税务登记证,意味着公司可以按部就班开展业务了。随着业务的开展,必然会产生往来账目,因此首先要到银行开立基本账户。

【步骤一】存款人向银行机构提交银行询证函或存款证明、企业营业执照、组织机构代码证、税务登记证等相关资料原件及复印件,银行机构对存款人提交的相关资料原件及复印件进行审查,对存款人提交的相关资料的真实性、完整性和合规性负责。

【步骤二】银行机构审查相关资料合规后与存款人签订"人民币结算账户管理协议",并由存款人填写相应开户申请书,开户申请书一式三份,一份存款人留存,一份开户银行留存,一份人民银行当地分支行留存,银行机构在申请书上签署意见,加盖业务公章、经办人和复核人名章。

【步骤三】银行机构在审核合格的相关资料复印件上加盖业务公章、与原件核对一致章。

【步骤四】银行机构将审核合格的相关资料复印件连同相应申请书一并报人民银行当地分支行核准。人民银行应于2个工作日内对银行报送的开户资料进行合规性审核,符合开户条件的,予以核准;不符合条件的,退回银行机构。企业直接到所选定的开户行领取自己的开户许可证(见样例1-4),人民银行不直接与企业发生资料交接。

样例1-4

开户许可证

核准号: J1260002889501   编 号:1210- 00954993

经审核, 浩海纺织品有限公司   符合开户条件, 准予

开立基本存款账户。

法定代表人(单位负责人) 高彤   开户银行 中国银行天津分行

账 号 0310010131010180050

【步骤五】开户许可证是由中国人民银行核发的一种开设基本账户的凭证。凡在中华人民共和国境内金融机构开立基本存款账户的单位可凭此证,办理其他金融往来业务。拿到开户许可证后,选定的开户行对符合开户条件的企业,银行给予办理基本账户开立手续。

知识链接

结算账户的种类

人民币结算账户是指银行为存款人开立的办理资金收付结算的人民币活期存款账户。人民币结算账户种类如下。

1. 按开户人分类

(1) 单位银行结算账户:存款人以单位名称开立的银行结算账户。

（2）个人银行结算账户：存款人以自然人名称开立的银行结算账户。

2．按用途分类

（1）基本存款账户：存款人因办理日常转账结算和现金收付需要开立的银行结算账户。单位结算账户的存款人只能在银行开立一个基本存款账户。

（2）一般存款账户：存款人因借款或其他结算需要，在基本存款账户开户银行以外的银行营业机构开立的银行结算账户，是基本存款账户的辅助和补充。

（3）专用存款账户：存款人按照法律、行政法规和规章，对其特定用途资金进行专项管理和使用而开立的银行结算账户，该账户用于办理各项专用资金的收付。

（4）临时存款账户：存款人因临时需要并在规定期限内使用而开立的银行结算账户。

1.2 办理相关出口登记备案手续

工作内容

公司在办妥工商营业执照、组织机构代码证、税务登记证，开立基本账户后，意味着公司可以正常从事国内贸易。高彤与他人投资成立的浩海纺织品有限公司意在开拓国际纺织品服装市场，从事进出口贸易活动，为此还需要向当地商务管理部门办理进出口权备案、向当地海关办理进出口货物收发货人注册登记、办理自理报检单位登记备案、办理出口退税登记及电子口岸入网等一系列手续，才能从事进出口贸易活动。

操作过程

1.2.1 办理进出口权备案

高彤注册成立的浩海纺织品有限公司，计划从事纺织品及服装出口业务。成为对外贸易经营者，就必须办理对外贸易经营者备案登记手续，否则海关不予办理进出口的报关验放手续。

【步骤一】打开 IE 浏览器，输入商务部网址 http://www.mofcom.gov.cn，在主页中间的"场景式服务"栏目中（见图1-7），直接单击进入"对外贸易经营者备案登记系统"（见图1-8）。

【步骤二】单击下方"表格下载"按钮，直接下载"对外贸易经营者备案登记表"，认真填写后提交相关资料到当地备案登记机关办理对外贸易经营者备案登记手续。也可以单击

图 1-7

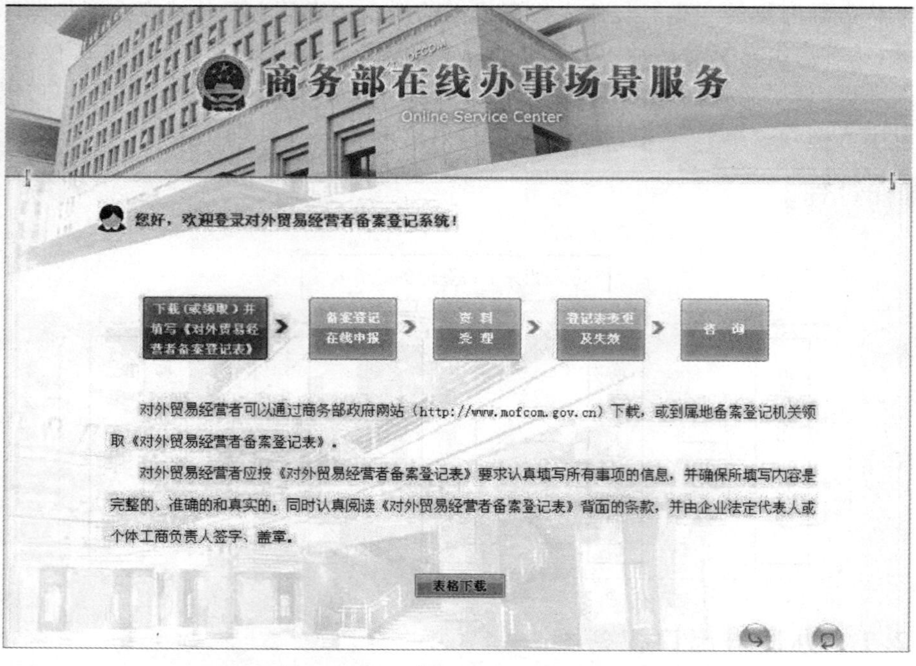

图 1-8

"备案登记在线申报"在线办理对外贸易经营者备案登记手续(见图1-9)。

　　【步骤三】单击下方"在线申报"按钮,进入商务部对外贸易经营者备案登记系统(见图1-10)。在该系统中既可以对已经备案登记的公司进行经营者查询,也可以对新公司进行在线备案登记。

　　【步骤四】单击"备案登记",在"所属省市"、"所属市"、"备案登记机关"的下拉框中选择"登记备案机关"(见图1-11),最后单击"提交"按钮进入到相关备案登记的信息录入页面。

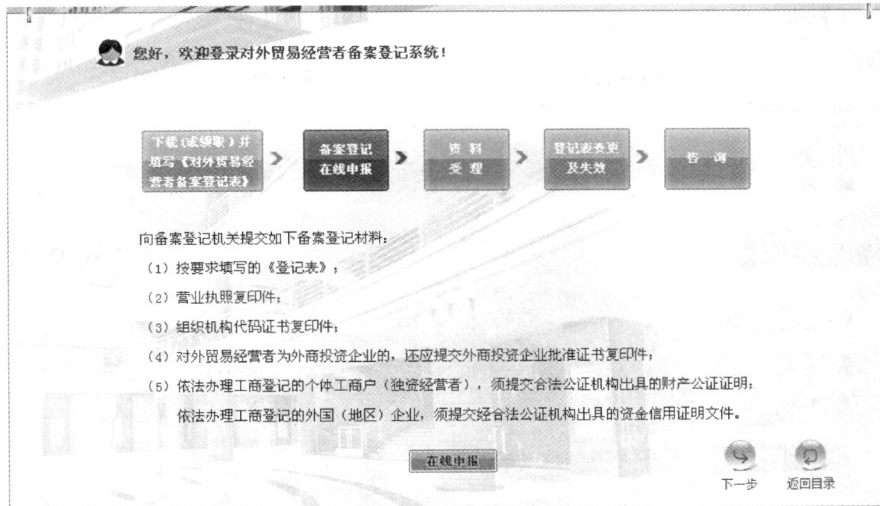

您好，欢迎登录对外贸易经营者备案登记系统！

下载（或续取）并填写《对外贸易经营者备案登记表》 > 备案登记在线申报 > 资料受理 > 登记表变更及失效 > 咨询

向备案登记机关提交如下备案登记材料：

（1）按要求填写的《登记表》；

（2）营业执照复印件；

（3）组织机构代码证书复印件；

（4）对外贸易经营者为外商投资企业的，还应提交外商投资企业批准证书复印件；

（5）依法办理工商登记的个体工商户（独资经营者），须提交合法公证机构出具的财产公证证明；依法办理工商登记的外国（地区）企业，须提交经合法公证机构出具的资金信用证明文件。

在线申报

下一步 返回目录

图 1-9

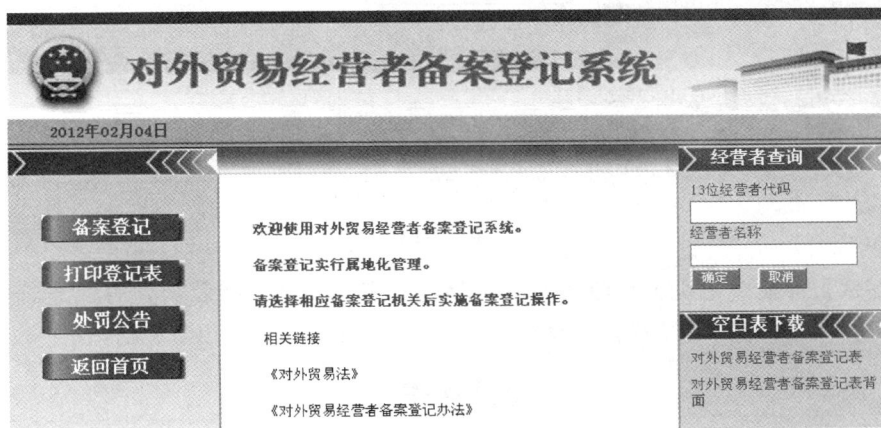

对外贸易经营者备案登记系统

2012年02月04日

备案登记

打印登记表

处罚公告

返回首页

欢迎使用对外贸易经营者备案登记系统。

备案登记实行属地化管理。

请选择相应备案登记机关后实施备案登记操作。

相关链接

《对外贸易法》

《对外贸易经营者备案登记办法》

经营者查询

13位经营者代码

经营者名称

确定 取消

空白表下载

对外贸易经营者备案登记表

对外贸易经营者备案登记表背面

图 1-10

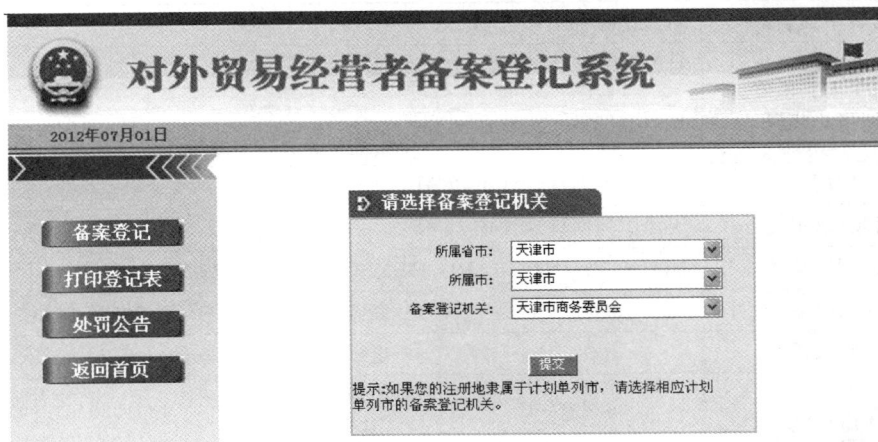

对外贸易经营者备案登记系统

2012年07月01日

备案登记

打印登记表

处罚公告

返回首页

请选择备案登记机关

所属省市：天津市

所属市：天津市

备案登记机关：天津市商务委员会

提交

提示：如果您的注册地隶属于计划单列市，请选择相应计划单列市的备案登记机关。

图 1-11

【步骤五】相关备案登记的信息录入页面中,按照要求在线录入全部信息后,单击下方的"提交备案登记"按钮,完成对外贸易经营者在线备案登记手续(见图1-12)。

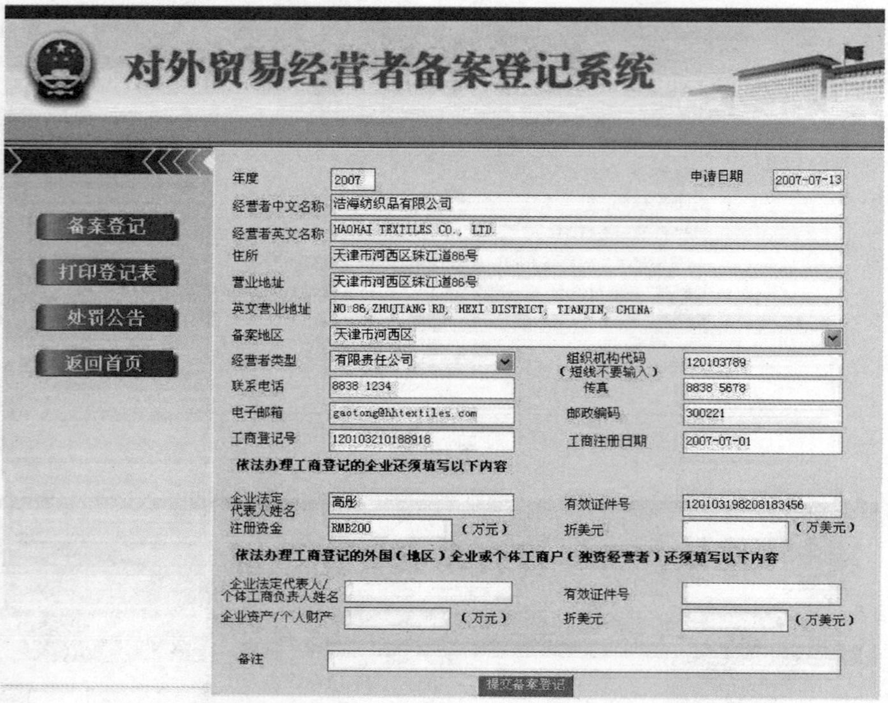

图 1-12

【步骤六】备案登记机关自收到对外贸易经营者提交的上述材料之日起5日内办理备案登记手续,在"对外贸易经营者备案登记表"上加盖备案登记专用章(见样例1-5)。

样例 1-5

对外贸易经营者备案登记表

备案登记表编号:01006886　　　　　　　进出口企业代码:1200738463781

经营者中文名称	浩海纺织品有限公司		
经营者英文名称	HAOHAI TEXTILES CO. ,LTD.		
组织机构代码	120103789	经营者类型(由备案登记机关填写)	有限公司
住所	天津市河西区珠江道86号		
经营场所(中文)	天津市河西区珠江道86号		
经营场所(英文)	NO.86,ZHUJIANG RD,HEXI DISTRICT,TIANJIN,CHINA		
联系电话	8838 1234	联系传真	8838 5678
邮政编码	300221	电子邮箱	gaotong@hhtextiles.com
工商登记注册日期	2007-07-01	工商登记注册号	120103210188918

依法办理工商登记的企业还须填写以下内容			
企业法定代表人姓名	高彤	有效证件号	120103198208183456
注册资金	人民币贰佰万元		（折美元）

依法办理工商登记的外国（地区）企业或个体工商户（独资经营者）还须填写以下内容			
企业法定代表人/个体工商负责人姓名		有效证件号	
企业资产/个人财产			（折美元）

备注：

填表前请认真阅读背面的条款，并由企业法定代表人或个体工商负责人签字、盖章。

对外贸易经营者备案登记机关
专用章
2007 年 7 月 10 日
（天津）

知识链接

对外贸易经营者及其备案登记

对外贸易经营者是指依法办理工商登记或者其他执业手续，依照对外贸易经营者备案登记办法和其他有关法律、行政法规的规定从事对外贸易经营活动的法人、其他组织或者个人。

从事货物进出口或者技术进出口的对外贸易经营者，应当向中华人民共和国商务部（以下简称"商务部"）或商务部委托的机构办理备案登记，法律、行政法规和商务部规定不需要备案登记的除外。

商务部是全国对外贸易经营者备案登记工作的主管部门，对外贸易经营者备案登记工作实行全国联网和属地化管理。商务部委托符合条件的地方对外贸易主管部门（以下简称"备案登记机关"）负责办理本地区对外贸易经营者备案登记手续；受委托的备案登记机关不得自行委托其他机构进行备案登记。

1.2.2　办理收发货人注册登记

高彤在办妥对外贸易经营者备案登记手续后，欲开拓国际市场，从事进出口活动，作为进出口货物收发货人，需要在属地海关办理自理报关登记注册手续，办理"中华人民共和国海关进出口货物收发货人报关注册登记证书"。

【步骤一】打开 IE 浏览器，输入海关总署网址 http://customs.gov.cn，进入到海关总署网站主页（见图 1-13）。在上方选择"服务版"中的"办事指南"单击进入。

图　1-13

【步骤二】在"办事指南"中,单击进入"企业管理"页面(见图1-14)。

图　1-14

【步骤三】在"企业管理"页面中的左侧选择"注册登记指南"中的"报关单位"(见图1-15)。

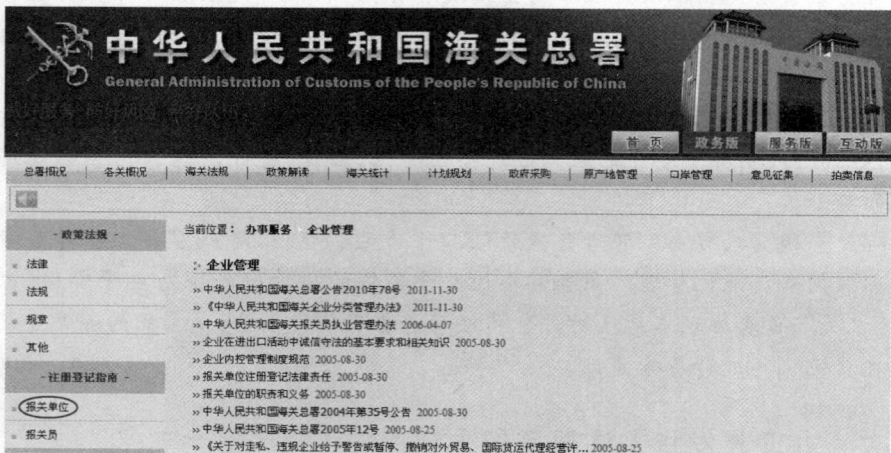

图　1-15

【步骤四】在报关单位注册登记指南中,单击"进出口货物收发货人(一般进出口企业)注册登记"(见图1-16),进入查看具体管理规定,按照要求填写和整理有关文件资料。

【步骤五】填写"进出口货物收发货人注册登记申请书"(见样例1-6)、"报关单位情况登记表"和"报关单位管理人员情况登记表"(略)。

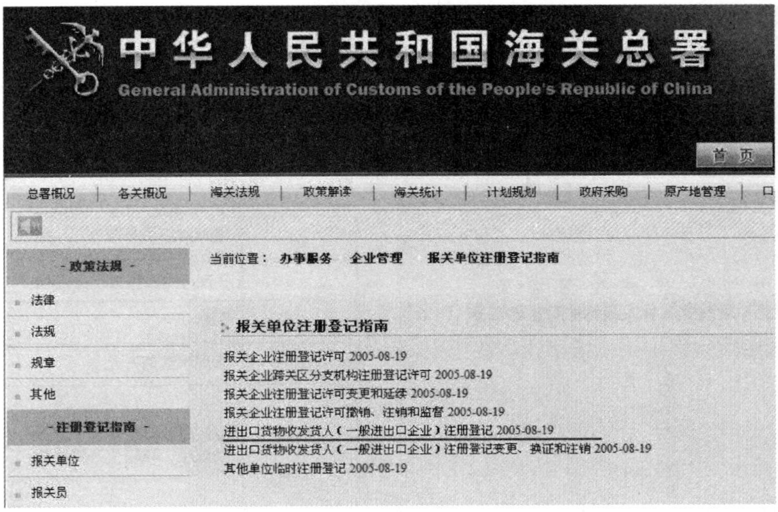

图 1-16

样例 1-6

进出口货物收发货人注册登记申请书

中华人民共和国___天津___海关：

　　我单位已经天津商务委(☒登记备案、□批准设立)，取得对外贸易经营权；并已在___天津___工商行政管理局领取了营业执照，具有缴纳进出口税费的能力。根据《中华人民共和国海关对报关单位注册登记管理规定》，特向贵关申请进出口货物收发货人注册登记，现提交以下文件资料及复印件。

　　☒《企业法人营业执照》副本复印件(个人独资、合伙企业或个体工商户提交营业执照)；

　　☒ 对外贸易经营者登记备案表复印件(法律、行政法规或者商务部规定不需要登记备案的除外)；

　　□《中华人民共和国外商投资企业批准证书》(限外商投资企业提供)；

　　☒ 企业章程复印件(非企业法人免提交)；

　　☒《税务登记证》复印件(国税、地税)；

　　☒《银行开户证明》复印件；

　　☒《组织机构代码证书》复印件；

　　☒《报关单位情况登记表》、《报关单位管理人员情况登记表》；

　　□ 其他与申请注册登记相关的材料。

以上提供的资料保证无讹，特请贵关准予办理注册登记手续。

法定代表人(签印)　高彤印　　申请单位(公章)

海 关 审 核 意 见

经办人员意见：

　　以上证件与正本核对无误，同意为该企业办理进出口货物收发货人注册登记手续。

海关注册编码：　　　　签字：　　　　年　月　日

主管领导批示：

　　　　　　　　　　签字：　　　　年　月　日

【步骤六】海关审核通过后,核发"中华人民共和国海关进出口货物收发货人报关注册登记证书"(见样例1-7),报关单位凭以办理报关业务。"中华人民共和国海关进出口货物收发货人报关注册登记证书"有效期限为3年。

样例1-7

QG08

中华人民共和国海关
进出口货物收发货人报关注册登记证书

海关注册登记编码 0201563488
注册登记日期 2007年7月18日

中华人民共和国

企业名称	浩海纺织品有限公司	
企业地址	天津市河西区珠江道86号	
法定代表人 (负责人)	高彤	
注册资本	人民币贰佰万元	
经营范围	纺织品、服装服饰、家用 纺织品、硅帽生产与经营	

主要投资者名称	出资额及比例
高彤	70%
赵毅	30%

备注:本证书有效期至2010年7月17日,报关单位应当在有效期届满前三十日至海关办理换证手续,逾期自动失效。

知识链接

报关注册登记制度与报关企业

报关注册登记制度是指进出口货物收发货人、报关企业向海关提供规定的注册登记申请材料,经注册地海关依法对申请注册登记材料进行审核,准予其办理报关业务的管理制度。

《中华人民共和国海关法》将报关单位划分为两种类型,即进出口货物收发货人和报关企业,其中报关企业又可分为专业报关企业和代理报关企业。

1. 进出口货物收发货人

进出口货物的收发货人是指依照《中华人民共和国对外贸易法》,向国务院对外经贸主管部门或其委托机构办理备案登记,并直接进口或出口有关货物的中华人民共和国关境内的法人、其他组织或个人。

2. 报关企业

报关企业是指按照海关规定向海关申请报关注册登记许可并经海关准予注册登记,接受进出口收发货人的委托,以进出口货物收发货人的名义或者以自己的名义,向海关办理代理报关业务、从事报关服务的境内企业法人,属于代理报关类型。

1.2.3 办理自理报检单位登记

高彤在办妥对外贸易经营者备案登记和自理报关手续后,鉴于其主营纺织品服装大多属于法检商品,出口之前必须办理报检手续,否则不允许出口。根据国家质检总局的有关规定,从事出入境检验检疫报检工作的自理报检单位在首次报检时须先向所在地的检验检疫机构办理备案登记手续,取得报检单位备案登记号,方可办理相关检验检疫报检手续。为此,高彤还需要向当地出入境检验检疫局申请办理检验检疫备案手续。

【步骤一】网上申请。

(1)从 2004 年 11 月 1 日起,自理报检单位的备案登记须在"中国电子检验检疫业务网"提出申请。打开 IE 浏览器,输入网址 http://www.eciq.cn 进入到中国检验检疫电子业务网主页(见图1-17)。

图 1-17

(2)单击"业务在线"下的"报检企业注册登记",进入到报检企业管理系统页面(见图1-18)。单击"新用户"并输入9位"企业组织机构代码",单击"注册"按钮。

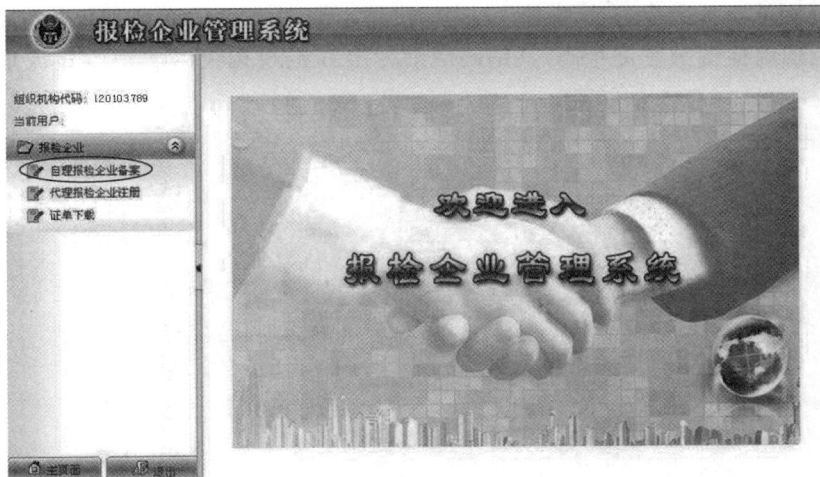

图 1-18

(3)单击"报检企业"下的"自理报检企业备案"(见图1-18)。

(4)在线填写自理企业基本信息后,单击"提交"按钮;如果发现有些信息填写有误,可以单击"重置"按钮进行修改,修改后再提交(见图 1-19)。

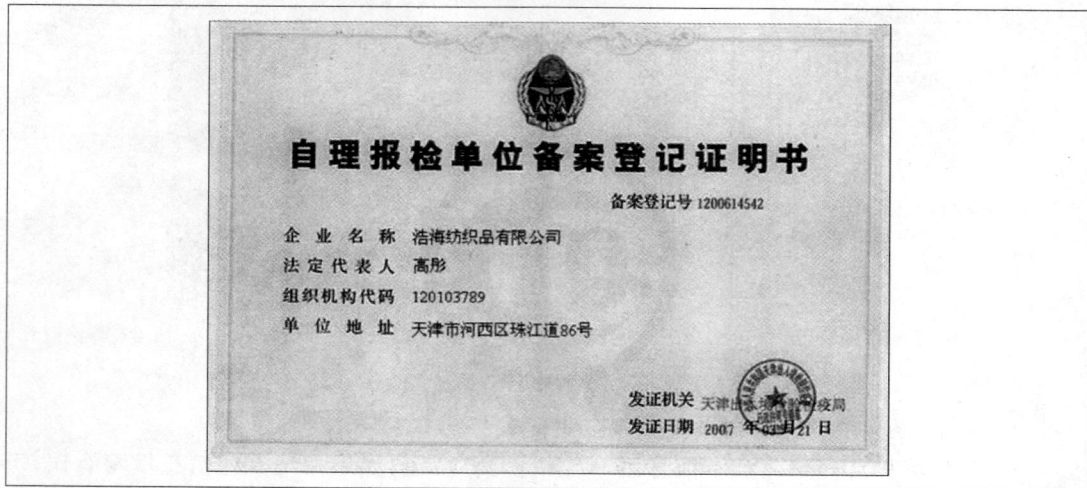

图　1-19

（5）记录登录密码、申请编号、打印注册登记申请表。

【步骤二】现场受理。

网上申请成功后,申请单位打印带有编号备案登记申请书,并提交"企业法人营业执照"复印件、组织机构代码证复印件。有进出口经营权的企业须提供有关证明材料,如资格证书或批准证书或《对外贸易经营者备案登记表》复印件、"中华人民共和国海关进出口货物收发货人报关注册登记证书"复印件等。

【步骤三】备案登记环节。

对审核合格的自理报检单位备案登记申请,由所在地检验检疫机构给予备案登记,现场签发"自理报检单位备案登记证明书"(见样例 1-8),企业今后凭证办理报检业务。申请单位取得 10 位的商检备案登记号码,其编码规则为"4 位局机构代码＋6＋5 位流水号"。

样例 1-8

知识链接

报检单位类型

报检工作是由报检单位的报检员负责的。报检单位是发生报检行为的主体,按照登记的性质可以分为自理报检单位和代理报检单位两种类型。

(1) 自理报检单位是指根据我国法律法规规定办理出入境检验检疫报检/申报,或委托代理报检单位办理出入境检验检疫报检/申报手续的出入境货物或其他报检物的收发货人、进出口货物的生产、加工、储存和经营单位等,在首次报检时必须办理备案登记手续,取得报检单位代码后,可办理相关检验检疫报检、申报手续。

(2) 代理报检单位是经检验检疫机构注册登记,依法接受有关关系人委托,为有关关系人办理报检/申报业务,在工商行政管理部门注册登记的境内企业法人。

从事代理报检的企业取得国家质检总局颁发的"代理报检单位注册登记证书"后,方可在规定的区域内从事代理报检业务。

1.2.4　办理出口退税登记

高彤在办妥办理检验检疫备案手续后,鉴于国家对纺织品出口实行出口退税制度,为享受出口退税,高彤接下来需要办理的是出口退税登记手续。

【步骤一】对外贸易经营者提出申请。

对外贸易经营者向所在地税务机关申请办理出口货物退(免)税开业认定手续,并领取"出口货物退(免)税认定表"一式两份,按要求逐项填写认定表。

【步骤二】税务机关受理。

对外贸易经营者按要求填好"出口货物退(免)税认定表",加盖有关印章并经法人代表签字后,连同附送资料一并报所属税务机关。经初审,表格内容填写完整、表达准确、资料齐全,税务机关即予以受理。

【步骤三】办理认定手续。

税务机关受理后,按照现行出口货物退(免)税政策规定和出口退税电子化管理的要求进行全面审核,通过中国税收管理信息系统 CTAIS(China Taxation Administration Information System)调阅出口企业税务登记信息、增值税一般纳税人资格认定信息、退税账户账号信息及企业法人营业执照信息,按照 CTAIS 流转程序进行审批。经 CTAIS 终审后,将有关内容录入出口退税审核系统。

【步骤四】资料归档并核发退税证。

通过以上审核,提交审批人签字(或签章)后,加盖公章(或业务专用章),退一份给出口企业,在系统中录入核准的出口货物退(免)税认定信息,将有关纸质资料归档,核发"出口企业退税登记证"(见样例1-9)。

知识链接

出口货物退(免)税登记

出口货物退(免)税登记是出口货物退(免)税管理的一个重要组成部分。根据《中华人

样例 1-9

民共和国税收征收管理法》和《出口货物退(免)税管理办法》的规定,出口企业必须办理"出口企业退税登记证"。办理出口企业退(免)税登记是退税机关了解出口企业组织结构、经营范围、法人地位、资产规模等情况,确定出口企业是否具备退(免)税资格的有效途径,也是主管退税机关确定出口企业是否符合规定的出口退(免)税条件、享受国家出口退(免)税优惠政策的首要环节,也是出口企业必须依据税法规定所履行的一项法律义务。

凡未办理出口货物退(免)税登记的企业一律不予办理出口货物退(免)税。

经商务部或其授权单位批准有进出口经营权的出口企业(包括外商投资企业),应在取得进出口经营权之日起 30 日内向所在地主管出口退(免)税的税务机关申请办理出口企业退(免)税登记证。没有进出口经营权的生产企业应在发生第一笔委托出口业务之前,持代理出口协议向所在地主管退(免)税的税务机关申请办理临时出口退(免)税登记证。

1.2.5 办理电子口岸入网申请

高彤在办妥进出口经营权登记备案、自理报关登记备案、自理报检登记备案等手续后,鉴于我国已成功搭建了公众数据中心和数据交换平台,接下来高彤要做的工作是申请中国电子口岸入网手续。

【步骤一】电子口岸入网审批环节。

(1)企业向数据分中心提出入网申请。

用户到数据分中心提出入网申请,并领取"中国电子口岸企业情况登记表"(下称 1 号表)、"中国电子口岸企业 IC 卡登记表"(下称 2 号表)。

(2)数据分中心脱机预录入企业信息。

数据分中心收取用户"中华人民共和国组织机构代码证"、"企业营业执照"、"国税登记证"、"中华人民共和国进出口企业资格证书"或"中华人民共和国外商投资企业批准证书"、

"报关单位登记注册证明"等复印件及已加盖公章的 1 号表和 2 号表,在本地录入企业申报数据。共 10 个表,分别为组织机构表、工商注册表、税务登记证、外贸批准证、投资者关系活动记录表、海关登记表、管理人员表、外汇登记表、银行账号表及 IC 卡登记表,前 6 个表分别按用户所交证件复印件录入,后 4 个表按 1 号表和 2 号表所填内容分别录入。

（3）数据分中心工作人员导入预录入数据并申报。

预录入完成后,数据分中心工作人员导入预录入数据并申报,打印"中国电子口岸企业入网资格审查记录表"(下称 3 号表)(略)交企业到技术监督局、工商局、税务局审批。

（4）技监审批。

企业持 3 号表和"中华人民共和国组织机构代码证"等证件到技术监督局审批备案信息。

（5）工商审批。

企业持 3 号表和"企业营业执照"等证件到工商局审批备案信息。

（6）税务审批。

企业持 3 号表和"国税（地税）登记证"等证件到国税（地税）局审批备案信息。

（7）数据分中心审批、制作企业法人卡。

企业持经技监、工商、税务盖章的 3 号表到数据分中心,数据分中心工作人员审批企业法人信息后,制作企业法人卡。

（8）持法人卡导入(或在线录入)操作员信息并申报。

持企业法人卡登录"身份认证管理"系统"制卡发卡"子系统,导入(或在线录入)企业操作员信息并申报。

（9）数据分中心审批、制作企业操作员卡。

数据分中心工作人员审批操作员信息后,制作企业操作员卡。

（10）企业领卡、购买设备和 95199 或 17999 上网卡。

企业领取 IC 卡和读卡器、安装盘等,登录中国电子口岸网站(www. chinaport. gov. cn)"在线售卡"子系统购买 95199 卡或到当地电信部门购买 17999 卡。

（11）持法人卡导入(或在线录入)企业备案数据和 IC 卡备案数据。

企业持企业法人卡登录身份认证管理系统"企业管理"子系统,导入(或在线录入)向商务局、海关、外管局备案的企业备案数据、企业权限数据、IC 卡备案数据和 IC 卡权限数据并申报。为了使用出口收汇系统,须向外汇管理局申报出口收汇权限。

（12）分别到商务局、海关、外汇局进行审批。

企业持相关证件分别到商务局、海关、外管局进行审批。

（13）企业持卡登录电子口岸开展业务。

企业安装软、硬件后,通过电子口岸综合服务网(www. chinaport. gov. cn)中的"在线购卡"网上申购 95199 上网卡。95199 上网卡分为 95199 计时接入卡(不受网络限制,可以是宽带,也可以是拨号)和 95199 包时接入卡(必须是宽带)两种,用户可自行选择购买后登录电子口岸。如果企业业务量较小,也可以到当地的电信部门购买 17999 计时卡,通过拨号上网,登录电子口岸。

【步骤二】中国电子口岸登录环节。

（1）打开 IE 浏览器,输入 http://www. chinaport. gov. cn/pub,登录中国电子口岸

（见图 1-20），插入操作员 IC 卡，输入初始密码 88888888，单击"确认"按钮进入中国电子口岸。

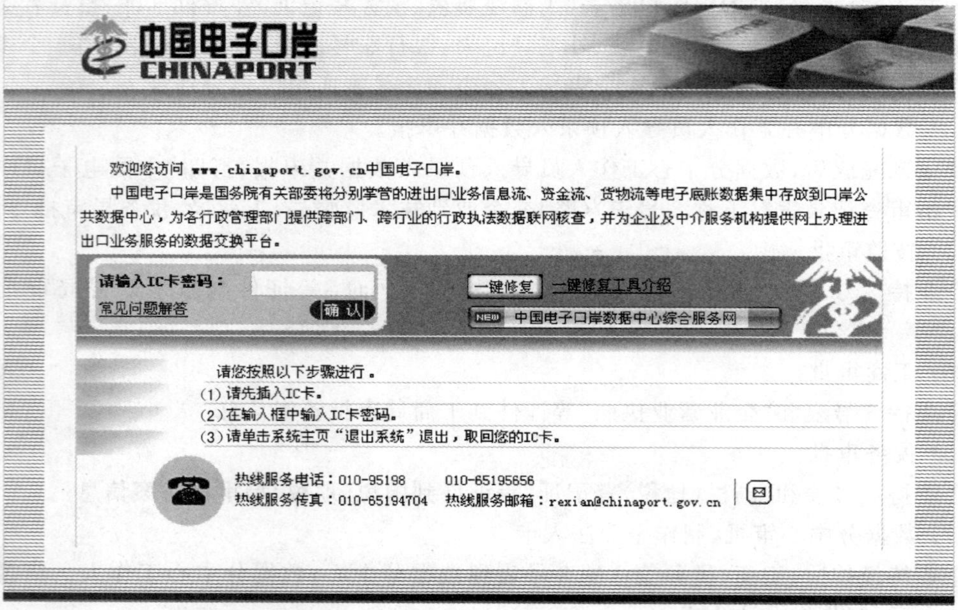

图　1-20

（2）系统会提示优先要修改密码（见图 1-21），若不修改密码所有的子系统都是灰色的，无法点击进入。只有修改密码后再次进入，子系统的名称颜色变成暗红色时，方可进行相关操作。

图　1-21

（3）修改密码后重新登录电子口岸，单击进入"95199 卡注册"子系统（见图 1-22）。

（4）在接入卡系统中选择"注册卡号"，并根据企业实际购买的上网卡类型单击"95199

图　1-22

计时卡"或"95199包时卡",输入卡号和密码,单击"注册"按钮,系统弹出提示框后,再次核对95199上网卡卡号,确认无误后,单击"确定"按钮(见图1-23)。

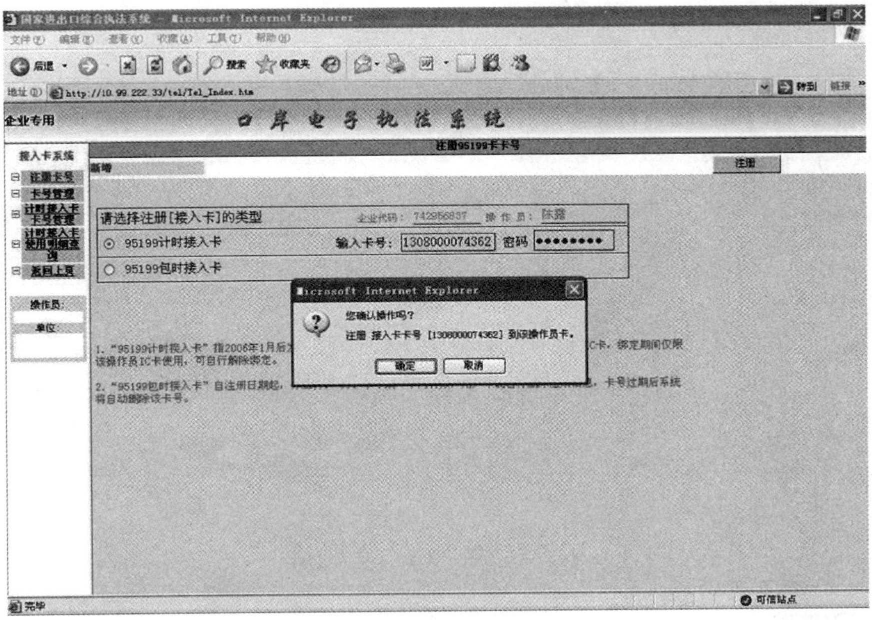

图　1-23

　　(5)系统出现"企业购买95199计时接入卡注册接受条款内容"对话框,单击"接受"按钮(见图1-24)。

　　(6)系统会提示"注册成功!重新登录后即可使用各业务系统",至此中国电子口岸已经成功开通(见图1-25)。

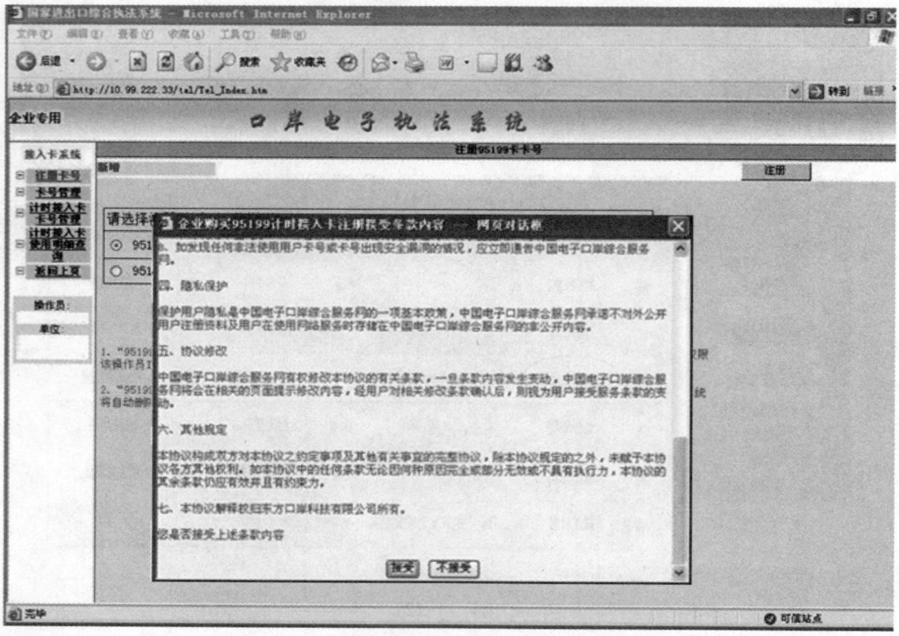

图　1-24

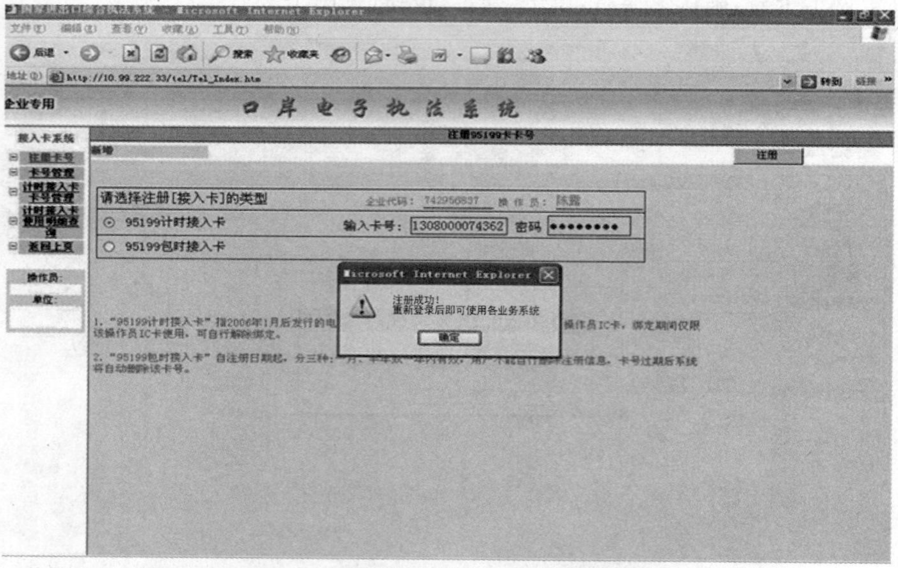

图　1-25

知识链接

中国电子口岸执法系统

中国电子口岸执法系统(简称"中国电子口岸")是一个公众数据中心和数据交换平台,依托国家电信公网,实现工商、税务、海关、外汇、外贸、质检、银行等部门以及进出口企业、加工贸易企业、外贸中介服务企业、外贸货主单位的联网,将进出口管理流信息、资金流信息、货物流信息集中存放在一个集中式的数据库中,随时提供国家各行政管理部门进行跨部门、跨行业、跨地区的数据交换和联网核查,并向企业提供应用互联网办理报关、结付汇核销、出口退税、网上支付等实时在线服务。其主要功能有:数据交换功能、事务处理功能、身份认证功能、存证举证功能、标准转换功能、查询统计功能、网上支付功能和网络隔离功能。

中国电子口岸的建成和推广应用,标志着国家电子政务系统中的海关"金关工程"已从设计开发转入实际运行阶段,并且在整顿和规范经济秩序,促进对外贸易发展方面产生了巨大的经济效益和社会效益。其主要作用表现在:强化监督管理、实现综合治理、规范执法行为、促进政务公开、提高贸易效率、降低贸易成本、促进中国电子政务的发展、促进中国电子商务的发展。

1.3　调研国际市场行情

工作内容

若想让产品成功进入国际市场,任何企业都不能忽略国际市场调研环节。进行国际市场调研,了解国际市场行情,做到知己知彼,才能成功将产品出口到国际市场。为此,高彤就拟开发的特种防护面料制防护服进行相关的国际市场调研工作。

操作过程

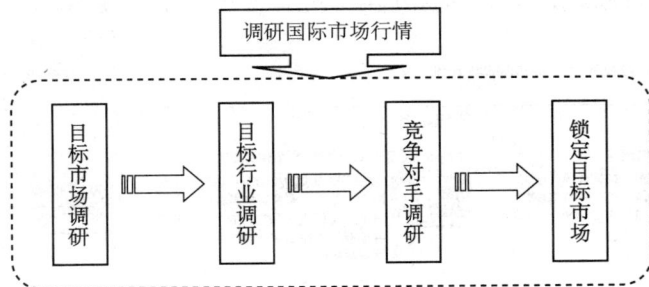

【步骤一】搜索目标市场经济情况。

(1) 打开 IE 浏览器,输入网址 www.ec.com.cn,登录到中国国际电子商务网网站(见图 1-26)。

(2) 单击首页上方的"贸易"栏,然后选择"海外市场",再选择"国别市场",进入到欲开发市场(见图 1-27)。

(3) 如果想开发欧洲市场,单击"欧洲",会看到欧盟所有国家的国旗,选中一个国家进入,进一步了解该国的政策法规、市场指南、贸易环境、商务机构、市场准入等各个方面的情况(见图 1-28)。

(4) 经过对多个不同国家的筛选,假设企业暂时锁定英国作为目标市场(见图 1-29)。

【步骤二】搜索行业市场信息。

鉴于我国是纺织品服装出口大国,中国的纺织品服装出口占有一定优势,故将行业目标

图 1-26

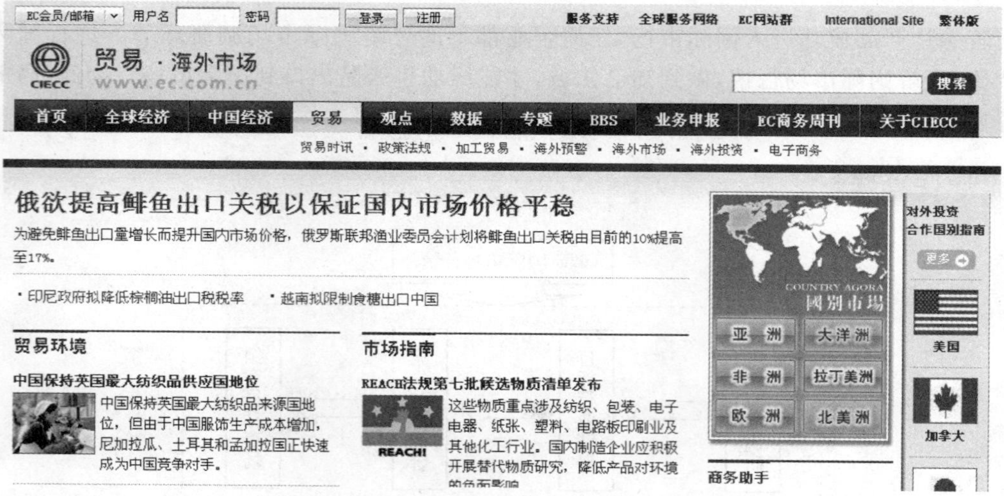

图 1-27

锁定为纺织服装。

（1）打开 IE 浏览器，输入网址 www. texindex. com. cn，登录到中华纺织网（见图 1-30）。

（2）从网站首页上方，可以浏览查看"资讯"、"供应"、"求购"、"生意圈"、"企业"、"产品"、"展会"、"行情"、"招聘"、"论坛"、"采购商"、"家纺网"及"纺机网"等方面的信息，单击相应的链接即可查看了解纺织服装行业相关信息。

同时该网站下面有很多合作伙伴的链接，都是与纺织服装有关的行业网站，如中国纺织网（http://www. texnet. com. cn）、慧聪纺织网（http://www. textile. hc360. com）、山东纺织网（http://www. sdtex. gov. cn）等，可以了解到更多的纺织服装行业信息。

经过不断查阅信息，综合考量，企业暂时选中"特种防护面料制防护服"作为开发的产品，打算推销到英国市场。

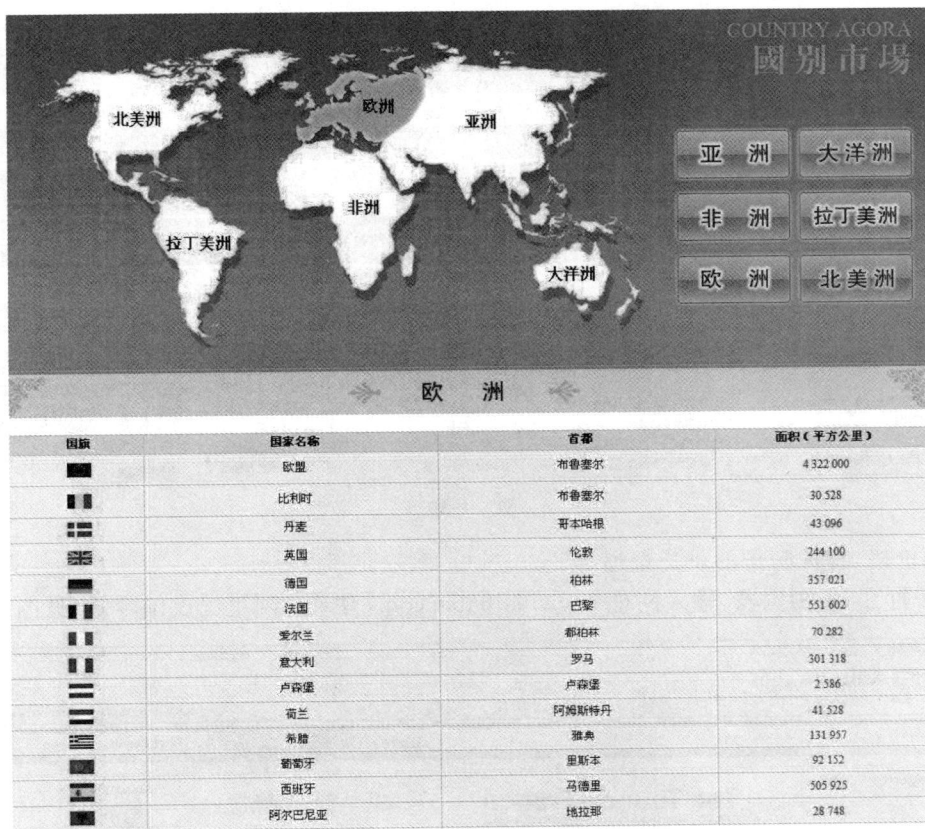

图　1-28

图　1-29

【步骤三】了解竞争对手情况。

了解英国及欧盟的主要特种防护服的生产商、供应商信息，了解他们供应产品的信息，

图　1-30

如质地、价格、特种防护的供货渠道等。

（1）打开 IE 浏览器，输入网址 www. alibaba. com，登录到阿里巴巴国际站（见图 1-31）。

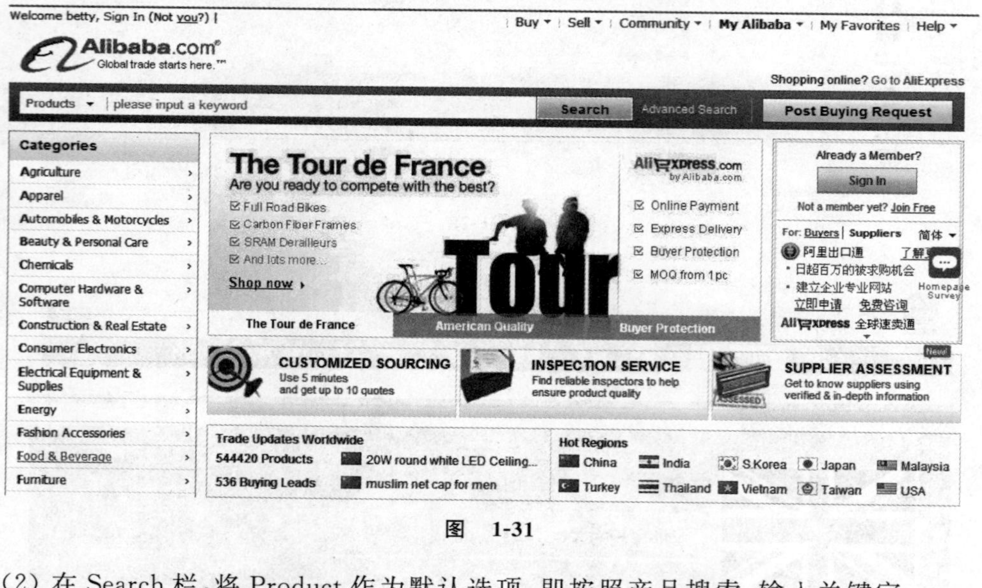

图　1-31

（2）在 Search 栏，将 Product 作为默认选项，即按照产品搜索，输入关键字 coverall＋importer＋uk 后，单击 Search 按钮，会看到与搜索产品相关的列表（见图 1-32），选择其中的两个链接单击进入，可以了解到阿联酋供货商和英国本土供货商供应同类产品的详细情况。

（3）首先单击 ZAKER TRADING LLC 链接，进入后可了解该阿联酋的客户是防护服的生产商、分销商和批发商，该客户供应的防护服面料多是全棉和涤棉的，价格区间在 USD12～15/PC FOB，主要市场是中东地区，以及该客户详细的联系方式和公司网站（http://www. zakerdubai. com）等信息。

然后单击 Outland Safety ＆ Industrial Products（A Division of OAASIS Group Ltd. ）链接，进入后可了解到该客户是英国一个专门经营安全防护用品公司的贸易公司、分销商和

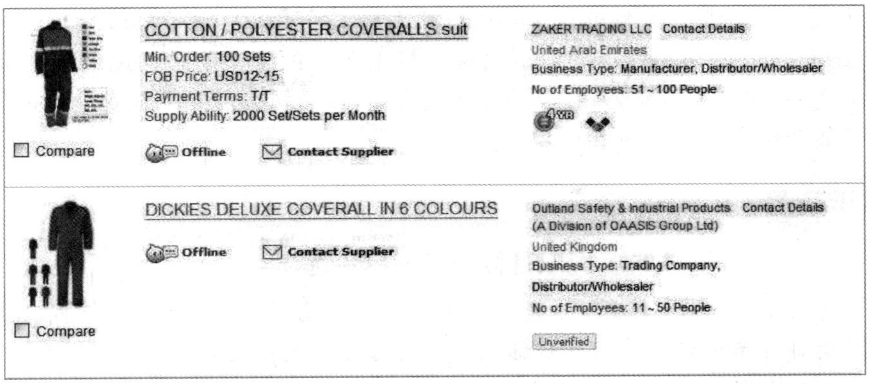

图　1-32

批发商,所经营的防护用品种类齐全,不仅有防护服装、防护帽,而且有防护手套、防护鞋等。在阿里巴巴国际站上不仅可以看到该客户详细的联系方式而且还可以看到该公司的网站(http://www.outlandsafety.co.uk)和店铺网站(http://www.outlandsales.co.uk)等信息(见图 1-33)。

图　1-33

经过认真分析,高彤认为英国 Outland Safety & Industrial Products(A Division of OAASIS Group Ltd.)公司作为锁定的目标市场上英国的安全防护用品的供货商,是我们的竞争对手之一,但作为贸易公司、分销商和批发商,该公司也需要采购安全防护用品,因此该客户有可能会转化为我们的潜在客户。

🐭 知识链接

国际目标市场的模式选择

在国际市场上,大多数企业通常是先进入最有吸引力的目标市场,以后再酌情有计划、有组织地扩大目标市场范围。国际目标市场范围选择模式一般有以下5种。

(1) 产品专业化:企业生产一种产品来满足不同细分市场的顾客需要,采用这种模式有利于在某一产品领域树立较好的声誉。如日本的 YKK 公司只生产拉链这一类产品,满足不同顾客群对拉链产品的需要,成为市场口碑极佳的专业拉链制造商。

(2) 市场专业化:企业专注于某一个细分市场,向该市场供应不同种类的商品。例如某厂商专门生产满足野外运动爱好一族各种需求的产品,从露营的帐篷、运动鞋、运动服、背包、烧烤炉、水壶等;渔具商店专门为钓鱼爱好者提供渔竿、帐篷、遮阳伞、渔筏等用具。采用这种模式有利于盯住某一类顾客,特别是高端顾客群,发展同他们的关系,实现反复销售和交叉销售。

(3) 单一集中化:企业只出口一种产品,集中供应一个目标市场。选择这一模式一般为中小企业或初次进入某市场的企业。例如某外贸厂家只出口儿童睡衣,其产品就是儿童睡衣,目标市场就是儿童市场。

(4) 选择专业化:企业有选择地进入几个不同的细分市场,为不同细分市场的消费者提供不同的产品。例如某外贸纺织品公司把市场细分为男装、女装、童装市场,选择女装和童装市场,生产出口各种女士服装和儿童服装,就是选择专业化,采用这种方式可以分散一定的市场风险。

(5) 全面进入型:企业全方位进入各个细分市场,为各个细分市场的消费者提供满足他们不同需要的各类产品。这是一种全面开花的方式,一般只有实力雄厚的大企业才有能力做到。

1.4 熟悉出口商品及其监管条件

熟悉了解经营的产品,包括采用的原材料、简单的生产工艺、质量标准要求、市场价格水平、产品的包装及用途要求等,这是做好开拓国际市场的前提条件,争取做到是所经营产品的行家里手,这样才能赢得国外客户的信任。同时还需要了解我国海关对该产品的监管条件,及时申领各种证书,这样才能保证把产品顺利报关出境。

1.4.1 熟悉出口商品

工作内容

高彤在锁定欧盟为特种面料制防护服为目标市场后,摆正其面前的首要任务尽快熟悉该产品,为此高彤不仅到生产厂家熟悉面料的技术指标、商品的生产流程,而且借助网络更加深入细致地熟悉该商品。

操作过程

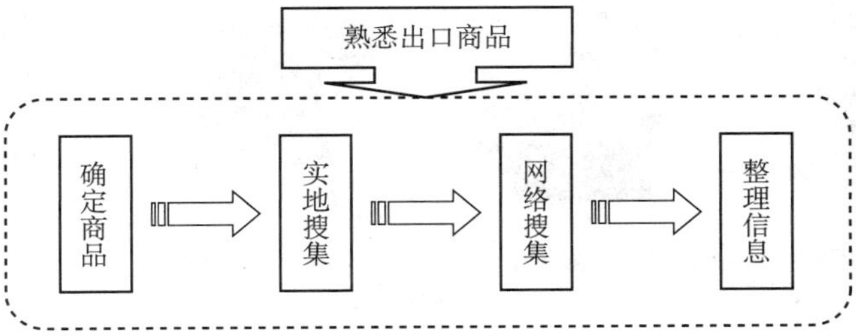

熟悉出口商品

确定商品 → 实地搜集 → 网络搜集 → 整理信息

【步骤一】打开 IE 浏览器,输入阿里巴巴中国站网址 www.china.alibaba.com(见图 1-34)。

图 1-34

【步骤二】在产品搜索框内输入关键字"特种面料服装",然后单击"搜索"按钮(见图 1-35)。初次搜索可以将产品名称的内涵定得宽泛些,然后不断缩小范围,使查找的结果更精准。

图 1-35

网页会显示许多有关特种面料服装的图片和供应商信息(见图1-36),经过仔细浏览会发现新乡市创伟特种织物有限公司生产的特种面料服装款式较多,并且是专业生产厂家,故选择该供货商作为目标供货商,做进一步了解。

图 1-36

【步骤三】选择该供货商第一款服装图片,进一步浏览该供应商详细产品信息(见图1-37)。

图 1-37

从网站上了解到该供货商是一家专业从事功能性面料研发的,集新产品开发、研究、生产、贸易为一体的生产型企业。所有产品均符合国家标准、欧美标准。公司拥有织造部、染整部、服装部、质检部等。其工程技术人员已有多年开发各种功能面料的经验,并与国内多家从事功能性面料研制的科研单位、原料生产企业有着紧密合作的关系,成功开发出一系列高层次的产品。目前已形成的系列产品有如下6种。

(1)荧光面料:涤棉交织布荧光、T/C荧光。涤纶布荧光、腈氯纶/棉荧光。均可达到EN471标准,且拥有荧光度证书。

(2)阻燃面料:永久性阻燃,有CP阻燃和普鲁本(Proban)式阻燃,克重150～350g/m²,

面料有纯棉、CVC、棉锦、棉麻面料功能性阻燃,通过 TUV、SGS 等权威机构检测达到 EN ISO 11612(原 EN531)、EN ISO 11611(原 EN470)、EN ISO 14116(原 EN533)。

（3）防静电面料:全棉、涤棉、棉涤、全涤等多种防静电面料,选用进口或国内优质的导电丝,分为镶嵌性和混纺式织造,导电性能通过 EN1149 标准、GB/T 12703—1991 标准。

（4）防酸碱面料:执行标准 GB 12012—1989、GB/T 3923—1997。

（5）三防面料:织物具有防油、防水、易去污功能,选用进口或国产助剂进行后加工,执行标准 GB/T 14577—93,也可配 Teflon 吊牌。

（6）其他特种面料:防红外线整理(军队用品),迷彩面料,芳纶面料,腈氯纶/棉面料。

公司的联系方式(见样例 1-10)。

样例 1-10

新乡市创伟制衣有限公司
联 系 人:程琦先生
电　　话:86 0373 3669052
移动电话:15517321539
传　　真:86 0373 5010218
地　　址:河南省新乡市平原路东段国贸大厦 C 座 703A
邮　　编:453000
公司主页:http://www.xxcwtex.com
　　　　　http://xxcwtex.cn.alibaba.com

【步骤四】经过搜集筛选各种信息,高彤制作出产品信息表(见表 1-1)。

表 1-1　产品信息表

产品图片(Picture)	产品描述(Goods Description)
	产品:特种面料制防护服 Commodity:Protective suit made by special fabric 款式号:FHF—0018 Style No.:FHF—0018 面料:涤棉纱卡(65％涤 35％棉) Fabric:Twill(65％ polyester　35％ cotton) 纱支密度:21×21　120×60 Yarn count and density:21×21　120×60 后整:防火阻燃 Finishing:fire retardant 颜色:橘红色、蓝色(可按照客户要求) Color:Nacarat,blue(as per client's request) 尺码:S M L XL XXL(可按照客户要求) Size:S M L XL XXL(as per client's request) 包装:每套入一塑料袋,10 套入一出口纸箱 Packing:1 set/plastic bag,10 sets to a carton 纸箱尺码,cm:30×35×40 Size of carton,cm:30×35×40

36

知识链接

面料的种类

纺织品面料种类繁多,可以从不同角度对其进行分类,列举如下。

1. 按不同的加工方法分类

(1) 机织物:由相互垂直排列即横向和纵向两系统的纱线,在织机上根据一定的规律交织而成的织物。有牛仔布、织锦缎、板司呢、麻纱等。

(2) 针织物:由纱线编织成圈而形成的织物,分为纬编和经编。①纬编针织物是将纬线由纬向喂入针织机的工作针上,使纱线有顺序地弯曲成圈,并相互穿套而成。②经编针织物是采用一组或几组平行排列的纱线,于经向喂入针织机的所有工作针上,同时进行成圈而成。

(3) 非织造布:将松散的纤维经黏合或缝合而成。目前主要采用黏合和穿刺两种方法。用这种加工方法可大大地简化工艺过程,降低成本,提高劳动生产率,具有广阔的发展前景。

2. 按构成织物的纱线原料分类

(1) 纯纺织物:构成织物的原料都采用同一种纤维,有棉织物、毛织物、丝织物、涤纶织物等。

(2) 混纺织物:构成织物的原料采用两种或两种以上不同种类的纤维,经混纺而成纱线所制成,有涤粘、涤腈、涤棉等混纺织物。

(3) 混并织物:构成织物的原料采用由两种纤维的单纱经并合而成的股线所制成,有低弹涤纶长丝和中长混并,也有涤纶短纤和低弹涤纶长丝混并而成的股线等。

(4) 交织织物:构成织物的两个方向系统的原料分别采用不同纤维纱线,有蚕丝人造丝交织的古香缎,尼龙和人造棉交织的尼富纺等。

3. 按构成织物原料是否染色分类

(1) 白坯织物:未经漂染的原料经过加工而成织物,丝织中又称生货织物。

(2) 色织物:将漂染后的原料或花式线经过加工而成织物,丝织是又称熟货织物。

4. 按组成机织物的组织结构分类

(1) 平纹:平纹织物是用平纹组织(经纱和纬纱每隔一根纱就交织一次)织成的织物叫平纹织物。

(2) 斜纹:斜纹织物经纱和纬纱至少隔两根纱才交织一次,采用添加经纬交织点,改变织物组织结构,统称为斜纹织物。

(3) 缎纹:缎纹织物(缎子)是由三种基本的织物组织之一的缎纹组织织成的纺织品。缎纹织物的经纱或纬纱在织物中形成一些单独的、互不连接的经组织点或纬组织点,布面几乎全部由经纱或纬纱覆盖,表面似有斜线,但不像斜纹那样有明显的斜线纹路,经纬纱交织的次数更少,具有平滑光亮的外观,质地较柔软等特点。但缎纹织物中的浮长线容易磨损、起毛或纤维被勾出,这类织物的强度低于平纹织物和斜纹织物。

5. 按后整理工艺分类

(1) 防水透湿织物:该织物的开发主要有高密度织造、织物涂层和微孔薄膜层压复合三种方法,其中以聚四氟乙烯防水透湿层压复合加工最为典型。由于聚四氟乙烯微孔薄膜具有一定的接触角和微孔半径,故有一定的耐水压和透湿性能,采用双向拉伸聚四氟乙烯微孔薄膜生产的层压织物具有防水性、防风性和透湿性等功能。

（2）抗菌防臭织物：抗菌保健织物可采用共混纺丝法和后整理加工法进行生产。共混纺丝法是在聚合阶段、聚合终了或纺丝喷口前以及纺丝原液中将抗菌剂加入纤维中的方法；后整理加工法则是将抗菌剂热固在纤维上，从而达到抗菌防臭的目的。

（3）阻燃纺织品：一种是通过将阻燃剂单体与高聚物共聚或在聚合体中加入阻燃剂经混溶加工制成共混纤维，再织成阻燃织物；另一种是采用喷涂、浸轧或涂层的方法用阻燃剂对织物进行处理，当遇到火种时发生物理和化学反应，从而达到阻燃效果。

1.4.2　熟悉海关监管条件及产品退税率

工作内容

高彤在基本熟悉特种面料防护服的基础上，需要进一步查询该商品的海关编码、海关监管条件及其退税率，为今后核算商品价格及顺利出口做好基础性工作。

操作过程

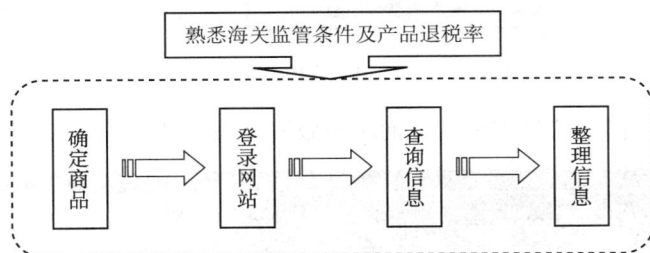

【步骤一】打开 IE 浏览器，输入海关总署网址 http://www.customs.gov.cn（见图1-38）。

图　1-38

【步骤二】选择服务版中的"网上查询"栏目,单击进入海关网上服务大厅(见图1-39)。

图 1-39

【步骤三】单击"商品信息查询",查询防护服海关编码及监管条件(见图1-40)。

图 1-40

【步骤四】在商品信息查询页面显示可"按编码或名称查询商品信息",鉴于特种面料制防护服是浩海纺织品有限公司刚刚开发的产品,高彤不熟悉其确切商品编码,故首先采用名称查询的方法查找该商品信息,在查询商品信息框中输入名称"防护服"并输入随机产生的验证码,单击"确定"按钮后,查询结果列明的全部是无纺布制医用防护服(见图1-41)。这样的查询结果与高彤拟开发的产品信息相差甚远,高彤结合商品自然属性、用途改用商品大类的编码进行再次查询。

【步骤五】特种面料防护服应归入服装大类,且为男士穿用的服装,其大类税目号是"6203"。高彤在查询商品信息框中输入"6203",并输入随机产生的验证码,单击"确认"按钮,就会看到"不同材质西服套装"和"不同材质的便服套装"。高彤需要开发的特种防护面

图　1-41

料制防护服面料质地为 65％涤纶、35％棉,故防护服应归入"其他合纤制其他男式便服套装
（工业及职业用）",其海关编码是 6203230091（见图 1-42）。

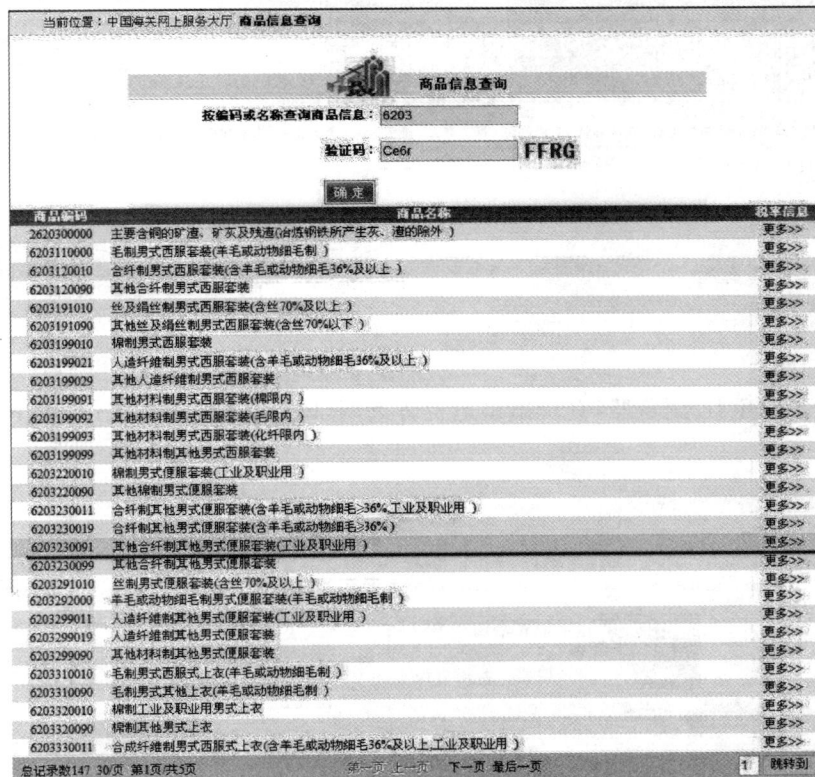

图　1-42

【步骤六】单击最左列"商品编码"或最右列"税率信息"下对应的更多,就会看到该款服
装详细信息（见图 1-43）,获悉该商品的海关监管条件是 B。

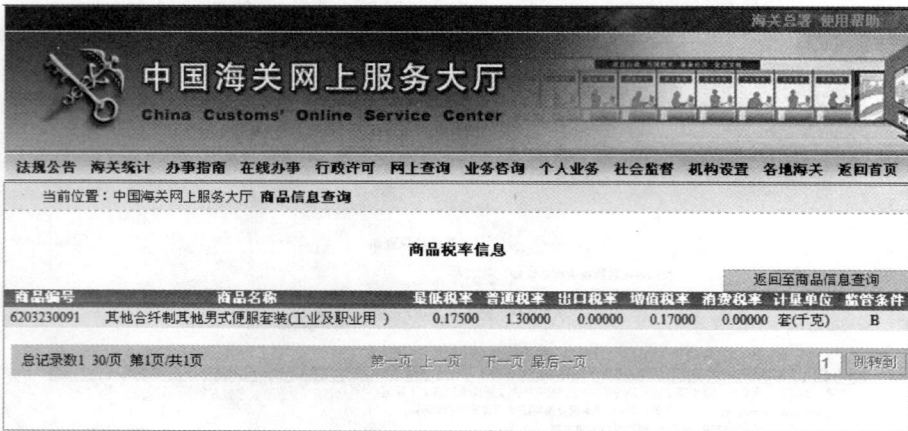

图　1-43

【步骤七】单击监管条件标识 B 获悉该产品出口时需要向海关提交出境货物通关单,即该商品属于法检商品,出口前必须要向出入境检验检疫局办理报检手续(见图 1-44)。

图　1-44

【步骤八】打开 IE 浏览器,登录出口退税咨询网(http://www.taxrefund.com.cn)(见图 1-45)。

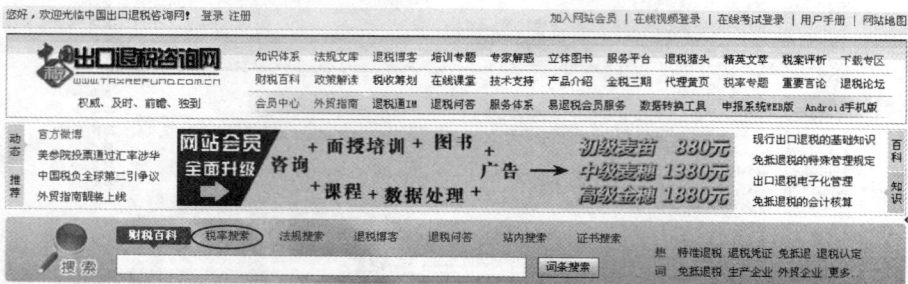

图　1-45

【步骤九】在搜索框中单击"税率搜索",进入到出口产品税率搜索框中(见图 1-46)。

【步骤十】因为不同产品在不同时间段退税率不同,高彤首先在年份的下拉框中选择适

图　1-46

宜的年月，在类型的选框中选择按"海关商品码"查询，输入刚刚查询到的特种面料制防护服"6203230091"，单击"搜索"按钮（见图1-47）后，系统会显示不同起止时间段该产品的不同出口退税率（见图1-48），从中获悉高彤开发的防护服产品当时的出口退税率为11%。

图　1-47

您所在位置：首页 -> 税率查询 -> 查询结果

您要查询的是：6203230091
自2008年2月1日起，海关商品代码统一升级为10位，原8位代码已不适用！

共有符合条件的资料3条，共 1 页　　首页　前一页　下一页　页码：[1]

商品名称	海关商品码	单位代码	商品码单位	征税税率/%	退税税率/%	起始日期	终止日期
其他合纤制其他男式便	6203230091	01	套	17	11	2007-7-1	2100-12-31
其他合纤制其他男式便	6203230091	01	套	17	13	2004-1-1	2004-12-31
其他合纤制其他男式便	6203230091	01	套	17	13	2005-1-1	2007-6-30

图　1-48

知识链接

《商品名称及编码协调制度》

　　《商品名称及编码协调制度》简称《协调制度》，又称 H.S(The Harmonized Commodity Description and Coding System)，是指在原海关合作理事会商品分类目录和国际贸易标准分类目录的基础上，协调国际上多种商品分类目录而制定的一部多用途的国际贸易商品分类目录。在现实工作中，为了适用于海关监管、海关征税及海关统计，需要按照进出口商品的性质、用途、功能或加工程度等将商品准确地归入《协调制度》中与之对应的类别和编号。我国海关自1992年起采用该制度，并以其为基础结合我国实际进出口货物情况，编制了《中华人民共和国海关进出口税则》和《中华人民共和国统计商品目录》。

　　《协调制度》是一部系统的国际贸易商品分类目录，所列商品名称的分类和编排是有一定规律的。从类来看，它基本上是按社会生产的分工（或称生产部类）分类的，它将属于同一生产部类的产品归在同一类里；从章来看，基本上按商品的属性或用途分类。第1～83章（第64～66章除外）基本上是按商品的自然属性分章，而每章的前后顺序则是按照动物、植物、矿物先后排列的。

重点内容概要

　　任务一重点内容框架如图1-49所示。

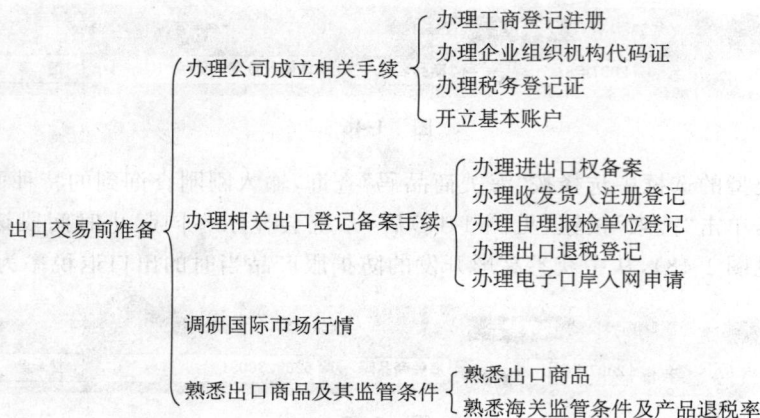

出口交易前准备 ┤

办理公司成立相关手续 ┤
办理工商登记注册
办理企业组织机构代码证
办理税务登记证
开立基本账户

办理相关出口登记备案手续 ┤
办理进出口权备案
办理收发货人注册登记
办理自理报检单位登记
办理出口退税登记
办理电子口岸入网申请

调研国际市场行情

熟悉出口商品及其监管条件 ┤
熟悉出口商品
熟悉海关监管条件及产品退税率

图 1-49

同步训练

一、单选题

1. 下列( )证书号是企业唯一的身份识别号,其作用相当于单位的身份证号。

A. 税务登记证   B. 开户许可证

C. 组织机构代码证   D. 工商登记证

2. 企业向( )提出办理进出口权备案申请,以成为对外贸易经营者,否则海关不予办理进出口的报关验放手续。

A. 海关   B. 外汇管理局

C. 质检总局   D. 商务部

3. 《海关法》将报关单位划分为_____种类型,其中报关企业又分为_____报关企业、_____报关企业。( )

A. 一 自理 代理   B. 二 专业 代理

C. 三 自理 代理   D. 四 专业 代理

4. ( )的建成和推广应用,标志着国家电子政务系统中的海关"金关工程"已从设计开发转入实际运行阶段。

A. 中国电子口岸   B. 电子报关系统

C. 电子报检系统   D. 电子制单系统

5. 我国海关自( )年起采用协调制度,并以其为基础结合我国实际进出口货物情况,编制了《中华人民共和国海关进出口税则》和《中华人民共和国统计商品目录》。

A. 1991   B. 1992   C. 1993   D. 1994

二、多选题

1. 根据股东对公司所负责任的不同,可以把公司划分为( )。

A. 无限和有限责任公司   B. 两合公司

C. 股份有限公司   D. 股份两合公司

2. 人民币结算账户按用途分类有( )。

  A. 基本存款账户   B. 一般存款账户

  C. 专用存款账户   D. 临时存款账户

3. 纺织品面料按组成机织物的组织结构分类包括有（   ）。

  A. 贡缎   B. 平纹   C. 斜纹   D. 缎纹

4. 国际目标市场范围选择模式除了有单一集中化和市场专业化外,还包括有（   ）。

  A. 产品专业化   B. 目标扩大型

  C. 选择专业化   D. 全面进入型

5. 办理相关出口登记备案手续,除办理进出口权备案外,一般还包括有（   ）。

  A. 电子口岸入网   B. 收发货人注册登记

  C. 自理报检单位登记   D. 出口退税登记

三、判断题

1. 由无限责任股东和有限责任股东共同组成的公司为股份两合公司。   （   ）

2. 新公司到工商管理局办理注册手续时,首先要进行名称预先核准申请。只有通过预审核,工商管理局才会签发"企业名称预先核准通知书"。   （   ）

3. 作为进出口货物收发货人,从事进出口活动,需要在属地海关办理自理报关登记注册手续。   （   ）

4. 报检单位是发生报检行为的主体,按照登记的性质可以分为专业报检单位和代理报检单位两种类型。   （   ）

5. 凡未办理出口货物退（免）税登记的企业一律不予办理出口货物退（免）税。   （   ）

出口贸易磋商

能力目标

- 了解开发寻找国外潜在客户的途径
- 熟悉出口报价及还价的核算方法
- 掌握与国外客户往来邮件的拟写规范

知识目标

- 了解调研国外客户资信的主要内容
- 熟悉交易磋商的主要环节及其主要内容
- 掌握接受及出口合同生效的条件

经过前期的出口交易前准备工作,浩海纺织品有限公司取得了经营出口贸易的一切资质条件,并且也进行了深入细致的国际市场调研,获悉用特种面料制成的服装在欧盟有较大的需求,接下来高彤需要做的工作是进一步开发寻找潜在客户,并与其建立业务关系,进行实质性的交易磋商。

2.1 开发寻找国外潜在客户

工作内容

高彤获悉欧盟特别是英国市场对特种面料制的防护服有较大需求后,接下来的工作是寻找潜在客户,以期与之建立业务关系。

操作过程

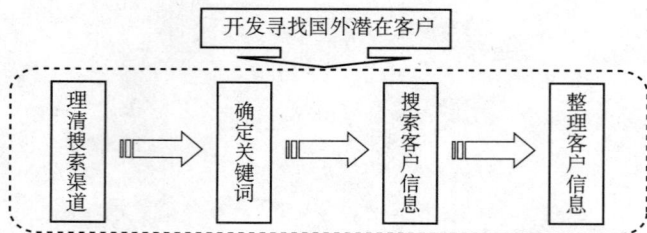

寻找客户的方法有很多,在网络时代高速发展的今天,网络搜索客户的渠道不失是一种便捷、经济的方法。鉴于高彤把目标市场锁定在欧洲,记录 35 个欧盟国家工商名录的欧洲黄页自然成为首选的渠道。该网站使用 26 种语言,浏览方便快捷,其中 40 万家企业是欧洲 35 个国家中具有大量采购能力的买家。现以此为例,寻找特种面料制防护服潜在客户。

【步骤一】打开 IE 浏览器,输入欧洲黄页网址 http://www.europages.com(见图 2-1)。

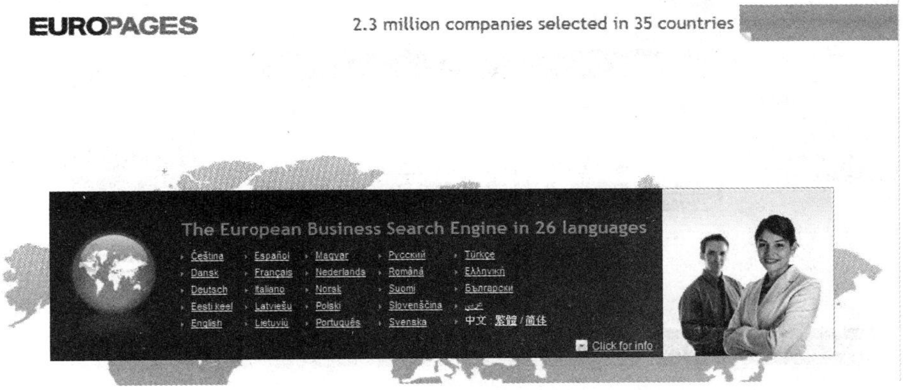

图　2-1

【步骤二】欧洲黄页提供有 26 种语言供选择,选择简体中文(见图 2-2)。

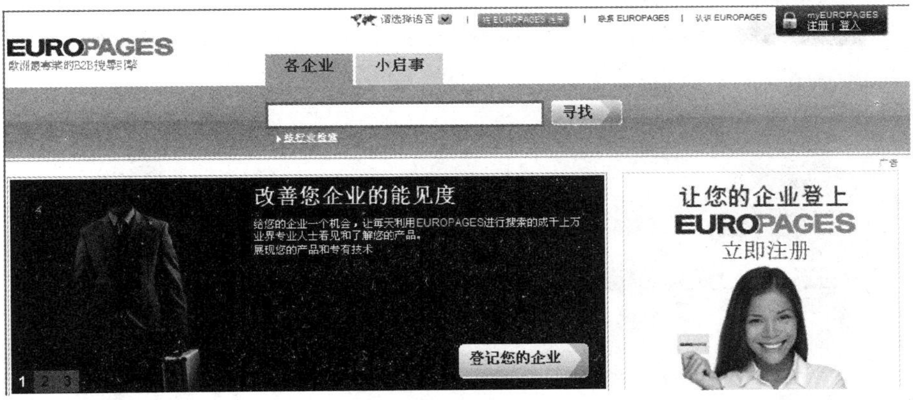

图　2-2

【步骤三】查询过程。

查询方法一:按企业搜索。

(1) 在各企业中直接输入选定的关键字"防护服",单击"寻找"按钮(见图 2-3),网站列明所有欧盟国家与防护服有关的 2 770 家企业。

(2) 单击公司名称下的链接,查看该公司更为详尽的介绍(见图 2-4),包括公司主页、公司信息、文件数据及地图等。

(3) 单击潜在客户的网站地址,即可直接进入该公司网站(见图 2-5),更详细地了解该客户。

(4) 为了缩小查找范围,可以在左侧的"精选检索"中挑选"类别"、"国家"、"公司类型"、"规模"提高匹配度,缩小潜在客户的检索范围。如类别上选择"作业用及防护服",把国家暂

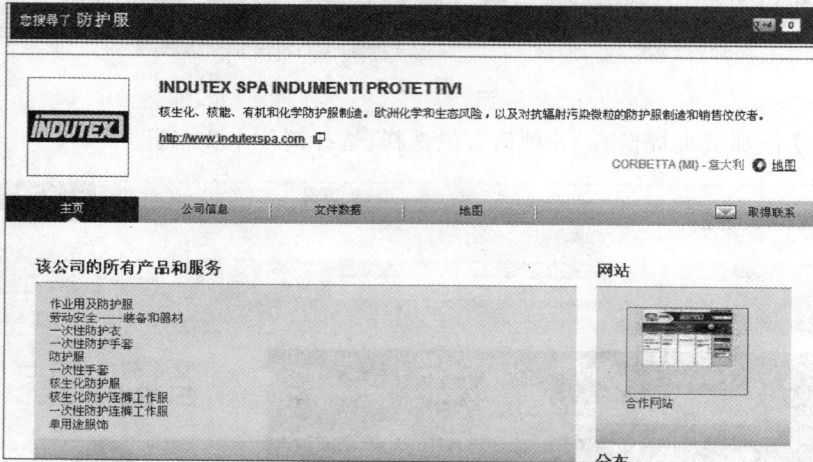

图　2-3

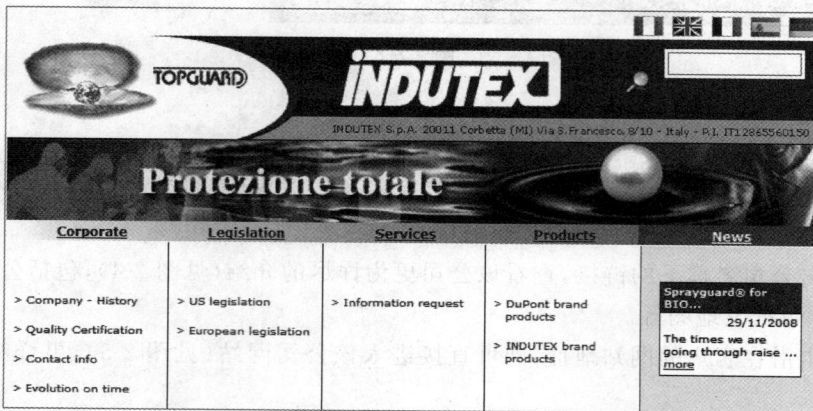

图　2-4

图　2-5

时锁定在"德国",公司类型上选择"批发商"、公司规模上选择"1~10人",这样就大大缩小了检索范围,符合所有4个条件的公司只有2个,见图2-6。

图　2-6

查询方法二:按行业搜索。

(1) 在欧洲黄页的主页上单击"按行业搜索",页面上列出所有的行业,见图2-7。

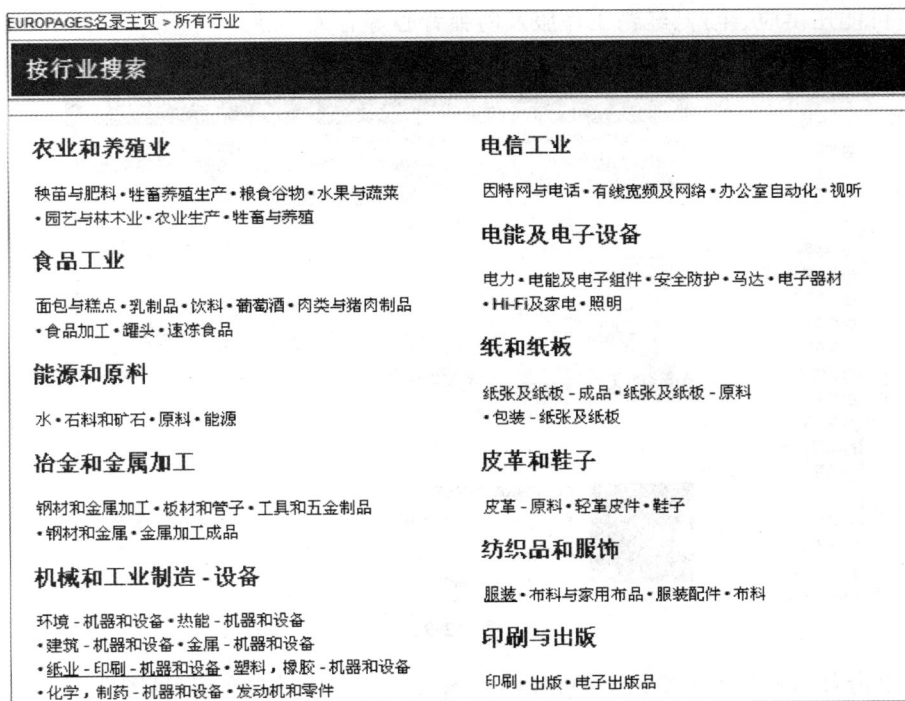

图　2-7

（2）选择"纺织品和服饰"行业中的"服装"后，会看到所有的服装子类别，见图2-8。

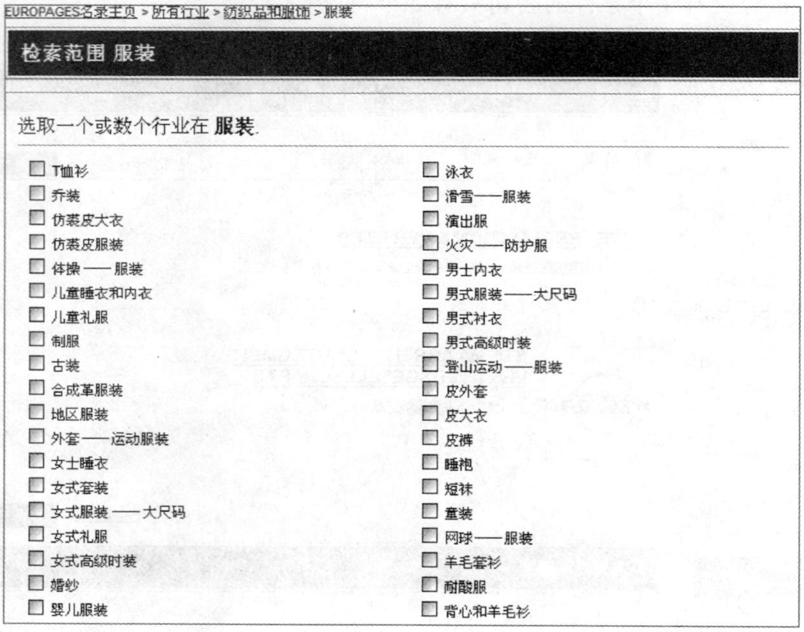

图　2-8

（3）在所有服装子类别中有针对性地选择"火灾——防护服"作为关键词，单击右下角"寻找"按钮，页面上会显示欧盟所有经营防护服的潜在客户（见图2-9），同时网站提醒我们这些客户可能还供应、生产、经销工作服及防弹背心等有关产品。

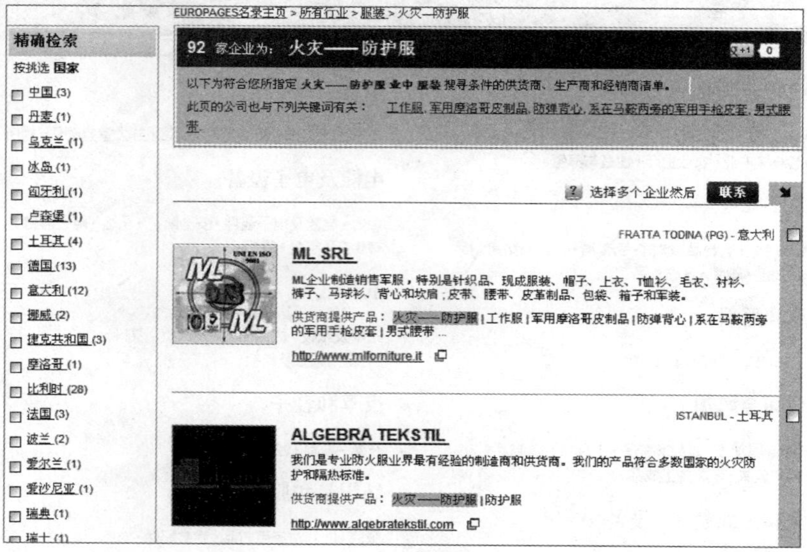

图　2-9

（4）单击公司名称下的链接，即可显示出该公司更为详尽的介绍（见图2-10），包括公司主页、公司信息、文件数据及地图等。

图 2-10

（5）单击右侧的"取得联系"按钮，可以立即在线给潜在客户发送邮件（见图 2-11），这样与潜在客户取得了初步联系。或者单击潜在客户的网址，进入网站查看联系方式，即可获悉该潜在客户的包括邮箱地址在内的详细的联系方式（见图 2-12）。

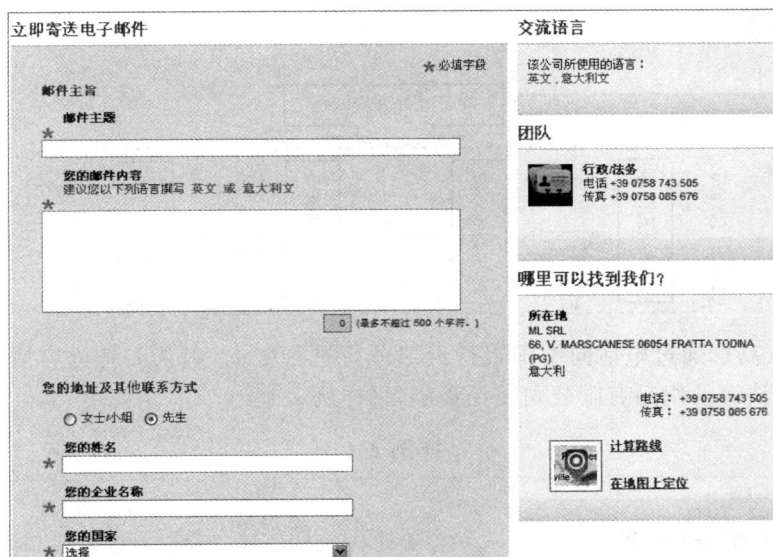

图 2-11

图 2-12

![知识链接]

寻找客户的途径

业界经常会说到"No Customer，No Business"，其意思是说没有客户，就没有生意。从中我们可以得出这样的结论：客户对于从事国际贸易的重要性非同一般，尤其在市场竞争激烈的今天,一家企业拥有客户资源的多寡是判定该企业业务发展前景的重要条件之一。寻找客户的途径通常有如下三方面。

(1)展会寻找客户,包括亲临展会寻找客户、浏览各专业展会的网站。

(2)网络寻找客户,包括建立网站、在互联网上宣传公司产品,登录B2B国际贸易平台、主动出击发布广告。

(3)其他途径寻找客户,包括自我介绍、出国访问客户或来华访问客户、刊登广告、第三方推介。

2.2 调研国外客户资信

工作内容

通过一段时间的网络开发,为了能加深彼此了解,减少盲目性,做出正确决策,避免信用风险,高彤委托中国银行天津分行对于潜力较大的法国 George Workwear S.A. 客户做进一步资信调查。

操作过程

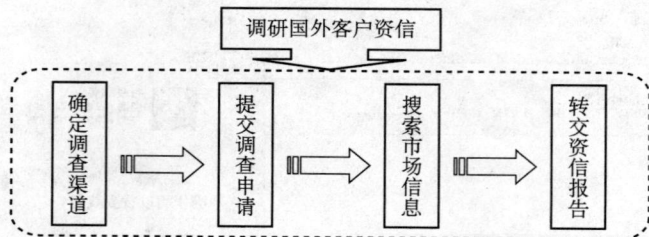

【步骤一】高彤通过电话向中国银行天津分行进行咨询,确认委托内容后,向中国银行天津分行递交浩海纺织品有限公司委托资函,见样例 2-1。

样例 2-1

致:中国银行天津分行

惠请协助调查 George Workwear S.A. 的注册资本、商业经营、商业信誉等情况,并尽早将结果告知我方。

公司名称:George Workwear S.A.

公司地址:14, Rue Fortia 13 Marseilles 1, France

联系电话:0033 491549168

电子邮箱:george@workwear.fr

联系人:George Dar

往来银行名称:BNP PARIBAS PARIS

请确信,我们对你们提供的所有资料都严加保密,你们不负有任何责任。

高彤

2007-09-18

【步骤二】中行天津分行收到委托函后,对所要求调查的情况进行了初步分析,然后通知委托方能否接受委托。如果确认能够提供该项服务,即要求委托方递交资信调查申请书。

【步骤三】中行天津分行与很多国际咨询机构建立了长期合作关系,可以为国内进出口企业提供全球外商资信调查服务,认为实施此项调查完全具有可能性后,即与浩海纺织品有限公司办理相关手续,签订资信调查合约,委托方交付有关费用。

【步骤四】中行天津分行拟定计划,多渠道依法实施调查,委托多家银行对法国 George Workwear S. A. 资信情况实施调查。

【步骤五】中行天津分行对搜集来的各种资料进行整理、分析,给委托方浩海纺织品有限公司拟写资信调查报告并随附法国巴黎银行出具的银行资信证明,见样例2-2。

样例2-2

银行资信证明（Credibility Letter）

致:中国银行天津分行

应贵方请求,我行对 George Workwear S. A. 公司之资信出具报告如下。

成立日期:2000 年 2 月 15 日

营业地址:14, Rue Fortia 13 Marseilles 1, France

组织形式:有限公司

总经理:George Dar 先生

注册资本:欧元　500 万元

实收资本:欧元　500 万元

经营行业:纺织品、服装服饰、工业及职业用服装

往来情况:该公司于二〇〇〇年二月二十日在我行开户,往来情况正常,我行给予该公司信誉等级为 A-Level,并有押汇业务经我行叙做,过程满意,对一般正常商业往来可资信赖。

法国巴黎银行

2007-09-28

知识链接

资信调查的途径及内容

资信是资产和信誉的简称,在国际贸易中,贸易双方不能顺利履约、发生贸易纠纷、不能如期收回货款等而使一方遭受风险及损失,与不了解贸易对方的资信情况有直接关系。

1. 资信调查的途径

(1) 委托国内金融机构及其国外分支机构对客户进行资信调查。

(2) 委托工商行政管理部门调查。

(3) 委托国内外的咨询机构调查。

(4) 通过国内外商会调查。

(5) 委托我国驻外商务机构调查。

(6) 通过各种新闻媒介搜集资料。

2. 资信调查的内容

(1) 对进口商签约主体资格的调查。

（2）对进口商经济状况的调查。

（3）对进口商商业信誉的调查。

2.3　建立业务关系及询盘

建立业务关系是进出口双方交易的基础,草拟建立业务关系函是每个业务员必须掌握的基本操作技能,特别在产品处于产品开发期间,撰写以期建立业务关系的开发函及时回复客户询盘更是首要工作。

2.3.1　草拟建立业务关系函

工作内容

高彤在收到中国银行天津分行转来的对法国 George Workwear S. A. 客户资信调查报告后,对该潜在客户的资信情况比较满意,故主动给该客户发邮件,希望与其建立业务关系。

操作过程

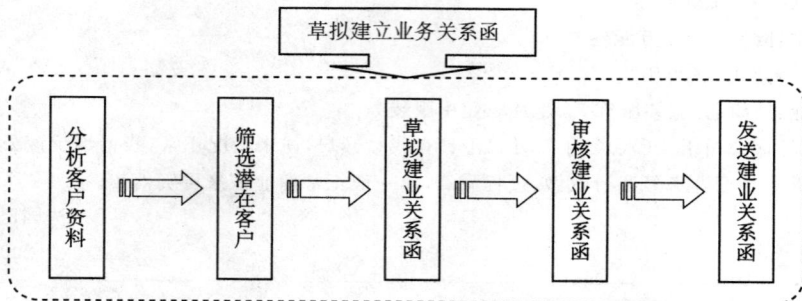

与其他传统的通信方式相比,电子邮件具有使用简易、投递迅速、收费低廉,易于保存、全球畅通无阻等特点,故成为洽商业务首选的联系方式。另外,电子邮件还具有发送图片、报价单等附件的优势,有利于收件人清晰地了解产品。

【步骤一】通过网上搜索后,高彤将潜在客户的联系方式整理如下(见图 2-13)。

George Workwear S.A.

George Dar

President

Add:14, Rue Fortia 13 Marseilles 1, France

Tel: 0033 491549168　　　Mobile: 0033 0678901256

E-mail: george@workwear.fr　　Fax: 0033 491549188

www. george workwear.fr

图　2-13

【步骤二】依据从网上获悉的 George Workwear S. A. 客户的联系方式,高彤拟写了一封建交函,见样例 2-3。

样例 2-3

| 发 送 | 存草稿 | 预 览 | 查词典 | 取 消 |

Sender:gaotong@hhtextiles. com

Receiver:george@workwear. fr

Re:Establishing Business Relationship

Date:Aug. 10,2007

Attachment:

Dear George,

We'd like to introduce ourselves as one of leading exporter of protective suits in China and from Internet we learned that you are the main importer of this items in your country. We sincerely hope, through our joint efforts,we may establish business relationship with you. Here enclosed the pictures and detailed specifications of our latest products,which may meet your demand.

If these are not what you are looking for,please feel free to let us know your detailed requirements, we may produce according to your designated styles.

Any inquiry from you are welcome!

Best regards

Gao Tong

HaoHai Textiles Co. ,Ltd.

No. 86,Zhujiang Road,Tianjin,China

Tel:0086-22-8838 1234

Fax:0086-22-8838 5678

www. hhtextiles. com

【步骤三】审核邮件无误后,单击"发送"按钮发送邮件给 George Workwear S. A. 客户。

知识链接

国外客户的种类

在出口贸易中,出口商品只有被国外客户采购才能进入国际市场,实现预期利润。因此,出口商只有在国际市场上同世界各国的客户广交朋友,发展关系,形成客户网络,才能广泛而有效地开辟国际市场。国外客户的种类包括以下 5 种。

1. 进口商

进口商是指那些专门从事进口业务,自买自卖的商人。他们首先从国外把商品大量地购入,然后再转售给批发商、零售商,并从中获利。

2. 经纪人

经纪人是指从事进出口业务的代客买或卖或从中撮合向一方或双方收取佣金的商人。在国际贸易中,他们是一支十分活跃的力量,具有联系面广、信息灵通、业务关系多、对行情熟悉等特点。

3. 批发商

批发商是指通过进口商等渠道获取货源,然后批发给零售商或部分自行零售的商人。他们的特点是离消费者较近,可减少中间环节。

4. 零售商

零售商是指靠自行进口的大百货公司、超级市场和连锁商店。零售商的最大优点是直接接触消费者,市场范围广,销售额大。

5. 制造商

制造商是指有进出口经营权的生产厂商。这种客户主要通过进口原材料或初级产品用以加工生产,从而减少进出口中间环节,降低生产成本。

出口产品的销售渠道是指从出口商品生产开始,经过层层中间商的转手最后卖到用户手中的整个过程。所以,要形成出口产品的销售渠道,应该根据商品的特点和销售情况,对整个商品流通过程的各个环节加以探讨,选定合适的销售渠道,但无论如何出口商应尽可能缩短渠道长度、拓宽渠道宽度。

2.3.2　草拟询盘函

工作内容

高彤向法国 George Workwear S. A. 客户发出建交函后不久便收到了该客户的询盘函,表示对款式为 FHF—0018 的阻燃面料制防护服商品感兴趣,并邀请浩海纺织品有限公司向其发盘。

操作过程

```
                    草拟询盘函
        ┌─────────────────────────────────┐
        │  收悉    草拟    审核    发送    │
        │  建交 ⇒ 询盘 ⇒ 询盘 ⇒ 询盘    │
        │  业函    盘函    盘函    盘函    │
        └─────────────────────────────────┘
```

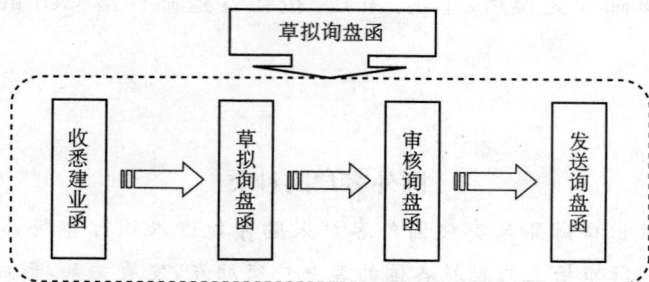

【步骤一】客户 George Workwear S. A. 收到高彤发送的建立业务关系后,对款式为 FHF—0018 的阻燃面料制防护服商品非常感兴趣,马上拟写询盘(见样例 2-4),邀请高彤就此款防护服发盘。

样例 2-4

| 发 送 | 存草稿 | 预 览 | 查词典 | 取 消 |

Sender：george@workwear.fr
Receiver：gaotong@hhtextiles.com
Re：Inquiry for protective suit
Date：Aug. 11,2007
Attachment：

Dear Gao Tong,

Very glad to have received your mail dated Aug. 10,2007.

What a coincidence! We are thinking of finding new supplier for our products as we are expending our market step by step. We are interested in your product protective suit FHF—0018.

Would you please give us a quotation CIF Marseilles with detailed specification, payment terms, lead time and so on. If your product is of superior quality and price is competitive, we are sure we will have a chance to cooperate with each other.

Yours faithfully

George

George Workwear S. A.
14,Rue Fortia 13 Marseilles 1,France
Tel：0033 491549168
Fax：0033 491549188
www. george workwear. fr

【步骤二】审核邮件无误后，单击"发送"按钮发送邮件给浩海纺织品有限公司。

知识链接

业务磋商中的询盘

询盘(Inquiry)是指交易的一方有意购买或出售某一种商品,向对方询问买卖该商品的有关交易条件。实践上看,询盘的内容可以是只询问价格,也可询问其他一项或几项交易条件。询盘可由买方发出,也可由卖方发出,可采用口头方式,亦可采用书面方式。

询盘是交易磋商的起点,但不是交易磋商的必经程序,对发盘人和交盘人均无约束力,但询盘是调查市场的有效手段。

在实际业务中,我们要根据询盘的意图选择询盘的方式,询盘内容有繁有简,可以询问价格,也可以询问其他交易条件,只是探寻买或卖的可能性。有的是了解市场信息,有的是确实想成交,意图不一样,询盘的方式也不同。

(1) 目的只是了解市场,选择一般询价方式。

(2) 有明确的成交意图,选择具体询价方式。

询盘对询盘人和被询盘人均无法律约束力。国际贸易中,询盘常被交易一方用来试探对方对交易的诚意或试探国际市场价格。作为被询盘的一方,在收到对方的询盘后,必须认真对其进行分析,针对不同的询盘目的或背景,做出不同的处理和答复。

2.4　出口报价核算及发盘操作

收到法国 George Workwear S. A. 客户的询盘后,及时与创伟制衣有限公司联系,请服装厂提供国外客户所需产品的详细资料及优惠采购价格,然后核算成外币,选用合适的贸易术语,对外发盘。

2.4.1　核算出口报价

工作内容

高彤收到 George Workwear S. A. 客户 2007 年 8 月 11 日的询盘函后随即发送邮件给创伟制衣有限公司,告知程琦经理国外客户对款式为 FHF—0018 的特种面料制防护服感兴趣,并请工厂提供详细产品,以便进行出口价格核算。

操作过程

核算出口报价

核算出口成本 → 明确价格构成 → 查询出口退税 → 核算各种费用 → 核算出口价格

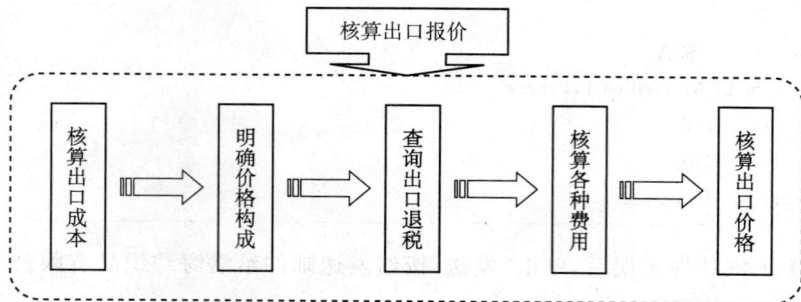

【步骤一】报价核算。

(1) 防护服工厂报价。

高彤收到 George Workwear S. A. 客户 2007 年 8 月 11 日的询盘函后,立即与创伟制衣有限公司联系确定款式编号为 FHF—0018 的阻燃面料制防护服的最好价格及生产周期等详情,以便进行出口价格核算。8 月 12 日创伟制衣有限公司回复邮件提供详细信息(见样例 2-5)。

样例 2-5

| 发送 | 存草稿 | 预览 | 查词典 | 取消 |

Sender:chengqi@ xxcwtex. com

Receiver:gaotong@ hhtextiles. com

Re:FHF—0018 款特种面料制防护服

Date:Aug. 12,2007

Attachment：产品图片

高小姐：

你好！非常高兴获悉国外客户对我公司 FHF—0018 款特种面料制防护服感兴趣,现报价如下。

品名：特种面料制防护服

货号：FHF—0018

包装：1 套/塑料袋,10 套/纸箱

毛重：15kg/箱

净重：14kg/箱

尺码：30cm＊35cm＊40cm/箱

购货价(含 17％增值税交到指定港口)：RMB128.00/套

数量：5 950 套(约 1 个 20 尺集装箱)

交货期：收到 30％定金后,1 个月交货

请速确认以便及早安排生产。

谢谢合作！

程琦

新乡市创伟制衣有限公司

电　　话：86 0373 3669052

移动电话：15517321539

传　　真：86 0373 5010218

公司网站：http://www.xxcwtex.com

（2）核算防护服实际成本。

$$货价(不含税)＝购货成本(含税)÷(1＋增值税率)$$
$$＝RMB128÷1.17＝RMB109.40$$
$$出口退税＝货价(不含税)×退税率[①]$$
$$＝RMB109.40×11％＝RMB12.03$$
$$实际成本＝购货成本－出口退税$$
$$＝RMB128.00/套－RMB12.03/套＝RMB115.97/套$$

（3）核算费用。

① 核算报价基数。

$$积载系数＝体积÷重量$$
$$＝0.042÷0.018＝3.34＞1 为泡货,按照体积核算运费$$
$$20 尺货柜可装数量＝货柜体积÷包装纸箱体积$$
$$＝25÷0.042＝595 箱(取整)$$
$$20 尺货柜可装数量＝595 箱×10 套/箱＝5 950 套$$

② 核算国内费用。创伟制衣有限公司报价是含税港口交货价,即采购成本中含有国内运费,鉴于公司处于市场开发初期,规定其他费用按照实际成本 8％核算。

③ 核算海运费。登录相关物流运输网站查询或打电话给货代公司咨询运价。比如登

---

① 依据任务 1.3.2 查询结果得知当时防护服出口退税率为 11％。

录中国国际海运网(http://www.shippingchina.com)查询天津港至马赛港运费,首先选择整箱运价,输入装运港和目的港名城,单击“搜一下”按钮(见图 2-14),系统会列出不同货代公司报供的运价(见图 2-15)。考虑以防执行合同时运价上涨,故采用偏高运价 USD850 作为对外报价核算运费。

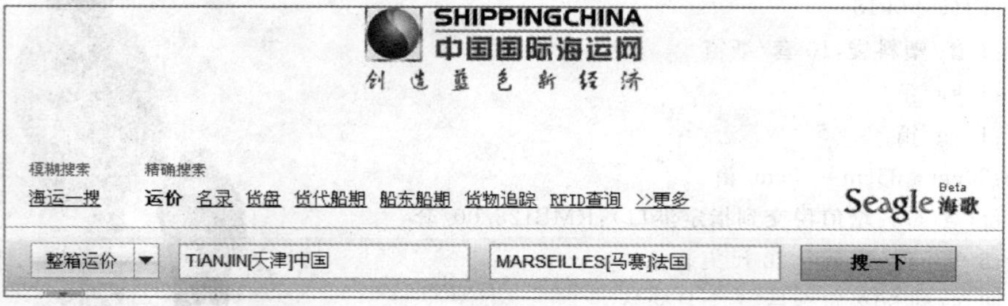

图 2-14

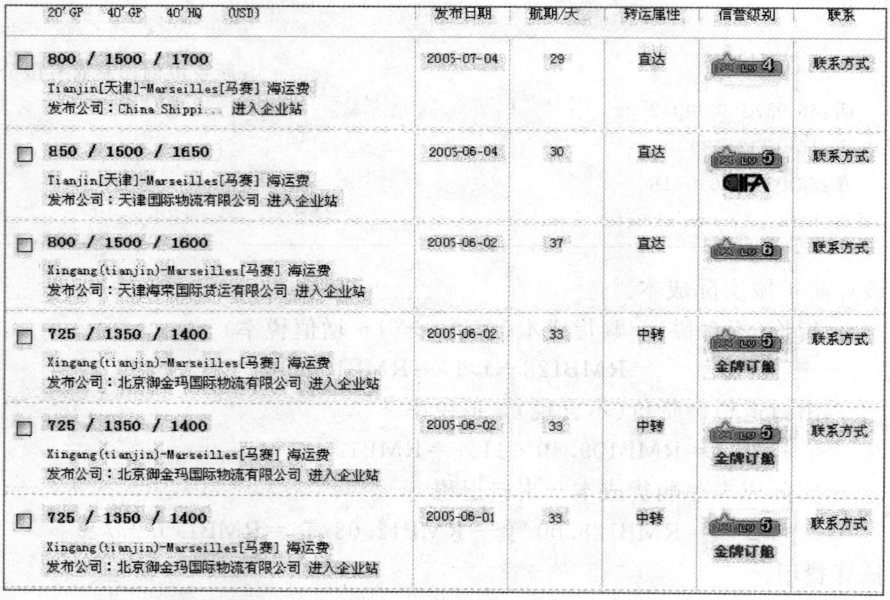

20'GP 40'GP 40'HQ (USD)	发布日期	航期/天	转运属性	信誉级别	联系
800 / 1500 / 1700 Tianjin[天津]-Marseilles[马赛] 海运费 发布公司:China Shippi... 进入企业站	2005-07-04	29	直达	LV 4	联系方式
850 / 1500 / 1650 Tianjin[天津]-Marseilles[马赛] 海运费 发布公司:天津国际物流有限公司 进入企业站	2005-06-04	30	直达	LV 5 CIFA	联系方式
800 / 1500 / 1600 Xingang(tianjin)-Marseilles[马赛] 海运费 发布公司:天津海荣国际货运有限公司 进入企业站	2005-06-02	37	直达	LV 6	联系方式
725 / 1350 / 1400 Xingang(tianjin)-Marseilles[马赛] 海运费 发布公司:北京御金玛国际物流有限公司 进入企业站	2005-06-02	33	中转	LV 5 金牌订舱	联系方式
725 / 1350 / 1400 Xingang(tianjin)-Marseilles[马赛] 海运费 发布公司:北京御金玛国际物流有限公司 进入企业站	2005-06-02	33	中转	LV 5 金牌订舱	联系方式
725 / 1350 / 1400 Xingang(tianjin)-Marseilles[马赛] 海运费 发布公司:北京御金玛国际物流有限公司 进入企业站	2005-06-01	33	中转	LV 5 金牌订舱	联系方式

图 2-15

④ 查询外汇牌价。登录中国银行网站(http://www.boc.cn)查询当时人民币对美元汇率牌价为 7.56(见图 2-16),同时也可以查询外汇牌价远期走势。

每套防护服海运费=USD850÷5 950 套=USD0.14/套×7.56=RMB1.06

⑤ 核算保险费。登录保运通网(http://www.baoyuntong.com),单击“货运险投保”(见图 2-17)查询货运投保险别及投保费率(见图 2-18),从网站获悉海运出口到欧洲一切险费用为 12%,防护服非易碎、易损商品,故无须在一般费率的基础上另行加收指明费率。

每套防护服的保险费=报价×(1+保险加成率)×保险费率

=报价×(1+10%)×0.12%

=0.001 32 报价

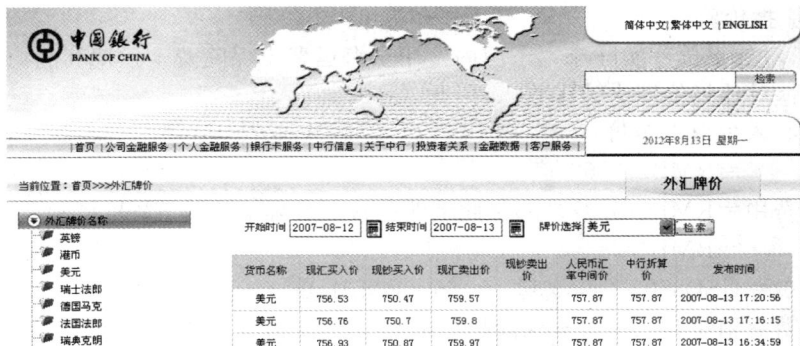

图 2-16

图 2-17

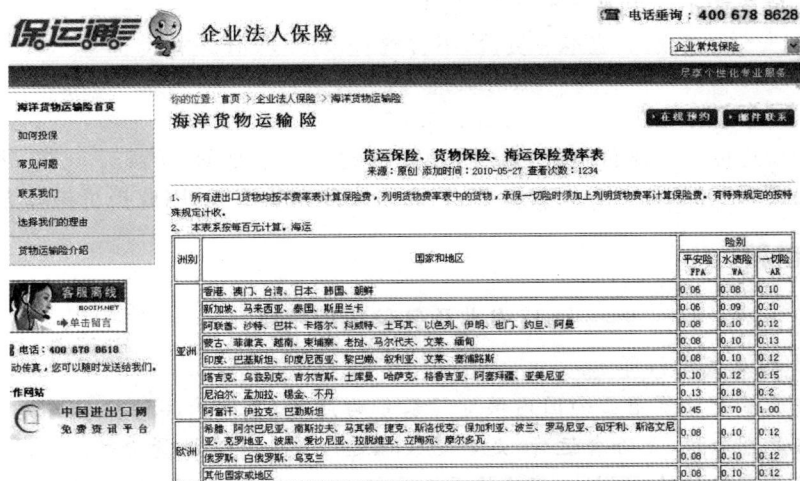

图 2-18

⑥ 核算预期利润。依据公司经营意图,本笔业务的预期利润率决定按照报价的10%核算,则利润＝10%报价。

⑦ 综合运算。

CIF 报价＝实际成本＋国内费用＋海运费＋保险费＋预期利润

　　　　＝RMB115.97＋RMB115.97×8%＋RMB1.06＋0.001 32 报价＋10%报价

报价－0.001 32 报价－0.1 报价＝RMB115.97＋RMB9.28＋RMB1.16

0.898 68 报价＝RMB126.41

报价＝RMB140.66

报价＝USD18.61

对外可以按 USD18.61/set CIF Marseilles 报价。

【步骤二】报价验算。

对外报价＝实际成本＋国内费用＋海运费＋保险费＋预期利润

若成交后,对外报价即为销售收入,因此,

销售收入＝对外报价

＝RMB140.66/套

国内费用＝RMB115.97×8％(此笔业务按照实际成本的8％核算)

＝RMB9.28

海运费＝USD850÷5 950 套×7.56＝RMB1.08

保险费＝销售收入×(1＋保险加成率)×保险费率

＝USD18.61×1.1×0.12％×7.56

＝RMB0.19/套

预期利润＝USD18.61×10％×7.56(此笔业务按照销售收入的10％核算)

＝RMB14.07/套

实际成本＝销售收入－国内费用－海运费－保险费－预期利润

＝RMB140.66－RMB9.28－RMB1.08－RMB0.19－RMB14.07

＝RMB116.04/套

因为实际成本为不含税的货价,那么从工厂采购成本为:

购货成本＝货价(不含税)×(1＋增值税率)

＝RMB116.04×1.17

＝RMB135.77

查阅工厂发送的报价邮件得知该款防护服的购货成本是 RMB128.00/套,按照对外报价验算后得出的采购成本为 RMB135.77,略高于实际购货成本,因此报价核算无误。

知识链接

购货成本及各种费用核算

1. 购货价格及成本核算

如果是流通性的外贸企业向国内供货厂家寻购产品,了解产品价格时首先要分清楚工厂报供的价格是否含税、是否含运费、是否是最低起订量价还是批量价等。同时借助网络大体了解国内某产品的行情,判断工厂价格是否合情合理,做到货比三家。购货价格及成本核算的方法如表2-1所示。

表 2-1　购货价格及成本核算的方法

购货价格	从价格构成分	出厂价(工厂交货价)	只包括产品的生产成本
		含税价不含运费价	产品的成本＋增值税
		含税含运费交到指定港口价	产品的成本＋增值税＋到指定港口短途运费
	从采购数量分	最低起订量价	不足最低起订量＋打样费＋染色的小缸费等
		批量价	常规大批量生产的价格
成本核算		货价(不含税)＝购货成本(含税)÷(1＋增值税率)	
		退税金额＝货价(不含税)×退税率	
		实际成本＝购货成本－出口退税	
		出口总成本＝实际成本＋各种费用＋预期利润	

2. 各种费用及其核算

费用包括国内费用和国外费用两大部分,在出口价格核算中各种费用一定要核算清楚。各种费用的核算方法如表 2-2 所示。

表 2-2　国内费用和国外费用的核算方法

国内费用	(1) 国内运费(仓库至港口):装货前发生的内陆运输费用、内河运输费用及路桥费用
	(2) 有关证件的签证费:出口商办理出口许可证、配额、产地证及其他商事证明而支付的费用,如领事签证
	(3) 国内港杂费:装运前在港区码头支付的各种费用,如码头(THC)操作费
	(4) 商检费:法检商品出运前必须办理检验所支付的费用
	(5) 报关费:货物出运前向海关申报收取的费用
	(6) 业务定额费:出口商的经营费用,如通信费、差旅费、招待费等。其计算公式为: 业务定额费＝采购成本×业务定额费率
	(7) 银行手续费:出口商委托银行向国外客户收取货款、做资信调查所收取的费用
	(8) 垫款利息:出口商从支付供应商货款到收到出口货款期间,所垫付货款产生的银行利息。其计算公式为: 垫款利息＝采购成本×贷款年利率×垫款天数÷360
国外费用	(1) 海运费:出口商出运货物所支付的海运费
	(2) 保险费:出口上购买保险所支付的费用
	(3) 佣金:出口商向中间商支付的佣金,可以是明佣也可以是暗佣

(1) 国内的两种费用核算方法。

① 经验核算法:根据出口企业管理规定,按采购成本的一定比例(国内费用率)计算国内费用,或除国内运费之外按一定比例计算国内费用。该比例通常在 3%～10%,可根据企业的经营状况和经营意图具体确定。其计算公式为:

国内费用＝采购成本×国内费用率

国内费用＝国内运费＋采购成本×其他国内费用率

② 明细核算法:明细核算可能产生的所有国内费用,将所产生的费用一一相加。

(2) 海运费核算。海运费的核算方法如表 2-3 所示。

表 2-3　海运费核算方法

拼箱 (LCL)	拼箱运费＝(基本运费＋附加费)×总件数
	运费计费标准:按重量、体积、重量/体积、价值、件数
	积载系数＝体积÷重量<1 为"重货",运费按重量收取 　　　　　　　>1 为"泡货",运费按体积收取
整箱 (FCL)	20 尺货柜内径(高×宽×长),cm:238×235×590 装载重量 17.5～20t,体积 25～31m³ 40 尺货柜内径(高×宽×长),cm:238×235×1 203 装载重量 24.5～30t,体积 55～67m³ 40 尺高柜内径(高×宽×长),cm:269×235×1 203 装载重量 24.5～30t,体积 68～72m³

整箱 （FCL）	集装箱包箱运费率有三种： FCS（Freight for Classes）：按等级指定的包箱费率； FAK（Freight for All Kinds）：对每一集装箱统一收取的费率； FCB（Freight for Class & Basis）：既按等级又按标准指定的费率，同一级的费率因计算标准不同，费率也不同，如 8～10 级，CY/CY 交接方式，20 尺货柜如按重量计算运费是 USD1 500.00，如按尺码计算运费为 USD1 450.00

（3）保险费核算。保险费核算的方法如表 2-4 所示。

表 2-4　保险费核算的方法

保险费 核算公式	保险金额＝CIF 发票金额×（1＋保险加成率）
	保险费＝保险金额×保险费率
	保险费率：不同的险别、不同的商品、不同的运输方式、不同的目的地，保险费率不同，它分为"一般货物费率"和"指明货物加费费率"两种。前者是一般商品的费率，后者系指特别列明的货物（如某些易碎、易损商品）在一般费率的基础上另行加收的费率

（4）佣金和折扣核算。佣金和折扣核算的方法如表 2-5 所示。

表 2-5　佣金和折扣核算的方法

佣金核算公式	含佣价＝净价÷（1－佣金率）
	净价＝含佣价－佣金
	佣金＝含佣价×佣金率
折扣核算公式	折扣金额＝原价×折扣率
	净价＝原价×（1－折扣率）

（5）预期利润核算。预期利润核算的方法如表 2-6 所示。

表 2-6　预期利润核算的方法

利润核算公式	利润＝出口成本×利润率
	利润＝销售价格×利润率

2.4.2　对外发盘操作

> **工作内容**

高彤依据 8 月 12 日创伟制衣有限公司的报价，结合公司的经营意图，核算好出口报价后，着手草拟发盘函，审核无误后在第一时间向法国 George Workwear S.A. 客户发出报盘。

操作过程

【步骤一】2007 年 8 月 12 日,高彤依据工厂报价核算好出口价格后,查看各种费用是否计算在内,确信计算价格核算准确无误。

【步骤二】分析客户询盘的意图,辨别是否有实单,可通过网络查看一下客户情况,客户是否有自己的网站,如果发现客户有大规模的网站和分支机构,或者有大量的求购信息,最好用低价法发盘;反之,对那些不熟悉行业情形的中间商,可以采用高价法发盘。

【步骤三】草拟发盘函(见样例 2-6)。

样例 2-6

发 送　存草稿　预 览　查词典　取 消

Sender:gaotong@hhtextiles.com
Receiver:george@workwear.fr
Re:Offer for protective suit
Date:Aug. 12,2007
Attachment:
Dear George,

　　Very glad to have received your mail of Aug. 11,many thanks.
　　Now at your request,we give you our best offers as follows.
　　Commodity:Protective suit
　　Material:65% polyester　35% cotton
　　Design:FHF—0018
　　Packing:1set/plastic bag,10sets/carton
　　Quantity:5 950sets in 1×20ft full container
　　Price:USD18. 60/set CIF Marseilles
　　Payment:by irrevocable sight L/C to reach the seller before production
　　Delivery:within one month after receipt of your order and deposit
　　Please note that this offer is valid until Aug. 18,2007.
　　We sincerely hope we will have a chance to cooperate with each other.

　　　　　　　　　　　　　　　　　　　　　　　　　Best regards
　　　　　　　　　　　　　　　　　　　　　　　　　Gao Tong

HaoHai Textiles Co. ,Ltd.
No. 86,Zhujiang Road,Tianjin,China
Tel:0086-22-8838 1234
Fax:0086-22-8838 5678
www. hhtextiles. com

【步骤四】再次审核草拟发盘函无误后,发送报盘。

知识链接

业务磋商中的发盘

1. 发盘的含义及其应具备的条件

(1) 发盘(Offer)也称发价,法律上称为要约,是一方当事人(发盘人)向另一方当事人(受盘人)提出各项交易条件并且愿意按这些条件与受盘人达成交易、订立合同的意思表示。实际业务中,发盘通常由交易一方在收到另一方的询盘后提出,也可在没有对方询盘情况下直接主动提出。发盘可以由买方提出,也可以由卖方提出,可以是书面的,也可以是口头的。

(2) 按照法律规定,一项发盘必须具备以下条件。

① 发盘应向一个或一个以上特定的人提出。

② 发盘内容必须十分确定。

③ 发盘人须有一旦发盘被接受即受约束的意思。

2. 发盘生效与终止

(1) 发盘生效时间。

《联合国国际货物销售合同公约》(简称《公约》)规定发盘在"到达受盘人时生效"。《公约》的这一规定,对发盘人来讲具有非常重要的意义,这种意义主要表现在发盘的撤回和撤销上。

发盘的撤回是指发盘人在发出发盘之后,在其尚未到达受盘人之前,即在发盘尚未生效之前,将发盘收回,使其不发生效力。

发盘的撤销是指发盘人在其发盘已经到达受盘人之后,即在发盘已经生效的情况下,将发盘取消,废除发盘的效力。

由于我们已进入网络时代,大家多采用发送邮件办法彼此联系业务,邮件都是实时到达对方邮箱,发盘的撤销和撤回已不具有实际意义。

(2) 发盘的终止。

发盘终止是指发盘失去效力。发盘终止有 4 种情况。

① 因受盘人拒绝而失效。

② 因发盘人撤销自己的发盘而失效。

③ 因规定的接受期限已满而失效。

④ 因"合理期限"已过而失效。

交易中,不论哪种原因导致发盘终止,此后发盘人均不再受其发盘的约束。

2.5 出口还价核算及还盘操作

工作内容

2007 年 8 月 12 日法国客户 George Workwear S. A. 收到高彤得到的报盘后,经过与不同供货商的价格比较,客户认为浩海纺织品有限公司报价偏高还盘 USD17. 18/set CIF Marseilles,高彤再次核算后给客户重新发盘。

操作过程

```
                    ┌─────────────────────┐
                    │   出口还价核算及还盘操作   │
                    └─────────────────────┘
  ┌────────┐    ┌────────┐    ┌────────┐    ┌────────┐    ┌────────┐
  │ 分析客户要求 │ ⇒ │ 出口还价换算 │ ⇒ │ 草拟还价函 │ ⇒ │ 审核还价函 │ ⇒ │ 发送还价函 │
  └────────┘    └────────┘    └────────┘    └────────┘    └────────┘
```

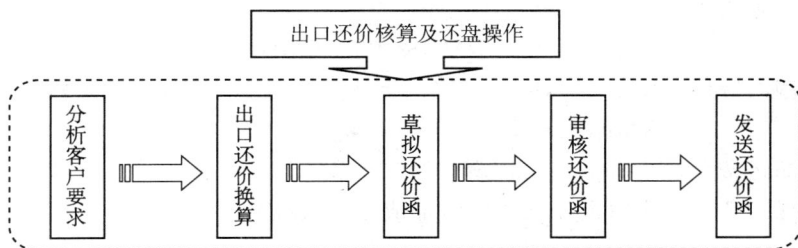

高彤收到法国 George Workwear S. A. 客户 8 月 13 日发送的还盘邮件,见样例 2-7。

样例 2-7

| 发送 | 存草稿 | 预览 | 查词典 | 取消 |

Sender:george@workwear. fr
Receiver:gaotong@hhtextiles. com
Re:Inquiry for protective suit
Date:Aug. 13,2007
Attachment:
Dear Gao Tong,

We have received your offer dated Aug. 12,thanks.

Compared with the offers we received from other sources,we are sorry to advise you that your offer is on the high side. As we are interested to try the protective suit made in China,we counter offer at USD17. 18/set CIF Marseilles. As payment by is very expensive,we suggest that 30% of total contract value made by T/T in advance as deposit and 70% of total contract value by T/T after shipment. Please rush confirmation.

Yours faithfully

George

George Workwear S. A.
14,Rue Fortia 13 Marseilles 1,France
Tel:0033 491549168
Fax:0033 491549188
www. george workwear. fr

【步骤一】分析客户邮件。

考虑防护服是公司主打的新产品,客户 George Workwear S. A. 确实有购买意向,高彤拟根据客户还价推算业务的盈亏情况。

【步骤二】按照客户还价推算盈亏情况。

$$利润＝销售收入－实际成本－国内费用－海运费－保险费$$

销售收入＝USD17.18×7.56

　　　　＝RMB129.88/套

实际成本＝购货成本－出口退税

　　　　＝RMB128.00－RMB12.03＝RMB115.97/套

国内费用＝RMB115.97×8％（此笔业务按照实际成本的8％核算）

　　　　＝RMB9.28/套

海运费＝USD850÷5 950套×7.56＝RMB1.08/套

保险费＝销售收入×(1＋保险加成率)×保险费率

　　　　＝USD17.18×1.1×0.12％×7.56

　　　　＝RMB0.17/套

利润＝RMB129.88－RMB115.97－RMB9.28－RMB1.08－RMB0.17

　　　＝RMB3.38

经过推算，得知如果接受客户还价 USD17.18/套,每套防护服净利润为 RMB3.38/套,利润率仅为 2.60％,较以前 10％的利润空间大大减少,在这种情况下,稍有意外情况发生,最后肯定要发生亏损。高彤首先与创伟服装有限公司沟通,尝试降低购货成本。经过反复磋商,在原材料和人工费不断上涨的情况下,工厂不同意降低价格,最后高彤不得不给客户发送邮件,公司的利润率减低至 5％,再次还价为 USD18.10/套。

【步骤三】拟写还价函(见样例 2-8)。

样例 2-8

发 送	存草稿	预 览	查词典	取 消

Sender：gaotong@hhtextiles.com
Receiver：george@workwear.fr
Re：Counter-offer
Date：Aug.14,2007
Attachment：

Dear George,

We have received your mail of Aug.13,for which we thank you.

We are so sorry that you found our price higher than other sources,but we'd like to point out that you will get what you pay for. The cost of raw material and labor is rising rapidly in China. However, since we are sincerely to cooperate with you,we make some congestion,that's to say,reduce the price to USD18.10/set Marseilles and payment to be made 30％ by T/T in advance and 70％ by L/C after 60 days of B/L date. This is really our best price. Please do not miss the chance.

We look forward to hearing good news from you soon.

　　　　　　　　　　　　　　　　　　　　　　　　　　Best regards
　　　　　　　　　　　　　　　　　　　　　　　　　　Gao Tong

HaoHai Textiles Co.,Ltd.
No.86,Zhujiang Road,Tianjin,China
Tel：0086-22-8838 1234
Fax：0086-22-8838 5678
www.hhtextiles.com

【步骤四】再次审核草拟还盘函无误后,发送还盘。

知识链接

业务磋商中的还盘

还盘(Counter Offer)是指受盘人在接到发盘后,不同意或不完全同意发盘人在发盘中提出的条件,为进一步磋商交易对发盘提出修改意见,还盘也称为还价,在法律上称为反要约。还盘可以采用口头方式也可采用书面方式。

《联合国国际货物销售合同公约》规定,对发盘表示接受,但载有添加、限制或其他更改的答复,即为拒绝该发盘并构成还盘。还盘是受盘人对原发盘的拒绝,也是受盘人以发盘人的地位向原发盘人提出的新发盘。还盘一经做出,原发盘即失去效力。

《联合国国际货物销售合同公约》同时也规定,若受盘人的回复对有关货物的价格、付款、质量、数量、交货地点和时间、一方当事人对另一当事人的赔偿责任范围或解决争端等条件做了添加或修改,则构成实质上变更发盘的内容,构成还盘。若受盘人接受发盘的同时,对发盘内容提出某些非实质性的添加、限制或变更,仍构成有效的接受,如要求增加某些单据的份数、改变包装等。

贸易谈判中,一方在发盘中提出的条件与对方能够接受的条件不完全吻合的情况经常发生,特别是在大宗交易中,很少有一方一发盘即被对方无条件全部接受的情况。因此,虽然从法律上讲,还盘并非交易磋商的必经环节,但在实际业务中,还盘的情况还是很多,并且还盘阶段往往是出口贸易磋商中持续时间最长的阶段,一笔业务经常需通过多次还盘,才能达成最后协议,订立合同。

2.6　接受及出口合同生效

工作内容

客户 George Workwear S. A. 收到 8 月 14 日高彤发送的新的发盘后,虽比其他供货商的价格略高,但考虑浩海纺织品有限公司提供服装样品面料的质地及服装的做工均比其他供货商要好,综合考虑后决定接受高彤的报价 USD18.10/set CIF Marseilles,至此双方合同关系成立。

操作过程

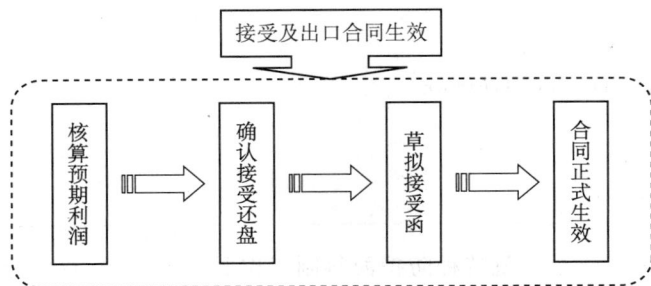

【步骤一】客户核算预期利润。

法国客户 George Workwear S. A. 收到高彤的重新发盘 USD18.10/套后,结合批发商可接受的价格,进行价格再次核算。

经查防护服在法国的进口关税税率为 20%(增值税忽略不计),当时批发商可接受价格为 USD27.65,预期利润率为 25%。

$$进口成本 = CIF 价格 \times (1 + 进口关税税率)$$
$$= USD18.10 \times 1.2$$
$$= USD21.72$$
$$批发价和进口成本差 = USD27.65 - USD21.72$$
$$= USD5.93$$
$$利润率 = USD5.93 \div USD21.72$$
$$= 27.30\%$$

若本笔业务成交,法国客户 George Workwear S. A. 可实现 27.30% 的利润率,高于预期利润率 25%。为了扩大供货渠道,客户回复邮件同意接受。

【步骤二】George Workwear S. A. 发送接受函给高彤,见样例 2-9。

样例 2-9

| 发送 | 存草稿 | 预览 | 查词典 | 取消 |

Sender:george@workwear.fr
Receiver:gaotong@hhtextiles.com
Re:Inquiry for protective suit
Date:Aug. 16,2007
Attachment:
Dear Gao Tong,

We have received your latest offer dated Aug. 14,thanks.

Though we still found your price a bit higher than others,we appreciate your good quality fabric and excellent workmanship. As an exceptional case,we aceept your offer USD18.10/set CIF Marseilles. Other terms remain unchanged. Please make out the contract and send us for our file.

We sincerely hope your consignment can make our clients satisfactory,we are surely to place repeat orders in future.

Yours faithfully
George

George Workwear S. A.
14,Rue Fortia 13 Marseilles 1,France
Tel:0033 491549168
Fax:0033 491549188
www. george workwear. fr

【步骤三】至此,买卖双方就特种防护面料制工作服交易达成,双方合同关系成立。

知识链接

业务磋商中的接受

1. 接受的含义及其应具备的条件

（1）接受（Acceptance）在法律上称"承诺"，是买方和卖方同意对方在发盘中提出的各项交易条件，并愿按这些条件与对方达成交易、订立合同的一种肯定的表示。这种表示可以是做出声明，也可以是做出某种行为。

按法律和惯例，一方的发盘经另一方接受，交易即告达成，合同即告成立，双方就应分别履行其所承担的合同义务。

（2）根据《联合国国际货物销售合同公约》的规定，构成一项接受必须具备下列条件。

① 接受必须由特定的受盘人做出。

② 接受必须表示出来。

③ 接受必须与发盘相符。

④ 接受必须在发盘的有效期内送达发盘人。

2. 合同的生效条件

买卖双方经过磋商，就货物买卖的交易条件达成一致后签订合同。合同要具有法律效力，还需要具备下列条件。

（1）当事人必须在自愿、真实的基础上达成协议。

（2）当事人必须具有相应的行为能力。

（3）进出口合同的标的和内容必须合法。

（4）进出口合同必须有对价或约因。

重点内容概要

任务二重点内容框架如图 2-19 所示。

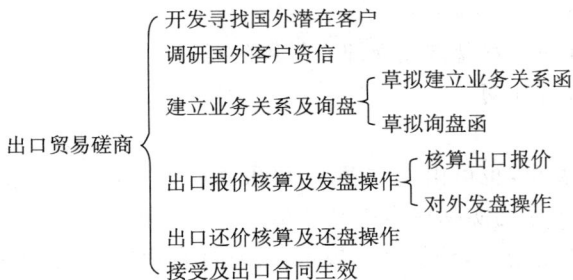

图　2-19

同步训练

一、单选题

1. 在实际业务中，我们要根据经营意图选择询盘的方式，其内容有繁有简，概括起来询盘一般分为（　　）种。

A. 一   B. 二   C. 三   D. 四

2. 首先从国外把商品大量购入,然后再转售给批发商和零售商,从中获利的商人,我们称之为（   ）。

     A. 经纪人   B. 批发商   C. 零售商   D. 进口商

3. 从事进出口业务的代客买或卖或从中撮合向一方或双方收取佣金的商人,我们称之为（   ）。

     A. 批发商   B. 零售商   C. 经纪人   D. 制造商

4. 一方当事人向另一方当事人提出各项交易条件并且愿意按这些条件与对方达成交易、订立合同的意思表示,称之为（   ）。

     A. 询盘   B. 发盘   C. 还盘   D. 接受

5. 发盘人在其发盘已经到达受盘人,即在发盘已经生效的情况下,将发盘取消,废除发盘的效力,称之为（   ）。

     A. 发盘   B. 还盘   C. 撤销   D. 撤回

二、多选题

1. 寻找客户的途径通常有（   ）。

     A. 会议   B. 网络   C. 展会   D. 其他途径

2. 在出口贸易中,进行国外客户资信调查,内容一般包括（   ）。

     A. 进口商签约主体资格的调查   B. 进口商公司规模的调查

     C. 进口商经济状况的调查   D. 进口商商业信誉的调查

3. 业界普遍认为没有客户就没有业务,国外客户除了进口商外,一般还包括有（   ）。

     A. 经纪人   B. 批发商   C. 零售商   D. 制造商

4. 在出口贸易价格核算中,国外费用一般包括有（   ）。

     A. 开证费   B. 佣金   C. 海运费   D. 保险费

5. 按照法律规定,一项有效发盘必须具备的条件包括（   ）。

     A. 发盘应向一个或一个以上特定的人提出

     B. 发盘内容必须十分确定

     C. 发盘人须有一旦发盘被接受即受约束的意思

     D. 发盘必须有有效期

三、判断题

1. 询盘可由买方发出,也可由卖方发出,可采用口头方式,亦可采用书面方式。（   ）

2. 出口商所出口产品的实际成本就是从生产工厂采购的购货成本。   （   ）

3. 《联合国国际货物销售合同公约》规定,对发盘表示接受,但载有添加、限制或其他更改的答复,即为拒绝该发盘并构成还盘。   （   ）

4. 还盘是对发盘的一种拒绝,还盘一经做出,原发盘即失去效力,发盘人不再受其约束。   （   ）

5. 按法律和惯例,一方的发盘经另一方接受,交易即告达成,合同即告成立,双方就应分别履行其所承担的合同义务。   （   ）

任务三

出口合同签订

能力目标
- 了解查询出口合同结构的途径
- 掌握出口合同条款拟写规范

知识目标
- 熟悉出口合同框架结构
- 掌握出口合同主要条款的内容

进出口双方经过询盘、发盘、还盘、再发盘、再还盘不断地讨价还价,直至一方无条件接受另一方所有交易条件而达成一致意见,紧接着一个重要任务就是双方签订出口合同。出口合同是买卖双方当事人依照法律通过协商就各自在贸易上的权利和义务所达成的具有法律约束力的协议。

3.1 熟悉出口合同结构

工作内容

高彤与 George Workwear S. A. 客户进行了多次邮件往来,2007 年 8 月 16 日进出口双方就所有交易条件达成一致意见,签订出口合同之前,她上网查询一些合同样例,熟悉合同的种类和出口合同结构。

操作过程

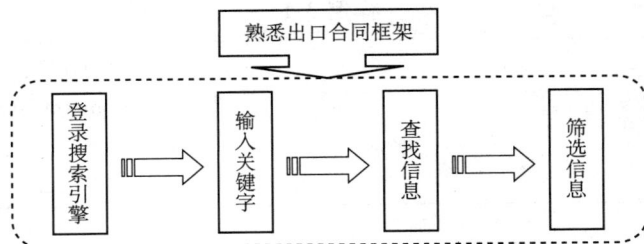

【步骤一】打开 IE 浏览器,输入常用的搜索引擎网址,如百度 www. baidu. com(见图 3-1)。

新闻 **网页** 贴吧 知道 MP3 图片 视频 地图 百科 更多>>

百度一下

图 3-1

【步骤二】在方框内输入关键字"出口合同样本"或"出口合同样例",单击"百度一下"按钮(见图 3-2)。

新闻 **网页** 贴吧 知道 MP3 图片 视频 地图 百科 更多>>

出口合同样本

百度一下

图 3-2

【步骤三】单击"百度一下"按钮后,会看到有很多搜索结果,我们有选择地打开相关网页,注意有些网页需要充值,有些需要有积分,但也有很多是免费的,所以要多尝试一些,最后再筛选出比较满意的结果。打开考试吧网站(www. exam8. com),可以看到有各类合同范本导航(见图 3-3)。

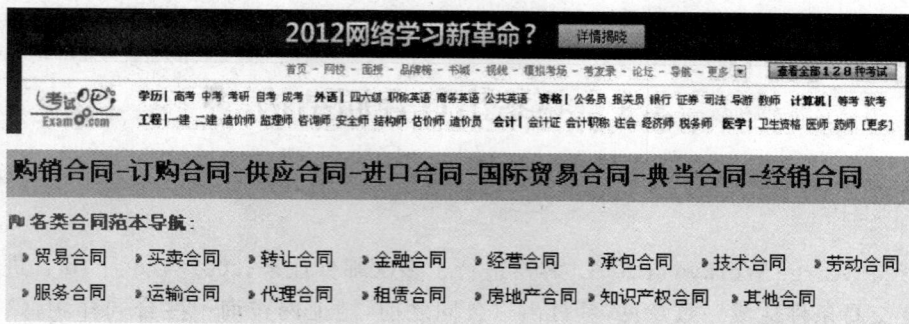

图 3-3

【步骤四】在各类合同范本导航中选择贸易合同,然后再选择货物出口合同(见样例 3-1)。

样例 3-1

合约编号:_____
Contract NO. _____
日期:_____年____月____日
Date:_____

销售合约
SALES CONTRACT

买方：

Buyers：＿＿＿＿＿＿

卖方：

Sellers：＿＿＿＿＿＿

双方同意按下列条款由买方购进卖方售出下列商品：

The Buyers agree to buy and the Sellers agree to sell the following goods on terms and conditions set forth below：

（1）货物名称及规格，包装及装运唛头 Commodity Name and Specifications Packing and Shipping Marks	（2）数量 Quantity	（3）单价 Unit Price	（4）总价 Total Amount

（装运数量允许有　％的增减）（Shipment Quantity　％more or less allowed）

（5）装运期限：

Time of Shipment：

（6）装运口岸：

Port of Loading：

（7）目的口岸：

Port of Destination：

（8）保险：投保＿＿＿＿＿险，由＿＿＿＿＿按发票金额＿＿＿＿＿％投保。

Insurance：Covering ＿＿＿＿ Risks for ＿＿＿＿ % of Invoice Value to be effected by the ＿＿＿＿.

（9）付款条件：

凭保兑的，不可撤销的，可转让的即期付款信用证，信用证以卖方为受益人并允许分批装运和转船。

Terms of Payment：

By confirmed irrevocable，transferable Letter of Credit in favour of Seller payable at sight allowing partial shipments and transshipment.

该信用证必须在＿＿＿＿＿前开到卖方，信用证的有效期应为装船期后 15 天，在上述装运口岸到期，否则卖方有权取消本售货合约并保留因此而发生的一切损失的索赔权。

The Letter of Credit must reach the Seller before ＿＿＿＿ and remain valid at the above mentioned port of loading 15 days after shipment. Otherwise the Seller has the right to cancel the contract and reserve the right for lodging claim against the Buyer for the losses sustained.

注意：开立信用证时，请在证内注明本售货确认书号码。

IMPORTANT：When establishing L/C，please indicate the number of this Sales Confirmation.

（10）人力不可抗拒因素：由于水灾、火灾、地震、干旱、战争或协议一方无法预见、控制、避免和克服的其他事件，导致不能或暂时不能全部或部分履行本协议，该方不负责任。但是，受不可抗力事件影响的一方须尽快将发生的事件通知另一方，并在不可抗力事件发生 15 天内将有关机构出具的不可抗力事件的证明寄交对方。

Force Majeure：Either party shall not be held responsible for failure or delay to perform all or any part of this agreement due to flood，fire，earthquake，draught，war or any other events which could not be predicted，controlled，avoided or overcome by the relative party. However，the party affected by the event of force majeure shall inform the other party of it so occurrence in writing as soon as possible and thereafter send a certificate of the event issued by the relevant authorities to the other party within 15 days after it so occurrence.

(11) 仲裁：在履行协议过程中，如产生争议，双方应友好协商解决。若通过友好协商未能达成协议，则提交中国国际贸易促进委员会对外贸易仲裁委员会，根据该会仲裁程序暂行规定进行仲裁。该委员会决定是终局的，对双方均有约束力。仲裁费用，除另有规定外，由败诉一方负担。

Arbitration：All disputes arising from the execution of this agreement shall be settled through friendly consultations. In case no settlement can be reached, the case in dispute shall then be submitted to the Foreign Trade Arbitration Commission of the China Council for the promotion of international trade for arbitration in accordance with its provisional rules of procedure. The decision made by this commission shall be regarded as final and binding upon both parties. Arbitration fees shall be borne by the losing party, unless otherwise awarded.

买方(The Buyers)：_____   卖方(The Sellers)：_____

备注：

Remarks：

请在本合同签字后寄回一份存档。

Please sign and return one copy for our file.

知识链接

合同种类及结构

国际货物买卖合同的名称，并无统一规定，其格式的繁简也不一致。在我国进出口贸易实践中，根据双方交易的标的物不同，合同的繁简不同，双方冠以合同的名称也有所不同。

1. 合同的主要种类

（1）按合同制作人分类：卖方制作的，称为销售合同（Sales Contract）；买方制作的，称为购货合同（Purchase Contract）。

（2）按合同的内容繁简分类：分为销售合同（Sales Contract）和销售确认书（Sales Confirmation）。销售合同内容比较全面，除商品的名称、规格、包装、单价、装运港和目的港、交货期、付款方式、运输标志、商品检验等条件外，还包括有关异议索赔、仲裁和不可抗力等条款。销售确认书经过签字后，也具有销售合同同等法律效力。但它所包括的条款较为简单，一般无检验条款、异议索赔、仲裁和不可抗力等条款，属于一种简式合同。此外，买卖双方通过往来函电成交后，如双方均不要求签订书面合同，可用往来函电作为依据履行双方的义务。

（3）按合同中使用的价格术语分类：可分为 FOB 合同、CIF 合同及货物到达合同（Arrival Contract）等。

在我国对外贸易业务中，合同或确认书通常一式两份，由双方合法代表分别签字后各执一份，作为合同订立的证据和履行合同的依据。

2. 出口合同结构

书面合同不论采取何种格式，其基本内容通常包括约首、约尾和基本条款三个组成部分。

（1）约首部分。

约首部分一般包括合同名称、合同编号、缔约双方名称和地址、订约日期、订约地点等项内容。此外，合同序言部分还常写明双方订立合同的意愿和执行合同的保证，对买卖双方都有约束力。

（2）合同正文。

合同的正文是合同的主体，主要包括有品名条款、品质条款、数量条款、包装条款、价格条款、装运条款、保险条款、支付条款、检验条款、异议索赔、罚金条款、不可抗力条款等，其中检验条款、异议索赔、罚金条款、不可抗力条款出口方往往拟写在合同模板中印在纸质合同中，它们适用于任何一笔业务，也称为一般交易条件。商定合同，主要是就这些基本条款如何规定进行磋商达成一致意见。这些条款也是交易磋商的主要内容，体现了买卖双方的权利和义务。

（3）约尾部分。

约尾部分一般包括合同的份数、使用的文字及其效力，双方当事人签字、合同附件等项内容。

3.2　拟定货物描述条款

工作内容

高彤在熟悉出口合同框架的基础上，按照进出口双方就各项交易条件所达成的一致意见，她着手准备签订出口合同，首先重点拟写有关货物描述的品名、品质、数量和包装条款。

操作过程

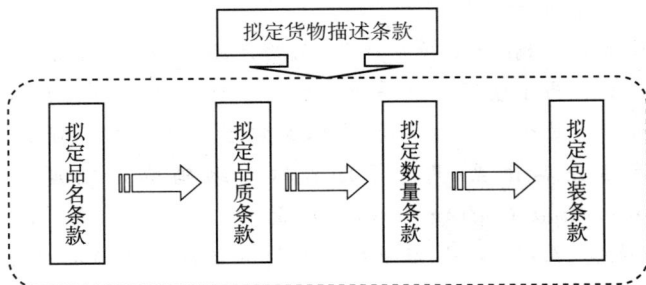

3.2.1　拟定品名条款

【步骤一】搜集常用工业用服装品名。

在熟悉了有关特种面料防护服商品知识和合同框架的基础上，在起草合同品名条款以前，高彤首先要考虑如何更精准地命名买卖双方交易的商品，经过查询，常用的工业用服装产品名称，按服装款式分有 Jacket（夹克）、Shirt（衬衣）、Coat（上衣）、Vest（背心）、Pant（裤子）、Bib-Pant（背带裤）、Jacket & Pant（夹克和裤子）；按服装的功能分有 Coverall（工装裤）、Working Uniform（工作服）、Protective Suit（防护服）等。

【步骤二】选择恰当品名。

在任务 1.4.2 中,经过登录中国海关总署网站进行商品信息查询,发现"防护服"多是医用的,并且采用的都是无纺布面料,而她所经营的服装产品面料质地是 65％涤 35％棉(见表1-1),且用在工业上,即质地和用途均不相符,高彤发现以"防护服"作为买卖双方商品名称并且把它固化在合同中不太妥当。经过与客户进一步沟通,双方取得一致意见,放弃"防护服"作为合同的品名条款,改用"工作服"(Working Uniform)作为品名条款,这样与对其应的商品海关编码"6203230091 其他合纤制其他男式便服套装(工业及职业用)"非常吻合。一是面料 65％涤纶 35％棉,因为涤纶成分高达 65％,故归入合成纤维面料,这样面料质地吻合;二是该款服装是专门供男士穿着的成套服装,这样品名又非常吻合;三是该款服装是供工厂的工人在上班作业时穿用,故用途也非常吻合。

【步骤三】拟写品名条款如下:

Commodity Name:Men's Working Uniform.

知识链接

商品品名条款及确定品名常用方法

1. 商品品名条款

商品品名条款是指能使某种商品区别于其他商品的一种称呼或概念,在一定程度上能体现出货物的自然属性、基本功能等。在国际贸易中,买卖双方一般通过电传、传真、E-mail、EDI、互联网等现代通信手段或信息网络来进行联系、洽商交易、签订和履行合同,因而,必须列明商品名称及货号(Article No.)。从法律上讲,商品品名条款是对买卖双方交易的标的物性质的界定,是买卖双方交接货物的依据,若卖方交付的货物不符合约定的品名,买方有权提出损害赔偿,甚至拒收货物或撤销合同。

2. 确定商品品名的常用方法

商品品名一般按其自然属性(如植物产品、动物产品、矿产品)和加工深度(原料、半制成品、制成品)命名和分类。为了使国际贸易中货物分类体系进一步协调和统一,经过海关合作理事会和联合国统计委员会多年的共同努力,制定了适合于国际贸易有关各个方面需要的标准国际贸易商品分类体系,即《商品名称及编码协调制度》(*The Harmonized Commodity Description and Coding System*),简称《协调制度》(*Harmonized System,H.S*)。H.S 是一部完整、系统、通用、准确的多用途的国际贸易商品分类体系,具有严密的逻辑性和科学性。H.S 自 1988 年 1 月 1 日起正式实施以来,目前国际上已有近 200 个国家和地区采用。我国于 1992 年 1 月 1 日起采用该制度,以其为基础,结合我国实际进出口货物情况,编制了《中华人民共和国海关进出口税则》和《中华人民共和国海关统计商品目录》。作为国际贸易的工作人员,应根据商品的名称准确进行商品归类。

3.2.2 拟定品质条款

【步骤一】查询服装品质常用的表示方法。

经过上网查询,相对其他农产品、工业品、日用品,服装品质条款包含的内容比较复杂,特别是经过阻燃处理的特种面料还要明确通过哪个国家的测试标准。首先要明确面料的具体规格,还要明确服装不同款式、颜色和尺码,鉴于服装在质地、尺寸、花型和颜色上很难做到精准,还要明确合理的误差范围等。同时服装还会涉及许多辅料,如扣子、拉链、织标、吊牌是由卖方自行解决还是客供,这些在合同中都要一一明确。

【步骤二】查阅商品信息详情。

高彤在熟悉了有关特种面料防护服商品知识的基础上,获悉需要推销的用特种面料缝制的工作服采用的面料是梭织的涤棉纱卡,质地是 65%涤纶 35%棉,面料的纱支密度是 21×21 120×60(见表1-1),并且面料后整进行了阻燃处理,颜色和尺码可以按照客户要求。

【步骤三】拟写品质条款如下:

Style No. FHF—0018

Fabric:Woven Twill(65% Polyester 35% Cotton)

Yarn Count and Density:21 * 21 120 * 60

Finishing:Fire retardant pass test standard of UK BS5438/BS5722

Color:Nacarat,Blue(As per client's request)

Size:S M L XL XXL(As per client's request)

Accessories:All buttons,woven labels,hang-tags to be supplied by the buyer free of charge.

知识链接

商品品质条款与常用的品质表示方法

1. 商品品质条款

商品的品质条款是买卖双方交接货物的依据。根据《联合国国际货物销售合同公约》的规定,卖方所交货物必须符合约定的品质,如卖方交货不符合约定的品质条件,买方有权要求损害赔偿,也可要求修理或交付替代货物,甚至拒收货物和撤销合同。

商品的品质即商品的外观形态和内在品质的综合。外观形态指商品的外形特征,如商品的大小、长短、造型、款式、色泽、味觉;内在品质指商品的物理性能、机械性能、化学成分、生物特征、技术指标和要求等,如纺织品的色牢度、防水性能,机械商品的精密度,肉禽类商品的各种菌类含量等。

2. 商品品质表示方法

在国际贸易货物买卖中,商品种类纷繁复杂,商品本身的特点、制造工艺、市场交易习惯等各不相同,规定商品品质的方法也多种多样,归纳起来主要有两大类(见图3-4)。

商品品质表示方法
- 凭实物样品
  - 看货买卖(Sale by Actual Quality):如加工艺品、古玩、首饰、名人字画
  - 凭样品买卖(Sale by Sample)
    - 凭卖方样品买卖(Sale by Seller's Sample)
    - 凭买方样品买卖(Sale by Buyer's Sample)
    - 凭对等样品买卖(Sale by Counter Sample)
- 凭文字说明
  - 凭规格买卖(Sale by Specifications)
  - 凭等级买卖(Sale by Grade)
  - 凭标准买卖(Sale by Standard)
  - 凭说明书和图样买卖(Sale by Descriptions and Illustrations)
  - 凭品牌或商标买卖(Sale by Brand or Trade Mark)
  - 凭产地名称买卖(Sale by Name of Origin)

图 3-4

3.2.3　拟定数量条款

【步骤一】查询数量条款的常用表示方法。

数量条款基本内容包括规定交货的数量和使用的计量单位。如果是按重量计算的货物，还要规定计算重量的方法，如毛重、净重、以毛作净、公量，以及数量条款机动幅度。

【步骤二】结合服装商品特性，确定数量条款的具体内容。

鉴于该款服装是浩海纺织品有限公司开发的新产品，国外客户第一次从浩海纺织品有限公司采购此产品，拟从小试订单做起。但与创伟制衣有限公司联系后，考虑降低生产成本及各项费用，创伟制衣有限公司要求最低起订量为一个 20 尺集装箱，约 5 950 套。服装商品有不同款式、颜色和尺码之分，因此很难做到实际交货数量与合同约定的数量完全相符，为了避免因此带来执行合同的不便，需要明确数量条款的机动幅度。

【步骤三】拟写数量条款如下：

Quantity：About 5 950sets or 5 950sets with 10% more or less allowed.

知识链接

商品的数量条款

商品的数量条款也是出口合同中不可缺少的主要条款之一。根据《联合国国际货物销售合同公约》的规定，按约定的数量交付货物是卖方的一项基本义务。如果卖方交货数量少于约定数量，卖方应在规定的交货期届满前补交，但不得使买方遭受不合理的不便或承担不合理的开支，即使如此，买方也有保留要求损害赔偿的权利。如果卖方交货数量大于约定的数量，买方可以拒收多交部分，也可以收取多交部分中的一部分或全部，但应按合同价格付款。

3.2.4　拟定包装条款

【步骤一】查询包装条款常用的表示方法。

包装条款基本内容主要包括商品包装的方式、材料、包装费用和指示性、警告性及运输标志等内容。

【步骤二】结合服装商品特性，确定包装条款具体内容。

服装商品因为有不同款式、颜色和尺码之分，因此往往采用混色混码或独色混码包装以利销售，因此必须明确服装是如何包装的，并明确每箱各颜色、各尺码是如何搭配的，每箱装多少件服装及是否允许有零箱等情况。

【步骤三】拟写男式工作服包装条款。

Packing：1set per plastic bag，10sets to a carton.

Assortment：

	S	M	L	XL	XXL	
Nacarat	1	2	3	3	1	=10sets/carton
Blue	1	2	3	3	1	=10sets/carton

知识链接

商品的包装条款

商品的包装条款也是出口合同中的一项主要条款之一。如所用的包装材料与合同规定不符,不管所用包装材料是好是坏,也不管是贵是贱都是违反合同主要条款的,买方有权拒收,并提出索赔。根据《联合国国际货物销售合同公约》的规定,卖方交付货物必须按照合同所规定的方式装箱或包装。

包装(Packing)是货物的盛载物、保护物和宣传物,是货物运动过程中的有机组成部分。它能保护货物品质完好无损,美化宣传商品,达到促销目的。在实际业务中,商品的包装应力求符合"科学、经济、牢固、美观、适销"等要求。需要注意的是,这里的包装具有双重含义:一是盛载物;二是买卖合同的一项交易条件,卖方交货未按合同规定包装,则构成违约。

经过适当包装的商品,不仅便于运输、装卸、搬运、储存、保管、清点、陈列和携带,而且不易丢失或被盗,为各方面提供了便利。

3.3 拟定价格条款

价格条款关系到进出口双方的经济利益,是合同中的最重要条款之一,一般由单价和总值组成。

工作内容

高彤在草拟好合同的品名、品质、数量、包装等关系到货物描述的基本条款后,着手拟写买卖双方关注的价格条款。

操作过程

拟定价格条款

筛选使用术语 → 查阅价格构成 → 拟定价格条款

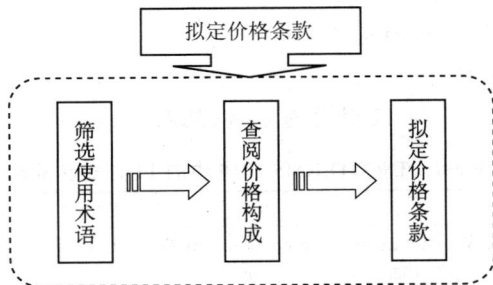

【步骤一】高彤查阅任务 2.4 出口报价核算及发盘操作和任务 2.5 出口还价核算及还盘操作中买卖双方往来邮件,最后买卖双方确认的价格是 USD18.10/套 CIF 马赛,数量是 1 个 20 尺货柜,共计 5 950 套工作服。

【步骤二】据此,高彤拟写价格条款为:

Unit Price:USD18. 10/set CIF Marseilles

Total Amount:USD107 695.00(SAY U. S. DOLLARS ONE HUNDRED AND SEVEN THOUSAND SIX HUNDERED AND NINETY-FIVE ONLY)

知识链接

贸易术语及贸易术语解释通则

1. 贸易术语的含义

贸易术语(Trade Terms)又称价格术语(Price Terms),在我国习惯称为"价格条件"。它是指采用简短的语言或缩写字母代号来概括表明商品的价格构成,说明货物交换过程中有关的风险、责任和费用划分问题的专门用语。如 FOB 是指装运港船上交货,表明进口货物的价格包括进货成本价、国内费用和净利润。

由此可见,国际贸易术语具有两重性:一方面它是用来表示价格构成因素的;另一方面它又是用来确定交货条件的,即说明买卖双方在交接货物方面彼此承担责任、费用和风险。这两者紧密相关。不同的贸易术语,表明买卖双方各自承担不同的责任、费用和风险,而责任、费用和风险的大小,又影响成交商品的价格。

2. 有关贸易术语的国际惯例

(1)《2010 年国际贸易术语解释通则》;

(2)《1932 年华沙–牛津规则》;

(3)《1941 年美国对外贸易定义修订本》。

3. INCOTERMS 2010 的主要变化

(1) 新增了 DAT 和 DAP;

(2) 简化了分类方式;

(3) 放弃了"船舷"的说法;

(4) 确认了相关术语可以用于国内货物买卖;

(5) 扩大了对电子信息效力的确认;

(6) 考虑《伦敦保险协会货物险条款》的最新修订;

(7) 丰富了海关手续的内涵;

(8) 明确了 THC 的分摊;

(9) 澄清了链式销售中卖方的义务;

(10) 解释了相关专用词。

4. INCOTERMS 2010 中的 11 种贸易术语(见表 3-1)

表 3-1　INCOTERMS 2010 中的 11 种贸易术语

适用范围	国际代码	中英文全称
任何单一运输方式或多种运输方式	EXW	EX Works(insert named place of delivery)INCOTERMS 2010 工厂交货(插入指定交货地点)
	FCA	Free Carrier(insert named place of delivery)INCOTERMS 2010 货交承运人(插入指定交货地点)
	CPT	Carriage Paid To(insert named place of destination)INCOTERMS 2010 运费付至(插入指定目的地)
	CIP	Carriage and Insurance Paid To (insert named place of destination) INCOTERMS 2010 运费和保险费付至(插入指定目的地)

续表

适用范围	国际代码	中英文全称
任何单一运输方式或多种运输方式	DAT	Delivered At Terminal(insert named terminal at port or place of destination) INCOTERMS 2010 运输终端交货(插入指定港口或目的地的运输终端)
	DAP	Delivered At Place(insert named place of destination)INCOTERMS 2010 目的地交货(插入指定目的地)
	DDP	Delivered Duty Paid(insert named place of destination)INCOTERMS 2010 完税后交货(插入指定目的地)
海运和内河水运	FAS	Free Alongside Ship(insert named port of shipment)INCOTERMS 2010 装运港船边交货(插入指定装运港)
	FOB	Free On Board(insert named port of shipment)INCOTERMS 2010 装运港船上交货(插入指定装运港)
	CFR	Cost and Freight(insert named port of destination)INCOTERMS 2010 成本加运费(插入指定目的港)
	CIF	Cost Insurance and Freight(insert named port of destination)INCOTERMS 2010 成本、保险加运费(插入指定目的港)

3.4　拟定装运条款

装运条款是买卖合同中的主要交易条件,延迟装运属根本性违约,买方有权解除合同,并提出索赔;提前装运也属违约,买方可以收取货物,也可以拒绝,但不能解除合同。因此,必须合理地规定装运条款。

工作内容

国际货物贸易中,买卖双方所交易的商品,必须借助一定的运输方式才能实现从卖方到买方的转移,从而真正实现物权的转移。其中既包括有运输方式的选择、装运港(接货地点)和目的港(交货地点)的选定,也包括交货期和分批、转运的规定。

操作过程

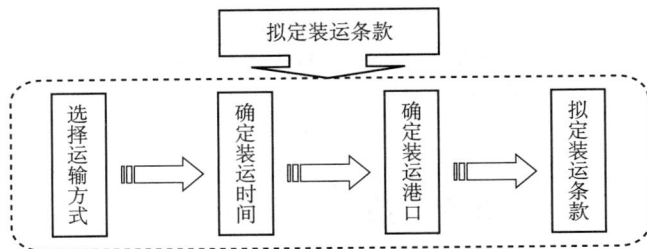

拟定装运条款

选择运输方式　→　确定装运时间　→　确定装运港口　→　拟定装运条款

【步骤一】选择运输方式。
结合实际情况,选择采用集装箱的班轮运输,如果不能及时将货物出运,需采用空运,以跟上货物的销售旺季。

【步骤二】确定装运时间、装运港口等。

在锦程物流网上查询得知，有从天津直达马赛的船只，一般可从天津港出发，但不排除中途可能发生中转，因此，在订立运输条款时，应争取把装运港规定为中国港口，同时允许分批和转运。考虑到服装厂生产一个货柜的工作服需要一个月的生产周期，再加上办理商检、订舱、报关等事宜，所以装运时间定为9月底交货。

【步骤三】拟定合同中的装运条款如下：

Shipment：From China main ports to Marseilles France by sea not later than Sept. 30，2007 with partial shipments and transhipment allowed.

知识链接

集装箱运输

在国际货物运输中，涉及有多种运输方式，主要有海洋运输、铁路运输、航空运输、邮政运输及国际多式联运，不同的运输方式有各自的优势和劣势，其中海洋运输特别是集装箱运输占国际航运市场较高份额。

国际上主要使用的是20尺（Twenty-foot Equivalent Unit，TEU）和40尺（Forty-foot Equivalent Unit，FEU）的集装箱及40尺高柜集装箱（Forty-foot High Cube）。常用集装箱主要数据见表3-2，集装箱的交接方式见表3-3。

表3-2　常用集装箱主要数据

名　称	外　尺　寸	内　容　积	配货毛重	装货体积
20尺柜（20'GP）	20ft×8ft×8ft6in	5.69m×2.13m×2.18m	约17.5t	24～26m³
40尺柜（40'GP）	40ft×8ft×8ft6in	11.8m×2.13m×2.18m	约22t	54m³ 左右
40尺高柜（40'HC）	40ft×8ft×9ft6in	11.8m×2.13m×2.72m	约22t	68m³ 左右

表3-3　集装箱的交接方式

交接方式	装箱人	拆箱人	交接地点	表达方式
整箱交整箱接（FCL/FCL）	货方	货方	门到门、场到场、门到场、场到门	Door to Door，CY to CY，Door to CY，CY to Door
拆箱交拆箱接（LCL/LCL）	承运人	承运人	站到站	CFS to CFS
整箱交拆箱接（FCL/LCL）	货方	承运人	门到站、场到站	Door to CFS，CY to CFS
拆箱交整箱接（LCL/FCL）	承运人	货方	站到门、站到场	CFS to Door，CFS to CY

3.5　拟定保险条款

国际货物交易中，货物由卖方手里到买方手里往往要经过长距离的运输，在运输过程会发生各种意外情况，为转嫁运输途中的风险，需要办理投保手续。

工作内容

高彤在草拟好合同的品名、品质、数量、包装、价格、装运等条款后,考虑如何规避运输途中的风险。她着手拟写有关保险条款。

操作过程

拟定保险条款

确定投保人 → 选择保险条款 → 确定投保险别 → 确定投保加成 → 拟定保险条款

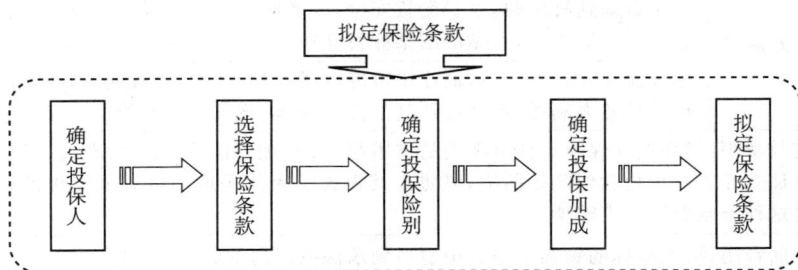

【步骤一】高彤查看业务卷宗,发现当初按照 CIF 贸易术语对外报价,这意味着保险由卖方负责办理。

【步骤二】鉴于由卖方负责办理投保手续,高彤拟选择中国人保海运货物保险条款进行投保。

【步骤三】考虑到防护服属于货值较高的产品,为避免遭受较大的损失,选择投保一切险和战争险投保。

【步骤四】鉴于双方没有对投保加成有特殊约定,故根据惯例按照加一成办理投保手续。

【步骤五】高彤拟写保险条款如下:

Insurance:To be covered by the Seller for 110% of invoice value against all risks and war risk subject to ocean marine cargo clause of China Insurance Clauses dated 1/1/1981.

知识链接

保险条款中涉及的风险、损失和费用见表 3-4。

表 3-4 风险、损失和费用

风险	海上风险	自然灾害:指恶劣气候、雷电、地震、海啸或火山爆发等人力不可抗拒的自然力量造成的灾害
		意外事故:指运输工具搁浅、触礁、沉没、船舶与流冰或其他物体碰撞以及失踪、失火、爆炸等所造成的事故
	外来风险	一般外来风险:指被保险货物在运输途中由于偷窃、沾污、渗漏、破碎、受热受潮、串味、生锈、钩损、碰损、雨淋、短量等外来原因所造成的风险
		特殊外来风险:指由于军事、政治、国家政策法令以及行政措施等特殊外来原因所造成的风险与损失

损失	全部损失	实际全损:指货物完全灭失或变质而失去原有用途,即货物完全损失已经发生或不可避免
		推定全损:指被保险货物受损后未完全灭失,但施救、恢复、整理受损货物并将其运至原定目的地的费用总和已超过货物到达该目的地价值的损失,即这种损失已超过被保险货物的保险价值
	部分损失	共同海损:指载货的船舶在海上遇到灾害、事故,威胁船、货等各方的共同安全,为了解除这种威胁,维护船货安全,或者使航程得以继续完成,由船方有意识地、合理地采取措施,所做出的某些特殊牺牲或支出某些额外费用
		单独海损:指货物在运输途中可能遭遇各种风险而导致损失,如果该风险只影响单一的货方利益,不会危及其他方的安全,该风险导致的损失即为单独海损
费用		施救费用:指在遭遇保险责任范围内的灾害事故时,被保险人或其代理人、雇佣人员和保险单证受让人等为抢救保险标的物,以防止其损失扩大所采取的措施而支出的费用。保险人对这种施救费用负责赔偿
		救助费用:指保险标的物在运输途中遭遇到承保范围内的灾害事故时,由保险人和被保险人以外的无契约关系的第三者采取救助行为使船舶和货物免除或减少损失,由被救方向其支付的报酬。按照国际惯例,船舶与货物在海上遭遇海难后,其他船舶有义务采取救助行为,而被救方则应支付相应的报酬

我国海洋货物运输保险的险别见表 3-5。

表 3-5　我国海洋货物运输保险的险别

基本险	平安险:即"单独损失不赔",即只对共同海损和全部损失予以负责	
	水渍险:承保责任范围除包括上述平安险的各项责任外,保险人还负责被保险货物由于恶劣气候、雷电、海啸、地震、洪水等自然灾害所造成的部分损失	
	一切险:承保责任范围除包括水渍险的各项承保责任外,保险人还负责被保险货物在运输途中由于一般外来风险所致的全部或部分损失	
附加险	一般附加险	偷窃、提货不着险、淡水雨淋险、短量险、混杂沾污险、渗漏险、碰损破碎险、串味险、受潮受热险、钩损险、包装破裂险、锈损险
	特殊附加险	战争险、罢工险、交货不到险、进口关税险、舱面险、拒收险、黄曲霉素险、存仓火险责任扩展条款

各种货物运输保险责任起讫见表 3-6。

表 3-6　各种货物运输保险责任起讫

运输险别		责 任 起 讫	保险责任终止期限
海运险		起运地发货人仓库至目的地收货人仓库	从目的港卸离海轮满 60 天
陆运险		起运地发货人仓库至目的地收货人仓库	运抵最后卸货车站满 60 天
空运险		起运地发货人仓库至目的地收货人仓库	从目的地卸离飞机满 30 天
邮包险		起运地邮局前的寄件人的处所运往邮局时开始至目的地邮局	自邮局签发到货通知书当日午夜起算满 15 天终止
战争险	海运	装上运输工具至卸离运输工具(海运、空运在转船期间的 15 天内可以转存在港口辖区,一旦续运,保险责任又重新开始)	到达目的港满 15 天
	陆运		到目的地车站午夜满 48 小时,到中途站午夜满 10 天
	空运险		到达目的地起满 15 天
	邮包险	开始运送起至送交收货人止	

3.6　拟定支付条款

国际货物交易中,货款的收付是买卖双方的基本权利和义务,货款的收付直接影响双方的资金周转和融通,以及各种金融风险和费用的负担,这是关系到买卖双方利益的问题。因此,买卖双方在磋商交易时,都力争规定对自己有利的支付条件。

工作内容

高彤在草拟好合同的品名、品质、数量、包装、价格、装运、保险等条款后,考虑如何及早安全收回货款。她着手拟写有关支付条款。

操作过程

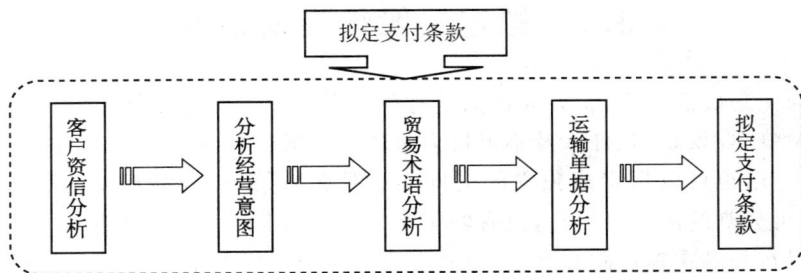

【步骤一】高彤考虑法国 George Workwear S. A. 是新客户,起初坚持采用全额信用证付款,但是客户抱怨采用信用证付款费用太高,建议采用 T/T 付款,为了慎重起见,并考虑浩海纺织品有限公司欲尽快打开欧盟市场,结合采用的 CIF 贸易术语,由我方办理运输和保险事宜,我们可以通过约定提单收货人的方式进一步降低风险,故最后确定合同签订后买方先电汇货款的 30% 作为定金,货款的 70% 凭提单日后 60 天远期信用证付款。

【步骤二】高彤拟写支付条款如下:

Payment：The Buyer pay 30% of the total value by T/T in advance as deposit,70% of total contract value by L/C 60 days after B/L date.

知识链接

支 付 工 具

随着国际贸易和现代银行信用的发展,买卖双方在国际货物买卖中普遍采用信用工具代替现金作为流通手段和支付工具。票据是国际通行的支付工具,包括有汇票、本票和支票,其中以使用汇票为主。

(1)汇票:由出票人签发并委托付款人在见票时或者在指定时期无条件支付确定金额给收款人或持票人的票据。简言之,它是一方开给另一方无条件支付的一种票据。汇票的分类见图 3-5。

(2)本票:是指由出票人签发的,承诺自己在见票时无条件支付确定的金额给收款人或者持票人的票据,有一般本票或商业本票和银行本票两种。

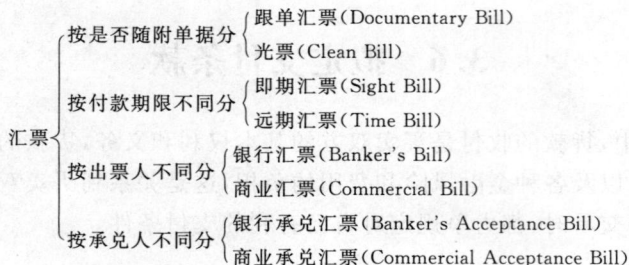

$$汇票\begin{cases} 按是否随附单据分\begin{cases} 跟单汇票(Documentary\ Bill)\\ 光票(Clean\ Bill) \end{cases}\\ 按付款期限不同分\begin{cases} 即期汇票(Sight\ Bill)\\ 远期汇票(Time\ Bill) \end{cases}\\ 按出票人不同分\begin{cases} 银行汇票(Banker's\ Bill)\\ 商业汇票(Commercial\ Bill) \end{cases}\\ 按承兑人不同分\begin{cases} 银行承兑汇票(Banker's\ Acceptance\ Bill)\\ 商业承兑汇票(Commercial\ Acceptance\ Bill) \end{cases} \end{cases}$$

图 3-5

（3）支票：是指由出票人签发的，委托银行或其他金融机构在见票时无条件支付确定金额给收款人或持票人的票据。支票分为一般支票、划线支票、记名支票、不记名支票、保付支票和银行支票6种。

3.7 拟定一般性交易条款

为了加快交易磋商进程，卖方通常拟定对每笔交易都适用的一套共性的交易条件，主要包括有检验检疫、异议索赔、仲裁及不可抗力条款。一般交易条件可以印制在合同书的背面或合同书的下方，也可以拟定成独立的文件。一般交易条件，适用于买卖双方之间所有合同，是合同不可分割的部分。但是，只有经买卖双方协商同意后，才具有这样的效力。一般交易条件可以在与潜在客户磋商之前，将其送交对方以便使其了解相关内容，也可以在进口商接受出口商发盘后将其送交进口商。为了防止对方理解有误，出口商应说明一般交易条件供双方进一步协商。

工作内容

高彤在草拟好合同的品名、品质、数量、包装、价格、装运、保险、支付等条款后，为了加快今后交易磋商进程，着手拟写一般性交易条款。

操作过程

拟定一般性交易条款

检验检疫条款 ⟹ 异议索赔条款 ⟹ 仲裁条款 ⟹ 不可抗力条款

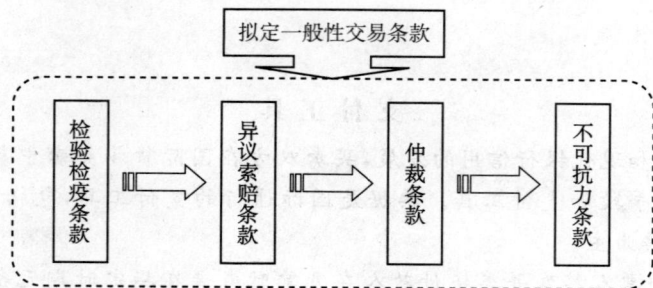

【步骤一】高彤在熟知有关检验检疫、异议索赔、仲裁及不可抗力等知识后，结合该特种防护面料制工作服商品的特点，拟写一般性交易条款如下。

（1）检验条款：卖方须在装运前7天委托出入境检验检疫局对本合同之货物进行检验，货到目的港10天内，由买方可对货物进行复验。

Inspection：The Seller shall have the goods inspected by Entry-Exit Inspection and Quarantine Bureau 7 days before the shipment by CIQ. The Buyer may have the goods reinspected within 10 days after the goods arrival at the destination.

（2）品质与数量、重量的异议与索赔：货到最终目的地后，买方如发现货物品质/数量/重量与合同规定不符，除属于保险公司货船公司的责任外，买方可以凭双方同意的检验机构出具的检验证明向卖方提出异议，品质异议须于货到最终目的地起 60 天内提出，数量/重量异议须于货到最终目的地起 30 天内提出。

Quality/Quantity/Weight Discrepancy and Claim：In case the quality and/or quantity/weight are found by the Buyer not to conform with the contract after arrival of the goods at the final destination，the Buyer may lodge a claim against the Seller supported by a survey report issued by an inspection organization agreed upon by both parties with the exception of those claims for which the insurance company and/or the shipping company are to be held responsible. Claim for quality discrepancy should be filed by the Buyer within 60 days after arrival of the goods at the final destination while for quantity/weight discrepancy claim should be filed by the Buyer within 30 days after arrival of the goods at the final destination.

（3）迟交货和罚金：如果卖方未能按合同规定及时交货，买方同意在卖方付罚金的前提下迟交货。罚金的金额不超过迟交货的合同货物部分的价值的 5%，罚金按每 7 日 0.5%计算，少于 7 日的增加天数按 7 日计。如果卖方未能于合同规定的交货期之后的 10 周内发运，买方有权取消该合同，除此之外，卖方仍要将有关罚金不加拖延地付给买方。

Late Delivery and Penalty：Should the Sellers fail to make delivery on time as stipulated in the Contract，the Buyers shall agree to postpone the delivery on condition that the Sellers agree to pay a penalty which shall be deducted by the paying bank from the payment. The Penalty，however，shall not exceed 5% of the total value of the goods involved in the late delivery. The rate of penalty is charged at 0.5% for every seven days. Odd days less than seven days should be counted as seven days. In case the Sellers fail to make delivery ten weeks later than the time of shipment stipulated in the Contract，the Buyers shall have the right to cancel the contract and the Sellers，in spite the cancellation，shall still pay the aforesaid penalty to the Buyers without delay.

（4）不可抗力：由于水灾、火灾、地震、干旱、战争或无法预见、控制、避免和克服的其他事件导致不能全部或部分装运或延期装运合同货物，卖方不负责任。但是，受不可抗力事件影响的卖方须尽快将发生的事件通知买方，并在不可抗力事件发生 15 天内将有关机构出具的不可抗力事件的证明寄交买方。

Force Majeure：The Sellers shall not be held responsible late delivery or non-delivery for all or part of the contracted goods owing to such Force Majeure causes as flood，fire，earthquake，draught，war or any other events which could not be predicted，controlled，avoided or overcome. However，the Sellers affected by the event of Force Majeure shall inform the Buyers of its occurrence in writing as soon as possible and thereafter send a certificate of the event issued by the relevant authorities to the Buyers within 15 days after its occurrence.

（5）仲裁：凡执行本合同或与合同有关事项所发生的一切争执，应由双方通过友好方式协商解决。如果不能取得协议时，应提交中国国际贸易促进委员会对外贸易仲裁委员会，根据该仲裁委员会的仲裁程序暂行规定进行仲裁，仲裁裁决是终局的，对双方都有约束力。仲裁费用除非仲裁另有决定外，均由败诉一方承担。

Arbitration：All disputes in connection with this Contract or the execution thereof shall be settled through friendly negotiations. If no settlement can be reached，the case shall then be submitted to the Foreign Trade Arbitration Commission of the China Council for the Promotion of International Trade，Beijing，for settlement by arbitration in accordance with the Commission's Provisional Rules of Procedure. The award rendered by the Commission shall be final and binding on both parties. The arbitration expenses shall be borne by the losing party unless otherwise award by the arbitration organization.

【步骤二】高彤将拟写好的上述一般性交易条款发邮件给法国客户 George Workwear S. A. 认可，客户回邮件同意接受该条款，至此买卖双方就所有交易条款达成一致意见。

【步骤三】高彤查阅与法国客户 George Workwear S. A. 的往来邮件，按照接受函，缮制完整合同（见样例 3-2）。

样例 3-2

SALES CONTRACT

Contract No. HH20070818
Date：AUG. 18，2007

The Seller：HaoHai Textiles Co. ，Ltd.

Address：No. 86，Zhujiang Road，Hexi District，Tianjin，China

The Buyer：George Workwear S. A.

Address：14，Rue Fortia 13 Marseilles 1，France

The Seller agrees to sell and the Buyer agrees to buy the under mentioned goods on the terms and conditions stated below：

（1）Description of Commodity	（2）Quantity	（3）Unit Price	（4）Total
Men's Working Uniform Style No. FHF—0018 Fabric：Twill(65% polyester 35% cotton) Yarn count and density：21 * 21 120 * 60 Finishing：Fire retardant pass test standard of UK BS5438/BS5722	Nacarat：2 975sets Blue：2 975sets 5 950sets	USD18. 10/set CIF Marseilles	USD107 695. 00

Say：U. S. Dollars One Hundred and Seven Thousand Six Hundred and Ninety-Five Only.

（5）Packing：1set per plastic bag，10sets to a strong export carton.

Assortment：

	S	M	L	XL	XXL	
Nacarat	1	2	3	3		1＝10sets/Carton
Blue	1	2	3	3		1＝10sets/Carton

(6) Shipment: From China main port to Marseilles France by sea not later than Sept. 30,2007 with partial shipments and transshipment allowed, otherwise to transport from Tianjin China to Marseilles France on seller's account by air.

(7) Insurance: To be covered by the Seller for 110% of invoice value against all risks and war risk subject to ocean marine cargo clause of China Insurance Clauses dated 1/1/1981.

(8) Payment: The Buyer pay 30% of the total value by T/T in advance as deposit before Aug. 25, 70% of total contract by L/C at 60 days after B/L date to reach the Seller before Sept. 1, 2007 and remain valid for negotiation in China 15 days after shipment.

(9) Inspection: The Seller shall have the goods inspected by Entry-Exit Inspection and Quarantine Bureau 7 days before the shipment by CIQ. The Buyer may have the goods reinspected within 10 days after the goods arrival at the destination.

(10) Quality/Quantity/Weight Discrepancy and Claim: In case the quality and/or quantity/weight are found by the Buyer not to conform with the contract after arrival of the goods at the final destination, the Buyer may lodge a claim against the seller supported by a survey report issued by an inspection organization agreed upon by both parties with the exception of those claims for which the insurance company and/or the shipping company are to be held responsible. Claim for quality discrepancy should be filed by the Buyer within 60 days after arrival of the goods at the final destination while for quantity/weight discrepancy claim should be filed by the Buyer within 30 days after arrival of the goods at the final destination.

(11) Late Delivery and Penalty: Should the Sellers fail to make delivery on time as stipulated in the Contract, the Buyers shall agree to postpone the delivery on condition that the Sellers agree to pay a penalty which shall be deducted by the paying bank from the payment. The Penalty, however, shall not exceed 5% of the total value of the goods involved in the late delivery. The rate of penalty is charged at 0.5% for every seven days. Odd days less than seven days should be counted as seven days. In case the Sellers fail to make delivery ten weeks later than the time of shipment stipulated in the Contract, the Buyers shall have the right to cancel the contract and the Sellers, in spite the cancellation, shall still pay the aforesaid penalty to the Buyers without delay.

(12) Force Majeure: The Sellers shall not be held responsible late delivery or non-delivery for all or part of the contracted goods owing to such Force Majeure causes as flood, fire, earthquake, draught, war or any other events which could not be predicted, controlled, avoided or overcome. However, the Sellers affected by the event of Force Majeure shall inform the Buyers of its occurrence in writing as soon as possible and thereafter send a certificate of the event issued by the relevant authorities to the Buyers within 15 days after its occurrence.

(13) Arbitration: All disputes in connection with this Contract or the execution thereof shall be settled through friendly negotiations. If no settlement can be reached, the case shall then be submitted to the Foreign Trade Arbitration Commission of the China Council for the Promotion of International Trade, Beijing, for settlement by arbitration in accordance with the Commission's Provisional Rules of Procedure. The award rendered by the Commission shall be final and binding on both parties. The arbitration expenses shall be borne by the losing party unless otherwise award by the arbitration organization.

(14) Remarks:

① All buttons, woven labels, hang-tags to be supplied by the Buyer free of charge.

纽扣、织标、吊牌由买方免费提供。

② Reasonable tolerance in quality, weight, measurements, designs and colors is allowed, for which no claims will be entertained.

质地、重量、尺寸、花型、颜色均允许合理差异，对合理范围内差异提出的索赔，概不受理。

③ Buyers are to assumed full responsibilities for any consequences arising from: (a) the use of packing, designs or pattern made to order; (b) late submission of specifications or any other details necessary for the execution of this Sales Confirmation; (c) late establishment of L/C; (d) late amendment to L/C inconsistent with the provisions of this Sales Confirmation.

买方对下列各点所造成的后果承担全部责任：(a) 使用买方的特定装潢、花型图案等；(b) 不及时提供生产所需的规格或其他细则；(c) 不按时开信用证；(d) 信用证条款与售货确认书不相符而不及时修改。

④ Both amount and quantity are 10% more or less allowed.

数量和金额允许10%增减幅度。

⑤ Buyers should sign one copy of this Sales Confirmation and return it to Sellers within 10 days after receipt. If nothing is proposed to the contrary within that time, this Sales Confirmation will be effective. Sales Confirmation, issued on the strength of Buyers' order or earlier confirmation, is effective immediately on its issuance, and subjected to neither modification nor cancellation, unless agreed upon by both parties.

买方应在收到本售货确认书后10天内签退一份给卖方，如在此期限内不提出任何异议，本售货确认书即生效。凭买方订单或凭买方先前之确认而缮制的售货确认书，在发出后即生效。非经双方同意，不得更改或撤销。

THE SELLER
高彤

THE BUYER
George Dar

知识链接

一般性交易条款

1. 检验条款

商品检验是指在国际贸易活动中对买卖双方成交的商品由商品检验检疫机构对商品的品质、数量、包装、安全、卫生、装运条件以及对涉及人类健康安全、动植物生命和健康保护、环境保护、欺诈防止、国家安全维护等项内容进行检验、鉴定和监督管理。商品检验的程序包括报检、抽样、检验和签证。

检验条款一般包括检验的时间和地点，检验的机构、标准、方法和证书，复验的期限、机构和地点等。

商检证书是商检机构对进出口商品检验、鉴定的结果所出具的证书。它是买卖双方交接货物的依据，也是买卖双方收付货款、处理索赔和理赔的依据。

2. 异议与索赔

异议与索赔通常有两种规定办法，一种是异议与索赔条款，另一种是罚金条款。索赔事件多发生在交货期、交货品质、数量等问题上，一般地说，买方向卖方提出索赔的情况较多。

关于异议与索赔条款，除规定一方如违反合同，另一方有权索赔外，还包括索赔的依据、索赔期限和索赔金额等项内容。

如果合同中未做出约定,确定损害赔偿金额的一般原则是:

(1)赔偿金额应与因违约而遭受的包括利润在内的损失额一致。

(2)赔偿金额应以违约方在签订合同时可预料到的合理损失为限。

(3)因受损害一方未采取合理措施而遭受不必要的损失,应在赔偿金额中扣除。

罚金条款是指合同的一方未履行合同规定的义务而应向对方支付约定的违约金,以补偿给对方造成的损失。

一般适用于卖方延期交货,或买方延迟开立信用证和延期接货等情况。罚金的多少视违约情况而定,并规定其最高限额。按一般惯例,罚金数额以不超过总金额的5%为宜。

确定违约金数额时,一般以一方违约给对方造成的损失数额为标准。违反合同的一方当事人支付违约金后,还应当履行合同义务。

3.不可抗力

不可抗力是指合同签订之后,发生了订约当事人既不能预见、也无法预防或控制的意外事故,致使合同不能履行或不能如期履行。

不可抗力条款通常包括不可抗力事故的范围、不可抗力事故的法律后果、事故发生后通知对方的期限及出具事故证明文件的机构。

不可抗力事故的范围表示方法有概括式、列举式和综合式。不可抗力的后果有两种,一是解除合同;二是延期履行合同。

4.仲裁

仲裁又称公断,是指买卖双方在争议发生之前或发生之后,签订书面协议,自愿将争议提交双方所同意的第三者予以裁决,以解决争议的一种方式。

合同中的仲裁条款一般包括仲裁地点、仲裁机构、仲裁规则、仲裁裁决的效力等内容。

仲裁的特点是以当事人自愿为基础、以签订仲裁协议或仲裁条款为前提、处理问题比较迅速及时,而且费用也较为低廉、裁决是终局性的,已生效的仲裁裁决对双方当事人均有约束力。

重点内容概要

任务三重点内容框架如图3-6所示。

出口合同签订
- 熟悉出口合同结构
- 拟定货物描述条款
  - 拟定品名条款
  - 拟定品质条款
  - 拟定数量条款
  - 拟定包装条款
- 拟定价格条款
- 拟定装运条款
- 拟定保险条款
- 拟定支付条款
- 拟定一般性交易条款

图 3-6

同步训练

一、单选题

1. 商品品质的方法多种多样,归纳起来,主要有两大类,一是凭实物样品,二是( )。
   A. 看货买卖　　　B. 凭样品买卖　　　C. 凭文字说明　　　D. 凭规格买卖

2. INCOTERMS 2010 包含有( )种贸易术语。
   A. 10　　　　　　B. 11　　　　　　　C. 12　　　　　　　D. 13

3. INCOTERMS 2010 中适合任何单一运输方式的贸易术语有( )种。
   A. 5　　　　　　　B. 6　　　　　　　　C. 7　　　　　　　　D. 8

4. 我国海洋货物运输保险的条款除三种基本险外,还有( )种一般附加险。
   A. 14　　　　　　B. 13　　　　　　　C. 12　　　　　　　D. 11

5. 由出票人签发的,承诺自己在见票时无条件支付确定的金额给收款人或者持票人的票据称之为( )。
   A. 支票　　　　　B. 本票　　　　　　C. 票汇　　　　　　D. 汇票

二、多选题

1. 采用凭文字说明表示商品品质的方法,除凭规格、等级外,还包括有( )。
   A. 凭标准买卖　　　　　　　　　B. 凭品牌或商标买卖
   C. 凭说明书和图样买卖　　　　　D. 凭产地名称买卖

2. 在进出口贸易中,常用集装箱规格是( )。
   A. 20 尺普柜　　　B. 40 尺普柜　　　C. 20 尺高柜　　　D. 40 尺高柜

3. 贸易术语(Trade Terms)是指采用简短的语言或缩写字母代号概括表明商品的价格构成,说明货物交换过程中有关的风险、责任和费用划分问题的专门用语,习惯称为( )。
   A. 交货术语　　　B. 价格条件　　　C. 价格术语　　　D. 交货条件

4. 有关贸易术语的国际惯例包括有( )。
   A.《1941 年美国对外贸易定义修订本》　　B.《1932 年华沙-牛津规则》
   C. UCP 600　　　　　　　　　　　　　　D.《2010 年国际贸易术语解释通则》

5. INCOTERMS 2010 新增加的贸易术语是( )。
   A. FAS　　　　　　B. DAT　　　　　　C. CPT　　　　　　D. DAP

三、判断题

1. 销售确认书属于一种简式合同,一般无检验条款、异议索赔、仲裁和不可抗力等条款,但具有与销售合同同样的法律效力。　　　　　　　　　　　　　　　　　　( )

2. 商品品名一般按其自然属性(如植物产品、动物产品、矿产品)和加工深度(原料、半制成品、制成品)命名和分类。　　　　　　　　　　　　　　　　　　　　　　( )

3. 如果卖方交货数量大于约定的数量,买方可以拒收全部货物,也可以收取多交部分中的一部分或全部,但应按合同价格付款。　　　　　　　　　　　　　　　　　( )

4. 拆箱交拆箱接是集装箱的交接方式之一,其交货地点可以是门到门、场到场、门到场、场到门。　　　　　　　　　　　　　　　　　　　　　　　　　　　　　　　( )

5. 一般性交易条件,适用于买卖双方之间所有合同,是合同不可分割的部分。　( )

任务四

出口合同履行

能力目标

- 了解租船订舱、投保、报检通关流程
- 熟悉原产地证网上申领程序
- 掌握信用证审核技巧及结汇单证缮制规范

知识目标

- 了解组织货源的有关要求
- 熟悉订舱委托书等对内操作单证的主要内容
- 掌握各种结汇单据的要点

经过一段时间的邮件往来,浩海纺织品有限公司与法国 George Workwear S. A. 客户就特种防护面料制工作服达成第 HH20070818 号出口合同,接下来高彤根据合同中约定的交货期,联系生产厂家备货,办理货物运输与保险、报检与报关、缮制结汇单据,争取保质保量如期执行合同。

4.1 落实信用证

工作内容

2007 年 8 月 18 日双方合同签订后,法国 George Workwear S. A. 客户如期将 30% 定金汇至浩海纺织品有限公司,但 70% 信用证直到 8 月底还没有收到,高彤发邮件督促客户尽早到银行开立信用证。9 月 5 日中行天津分行通知浩海纺织品有限公司收到客户开来的第 R0058970—B 号信用证,高彤随即展开审证工作,以确认信用证条款是否与合同相符,是否有不可接受条款,根据实际情况考虑是否要求客户修改信用证。

操作过程

```
            ┌──────────────┐
            │   落实信用证   │
            └──────────────┘
┌─────────────────────────────────────────────────────┐
│  ┌──────┐    ┌──────┐    ┌──────┐    ┌──────┐         │
│  │催促客户│ ⇒ │审核信用│ ⇒ │拟写改证│ ⇒ │修改信用│       │
│  │  开证 │    │  证  │    │  函  │    │  证  │         │
│  └──────┘    └──────┘    └──────┘    └──────┘         │
└─────────────────────────────────────────────────────┘
```

【步骤一】催促客户开证,催证函见样例 4-1。

样例 4-1

| 发送 | 存草稿 | 预览 | 查词典 | 取消 |

Sender:gaotong@hhtextiles.com

Receiver:george@workwear.fr

Re:Urging establishing L/C

Date:Aug. 30,2007

Attachment:

Dear George,

After friendly negotiation,we concluded the contract No. HH20070818 between us. As the time of shipment is drawing near,we wish to draw your attention to the fact that we haven't received the L/C for 70% of contract value up to now.

Please rush establishing L/C at your earliest convenience so that we may execute the contract within the prescribed time.

We look forward to your early reply.

> Best regards
>
> Gao Tong

HaoHai Textiles Co. ,Ltd.

No. 86,Zhujiang Road,Tianjin,China

Tel:0086-22-8838 1234

Fax:0086-22-8838 5678

www. hhtextiles. com

【步骤二】9 月 4 日高彤收到中行天津分行转交的信用证通知书(见样例 4-2)和由法国巴黎银行开立的第 R0058970—B 号信用证(见样例 4-3)。

样例 4-2

中国银行
BANK OF CHINA

信用证通知书

Notification of Documentary Credit

ADDRESS：80,JIEFANG BEI LU,TIANJIN,CHINA
CABLE：CHUNGKOU
TELEX：23233 TJBOC CN
FAX：0086 22 23128900

DATE：SEPT. 4,2007

To：致 HAOHAI TEXTILES CO. ,LTD.	When corresponding please quote our Ref No.
Issuing Bank 开证行 BNP PARIBAS PARIS	Transmitted to us through 转递行
L/C No. 证号　　Dated 开证日期 R0058970—B　　070902	Amount 金额 USD75 386.50
Expiry 效期　　Tenor 远期 071015	Charge 费用

Dear Sirs,
敬启者：
　　We have pleasure in advising you that we have received from the a/m bank a(n)
　　兹通知贵司,我行收自上述银行

（　）telex issuing　电传开立　　　　（　）ineffective　　未生效

（　）pre-advising of　预先通知　　　（　）mail confirmation of　证实书

（×）original　正本　　　　　　　　　（　）duplicate　副本

letter of credit,contents of which are as per attached sheet(s).
　　This advice and the attached sheet(s)must accompany the relative documents when presented for negotiation.
　　信用证一份,现随附通知,贵司交单时,请将本通知书及信用证一并提交。
　　（×）Please note that this advice does not constitute our confirmation of the above L/C nor does it convey any engagement or obligation on our part.
　　本通知书不构成我行对此信用证之保兑及其他任何责任。
　　（　）Please note that we have added our confirmation to the above L/C,negotiation is restricted to ourselves only.
　　上述信用证已由我行加具保兑,并限向我行交单。
　　Remark

　　This L/C consists of 2 sheet(s),including the covering letter and attachment(s).
　　本信用证连同面函及附件共 2 张。
　　If you find any terms and conditions in the L/C which you are unable to comply with and or any error(s),it is suggested that you contact applicant directly for necessary amendment(s)of as to avoid any difficulties which may arise when documents are presented.
　　如本信用证中有无法办到的条款及/或错误,请直接与开证申请人联系进行必要的修改,以排除交单时可能发生的问题。

Yours faithfully
for BANK OF CHINA

样例 4-3

MTS 700	Issue of a Documentary Credit		
Basic Header	F 01 BKCHCNBJA200 1201 619225		
Application Header	* BNP PARIBAS		
	* PARIS		
User Header	Service Code		103：
	Bank. Priority		113：
	Msg User Ref.		108：
	Info. From CI		115：
Sequence of Total	* 27	:	1/1
Form of Doc. Credit	* 40 A	:	IRREVOCABLE
APPLICABLE RULES	* 40E	:	UCP LATEST VERSION
Doc. Credit Number	* 20	:	R0058970—B
Date of Issue	31 C	:	070902
Expiry	* 31 D	:	Date 071015 Place IN France
Applicant	* 50	:	GEORGE WORKWEAR S. A.
			14，RUE FORTIA 13 MARSEILLES 1，FRANCE
Beneficiary	* 59	:	HAOHAI TEXTILES CO. ，LTD.
			NO. 86，ZHUJIANG ROAD，TIANJIN，CHINA
Amount	* 32B	:	Currency USD Amount 75 386. 50
Max. Credit Amount	* 39B	:	NOT EXCEEDING
Available with/by	* 41D	:	ANY BANK
			BY NEGOTIATION
Draft at…	42 C	:	60 DAYS AFTER SIGHT
Drawee	42 A	:	* BNP PARIBAS
			* PARIS
Partial Shipments	43 P	:	ALLOWED
Transshipment	43 T	:	ALLOWED
Loading in Charge	44 A	:	ANY CHINESE PORT
For Transport to…	44 B	:	MARSEILLES，FRANCE
Latest Date of Ship.	44 C	:	070930
Descript. of Goods	45 A	:	

MEN'S WORKING UNIFORM

STYLE NO. FHF—0018

FABRIC：TWILL(65％ POLYESTER 35％ COTTON)

YARN COUNT AND DENSITY：21 * 21 120 * 60

FINISHING：FIRE RETARDANT

DETAILS AS PER S/C NO. HH20070818

Documents required   46 A   :

+ORIGINAL AND 3 COPIES OF SIGNED COMMERCIAL INVOICE

+ORIGINAL AND 1 COPY OF DETAILED PACKING LIST

+2/3 SET OF OCEAN MARINE BILL OF LADING MADE OUT TO ORDER
  BLANK ENDORSED NOTIFY APPLICANT WITH FULL ADDRESS MARKED
  FREIGHT FREPAID SHOWING THE SHIPPING AGENT AT DESTINAITON.

+1 COPY OF CERTIFICATE OF ORIGIN ISSUED BY CCPIT

+INSURANCE POLICY OR CERTIFICATE IN NEGOTIATION FORM COVERING RISKS AS PER INSTITUTE CARGO CLAUSES(A)AND WAR RISK DD 1/1/82 INSTITUTE INSURANCE AMOUNT MUST COVER THE INVOICE VALUE PLUS 10 PCT IRRESPECTIVE OF PERCENTAGE.

+ORIGINAL BENEFICIARY'S CERTIFICATE ATTESTING THAT ORIGINAL CERTIFICATE OF ORIGIN,1/3 ORIGINAL B/L,1 COPY OF INVOICE AND 1 COPY OF PACKING LIST TO BE SENT DIRECTLY TO THE APPLICANT WITHIN 2 DAYS AFTER SHIPMENT.

+BENEFICIARY'S SHIPPING ADVICE MENTIONING VESSEL NO. ,VOY NO. AMOUNT,B/L DATE WITHIN 2 DAYS AFTER SHIPMENT.

Additional Cond.　　　47 A　　　:

+10% MORE OR LESS BOTH IN QUANTITY AND AMOUNT ALLOWED

+A FEE OF USD60(OR EQUIVALENT IN OTHER CURRENCY)FOR EACH SET OF DOCUMENTS PRESENTED WITH DISCREPANCY(IES)WILL BE DEDUCTED FROM PROCEEDS.

+IN CASE OF DISCREPANT DOCUMENTS PRESENTED TO US AND REFUSED BY US, WE MAY RELEASE THE DOCUMENTS TO THE APPLICANT AGAINST PAYMENT/ACCEPTANCE UNLESS WE RECEIVE DISPOSAL INSTRUCTION TO THE CONTRARY FROM THE PRESENTER PRIOR TO OUR RELEASE OF DOCUMENTS.

Details of Charges　　71B　　　:　　+ALL CHARGES OUTSIDE OUR COUNTERS ARE FOR BENEFICIARY'S ACCOUNT

Presentation Period　　48　　　:　　5 DAYS FROM THE DATE OF SHIPMENT.

Confirmation　　　＊49　　　:　　WITHOUT

Instructions　　　78　　　:

+DRAFT MUST BE ISSUED FOR 70 PERCENT OF INVOICE VALUE AND MUST BEAR THE DATE AND THE NUMBER OF THIS CREDIT.

+THE DOCUMENTS MUST BE SENT TO US IN ONE ENVELOPE BY SPECIAL COURIER(DHL OR SIMILAR)AT THE FOLLOWING ADDRESS: BNP PARIBAS PARIS,104 rue de Richelieu 75002 Paris,France.

+AT RECEIPT OF STRICTLY CONFORM DOCUMENTS AT OUR COUNTERS, WE WILL COVER THE NEGOTIATING BANK AS PER ITS INSTRUCTIONS.

Send to Rec info　　　72　　　:　　/TELEBEN/86. 22. 8838 1234

/FAX. 86. 22. 8838 5678

Trailer　　　　　　　　　　　Order is MAC;PAC;ENC;CHK;TNG;PDE;

MAC:743257CE

CHK:409843197AC0

【步骤三】高彤根据任务三双方签订的第 HH20070818 号合同(见样例 3-2)审核信用证,找出问题条款并分析如下:

(1)信用证到期地点为法国,不宜接受,应该为在中国到期。

(2)汇票付款期限与合同不符,应该是提单日后 60 天,而不是见票后 60 天,否则受益人迟期收汇。

（3）1/3 正本提单自寄开证申请人不能接受，否则无法控制物权。应该改为全套正本提单提交银行议付货款，寄单证明函相应删除 1/3 正本提单。

（4）装船后 5 天交单时间太短，按照合同应该修改为 15 天交单。

【步骤四】提出修改意见，改证函见样例 4-4。

样例 4-4

发 送	存草稿	预 览	查词典	取 消

Sender：gaotong@ hhtextiles. com
Receiver：george@ workwear. fr
Re：Amendment to L/C
Date：Sept. 6，2007
Attachment：
Dear Sirs，

We have received your L/C No. R0058970—B，for which we thank you. However after perusal we found the following discrepancies.

（1）Place of validity should be in China instead of in France.

（2）Draft should be payable at 60 days after B/L date instead of at 60 days sight.

（3）Full set instead of 2/3 set of Bill of lading should be presented for negotiation，and in the same time please delete 1/3 bill of lading from original beneficiary's certificate.

（4）Period of presentation should be 15 days instead of 5 days after shipment according to the contract signed between us.

Please rush amendment asap so that we might effect shipment within time stipulated.

Best regards

Gao Tong

HaoHai Textiles Co. ，Ltd.
No. 86，Zhujiang Road，Tianjin，China
Tel：0086-22-8838 1234
Fax：0086-22-8838 5678
www. hhtextiles. com

【步骤五】高彤 9 月 8 日收到信用证修改通知书（见样例 4-5）和信用证修改（见样例 4-6），经再次审核后，认为信用证条款能够全部接受，可以进入备货环节。

样例 4-5

中国银行
BANK OF CHINA

修改通知书

Notification of Amendment

ADDRESS：80，JIEFANG BEI LU，TIANJIN，CHINA
CABLE：CHUNGKOU
TELEX：23233 TJBOC CN
FAX：0086 22 23128900

DATE：SEPT. 8，2007

To:致 HAOHAI TEXTILES CO. ,LTD.	When corresponding please quote our Ref. No.
Issuing Bank 开证行 BNP PARIBAS PARIS	Transmitted to us through 转递行
L/C No. 信用证号 R0058970—B	Amendment No. 修改次数 01
L/C advised 信用证通知日期 SEPT. 4,2007	Amendment dated 修改日期 SEPT. 7,2007

Dear Sirs,

敬启者：

    We have pleasure in advising you that we have received from the a/m bank a(n)

兹通知贵司，我行收自上述银行

  （ ）telex of 电传开立   （ ）ineffective 未生效

  （×）original 正本   （ ）duplicate 副本

amendment to the captioned L/C,contents of which are as per attached sheet(s).

内容见附件。

    This amendment should be attached to the captioned L/C advised by us, otherwise, the beneficiary will be responsible for any consequences arising there from.

    本修改须附于有关信用证,否则,贵公司须对因此产生的后果承担责任。

Remark 备注

    This L/C consists of 2 sheet(s),including the covering letter and attachment(s).

    本信用证连同面函及附件共 2 页。

Yours faithfully

for BANK OF CHINA

样例 4-6

MTS 707		Issue of a Documentary Credit	
Issuing Bank	52a	:	* BNP PARIBAS
			* PARIS
Form of Doc. Credit	* 40 A	:	IRREVOCABLE
APPLICABLE RULES	* 40E	:	UCP LATEST VERSION
Doc. Credit Number	* 20	:	R0058970—B
Date of Issue	31 C	:	070902
Date of Amendment	30	:	070907
Number of Amendment	26E	:	01
Applicant	* 50	:	GEORGE WORKWEAR S. A.
			14,RUE FORTIA 13 MARSEILLES 1,FRANCE
Beneficiary	* 59	:	HAOHAI TEXTILES CO. ,LTD.
			NO. 86,ZHUJIANG ROAD,TIANJIN,CHINA

| Narrative | 79 | : |

+PLACE OF VALIDTY IN CHINA INSTEAD OF IN FRANCE.

+DRAFT PAYABLE AT 60 DAYS AFTER B/L DATE INSTEAD OF AT 60 DAYS SIGHT.

+FULL SET OF OCEAN MARINE BILL OF LADING MADE OUT TO ORDER BLANK ENDORSED NOTIFY APPLICANT WITH FULL ADDRESS MARKED FREIGHT FREPAID SHOWING THE SHIPPING AGENT AT DESTINAITON.

+ORIGINAL BENEFICIARY'S CERTIFICATE ATTESTING THAT
ORIGINAL CERTIFICATE OF ORIGIN, ONE COPY OF INVOICE AND ONE COPY OF PACKING LIST TO BE SENT DIRECTLY TO THE APPLICANT WITHIN 2 DAYS AFTER SHIPMENT.

+PERIOD OF PRESENTATION SHOULD BE 15 DAYS INSTEAD OF 5 DAYS AFTER SHIPMENT ACCORDING TO THE CONTRACT SIGNED BETWEEN US.

OTHER TERMS REMAIN UNCHANGED

| Send to Rec info | 72 | : | /TELEBEN/86. 22. 8838 1234 |

/FAX. 86. 22. 8838 5678

| Trailer | | | Order is MAC:PAC:ENC:CHK:TNG:PDE: |

MAC:743257CE

CHK:409843197AC0

知识链接

SWIFT 信用证与信用证修改

1. SWIFT 信用证及其特点

SWIFT 是"环球银行间金融电讯协会"(Society for Worldwide Inter-bank Financial Telecommunication)的简称,是国际银行同业间的国际合作组织,该组织设有自动化的国际金融电讯网,凡参加 SWIFT 组织的成员银行,均可使用 SWIFT 办理开立信用证以及外汇买卖、证券交易、托收等业务。该组织成立于 1973 年,目前全球大多数国家大多数银行都使用 SWIFT 系统。

凡是通过 SWIFT 系统开立或通知的信用证称为 SWIFT 信用证,也称"全银电协信用证"。通过 SWIFT 开立信用证的电文格式有 MT700 和 MT701,修改信用证的格式代码为 MT707。其中 MT 是 Message Type 的缩写,所有与信用证有关的往来电文都是以 7 开头。鉴于目前信用证大多是 SWIFT 信用证,其特点如下:

(1) SWIFT 需要会员资格。我国的大多数专业银行都是其成员。

(2) SWIFT 的费用较低。同样多的内容,SWIFT 的费用只有 telex(电传)的 18% 左右,只有 cable(电报)的 2.5% 左右。

(3) SWIFT 的安全性较高。SWIFT 的密押比电传的密押可靠性强、保密性高,且具有较高的自动化。

(4) SWIFT 的格式具有标准化。对于 SWIFT 电文,SWIFT 组织有统一的要求和格式。

2. SWIFT 信用证电文表示方式

（1）项目表示方式。

SWIFT 项目的固定格式为编号，条款属性和条款内容，如 31D date and place of expiry:061125 China。"31D"就是编号，条款属性是"信用证有效期和到期地点"，条款内容是"061125 China"。其意思就是该证将于 2006 年 11 月 25 日（含本日）在中国到期。

（2）日期表示方式。

SWIFT 电文的日期表示为:YYMMDD(年月日)

如 2007 年 3 月 12 日表示为:070312

（3）数字表示方式。

在 SWIFT 电文中，数字不使用分格号,小数点用逗号","表示。

如5 152 286.36 表示为:5152286,36

  4/5 表示为:0,8

  5%表示为:5 PERCENT 或 05/05

（4）货币表示方式。

在 SWIFT 电文中，货币使用国际上统一的货币代码,每种货币都是用三个字母表示。

如澳大利亚元 AUD、加拿大元 CAD、人民币元 CNY、港元 HKD、日元 JPY、英镑 GBP、美元 USD。

3. 信用证修改原则

对于审证后发现的信用证问题条款,受益人应遵循"利己不损人"原则进行。即受益人改证既不影响开证申请人正常利益,又维护自己的合法利益。具体来讲,有以下 5 种常见的处理原则。

（1）对我方有利又不影响对方利益的问题条款,一般不改。

（2）对我方有利但会严重影响对方利益的问题条款,一定要改。

（3）对我方不利但在不增加或基本不增加成本的情况下可以完成的问题条款,可以不改。

（4）对我方不利又要在增加较大成本的情况下可以完成的问题条款,若对方愿意承担成本,可以不改,否则必须改。

（5）对我方不利,若不改会严重影响安全收汇的问题条款,则坚决要改。

4. 提出修改信用证情况

（1）出口方（受益人）要求修改信用证。

由于信用证内容与合同不符,或信用证中某些条款受益人无法办到。例如,来证规定货物不允许转运,但实际并无直航船只抵达目的地,也可能是货源或船期等出现问题,要求展期。

（2）进口方（开证申请人）要求展期。

一种情况是由于市场或销售情况发生变化。例如,需要提前或推后发货,增加或减少货物,或者是改变货物的数量或品种,改变信用证单价、金额等。

另一种情况是进口国某些情况发生变化或国际政治、经济形势变化,使得信用证必须修改,才能进口有关货物。如进口国政策改变,规定进口某些货物必须取得某特定单据等;当战争爆发时,进口商要求增保战争险或改变航运路线等。

（3）开证行工作疏漏。

开证行在打字或传递上造成的错误使信用证必须更正。

5. 改证流程

（1）受益人给开证申请人发改证函，协商改证事宜。

（2）协商一致后，开证申请人填写改证申请书，向开证行提出改证申请。

（3）开证行同意后，向信用证的原通知行发信用证修改书，即 SWIFT 的 MT707 报文。

（4）原通知行将信用证修改通知书和信用证修改书通知受益人。

改证流程可用图 4-1 表示。

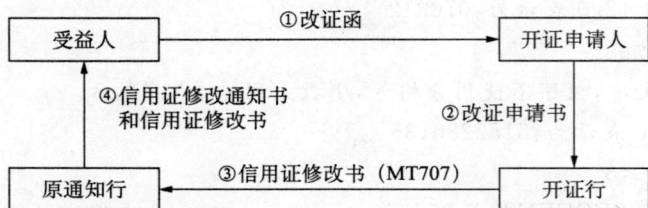

图 4-1

4.2 备货组织货源

工作内容

浩海纺织品有限公司作为一家流通型贸易公司，本身不是实体公司，现在与法国 George Workwear S. A. 客户就特种防护面料制工作服达成销售合同后，为按时按质执行销售合同，浩海纺织品有限公司需要委托创伟制衣有限公司生产该批服装。高彤在收到法国客户开出的信用证，经审核修改无误的情况下，与新乡市创伟制衣有限公司签订国内采购合同，落实货源。

操作过程

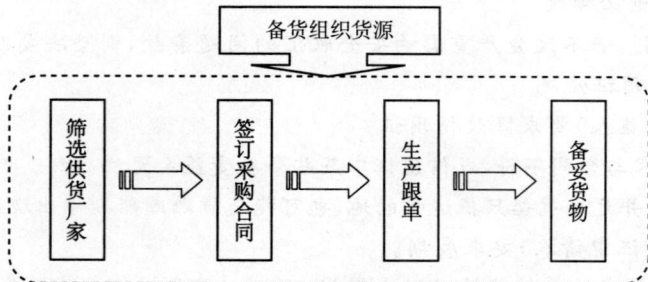

【步骤一】与两三个服装工厂洽商后，经过进一步比较各个生产厂家的实际生产能力、工厂的管理水平、产品质量和价格等综合因素后，高彤拟与新乡市创伟制衣有限公司签订特种防护面料制工作服国内采购合同。

【步骤二】高彤草拟国内采购合同，见样例 4-7。

样例 4-7

工矿产品购销合同

需方:浩海纺织品有限公司　　　　　合同编号:HHGN20070909
地址:天津市河西区珠江道86号　　　签订日期:2007年9月9日
　　　　　　　　　　　　　　　　　签订地点:天津
供方:新乡市创伟制衣有限公司
　　　河南省新乡市平原路东段国贸大厦C座703A
　　　根据《中华人民共和国合同法》之规定,经供需双方充分协商,特订立合同,以便共同遵守。
　　1.产品的名称、规格和质量

产品描述	规　格	数　量	单　价	金　额
男式工作服 款式号: FHF—0018	面料:涤棉纱卡(65％涤 35％棉) 纱支密度:21＊21 120＊60 后整:防火阻燃 颜色:橘红色、蓝色(以客户提供色样为准) 尺码:S M L XL XXL(具体见客户订单) 纽扣、织标和吊牌客供	橘红色 2 975套 蓝色 2 975套 数量允许有 10％增减	RMB128.00/套(含17％增值税)	RMB761 600.00

　　2.产品质量要求
　　面料要求——干磨4～5级,湿磨3～4级,耐60度高温洗涤,阻燃效果符合英国BS5438/BS5722标准。
　　成衣要求——大货生产前,需要提供齐色齐码样供国外客户确认,确认无误后开始大货生产。
　　3.交货期、地点及运输方式
　　最迟于2007年9月25日前汽运至需方指定仓库,费用由供方承担。
　　4.包装要求及费用
　　单色混码装,每套入一塑料袋,10套入一出口纸箱,费用由供方承担。

	S	M	L	XL	XXL
橘红色	1	2	3	3	1＝10套/箱
蓝色	1	2	3	3	1＝10套/箱

　　5.唛头
GEORGE WORKWEAR
HH20070818
MARSEILLES
CTN NO. 1-UP
　　6.质量检验及验收方法
　　供方所交付的成品必须经出入境检验检疫局检测合格后方可送货至指定仓库。
　　7.结算方式及期限
　　合同签订后付30％定金,待全部货物备妥并经出入境检验检疫局检测合格后凭增值税发票结清余款。
　　8.违约责任
　　供方应按照合同规定按时、按质、按量交货,如果因供方交付的成品货物不符合同要求,或产品性能存在缺陷,引起索赔、退货造成的损失和相关费用,由供方承担。

9. 不可抗力

如果供需双方由于人力不可抗力和确非企业本身原因造成合同不能履行,经双方协商和鉴证机关查实,可免于承担经济责任。

10. 其他未尽事宜

双方协商或另订协议解决。

供方	需方
单位名称:新乡市创伟制衣有限公司	单位名称:浩海纺织品有限公司
法定代表人:程琦	法定代表人:高彤
电话:0373 3669052	电话:022 8838 1234
传真:0373 5010218	传真:022 8838 5678
开户行:中行新乡分行	开户行:中行天津分行
账户:095678890000	账户:092805789888
邮编:453000	邮编:300122

【步骤三】高彤时常保持与新乡市创伟制衣有限公司的联系,了解生产进度,并做好产品质量跟单工作,具体包括如下 4 个方面。

(1)生产前检验,包括外购原材料检验和技术准备的检查。

(2)生产初期检验,一般安排在完成生产工艺单和样板制定工作后,对小批量生产进行检验。通过检验,针对客户和工艺的要求及时修正不符点,并对工艺难点进行攻关,以便大批量流水作业顺利进行。产品经过客户确认签字后成为重要的检验依据之一。

(3)生产中期检验,一般安排在有部分批量的产品从流水作业线出来后进行。主要检验所生产的成品是否符合工艺单的要求,是否与客户确认的样品一致。另外,还要计算按目前的生产量是否赶得上大货的货期。

(4)生产尾期检验,一般安排在生产进度为订单总量的 90% 以上时,并且有 80% 以上的成箱率。

【步骤四】新乡市创伟制衣有限公司按照国内采购合同要求,保质保量如期完成工作服的生产加工,并将详细码单(见样例 4-8)传真给浩海纺织品有限公司。

样例 4-8

创伟制衣有限公司

河南省新乡市平原路东段国贸大厦 C 座 703A

电话:0373 3669052   传真:0373 5010218

花色码单

商品名称:男式工作服	合同号:HHGN20070909
款式号:FHF—0018	颜色:橘红色/蓝色
毛重:15kg/箱	净重:14kg/箱
唛头:GEORGE WORKWEAR	尺码,cm:30 * 35 * 40
HH20070818	
MARSEILLES	
CTN NO. 1-595	

C/NO. 箱号	CTNS 箱数	COLOR 颜色	SIZE 尺码 ASSORTMENT					QTY/CTN 数量/箱	TTL QTY 总数量
			S	M	L	XL	XXL		
1～296	296	橘红色	1	2	3	3	1	10 套	2 960 套
297	1	橘红色		3	3	3	1	10 套	10 套
298～594	297	蓝色	1	2	3	3	1	10 套	2 970 套
595	1	橘红色		1	2	2		10 套	10 套
		蓝色	1		2	1	1		
	595								5 950 套

检验员:张丽丽　　日期:2007-09-20

知识链接

备货与国内采购合同

备货是指卖方按合同和信用证的要求,按时、按质、按量地准备好应交的出口货物。合同的双方当事人必须严格履行合同中所规定的各项义务。对于卖方来说,主要是交付与合同规定相符的货物和相关的单据。按照买卖双方签订的合同要求,交货是第一义务。

除了生产企业自营出口的货物以外,流通型的外贸公司出口的货物大多需要在国内采购。这就需要外贸公司的业务员在对外报价时,在国内寻找生产厂家,进行询价比较、贸易洽谈,为对外报价落实可靠货源。签订外销合同后,为了保证按时、按质、按量交付约定的货物,在订立外销合同之后,外贸公司必须及时落实货源,与出口货物的生产厂家签订采购合同。

采购合同的品质、包装条款必须和外销合同的品质、包装条款一致;数量可以比出口合同的数量略多一些,确保出口合同的数量不少;交货时间应该比出口合同的装运时间早一些,以安排装运。

交货地点如果在生产的工厂,就需要外贸公司负责把货物运输到装运港或安排集装箱在工厂进行装柜,此时,该内陆运费就由外贸公司承担。交货地点如果在装运港的仓库,外贸公司就不承担从生产厂到装运港的运费。

采购合同的价格一般应该充分考虑各种因素,确保出口合同履行后的利润。采购合同的支付条款一般也应该考虑到出口合同的支付条款,这样可以少占用外贸公司的资金。当然,公司的资金充裕或工厂的价格优惠等情况另当别论。

外贸公司或生产厂家在合同签订后,需要将合同转化为生产通知单,下发到具体车间。在转化时,需要将外商联系资料以及价格等机密隐去,产品规格、型号、数量、包装、出货时间等具体要求应该明确,不能够模糊,并且要落实分解,逐一与生产部门衔接好。

4.3 办理商检报验

工作内容

在跟单过程中获悉创伟制衣有限公司已基本完成特种防护面料制工作服生产,根据任务 1.4.2 熟悉海关监管条件及产品退税率。工作服属于法检商品,为了保障买卖双方的利益,避免争议的发生,以及争议发生后便于分清责任和进行处理,在大货基本完成 80% 以上时,高彤需要办理有关商检事宜。

操作过程

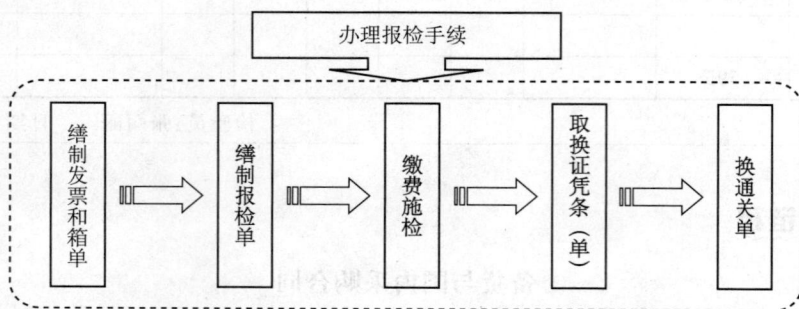

【步骤一】缮制发票和箱单(具体操作见任务四 4.8 制单结汇部分)。

【步骤二】填写报检委托书。

该批特种防护面料制工作服是在河南新乡创伟制衣有限公司加工的,即产地在河南,商检采取的是属地管理,因此高彤委托加工厂向当地的出入境检验检疫局办理代理报检。鉴于外销合同和信用证都允许数量和金额有 10% 的增减幅度,高彤缮制报检委托书(见样例 4-9)时,数量少许多,填写为 6 000 套,并连同销售合同(见样例 3-3)、商业发票(见样例 4-25)、装箱单(见样例 4-26)等单据寄给创伟制衣有限公司,委托其代为报检。

样例 4-9

代理报检委托书

编号:SJ20070918

_____河南新乡_____ 出入境检验检疫局:

本人委托(备案号/组织机构代码____12010378—9____)保证遵守国家有关检验检疫法律法规的规定,保证提供的委托报检事项真实、单证相符。否则,愿承担相关法律责任。具体委托情况如下。

品名	男式工作服	H.S 编码	6203230091
数(重)量	6 000 套	包装情况	10 套/箱
信用证/合同号	R0058970—B	许可文件号	
进口货物收货单位及地址		进口货物提/运单号	
其他特殊要求			

特委托 __天顺报检服务公司__ （代理报检注册登记号 __4107210003__ ）,代表本委托人办理上述货物的下列出入境检验检疫事宜:

☑（1）办理报检手续;

☑（2）代缴纳检验检疫费;

☐（3）联系和配合检验检疫机构实施检验检疫;

☑（4）领取检验检疫证单;

☐（5）其他与检验检疫有关事宜_____。

联系人: __高彤__

联系电话: __88381234__

本委托书有效期至 __2007__ 年 __10__ 月 __15__ 日

受托人确认声明

本企业完全接受本委托书。保证履行以下职责:

(1) 对委托人提供的货物情况和单证的真实性、完整性进行核实;

(2) 根据检验检疫有关法律法规规定办理上述货物检验检疫事宜;

(3) 及时将办结检验检疫手续的有关委托内容的单证、文件移交委托人或其指定人员;

(4) 如实告知委托人检验检疫部门对货物后续检验检疫及监管要求。

如在委托事项中发生违法和违规行为,愿承担相关法律和行政责任。

联系人: __王谦__

联系电话: __23381234__

受托人(加盖公章)

2007 年 9 月 18 日

（印章：如海纺织品有限公司 委托人加盖公章 2007 年 9 月 18 日）

【步骤三】创伟制衣有限公司收到报检委托书及相关单据后,随附厂检单（见样例 4-10）和包装性能单（见样例 4-11）,即与当地天顺报检服务公司联系报检事宜。

样例 4-10

产品检验合格声明

企业名称	创伟制衣有限公司
商品名称	男式工作服
出口数量	橘红色　3 000 套　300 箱　14kg　15kg　30cm * 35cm * 40cm 蓝色　　3 000 套　300 箱　14kg　15kg　30cm * 35cm * 40cm
合同号	HHGN20070909
批号	200701

声　明

　　本批产品经企业依据相关法律法规及标准规定检验合格,符合出口要求。若出现违反相关法律法规的情况,责任自负。

企业质检负责人　程强

2007 年 9 月 20 日

样例 4-11

	中华人民共和国出入境检验检疫 出入境货物包装性能检验结果单			正本 编号 450897654312567		
申请人	河南新乡纸箱厂					
包装容器名称及规格	双瓦楞纸箱综合尺寸 1～2M		包装容器标记及批号	450897B0508		
包装容器数量	＊＊10 000 只	生产日期	自 2007 年 4 月 10 日至 2007 年 4 月 11 日			
拟装运货物名称	工作服	状态	固态		比重	＊＊＊
检验依据	SN/T0262—93		拟装运货物类别（画×）	□ 危险货物 ☒ 一般货物		
			联合国编号	＊＊＊		
			运输方式	江海运输		
检验结果	按《出口商品运输包装瓦楞纸箱检验规程》进行抽样,经外观检验、物理性能各项指标达到检验规程要求,适合出口商品运输包装。 　　　　　　　　　　签字　杨威　　　　　日期 2007 年 4 月 25 日					
包装使用人	浩海纺织品有限公司					
本单有效期	截止于 2008 年 6 月 30 日					

分批使用核销栏	日期	使用数量	结余数量	核销人	日期	使用数量	结余数量	核销人
	5、25	1 000	4 000	杨威				
	6、2	3 000	6 000	王强				

说明：(1) 当合同或信用证要求包装检验证明书时,可凭本结果单向出境所在地检验检疫机关申请检验证书;
(2) 包装容器使用人向检验检疫机关申请包装使用鉴定时,须将本结果单交检验检疫机关核实。

【步骤四】报检服务公司录入报检信息。

(1) 天顺报检服务公司接到报检委托书后,单击桌面 iDecl 图标,登录九城电子申报系统,输入用户名称和用户密码,单击"确定"按钮进入申报系统(见图 4-2)。

(2) 在控制台页面,单击"质检业务"(见图 4-3),然后再单击"出境货物报检"(见图 4-4)。

图　4-2

图　4-3

图　4-4

（3）新建单证。

单击"新建单证"按钮或从"文件"菜单中选择"新建单证"（见图 4-5），系统将弹出一个新的录单界面，包括"基本信息"（见图 4-6）和"货物信息"（见图 4-7）两个页面。

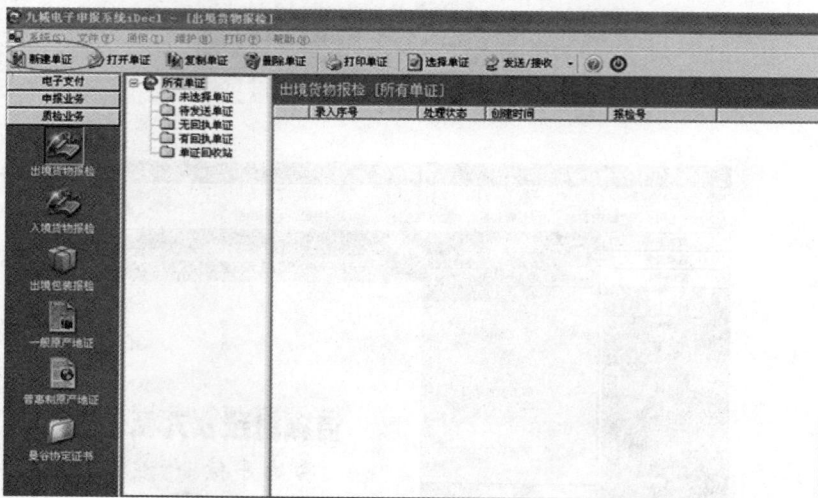

图 4-5

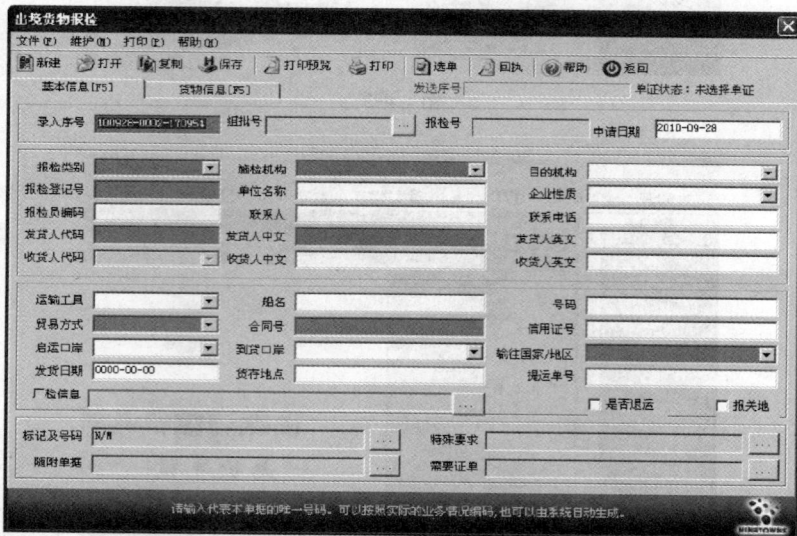

图 4-6

（4）录入单证。

在录入"基本信息"数据时，对于每一项的内容及填写的方法和要求，系统在屏幕的下方都有提示。在这里就不对每一项的具体内容做详细介绍了。"货物信息"的录入也是一样的。这里需要注意的是软件界面中已将必输项用绿色标记出来，这些是录入数据时必填写的。

"报检号"是指当报检的数据通过 CIQ2000 系统审核之后，系统自动生成唯一的电子报检号码，在此用户不可编辑。

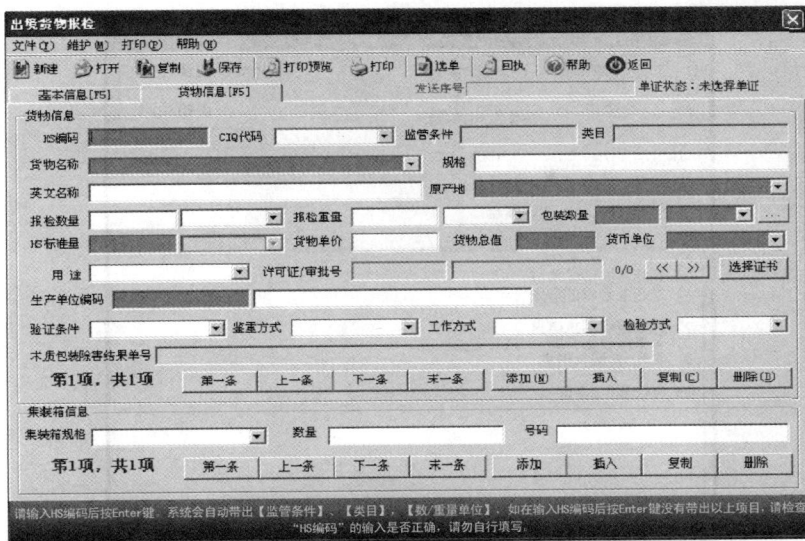

图　4-7

"货物信息"界面用以记录出境报检商品的"货物信息"和"集装箱信息"。在这一部分需要注意问题如下。

① 输入 H. S 编码，按 Enter 键后必须在"监管条件"、"类目"等输入框中带出相关内容，才表示输入是正确的，否则是无效录入，请检查"H. S 编码"的输入是否正确。

② 系统提供 H. S 编码的模糊查询功能，输入编码前一位或多位数字，按 Enter 键弹出模糊查询对话框，通过键盘方向键选择需要的 H. S 编码并按 Enter 键。

③ 当有多种货物信息需要填写时，可以选择"添加"、"插入"或"复制"按钮添加，插入或复制货物信息。

（5）选择单证。

单证录入完后，单击"选择单证"图标，或者在"单证列表"中选择一票或按 Ctrl 键选择多票，单击"选择单证"图标，单证生成的电子报文将出现在发送队列里，等待正式发送。此时单证自动转移到"待发送单证"文件夹。

（6）发送单证。

在"待发送单证"文件夹中选中要发送的单证，从"通信"菜单下选择"发送业务单证"或单击"发送/接收"右侧的三角按钮，选择"发送业务单证"，系统将出现数据传输界面（见图 4-8），开始发送单证。若数据传输成功，该单证将从"待发送单证"文件夹下移动到"无回执单证"文件夹下。

（7）接收回执信息。

从"通信"菜单下选择"接收回执信息"或单击"发送/接收"右侧的三角按钮，选择"接收回执信息"，系统将出现数据传输界面（见图 4-9），开始接收回执信息。

若数据接收成功，该单证将从"无回执单证"文件夹下移动到"有回执单证"文件夹下。单击该文件夹下的单证，单证回执栏中将显示该单证的回执信息。单击该回执信息，可以查看回执信息的详细内容，包括有错误回执和正确回执两种。其中错误回执是通信机（机审）

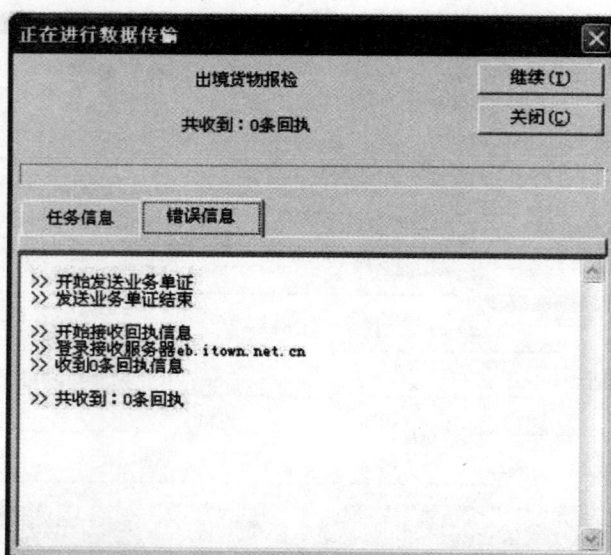

图　4-8

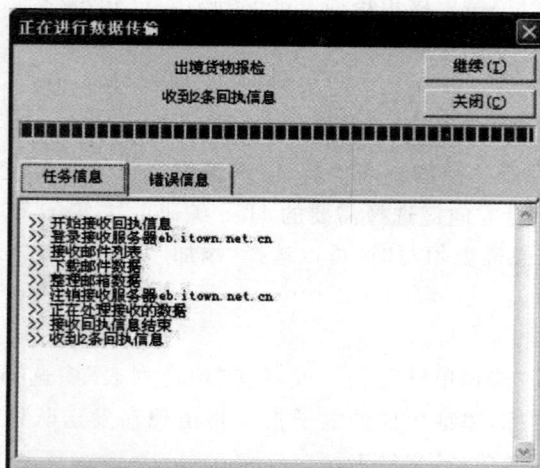

图　4-9

给的电子验证回执,它可以指导如何修改单证的基本错误,修改后再次发送。正确回执又分两种:一是"尚未正式受理",表明已通过机审,但尚未正确受理,此时系统会产生15位数＋E的预录入号;二是"报检成功",给出正式报检号,表明出境报检数据经审签机构人工审核(人工审),这是审签机构给出的正式回执,至此即可打印报检单。

(8)打印报检单。

对所选择的单证进行打印,打印前系统会自动弹出单证预览界面,用户可以检查录入内容,随时退回到录单界面修改,还可以选择打印背景图与否,如果要打印背景图,在"打印背景图"前的方框内打钩选中(见图4-10)。选择打印单证的类别,显示预览比例。只有报检成功才会有报检号,右上角上才会显示出以条形码表示的15位报检号。打印出来后,在左上角报检单位处加盖公章,可以凭正式报检单及随附相关材料与检验检疫业务部门联系检验检疫事宜。

▼ ← 上一页 → 下一页 ☰ 设置 🖨 打印 ✎ 修改 ⏻ 关闭 ☐ 打印背景图 第1页，共1页

中华人民共和国出入境检验检疫
出境货物报检单

* 编号 330120211006302

报检单位(加盖公章)：天顺报检服务公司

报检单位登记号：4107210003　　联系人：王谦　　电话：2338 1234　　报检日期：2007 年 9 月 15 日

发货人	(中文)	浩海纺织品有限公司				
	(外文)	HAOHAI TEXTILES CO. ,LTD.				
收货人	(中文)	GEORGE WORKWEAR S. A.				
	(外文)					

货物名称(中/外文)	H. S 编码	产地	数/重量	货物总值	包装种类及数量
男式工作服	6203230091	河南新乡	6 000 套	USD108 600.00	600 纸箱

运输工具名称号码		海运	贸易方式	一般贸易	货物存放地点	新乡
合同号		HH20070818	信用证号	R0058970—B	用途	其他
发货日期		2009-09-30	输往国家(地区)	法国	许可证/审批号	
启运地		天津	到达口岸	马赛	生产单位注册号	
集装箱规格、数量及号码			1 个 20 尺货柜　600 箱			

合同、信用证订立的检验检疫 条款或特殊要求	标记及号码	随附单据(画"√"或补填)	
	GEORGE WORKWEAR HH20070818 MARSEILLES CTN NO. 1-600	☑ 合同 ☑ 信用证 ☑ 发票 ☐ 换证凭单 ☑ 装箱单 ☑ 厂检单	☑ 包装性能结果单 ☐ 许可/审批文件 ☐ ☐ ☐

需要证单名称(画"√"或补填)		* 检验检疫费
☐ 品质证书　　__正__副 ☐ 重量证书　　__正__副 ☐ 数量证书　　__正__副 ☐ 兽医卫生证书　__正__副 ☐ 健康证书　　__正__副 ☐ 卫生证书　　__正__副 ☐ 动物卫生证书　__正__副	☐ 植物检疫证书　　__正__副 ☐ 熏蒸/消毒证书　　__正__副 ☑ 出境货物换证凭单　__正 1 副 ☐ ☐ ☐ ☐	总金额/ 人民币：元 计费人 收费人

报检人郑重声明：	领取证单
(1) 本人被授权报检；	
(2) 上列填写内容正确属实，货物无伪造或冒用他人的厂 名、标志、认证标志，并承担货物质量责任。	日期
签名：_____	签名

注：有"*"号栏由出入境检验检疫机关填写。

◆ 国家出入境检验检疫局制
[1-2(2000-1-1)]

图　4-10

【步骤五】缴费施检。

9月18日按照计费标准创伟制衣有限公司缴纳检验费用后,新乡检验检疫部门到创伟制衣有限公司实地验货,一方面进行外观查验,另一方面抽样后到实验室进行服装内在指标检验。商品检验通过,随后出入境检验检疫局签发出境货物换证凭条(见样例4-12)。

样例 4-12

出境货物换证凭条

转单号	45007890134569T 1783		报检号	45007890134000
报检单位	天顺报检服务公司			
品名	男式工作服			
合同号	HH20070818		H.S编码	6203230091
数(重)量	6 000 套	包装件数	600 纸箱	金额	108 600 美元

评定意见

    贵单位报验的该批货物,经我局检验检疫,已合格。请凭此单到天津局本部办理出境验证业务。本单有效期截止于2007年10月20日。

新乡局本部 2007 年 9 月 18 日

知识链接

出口报检与电子报检

1. 出口报检

出口商品的检验检疫是国际贸易业务流程中的重要环节。根据我国进出口商品检验检疫的有关规定,凡被列入国家法定检验检疫范围的商品,最迟应于报关或出境装运前7天,向货物所在地检验检疫机构申请报检。由内地运往口岸分批、并批的货物在产地办理预检,合格后方可运往口岸办理出境货物的查验换证手续。只有取得检验检疫局出具的货物通关放行单,海关才能放行。

出口企业可自行或委托经国家质检总局注册登记的境内报检企业办理报检手续,报检员必须经过培训获得质检机构颁发的报检员证书,持证上岗。检验检疫与海关密切配合,实行"先报检、后报关"的工作程序,货物出境报检可在产地或报关地进行,应填写《出境货物报检单》,并随附合同、发票、装箱单等必需的单证;凭样品买卖成交的货物,应提供双方确认的样品。凡是实施质量许可、卫生许可或需经审批的货物,还应提供有关的官方文件。检验检疫机构审核有关单据,符合要求的受理报检并计收费,然后转施检部门实施报验检疫。

(1)对产地和报关地相一致的货物,经检验检疫合格,检验检疫机构出具《出境货物通关单》供报检人在海关办理通关手续。

(2)对产地和报关地不一致的货物,报检人应向产地检验检疫机构报检,产地检验检疫机构对货物检验检疫合格后,出具《出境货物换证凭单》或将电子信息发送至口岸检验检疫机构,并出具"出境货物换证凭条",报检人或指定取单人据此向报关地的检验检疫机构申请换发《出境货物通关单》。

《出境货物通关单》是国家对实施出境检验检疫的货物许可出境的证明。自 2000 年 1 月 1 日起,对实施出境检验检疫的货物,正式启用《出境货物通关单》,并在通关单上加盖检验检疫专用章。

2. 电子报检流程

电子报检是指报检人使用电子报检软件,通过检验检疫电子业务服务平台,将报检数据以网络方式传输给检验检疫机构,经检验检疫机构管理系统处理后,将受理报检信息,反馈报检人,实现远程办理出入境检验检疫报检业务的过程。

(1)报检

对报检数据的审核采取"先机审、后人审"的程序进行。报检企业发送电子报检数据,电子审单中心按计算机系统数据规范和有关要求对数据进行自动审核,对不符合要求的反馈错误信息,对符合要求的,将报检信息传输给检验检疫工作人员,进行人员再次审核,符合规定的将受理报检信息,反馈报检单位,并提示报检单位与检验检疫机构联系检验事宜。

出境货物受理报检后,报检人按受理报检信息的要求,在检验检疫机构施检时,提供《出境货物报检单》和随附单据。

(2)施检

报检人接到申报成功信息后,与检验机构联系施检,在现场检验检疫时,持电子打印的报检单和全套随附单据,交检验工作人员审核。不符合要求的,检验人员通知报检人立即更改。

(3)计费

计费由电子审单系统自动完成,并对报检人提供的单据进行计费复核,报检人应按规定缴纳检验费。

(4)签证放行

检验检疫部门对出境货物检验合格后,签发《出境货物通关单》,海关凭《出境货物通关单》放行出口货物。

4.4　申领原产地证

工作内容

法国 George Workwear S. A. 客户开来的第 R0058970—B 号信用证中要求浩海纺织品有限公司议付货款时提交原产地证书作为议付单据之一,所以高彤需要向天津贸促会申领一般原产地证书。

操作过程

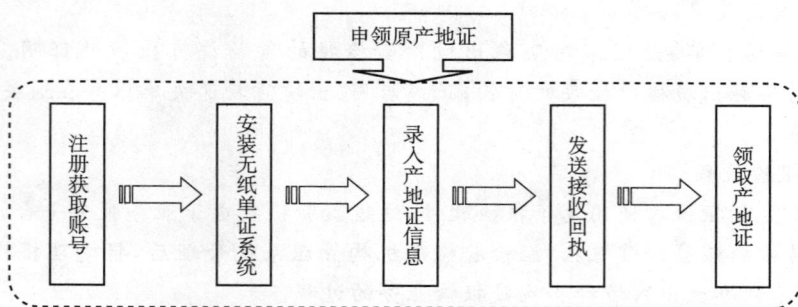

【步骤一】用户注册、获取账号信息。

（1）浩海纺织品有限公司在所属天津贸促会办理注册登记手续，获取贸促会编码（6位）和企业注册号（9位）。

（2）登录中国国际贸易促进委员会网上商务认证中心（http://www.co.ccpit.org），单击"用户注册"，填写、提交相关注册资料（见图4-11）。

图　4-11

（3）用户完成注册资料提交后，将收到一封注册成功的电子邮件。用户注册申请将在一个工作日内完成审核，如审核通过，包括登录账号、密码的电子邮件将自动发送到用户注册的邮箱中。（注：请用户妥善保存好包括账号信息的电子邮件。）

【步骤二】下载安装功能组件。

（1）登录中国国际贸易促进委员会网上商务认证中心（http://www.co.ccpit.org），单击"iForm(5.0)无纸单证系统"（见图4-11），按提示下载iForm功能组件。

（2）双击已下载的组件，按提示安装功能组件。安装完成后，电脑桌面上会生成图标。

【步骤三】登录iForm系统。

（1）双击桌面上的▇图标，出现iForm登录界面（见图4-12）。选择"贸促会业务"，输入正确的贸促会编码、企业注册号、用户名和密码。单击"登录"按钮,进入 iForm 工作界面。

图　4-12

(2) 在 iForm 工作界面的左侧"导航条"包括"单据制作"、"基础资料"、"用户管理"、"合同管理"、"用户退出"等命令列表(见图 4-13),单击"单据制作"→"贸促会网上申领业务"→"原产地证"进入一般原产地证制作界面("基础资料"略,"用户管理"、"合同管理"录入略)。

图　4-13

(3) 单击上方"工具条"中的"新建"按钮后,系统弹出"请先输入发票号"对话框(见图 4-14),输入该笔业务的发票号后,单击"确定"按钮进入"原产地证编辑"窗口(见图 4-15),录入各栏目值并保存,原产地证工作区的列表中便增加一条新记录。

(4) 完成原产地证制作后,单击页面上的"保存"按钮,系统自动根据贸促会提供的原产

请先输入发票号 ☒

请输入发票号：[　　　　　　　　]

放弃　　　确定

图 4-14

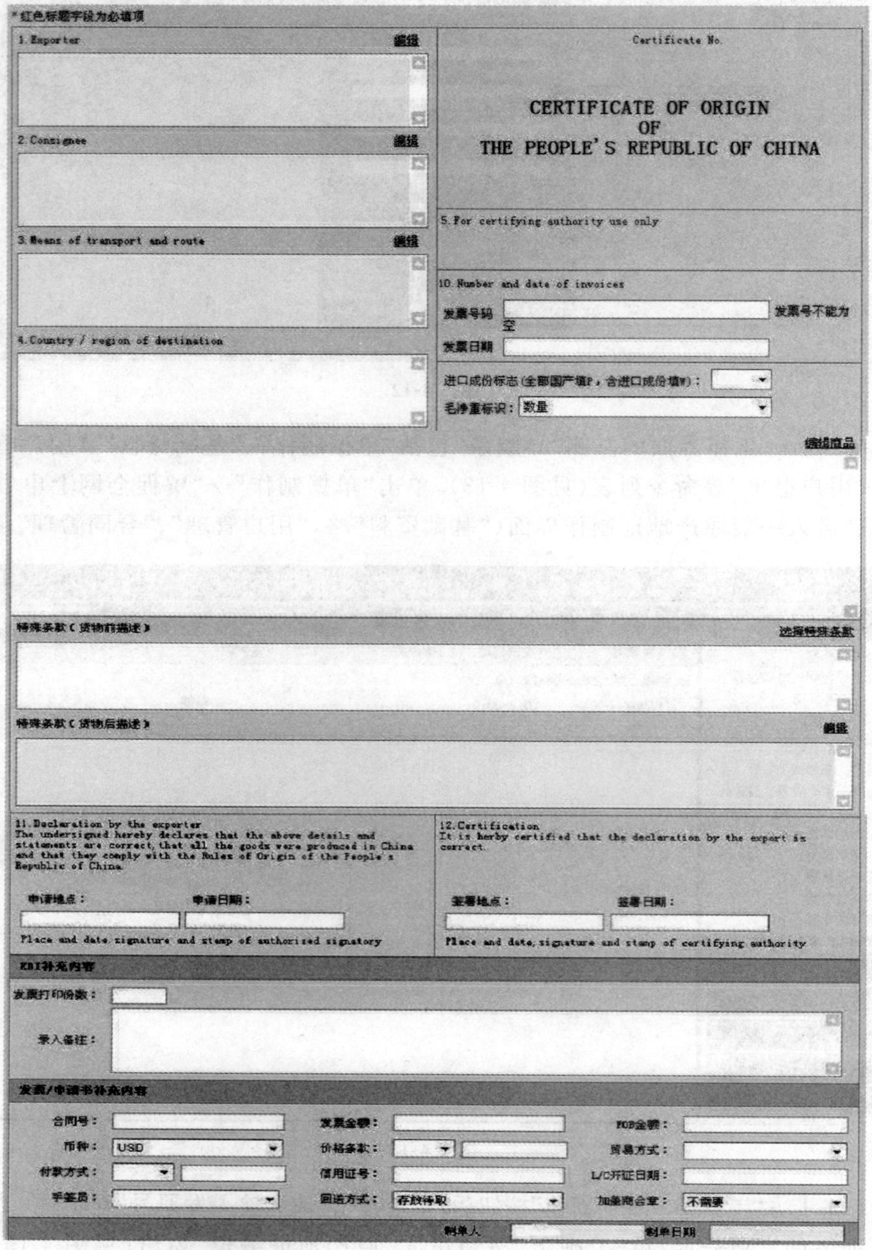

*红色标题字段为必填项

1. Exporter　　　　　　　　　　　　编辑

2. Consignee　　　　　　　　　　　编辑

3. Means of transport and route　　　编辑

4. Country / region of destination

Certificate No.

CERTIFICATE OF ORIGIN
OF
THE PEOPLE'S REPUBLIC OF CHINA

5. For certifying authority use only

10. Number and date of invoices

发票号码 [　　　　　　　] 发票号不能为空

发票日期 [　　　　　　　]

进口成份标志(全部国产填P，含进口成份填W)：[　▼]

毛净重标识：数量 [　　▼]

编辑商品

特殊条款（货物前描述）　　　　　　　　　　　　选择特殊条款

特殊条款（货物后描述）　　　　　　　　　　　　编辑

11. Declaration by the exporter
The undersigned hereby declares that the above details and
statements are correct; that all the goods were produced in China
and that they comply with the Rules of Origin of the People's
Republic of China.

申请地点：　　　申请日期：

Place and date, signature and stamp of authorised signatory

12. Certification
It is hereby certified that the declaration by the export is
correct.

签署地点：　　　签署日期：

Place and date, signature and stamp of certifying authority

EDI补充内容

发票打印份数：[　　]

录入备注：

发票/申请书补充内容

合同号：[　　　　] 发票金额：[　　　　] FOB金额：[　　　　]

币种：[USD　　▼] 价格条款：[　▼][　] 贸易方式：[　　　▼]

付款方式：[　▼][　] 信用证号：[　　　　] L/C开证日期：[　　　]

手签员：[　　　　▼] 回送方式：[存放待取　▼] 加盖商会章：[不需要　▼]

制单人 [　　　　] 制单日期

图 4-15

地证检控标准,自行对单证内容进行校验,如果发现缺少项目或者数据关系不符合规定,系统将给出提示。系统校验成功后自动保存。单击"发送"产地证按钮,单证即可发到贸促会进行审批。

(5)审批状态查询。

原产地证发送成功后,贸促会审批端系统将对单证进行人工审核。审核完成后,贸促会审批端系统自动发送审核结果给企业,企业可在单据列表中查看审批结果,审批结果及状态分4种(见表4-1)。

表 4-1 审批结果及状态

新证	尚未发送到贸促会的产地证。可以进行修改
待审	已发送到贸促会,但未收到贸促会的回执,或收到贸促会提示需要人工审核的回执的产地证。只能查看不能修改
已发证	贸促会已审核通过的产地证。只能查看不能修改
未通过	贸促会已审核,但未能通过。可以进行修改

(6)领证。

单证审核通过后,单证状况显示为"已发证",随附该笔业务的商业发票(见样例4-26)及原产地证明书申请书(见样例4-13),企业领取原产地证(见样例4-14)有两种方式。

① 企业自行打印该单证,在原产地证第11栏签字盖章后送贸促会签发。

② 带着企业公章或原产地证专用章到贸促会,由贸促会打印签发原产地证。

具体操作以当地的贸促会通知为准。

样例 4-13

原产地证明书申请书

申请单位(盖章)　　　　产地证注册号:120103567　　　　证书号码:12
申请人郑重声明:
　　本人是被正式授权代表单位办理原产地证明书和签署本申请书的。
　　本人所提供原产地申请书及所附单据内容正确无误,如发现弄虚作假,冒充证书所列货物,自愿接受签证机关的处罚及负法律责任。现将有关情况申报如下。

申请证书类型 (请在相应的"□"内处打钩)	□ 普惠制原产地证明书(FORM A)
	☑ 一般原产地证明书(FORM C)
	□ 亚太贸易协定原产地证明书(FORM B)
	□ 中国—东盟自由贸易区优惠原产地证明书(FORM E)
	□ 中国—巴基斯坦自由贸易区优惠原产地证明书(FORM P)
	□ 中国—智利自由贸易区优惠原产地证明书(FORM F)
	□ 中国—新加坡自由贸易区优惠原产地证明书(FORM X)
	□ 中国—新西兰自由贸易区优惠原产地证明书(FORM N)
	□ 中国—秘鲁自由贸易区优惠原产地证明书(FORM R)
	□ 中国—哥斯达黎加自贸协定优惠原产地证书(FORM L)

发票号码	HT20070922	最终目的国/地区	法国	报检单号	45007890134000
发票日期	SEPT. 22,2007	拟出运日期	SEPT. 30,2007	商品 FOB 总 值/美元	106 700.00

贸易方式	√一般贸易、来料加工贸易、进料加工贸易、外商投资、易货贸易、补偿贸易、边境贸易、展卖贸易、零售贸易、无偿援助、其他贸易方式 （请在对应的贸易方式上打钩）					
船名航次	HUMBER BRIDGE 0031W		运输路线	FROM ___TIANJIN___ TO ___MARSEILLES___ VIA _____ BY SEA		
进口商 (CONSIGNEE) 名称及地址	GEORGE WORKWEAR S. A. 14，RUE FORTIA 13 MARSEILLES 1，FRANCE					
出口商 (SHIPPER) 名称及地址	HAOHAI TEXTILES CO. ，LTD. NO. 86，ZHUJIANG ROAD，HEXI DISTRICT，TIANJIN，CHINA					
唛头 (MARK)	GEORGE WORKWEAR HH20070818 MARSEILLES CTN NO. 1-595					

序号	H. S 编码	货物中英文名称	进口成分	生产企业/联系人/电话	数量/重量	箱数/CTNS	FOB 值/美元
1	6203230091	男式工作服 MEN'SWORKING UNIFORM	0%	创伟制衣有限公司/程琦/0373 3669052	5 950 套	595	106 802.50
2							
3							
4							
5							

信用证或客户特殊要求：	申报员（签名）： 电话： 日期：2007 年 9 月 18 日

注：

（1）所有法检产品必须填报检单号。

（2）东盟、亚太、智利、巴基斯坦、秘鲁、新加坡等区域优惠原产地证必须填写确切的船名航次、出运日期。

（3）"进口成分"指产品含进口成分的情况，如不含进口成分，则填 0%，若含进口成分，则填进口成分占产品出厂价的百分比。

（4）请提前 2～3 天传真填写完整并盖公章的申请书至我处。证书在确认后 1～2 个工作日签出。请勿催单！

样例 4-14

ORIGINAL	
1. Exporter HAOHAI TEXTILES CO. ,LTD. NO. 86,ZHUJIANG ROAD,HEXI DISTRICT, TIANJIN,CHINA	**Certificate No.** 020797666 CERTIFICATE OF ORIGIN OF THE PEOPLE'S REPUBLIC OF CHINA

2. Consignee GEORGE WORKWEAR S. A. 14,RUE FORTIA 13 MARSEILLES 1,FRANCE	
3. Means of transport and route SHIPMENT FROM TIANJIN TO MARSEILLES BY SEA	**5. For certifying authority use only**
4. Country/region of destination FARNCE	

6. Marks and numbers	7. Number and kind of packages, description of goods	8. H. S Code	9. Quantity	10. Number and date of invoices
GEORGE WORKWEAR HH20050818 MARSEILLES CTN NO. 1-595	595(FIVE HUNDRED AND NINETY-FIVE) CARTONS OF MEN'S WORKING UNIFORM	6203230091	5 950SETS	HT20050922 SEPT. 22,2005

11. Declaration by the exporter	12. Certification
The undersigned hereby declares that the above details and statements are correct,that all the goods were produced in China and that they comply with the Rules of Qrigin of the People's Republic of China.	It is hereby certified that the declaration by the exporter is correct.
Place and date,signature and stamp of authorized signatory	Place and date,signature and stamp of certifying authority

![知识链接]

种类繁多的原产地证书

　　当今由于买主市场的存在,市场竞争的日益激烈,世界各国为了保护本国市场,普遍建立和制定了确定产品"国籍"的原产地规则,以此对来自不同国家/地区的产品实行不同的关税和非关税待遇。

原产地证书(Certificate of Origin)是一种证明货物原产地或制造地的证件,是出口产品进入国际市场的"经济国籍"和"护照"。主要用途是提供给进口国海关凭此确定货物的生产国别,从而核定进口货物应征收的税率,有的国家限制从某些国家或地区进口货物,也要求以产地证明书来证明货物的来源。原产地证书一般由出口地公证行或工商团体签发,在我国由各地出入境检验检疫局或中国国际贸易促进委员会(以下简称"贸促会")签发。原产地证书的种类很多,签发机构和证书格式也不尽相同(见表4-2)。

表 4-2　原产地证书的种类、名称及签发机构

证书种类	证书的名称	证书简称	签发机构
普通原产地证	一般原产地证书	C/O 产地证	贸促会/商会、出入境检验检疫局
优惠产地证(单向)	普惠制原产地证书	FORM A 产地证	出入境检验检疫局
区域性优惠产地证(双向)	中国—东盟自由贸易区优惠原产地证书	FORM E 产地证	出入境检验检疫局
	中国—智利自由贸易区原产地证书	FORM F 产地证	出入境检验检疫局
	中国—巴基斯坦自由贸易区原产地证书	FORM P 产地证	出入境检验检疫局
	亚太贸易协定优惠原产地证书	FORM B 产地证	贸促会、出入境检验检疫局
	中国—新西兰自贸协定优惠原产地证书	FORM N 产地证	贸促会、出入境检验检疫局
	中国—新加坡自贸协定优惠原产地证书	FORM X 产地证	贸促会、出入境检验检疫局
	中国—秘鲁自贸协定优惠原产地证书	FORM R 产地证	贸促会、出入境检验检疫局
	中国—哥斯达黎加自贸协定优惠原产地证书	FORM L 产地证	出入境检验检疫局

在国际贸易实务中选择哪一种产地证,应根据信用证或合同规定确定。若货物出口到实行普惠制待遇的国家,且商品属于受惠清单内,一般都要求出具普惠制产地证明书。若货物出口到与中国政府间签订有区域性优惠贸易安排或协议的国家或地区,一般都要求出具特殊区域性原产地证书。如果信用证并未明确规定产地证书的出具者,银行应该接受任何一种产地证明书。现在我国多数出口企业习惯于使用贸促会出具的一般原产地证书。

4.5　办理租船订舱

工作内容

在收到创彤制衣有限公司货物备妥通知后,高彤办妥申领原产地证手续,依据工厂提供的码单,然后查询船期和运价、选择货代,着手办理租船订舱手续。

操作过程

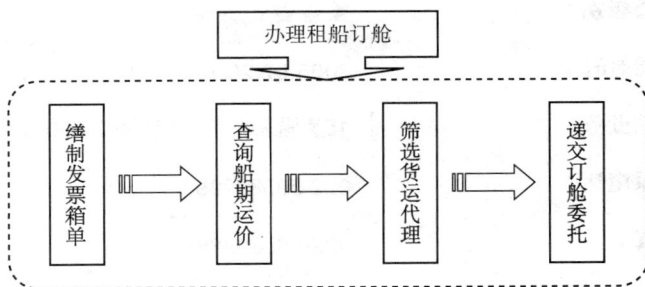

【步骤一】根据 George Workwear S. A. 开来的第 R0058970—B 号信用证(见样例 4-3)、买卖双方签订的第 HH20070818 号国内采购合同(见样例 4-7)及服装厂提供的码单(见样例 4-8),高彤缮制商业发票和装箱单(具体见任务 4.8 制单结汇部分),为租船订舱做好准备。

【步骤二】打开 IE 浏览器,登录中国国际海运网(www. shippingchina.com),输入装运港和目的港名称,单击"搜一下"查询天津港至马赛港的船期和运费(见图 4-16)。

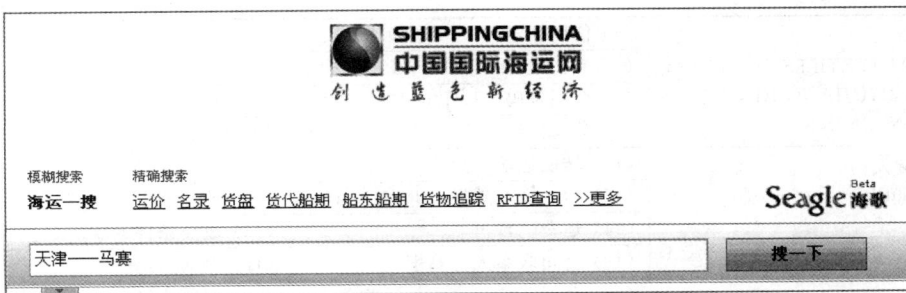

图　4-16

【步骤三】经过多方面比较,高彤选择天津海荣国际货运有限公司,具体船期表见图 4-17。原因是:一是因为运价较低;二是因为航程时间较短;三是因为直达船,填写出口货物明细单,递交给天津海荣国际货运有限公司办理订舱手续。

图　4-17

【步骤四】单击船期表右侧的联系方式,查看天津海荣国际货运有限公司的具体联系方式(见图 4-18)。

【步骤五】按照联系方式中提供的邮箱地址,将出口货物明细单(见样例 4-15)发送给天津海荣国际货运有限公司,办理订舱手续。

➡ **公司名称：**	天津海荣国际货运有限公司
➡ **信誉级别：**	★★★★★
➡ **注册时间：**	2005-07-25 16:57:38
➡ **主营业务：**	15家船东的直接代理,ISO 9000认证!
➡ **联系电话：**	022-58589999
➡ **传真：**	022-58589988
➡ **联系人：**	张家
➡ **电子邮件：**	zhangjia77@hotmail.com

图 4-18

样例 4-15

出口货物订舱委托书

日期 9月22日

(1) 发货人 HAOHAI TEXTILES CO. ,LTD. NO. 86,ZHUJIANG RD, TIANJIN,CHINA	(4) 信用证号码 R0058970—B	
	(5) 开证银行 BNP PARIBAS PARIS	
	(6) 合同号码 HH20070818	(7) 成交金额 USD107 695.00
	(8) 装运口岸 天津	(9) 目的港 马赛
(2) 收货人 TO ORDER	(10) 转船运输 允许	(11) 分批装运 允许
	(12) 信用证有效期 2007-10-15	(13) 装船期限 2007-09-30
	(14) 运费 预付	(15) 成交条件 CIF
	(16) 公司联系人 高彤	(17) 电话/传真
(3) 通知人 GEORGE WORKWEAR S. A. 14,RUE FORTIA 13 MARSEILLES 1,FRANCE	(18) 公司开户行 中行天津分行	(19) 银行账号
	(20) 特别要求 提单要显示目的港代理名称及联系方式	

(21) 标记唛码	(22) 货号规格	(23) 包装件数	(24) 毛重	(25) 净重	(26) 数量	(27) 单价	(28) 总价
见备注	MEN'S WORKING UNIFORM 男式工作服	595 箱	8 925kg	8 330kg	5 950 套	USD 18.10/套	USD 107 695.00
		(29) 总件数	(30) 总毛重	(31) 总净重	(32) 总尺码		(33) 总金额
		595 箱	8 925kg	8 330kg	24.990m^3		USD107 695.00

(34) 备注 唛头:GEORGE WORKWEAR HH20070818 MARSEILLES CTN NO. 1-595

【步骤六】天津海荣国际货运有限公司填写集装箱货物托运单(见样例 4-16),向地中海航运订舱。

样例 4-16

Shipper(发货人) TIANJIN HAIRONG FORWARDING CO. ,LTD.		D/R No.(编号)			
Consignee(收货人) TO ORDER		集装箱货物托运单			
Notify Party(通知人) HAIRONG(MARSEILLES)SHIPPING CO. ,LTD. 18,RUE FORMAT 15 MARSEILLES 3,FRANCE					
Pre-carriage by(前程运输)		Place of Receipt(收货地点)			
Ocean Vessel(船名)	Voy No.(航次)	Loading(装货港) TIANJIN			
Port of Discharge(卸货港) MARSEILLES	Place of Delivery(交货地点)	Final Destination(目的地)			
Container No. (集装箱号) Seal No. (封志号)	Marks & No. (标记与号码) GEORGE WORKWEAR HH20070818 MARSEILLES CTN NO. 1-595	No. of Containers or Pkgs (箱数或件数) 595CTNS	Kind of Pkgs; Description of Goods (包装种类与货名) MEN'S WORKING UNIFORM	Gross Weight (毛重) 8 925KGS	Measurement (尺码) 24.990m³
Total Number of containers or Packages(IN WORDS)集装箱数或件数合计(大写) FIVE HUNDRED AND NINETY-FIVE CARTONS ONLY					
Freight & Charges (运费)	Revenue Tons (运费吨)	Rate(运费率)	Per(每)	Prepaid (运费预付) YES	Collect (运费到付)
Ex Tate (兑换率)	Prepaid at(预付地点) TIANJIN		Payable at(到付地点)	Place of Issue(签发地点) TIANJIN	
	Total Prepaid(预付总额)			No. of Original B(S)/L(正本提单份数) THREE	

| Service Type on Receiving
☒ ——CY　☐ ——CFS
☐ ——DOOR | Service Type on Delivery
☒ ——CY　☐ ——CFS
☐ ——DOOR | Reefer-Temperature
Required(冷藏温度) | | ℉ | ℃ |
| Type of
Goods
(种类) | ☒ Ordinary　☐ Reefer　☐ Dangerous　☐ Auto
(普通)　　(冷藏)　　(危险品)　　(裸装车辆)
☐ Liquid　☐ Live Animal　☐ Bulk
(液体)　　(活动物)　　(散货) | | 危险品 | Class:
Property:
IMDG Code Page:
UN No. | |

可否转船　YES	可否分批　YES
装期　2007-09-30	有效期　2007-10-15
金额　USD96 271.00	
制单日期　2007-09-22	

【步骤七】天津海荣国际货运有限公司取回配舱回单后,发送进仓通知(见样例 4-17)给浩海纺织品有限公司,收到进仓通知后,浩海纺织品有限公司立即转发给创伟制衣有限公司,要求工厂按照要求的时间送货到指定仓库。

样例 4-17

海 荣 进 仓 通 知 书

TO:浩海纺织品有限公司　　　　ATTN:高彤

尊敬的发货人:

贵司所托　GEORGE WORKWEAR　TIANJIN TO MARSEILLES

品名　MEN'S WORKING UNIFORM

件数　595　毛重　8 925KGS　体积 24.990m³

预排　HUMBER BRIDGE 0031W　ETD:SEPT. 28

付款卖单　CHG:USD600/20FT CONTAINER

　　　　　　RMB100/BL,RMB250.00/THC,RMB200/DOC,RMB165/ENS

报关文件最迟于 9 月 25 日 9:00 前寄至我司。

天津海荣国际货运有限公司

天津市和平区友谊路 110 号　邮编 300110

电话:5858999

传真:58589988

邮箱:zhangjia77@hotmail. com

货物最迟于 9 月 24 日 10:00 前送进我司仓库。

仓库名称:天津天河物流有限公司二号库(地图略)

仓库地址:天津市塘沽区一号路 6 号

仓库联系人:蔡丽

TEL:28285197 28285807/01(夜间)FAX:28285800

【步骤八】海荣国际货运有限公司缮制提单样本交浩海纺织品有限公司确认,高彤审核后发现有两处与信用证要求不符,一是提单的收货人应该是空白抬头而非凭开证行指定;二是提单漏显示目的港代理,要求海荣国际货运有限公司修改。

【步骤九】海关审核报关单据正确无误后放行(具体见任务 4.7 办理出口报关部分),货物装船,浩海纺织品有限公司付清运杂费,海荣国际货运有限公司签发提单(见样例 4-18)给浩海纺织品有限公司。

【步骤十】为便于法国 GEORGE WORKWEAR S. A. 客户做好接货准备,高彤按照信用证要求给法国客户如期发出装船通知(见样例 4-19)。

知识链接

租 船 订 舱

租船订舱是租船和订舱的合成词。租船订舱,在货物交付和运输过程之中,如果货物的数量较大,可以洽租整船甚至多船来装运,称之为"租船"。如果货物量不大,则可由外运公司或货运代理公司(简称"货代")代为洽订班轮或租订部分舱位运输。以租赁部分舱位来

样例 4-18

Shipper 托运人		B/L NO.: HR2005081889
HAOHAI TEXTILES CO., LTD. NO. 86, ZHUJIANG RD, TIANJIN, CHINA		天津海荣国际货运有限公司 TIANJIN HAIRONG FORWARDING CO., LTD.

Consigne or order
收货人或指示

TO ORDER

联　运　提　单
COMBINED TRANSPORT BILL OF LADING

Notify party
通知地址

GEOGRE WORKWEAR S. A.
14, RUE FORTIA, 13 MARSEILLES 1, FRANCE

RECEIVED the goods in apparent good order and condition as specified below unless otherwise stated herein.
The carrier in accordance with the provisions contained in this document,
  1) undertakes to perform or to procure the performance of the entire transport from the place at which the goods are taken in charge to the place designated for delivery in this document, and
  2) assumes liability as prescribed in this document for such transport.
One of the Bills of Lading must be surrendered duly indorsed in exchange for the goods or delivery order.

Pre-carriage by 首段运输	Place of receipt 收货地点		
Ocean vessel 海运船舶 HUMBER BRIDGE 0031W	Port of loading 装货港 TIANJIN		
Port of discharge 卸货港 MARSEILLES	Place of delivery 交货地点	Freight payable at 运费支付地	Number of original Bs/L 正本提单份数 THREE

Marks and Nos. 描志和号码	Number and Kind of packages 件数和包装种类	Description of goods 货名	Gross weight (kgs.) 毛重(公斤)	Measurement (m³) 尺码(立方米)
GEOGRE WORKWEAR HH20050818 MARSEILLES CTN NO. 1-595	595CTNS	MEN'S WORKING UNIFORM FREIGHT PREPAID SHIPPING AGENT AT PORT OF DISCHARGE MARSEILLES HAIRONG SHIPPING CO., LTD. TEL: 0033 491566789 EMAIL: jenny@hairong.fr	8 925KGS	24.990M3
CMSU0098328　0167892　CY/CY 20'				
		TOTAL: FIVE HUNDRED AND NINETY-FIVE CARTONS ONLY.		

以上内容由托运人提供
ABOVE PARTICULARS FURNISHED BY SHIPPER

Freight and charges 运费和费用	IN WITNESS whereof the number of original Bills of Lading stated above have been signed, one of which being accomplished, the other (s) to be void.
	Place and date of issue 签单地点和日期　TIANJIN SEPT. 30, 2005
	Signed for or on behalf of the carrier 代表承运人签字 TIANJIN HAIRONG FORWARDING CO., LTD. 王海荣

样例 4-19

浩海纺织品有限公司
HAOHAI TEXTILES CO., LTD.
NO. 86, ZHUJIANG RD, TIANJIN, CHINA
SHIPPING ADVICE

DATE OCT. 2,2007

Dear sir,

We are pleased to inform you that the following mentioned goods were shipped out. Full details were shown as follows.

(1) Invoice No. :HT20070922

(2) Bill of Lading No. :HR2007081889

(3) Ocean Vessel:HUMBER BRIDGE 0031W

(4) Port of Loading:TIANJIN

(5) Port of Destination:MARSEILLES

(6) Date of Shipment:SEPT. 30,2007

(7) Description of Goods:MEN'S WORKING UNIFORM

(8) Quantity:5 950SETS

(9) Marks and Number On B/L:GEORGE WORKWEAR

HH20070818

MARSEILLES

CTN NO. 1-595

(10) Total Amount:USD107 695.00

HAOHAI TEXTILES CO., LTD.

高彤

....
Authorized Signature

装运,称之为"订舱"。

在出口贸易中,CIF 或 CFR 贸易术语条件下,租船订舱是卖方的主要职责之一。当卖方备妥货物,收到国外开来的信用证,并且经过审核无误后,能否做到船货衔接,按合同及信用证规定的时间及时将货物出运,主要决定于租船订舱这个环节。如采用电汇的支付方式,在货物备妥后即可联系货代公司安排出运。

出口租船订舱的准则:

(1) 出口公司根据船公司提供的船期表掌握船货情况,在船舶抵达港口或截止签单前,及时办理托运手续。

(2) 出口公司办理订舱手续时,力求准确无误,尽量避免加载(增加订舱数量)、退载和变载的情况发生,以免影响承运人和船货代理人以及港务部门的工作。

(3) 对于发生额外特殊货物如散装油类、冷藏货和鲜活货物的订舱,出口公司应事先通知承运人或船运代理人,并列明要求。

4.6 办理投保手续

【工作内容】

高彤完成托运手续,获悉船名航次后,为转移运输途中的风险,着手办理投保手续。现在高彤需要按照买卖双方签订的第 HH20070818 合同(见样例 3-2)和第 R0058970—B 号信用证(见样例 4-3)及其信用证修改(见样例 4-6)要求填写投保单,支付保险费,在收到保险公司的保险单后,需要认真审核保险单是否正确。

【操作过程】

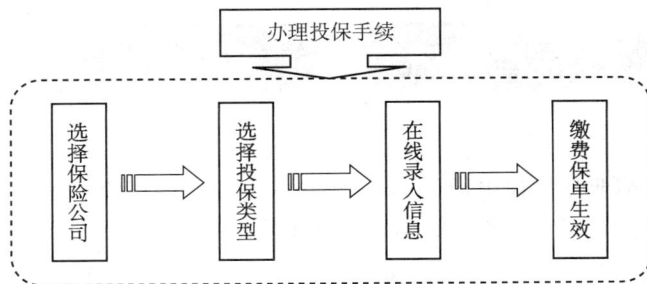

【步骤一】打开 IE 浏览器,登录中国货运保险网 http://www.marins.com.cn/web/Index.aspx(见图 4-19)。

图 4-19

【步骤二】选择上方"我要投保"中的"在线投保",进一步选择进行"单笔业务投保申请"还是"预约投保申请"(见图 4-20)。

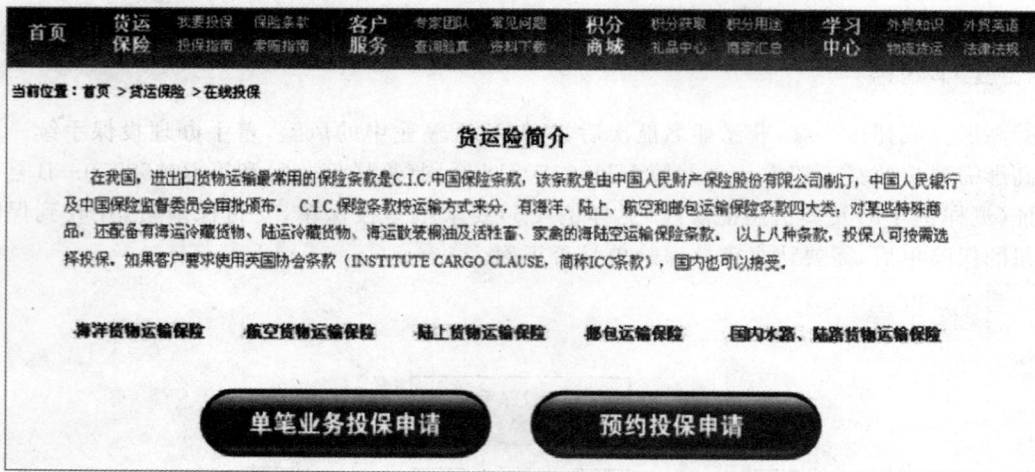

图　4-20

【步骤三】以单笔业务投保申请为例,单击进入在线投保页面,一是在出口货运险、进口货运险、国内货运险及境外货运险中选择货运险种类;二是选择保险公司(见图 4-21)。

图　4-21

【步骤四】以中国人民财产保险为例,单击进入提交投保人及货物信息页面(见图 4-22),依次在线提交"投保人及被保险人信息"、"货物信息"、"运输信息"后,单击"保存投保信息"按钮。

在提交货物信息时,首先在下拉框中选择办理投保产品所属的货物大类,如选择"1111纺织原料及纺织制品",接下来还需要选择货物明细,如"男式西服套装、便服套装、上衣、长裤、护胸背带工装裤、马裤及短裤（泳装裤外）"及在包装方式下拉框中选择具体的包装种类，如"纸箱"（见图 4-23）。

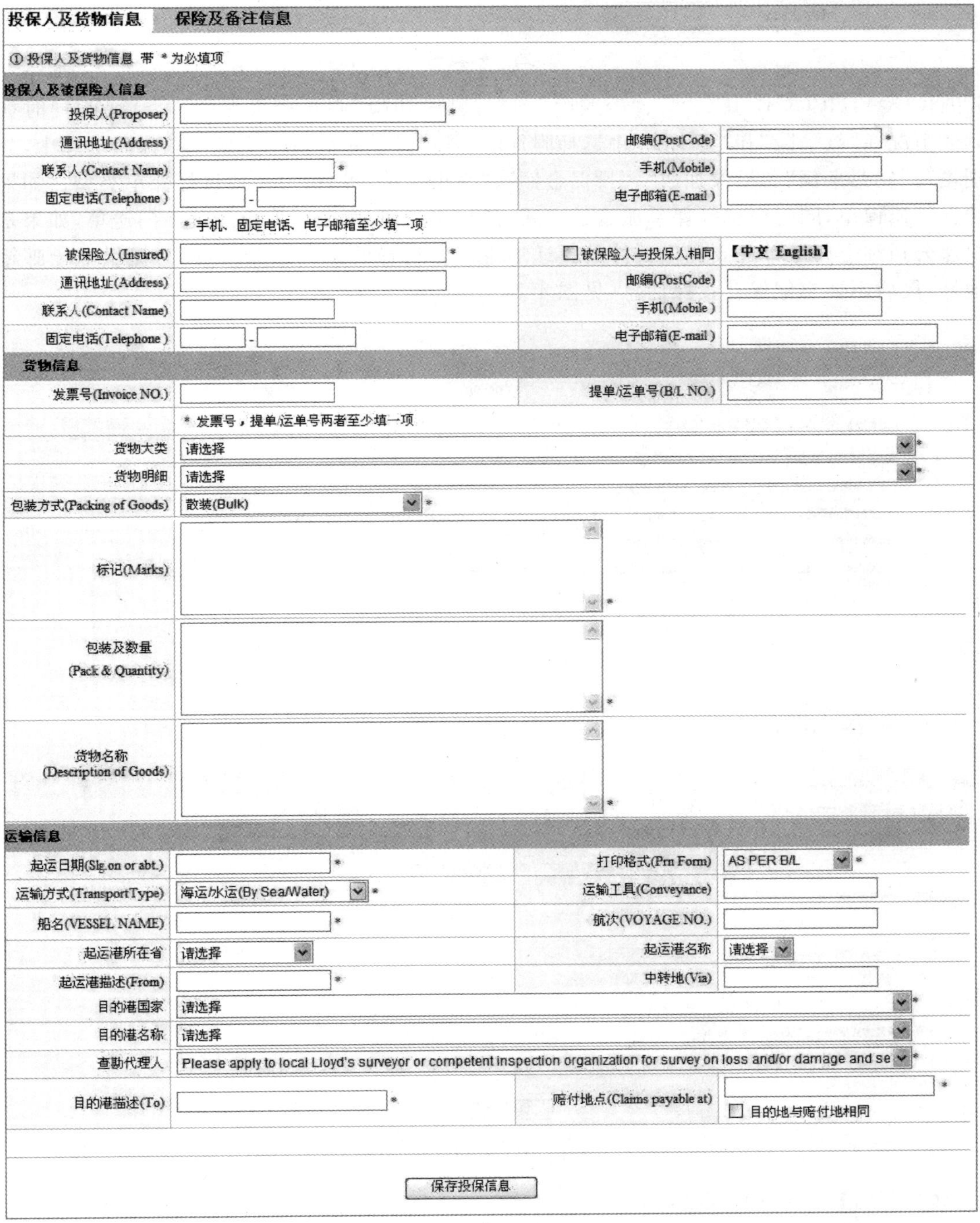

投保人及货物信息	保险及备注信息

① 投保人及货物信息 带 * 为必填项

投保人及被保险人信息

投保人(Proposer)	_____ *		
通讯地址(Address)	_____ *	邮编(PostCode)	_____ *
联系人(Contact Name)	_____ *	手机(Mobile)	_____
固定电话(Telephone)	____-____	电子邮箱(E-mail)	_____

* 手机、固定电话、电子邮箱至少填一项

被保险人(Insured)	_____ *	☐ 被保险人与投保人相同 【中文 English】
通讯地址(Address)	_____	邮编(PostCode)
联系人(Contact Name)	_____	手机(Mobile)
固定电话(Telephone)	____-____	电子邮箱(E-mail)

货物信息

发票号(Invoice NO.)	_____	提单/运单号(B/L NO.)	_____

* 发票号，提单/运单号两者至少填一项

货物大类	请选择 ▾ *
货物明细	请选择 ▾ *
包装方式(Packing of Goods)	散装(Bulk) ▾ *

标记(Marks) _____ *

包装及数量 (Pack & Quantity) _____ *

货物名称 (Description of Goods) _____ *

运输信息

起运日期(Slg. on or abt.)	_____ *	打印格式(Prn Form)	AS PER B/L ▾ *
运输方式(TransportType)	海运/水运(By Sea/Water) ▾ *	运输工具(Conveyance)	_____
船名(VESSEL NAME)	_____ *	航次(VOYAGE NO.)	_____
起运港所在省	请选择 ▾	起运港名称	请选择 ▾
起运港描述(From)	_____ *	中转地(Via)	_____
目的港国家	请选择 ▾ *		
目的港名称	请选择 ▾		
查勘代理人	Please apply to local Lloyd's surveyor or competent inspection organization for survey on loss and/or damage and se ▾ *		
目的港描述(To)	_____ *	赔付地点(Claims payable at)	_____ * ☐ 目的地与赔付地相同

[保存投保信息]

图 4-22

【步骤五】单击"保险及备注信息"栏，在线选择付款方式为"信用证"还是"非信用证"结算。如果选择信用证的话，还需要提交具体的信用证号，随后在"一切险"、"平安险"、"水渍

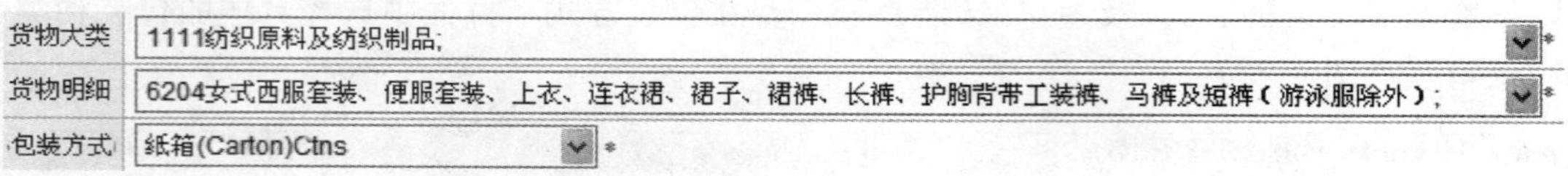

图　4-23

险"、ICC(A)、ICC(B)、ICC(C)、"冷藏险"和"冷藏一切险"中选择投保的主要险别,同时视具体情况在"战争险"和"罢工险"中选择附加险,具体条款系统自动生成。在保险信息中,分别填写"发票金额"、"投保加成"、"投保金额"、"签单日期"等,最后还要选择保单类型。如果选择纸质保单,同时要选择保单派送的方式,是快递公司、来公司取单还是上门送单,如果是快递公司和上门送单还要提供具体的投递地址。若选择的是电子保单,同时提供电子邮箱地址,最后不要忘记保存投保信息(见图 4-24)。

图　4-24

【步骤六】在线支付保费(略)。

【步骤七】承保核保,保单生效,保险公司投递保险单(见样例 4-20)给被保险人。

样例 4-20

PICC 中国人民财产保险股份有限公司
PICC Property and Casualty Company Limited

货物运输保险单 CARGO TRANSPORTATION INSURANCE POLICY

印刷号 (Printed Number)　NO 001572　　保险单号(Policy No.) PYIB200512009878654678
合同号 (Contract No.)
发票号 (Invoice No.)
信用证号(L/C No.)
被保险人(Insured)：　HAOHAI TEXTILES CO., LTD.

中国人民财产保险股份有限公司（以下简称本公司）根据被保险人要求，以被保险人向本公司缴付约定的保险费为对价，按照本保险单列明条款承保下述货物运输保险，特订立本保险单。

THIS POLICY OF INSURANCE WITNESSES THAT PICC PROPERTY AND CASUALTY COMPANY LIMITED (HEREINAFTER CALLED "THE COMPANY") AT THE REQUEST OF THE INSURED AND IN CONSIDERATION OF THE AGREED PREMIUM PAID TO THE COMPANY BY THE INSURED, UNDERTAKES TO INSURE THE UNDERMENTIONED GOODS IN TRANSPORTATION SUBJECT TO THE CONDITIONS OF THIS POLICY AS PER THE CLAUSES PRINTED BELOW.

标记 MARKS & NOS.	包装及数量 QUANTITY	保险货物项目 GOODS	保险金额 AMOUNT INSURED
AS PER INV NO. HT20050922	595CTNS	MEN'S WORKING UNIFORM	USD105 899.00

总保险金额：
Total Amount Insured: U.S.DOLLARS ONE HUNDRED AND FIVE THOUSAND EIGHT HUNDRED AND NINETY-NINE ONLY

保费(Premium): AS ARRANGED　　　启运日期(Date of Commencement): AS PER B/L
装载运输工具(Per Conveyance): NUMBER BRIDGE V.0031W
自: From　TIANJIN　　经: Via　　至: To　MARSEILLES
承保险别(Conditions):

COVERING INSTITUTE CARGO CLAUSES (A) AND WAR RISK AS
PER INSTITUTE CARGO CLAUSED DD 1/1/82 INCLUDING
WAREHOUSE TO WAREHOUSE CLAUSE

所保货物如发生保险单项下可能引起索赔的损失，应立即通知本公司或下述代理人查勘。如有索赔，应向本公司提交正本保险单（本保险单共有　二　份正本）及有关文件。如一份正本已用于索赔，其余正本自动失效。
IN THE EVENT OF LOSS OR DAMAGE WHICH MAY RESULT IN A CLAIM UNDER THIS POLICY, IMMEDIATE NOTICE MUST BE GIVEN TO THE COMPANY OR AGENT AS MENTIONED. CLAIMS, IF ANY, ONE OF THE ORIGINAL POLICY WHICH HAS BEEN ISSUED IN　TWO　ORIGINAL(S)TOGETHER WITH THE RELEVANT DOCUMENTS SHALL BE SURRENDERED TO THE COMPANY. IF ONE OF THE ORIGINAL POLICY HAS BEEN ACCOMPLISHED, THE OTHERS TO BE VOID.

PARIS INSURANCE COMPANY., LTD.
RM205, TOP PLAZA, PARIS,FRANCE
TEL:0033 487656789
FAX: 0033 387656788

保险人：
Underwriter: PICC Property and Casualty Company Limited
Tianjin Branch
电话(TEL): (022)23317855 23315367
传真(FAX): (022)23301297
地址(ADD): No.2 Qu Fu Road, Heping District, Tianjin
China　　　300042

赔款偿付地点
Claim Payable at　MARSEILLES IN USD
签单日期(Issuing Date)　SEPT.28, 2005
核保人：　　　制单人：　　　经办人：

授权人签字：
Authorized Signature

www.piccnet.com.cn

知识链接

保 险 单 据

保险单据是保险公司和投保人之间订立的保险合同,也是保险公司出具的承保证明,是被保险人向保险公司索赔和保险公司进行理赔的依据。保险单据背面印有规定保险人与被保险人、受让人之间权利与义务关系的保险条款。常用的保险单据有以下几种。

1. 保险单

保险单(Insurance Policy)又称大保单,它是一种正规的保险合同,除载明上述投保单上各项内容外,还列有保险公司的责任范围以及保险公司与被保险人双方各自的权利、义务等方面的详细条款。

2. 保险凭证

保险凭证(Insurance Certificate)又称小保单,它是一种简化的保险合同,除了其背面没有列出详细保险条款外,其余内容与保险单相同,保险凭证也具有与保险单同样的法律效力。

3. 预约保单

为了简化投保手续,防止出现漏保或来不及办理投保等情况,我国进口货物一般采取预约保险的做法。合同中规定承保货物的范围、险别、费率、责任、赔款处理等条款,凡属合同约定的运输货物,在合同有效期内自动承保。

此外,还有联合凭证(Combined Certificate),它是将发票和保险单相结合的保险单据,比保险凭证更为简化。保险公司在出口企业的发票上加注保险编号、承保的险别、保险金额,并加盖印戳,作为承保凭证,其他项目均以发票上列明的为准。

4.7 办理出口报关

工作内容

高彤收到工厂发送的产地检验检疫部门签发的通关凭条后,同时也获悉该票货物已订妥舱位,预计开船日期9月28日,截止报关时间为9月26日,高彤需要抓紧做的工作是填写报关委托书委托天津海荣国际货运有限公司向天津海关办理出口申报手续,否则会延误船期。海关放行后,货物如期装上"HUMBER BRIDGE 0031W",天津海荣国际货运有限公司签发提单给天津浩海纺织品有限公司。

操作过程

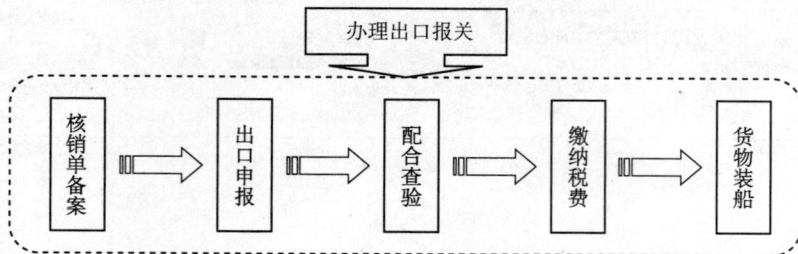

1．核销单申领及备案环节

【步骤一】申领核销单。

（1）企业到外管局去申领纸质核销单之前，应先在电子口岸上进入核销单申请。打开
IE 浏览器，输入 www.chinaport.gov.cn/pub，登录电子口岸，插入操作员 IC 卡，输入密码
（见图 4-25），单击"确认"按钮后会进入到电子口岸的操作子系统中。

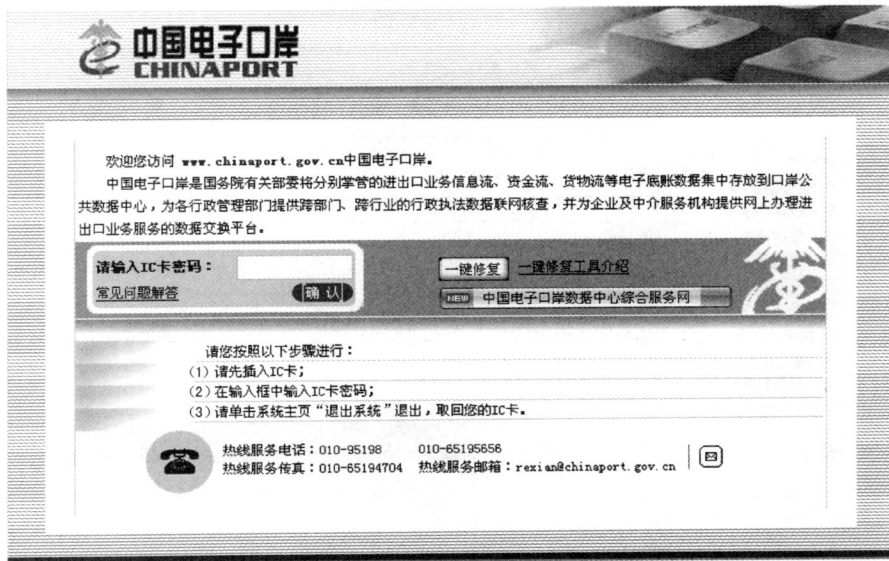

图 4-25

中国电子口岸各个子系统，企业有权进入的子系统呈红色，不能进入的系统呈灰色。单
击进入"出口收汇系统"页面（见图 4-26），进行核销单申领的相关操作。

图 4-26

（2）单击"出口收汇"子系统，选择"核销单申请"，外汇分局代码、外汇分局名称、企业代码、企业名称、操作员 IC 卡及操作员姓名系统自动带出，操作员这时需要在"申请份数"方框内填写具体的份数，如需要申领 20 份，只需填写阿拉伯数字 20 即可，然后单击上方的"申请"按钮，此时系统会弹出"确认申请核销单吗？"的对话框（见图 4-27），然后单击"确定"按钮，系统弹出"核销单申请成功！！"的对话窗口后，再次单击"确定"按钮，核销单网上申请成功（见图 4-28）。

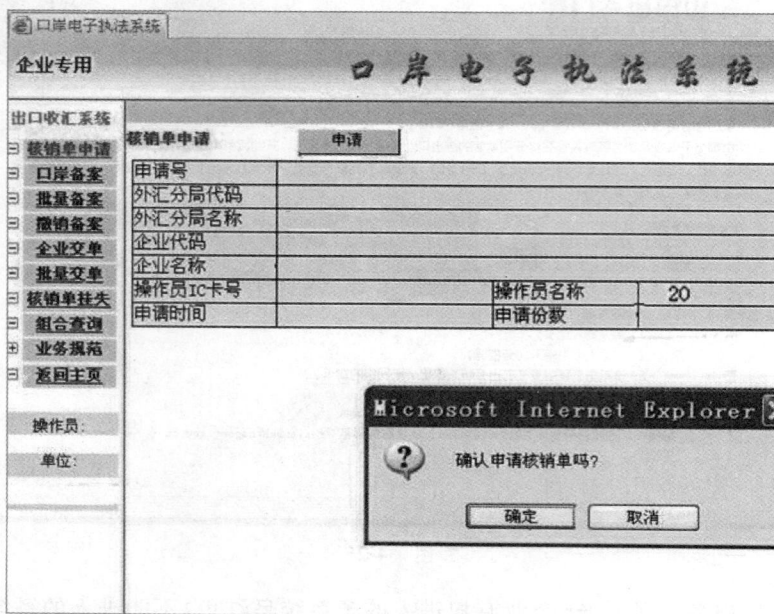

图　4-27

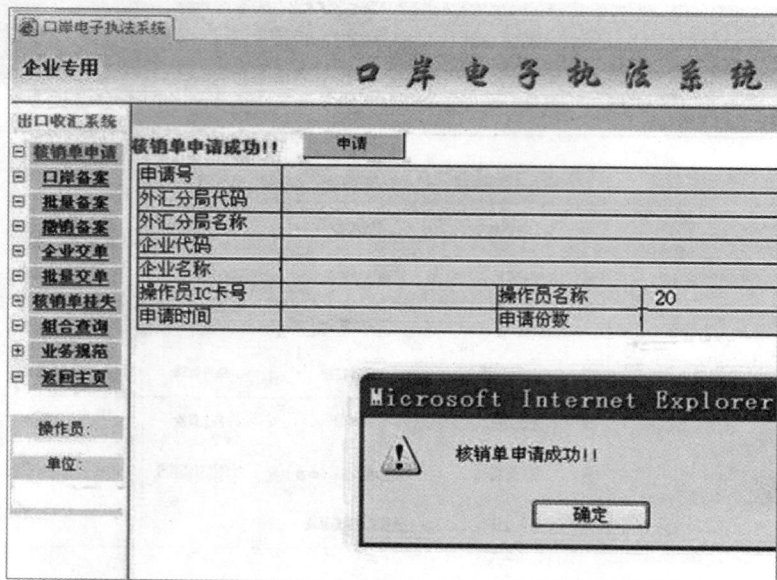

图　4-28

【步骤二】领取纸质核销单。

网上申请成功后,企业核销员带身份证复印件、电子口岸操作员 IC 卡等相关资料到主管外管局领取纸质核销单(见样例 4-21),首次申领还需附外销合同。外管局根据企业出口规模、核销状况等因素向企业发放核销单,如发放核销单数量未达到企业申请数量,且企业有实际需要时,可以向外管局提交核销单申请报告,说明企业对核销单实际需要状况,申请特批。

领回来的核销单在使用前要在联与联之间骑缝处盖出口单位公章,在存根联、出口收汇核销单和出口退税专用联上加盖出口单位和企业组织代码证的条形章。

样例 4-21

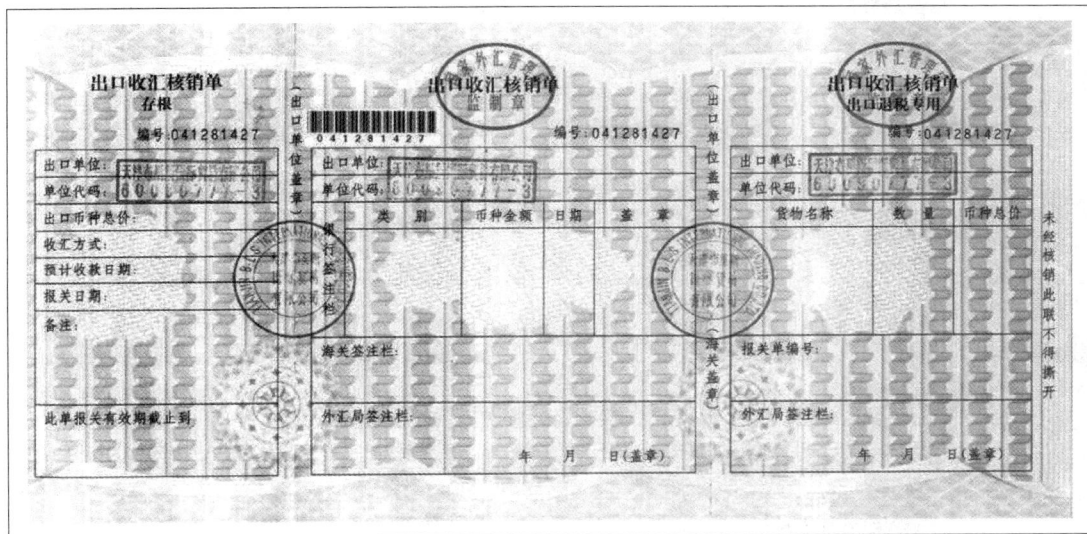

【步骤三】核销单备案。

(1)在使用核销单进行出口报关前,企业用户需要对核销单进行口岸备案。单击左侧出口收汇系统菜单栏内的"口岸备案",系统进入查询核销单界面(见图 4-29)。

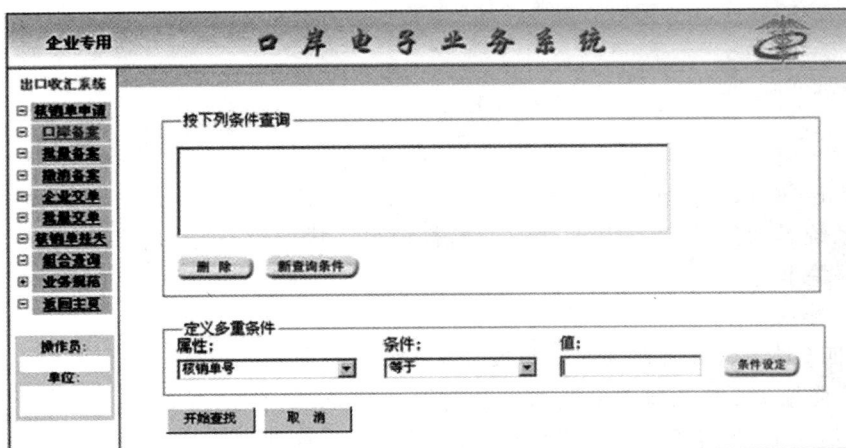

图　4-29

（2）在定义多重条件的"值"中输入拟使用的核销单号"00B910002"，单击"条件设定"后再单击"开始查找"按钮，这时就会显示出该核销单的状态，外汇局使用状态为"有效"、海关使用状态为"未用"、交单状态为"未交"、出口口岸为"空"，表明该核销单还没有备案（见图4-30）。

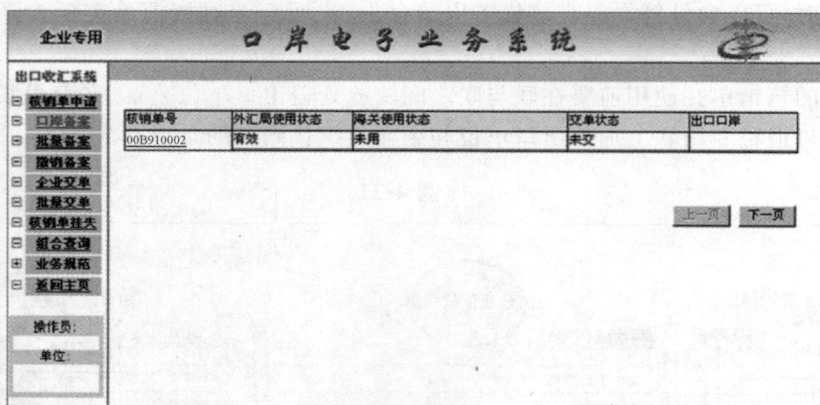

图 4-30

（3）单击核销单列表中所要备案的核销单"核销单号"链接，进行该核销单口岸备案。在使用口岸中，输入需要备案的口岸代码或名称（也可通过模糊输入口岸名称或代码后按 Enter 键，从弹出的下拉列表中选择需要备案的口岸），然后单击上方的"确认"按钮（见图4-31）。

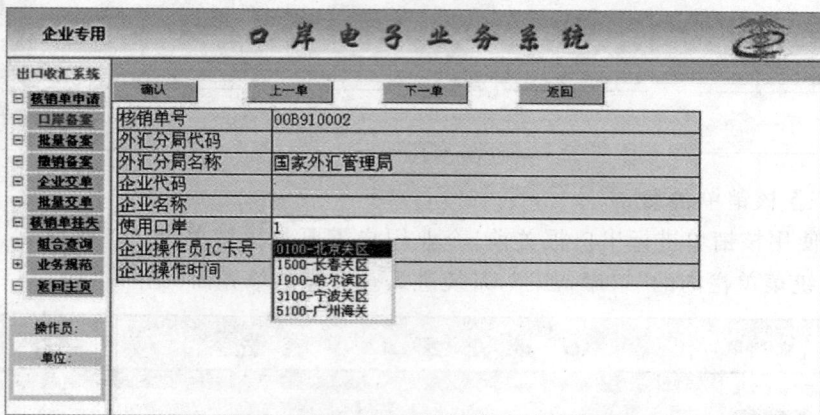

图 4-31

（4）单击"确认"按钮后，系统弹出"是否备案？"对话框，再次单击"确认"按钮（见图4-32），系统提示"设置成功"（见图4-33），核销单完成口岸备案，至此可以凭此份核销单办理出口报关手续。

2．委托申报环节

【步骤四】填写代理报关委托书和报关要素。

高彤按照报关委托书缮制规范填写代理报关委托书（见样例4-22），连同销售合同（见样例3-2）、信用证（见样例4-3）及其修改（见样例4-6）、商业发票（见样例4-26）、装箱单（见样例4-27）、报关单草表、报关要素（见样例4-23）、出境货物换证凭条（见样例4-12）、出口收

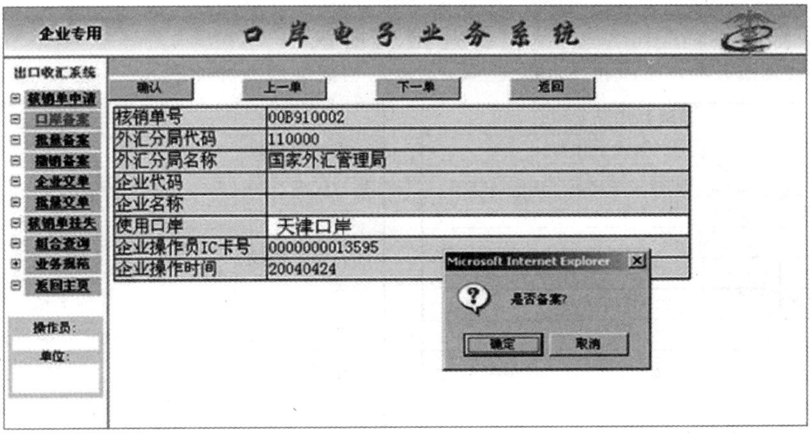

图　4-32

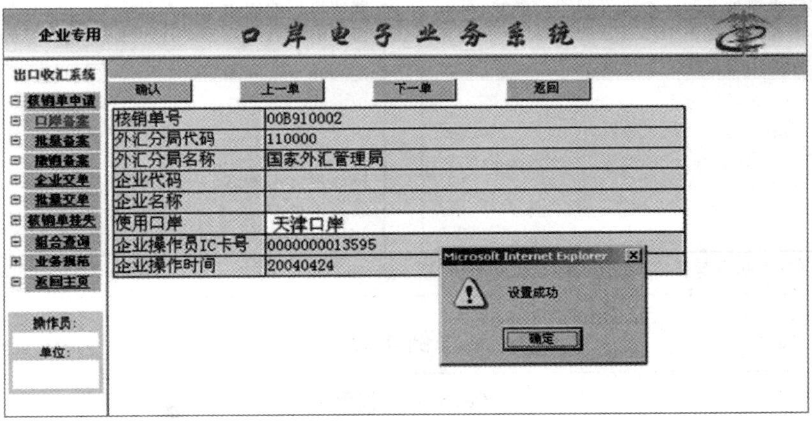

图　4-33

汇核销单（见样例 4-21），快递至货代公司委托其办理出口报关手续。

样例 4-22

代理报关委托书

天津海荣国际货运有限公司：

我单位现（A. 逐票　　B. 长期）委托贵公司代理　　等通关事宜。（A. 报关查验　　B. 垫缴税款

C. 办理海关证明联　　D. 审批手册　　E. 核销手册　　F. 申办减免税手续　　G. 其他）详见《委托报关协议》。

我单位保证遵守《中华人民共和国海关法》和国家有关法规，保证所提供的情况真实、完整、单货相符。否则，愿承担相关法律责任。

本委托书有效期自签字之日起至 2007 年 10 月 30 日止。

委托方（盖章）：

法定代表人或其授权签署《代理报关委托书》的人（签字）

年　月　日

委托报关协议

为明确委托报关具体事项和各自责任,双方经平等协商签订协议如下。

委托方	浩海纺织品有限公司	被委托方	天津海荣国际货运有限公司		
主要货物名称	男式工作服	*报关单编码	NO.		
H.S编码	6 2　0 3　2 3　0 0　9 1	收到单证日期	2007 年 9 月 26 日		
进出口日期	2007 年 9 月 30 日	收到单证情况	合同 ☑	发票 ☑	
提单号			装箱清单 ☑	提(运)单 □	
贸易方式	一般贸易		加工贸易手册 □	许可证件 □	
原产地/货源地	河南新乡		其他　通关单 ☑		
传真电话		报关收费	人民币:150 元		

其他要求:	承诺说明:
背面所列通用条款是本协议不可分割的一部分,对本协议的签署构成了对背面通用条款的同意。	背面所列通用条款是本协议不可分割的一部分,对本协议的签署构成了对背面通用条款的同意。
委托方业务签章:	被委托方业务签章:
经办人签章: 联系电话:　　　　　年 月 日	经办报关员签章: 联系电话:　　　　　年 月 日

(白联海关留存,黄联被委托方留存,红联委托方留存。)　　　　　中国报关协会监制　CCBA

样例 4-23

产品出口申报要素

天津海关:

我司出口法国马赛男式工作服一批,共计 595 箱,现就有关申报要素说明如下。

(1) 品名:男式工作服

(2) 种类:其他合纤制其他男式便服套装(工业及职业用)

(3) 成分:65％涤 35％棉

(4) 品牌:无

(5) 编码:6203230091

浩海纺织品有限公司
2007 年 9 月 25 日

【步骤五】换取纸质通关单。

天津海荣国际货运有限公司在有效期内凭产地检验检疫部门签发的出境货物换证凭条(见样例 4-12)到指定检验检疫部门,换取正本纸质通关单(见样例 4-24)。口岸检验检疫部门实时将通关单电子数据通过中国电子检验检疫业务网(www.eciq.cn)平台传输给电子口岸信息平台——电子口岸接收出入境检验检疫机构传输的通关单电子数据并传输到海关——海关接收通关单电子数据,在接受出口企业报关时,对预录入公司的上载的报关单与通关单信息进行比对、核注、核销、反馈回执等业务操作,并将处置结果发送给电子口岸。

样例 4-24

中华人民共和国出入境检验检疫

出境货物通关单

编号：3719002080114150000

1. 发货人 浩海纺织品有限公司 HAOHAI TEXTILES CO., LTD.		5. 标记及号码 GEORGE WORKWEAR HH20070818 MARSEILLES CTN NO. 1~600
2. 收货人 GEORGE WORKWEAR S. A.		
3. 合同/信用证号 HH20070818	4. 输往国家或地区 法国	
6. 运输工具名称及号码 船舶***	7. 发货日期 2007.09.30	8. 集装箱规格及数量 海运20尺普柜1个
9. 货物名称及规格 男式工作服　65%涤 35%棉 *** （以下空白）	10. H.S 编码 6203230091 *** （以下空白）	11. 申报总值 ＊108 600美元 （以下空白）
		12. 数/重量、包装数量及种类 ＊6 000套 ＊600箱 （以下空白）
13. 证明		

上述货物业经检验检疫，请海关予以放行。

本通关单有效期至　二〇〇八年 八月 ＊＊日

签字：　　　　　　　日期：2008 年 06 月 ＊＊ 日

检验检疫专用章
(2)

14. 备注

H 8332030　　　　　① 货物通关　　印刷流水号：H8332030　　[2-2(2000.1.1)]

【步骤六】查询通关单使用状态。

高彤登录中国电子检验检疫业务网（www. eciq. cn）（见图 4-34），单击"通关单状态查询"，输入通关单号，查询该通关单使用状态。

输入通关单号，单击"查询"按钮，显示该通关的使用状态（见图 4-35）。对通关单状态是"海关已入库"的，企业可通过电子口岸报关单预录入系统录入报关单，向海关办理出口申报手续。

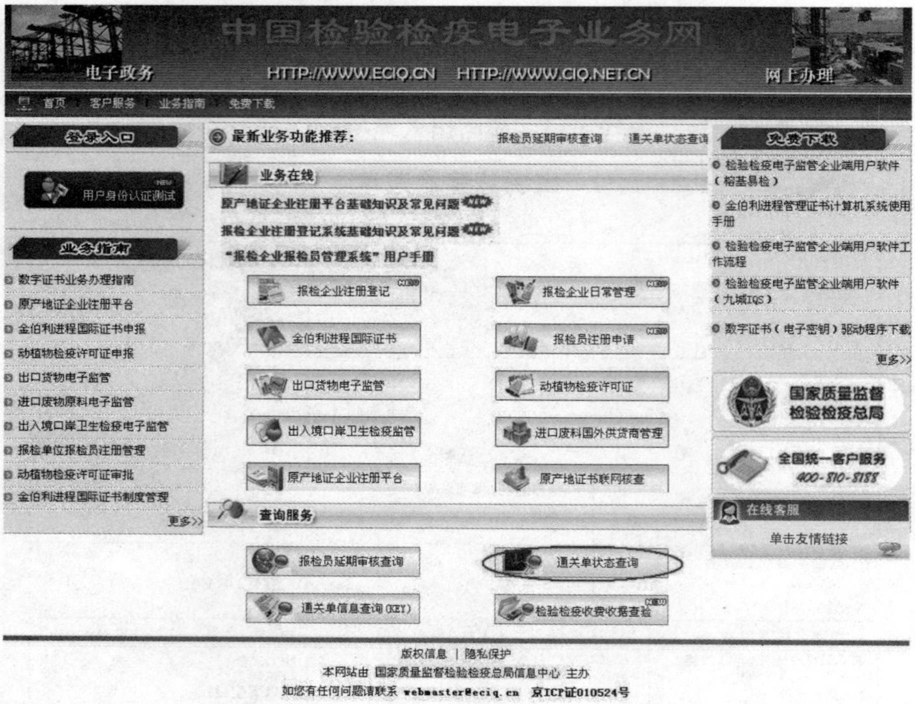

图　4-34

图　4-35

通关单电子信息的状态及其含义如下：

已发送电子口岸　　　　　　　　　检验检疫已发出

电子口岸已收到　　　　　　　　　电子口岸已收到

海关已入库　　　　　　　　　　　海关已成功接收

海关已核注　　　　　　　　　　　通关单对应的报关单已成功申报

海关已核销　　　　　　　　　　　通关单对应的报关单已结关

海关未能正常核销　　　　　　　　海关核销通关单电子数据不成功

通关单已过期　　　　　　　　　　通关单已超过有效期

【步骤七】信息反馈。

电子口岸将接收海关反馈的核销回执信息反馈给出入境检验检疫机构。

3. 货代公司代申报环节

【步骤八】货代公司录入操作人员，将报关员 IC 卡或者操作员卡插入读卡器或 USB 接口中。

在 Windows 桌面上单击"QP 预录入"快捷方式图标  进入中国电子口岸"报关单预录入/申报（报关行版）"子系统登录页面（见图 4-36）。

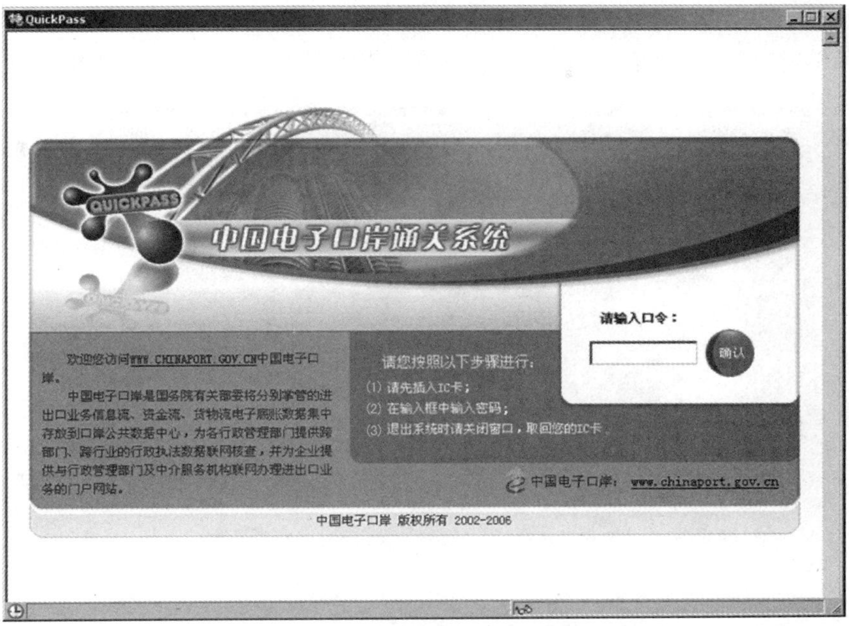

图 4-36

【步骤九】录入操作人员输入口令,单击"确认"按钮,进入到电子口岸通关系统页面,在中国电子口岸通关系统中选择要进入的子系统"报关申报"(见图 4-37)。

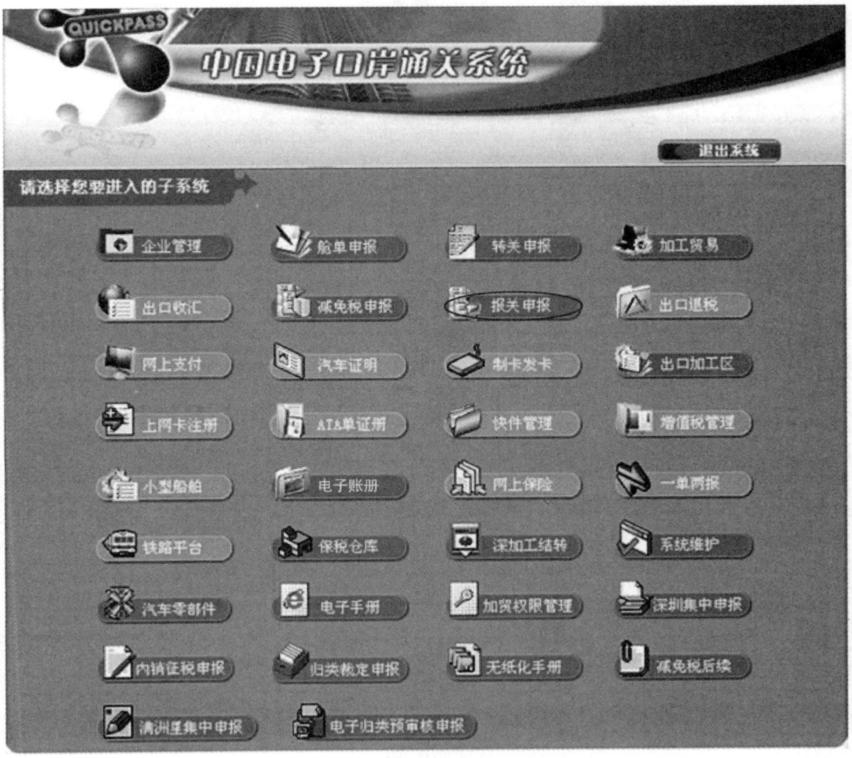

图 4-37

【步骤十】单击"报关申报"后进入报关录入系统,在页面的功能菜单中单击"报关单",弹出下拉菜单,选择下拉菜单中的"出口报关单",进入报关单录入/申报页面(见图 4-38)。

图   4-38

【步骤十一】单击"出口报关单",进入到报关单录入/申报页面(见图 4-39),根据出口企业提供的报关单草表,进行报关申报数据录入。在整个录入过程中,报关员 IC 卡或者操作员卡都需要插在 USB 接口中。本系统根据报关员 IC 卡或者操作员卡的信息进行报关员和操作员身份验证,并自动进行电子签名、加密。如果系统检测到用户在操作系统时,报关员 IC 卡或者操作员卡不存在或与登录时报关员 IC 卡或者操作员卡信息不一致,会提示报错,不能进行正常操作。

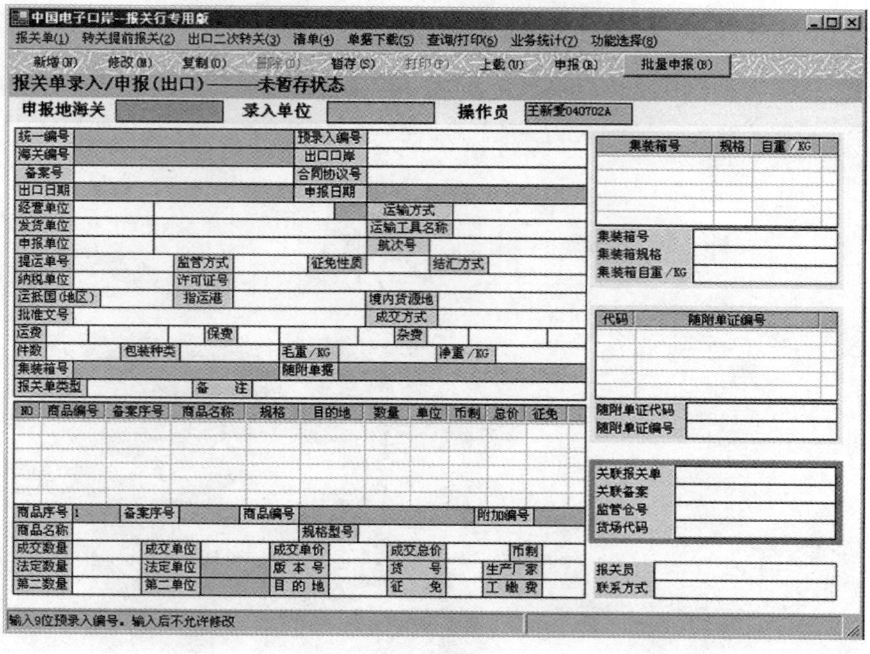

图   4-39

【步骤十二】未录完的报关单,可暂存在本地服务器的数据库中,想继续录入时可通过查询界面,输入预录入号,随时调出此票报关单。数据录入完毕后,如需暂存,单击"暂存"按钮,即弹出对话框。单击"确定"按钮,完成暂存(见图4-40)。

【步骤十三】数据录入完毕后,如需上载,单击"上载"按钮,系统通过逻辑校验和单证校验,该票报关单数据即将传送至数据中心,并弹出对话框。单击"确定"按钮,完成上载(见图4-41)。

【步骤十四】数据录入完毕后,需要向海关申报的,单击"申报"按钮,系统通过逻辑校验和单证校验,该票报关单数据将传送至数据中心,并由数据中心将数据传送到海关审单中心。此时系统弹出对话框。单击"确定"按钮,完成申报(见图4-42)。

图　4-40　　　　　　　图　4-41　　　　　　　图　4-42

系统将对上载或申报的报关单自动进行逻辑校验,通过系统提供的报关单查询功能看上载或申报的报关单是否通过逻辑校验。通过逻辑校验的报关单在工作站上进行数字签名后,其数据自动存入局域网服务器,并向数据中心发送。未通过逻辑校验的报关单,通过系统提供的修改、下载等功能,对该票报关单修改后继续执行上载或申报。

数据中心将对局域网服务器报关单数据进行状态判断,若报关单数据为上载,数据中心将保存此票报关单数据至预暂存库并发送数据中心回执给局域网服务器;对于操作端直接申报的报关单数据,数据中心将此票报关单数据保存在数据中心执法库,并发送数据中心回执给局域网服务器,同时将数据直接传输至海关。

数据中心将自动转发海关退单回执或审结回执至局域网服务器,企业可在局域网服务器上查询。报关单位查询到海关审核通过的回执后,可打印正式的纸质报关单(见样例4-25)向海关申报。

【步骤十五】若货物没有被海关布控查验,也不涉及缴纳税费,现场海关直接验放,海关官员在装货单上盖放行章,货物装船。

【步骤十六】确认提单后,付清运费和港杂费,货代公司签发正本提单给浩海纺织品公司(见样例4-17),一方面办理出口结汇,另一方面方便日后办理出口外汇核销和出口退税手续。

【步骤十七】船代发送装船清洁舱单给海关,应要海关签发相关证明联给出口企业。

(1)海关在报关单的"收汇核销专用联"上加盖"验讫章",供出口企业办理外汇核销手续时使用。

(2)海关在报关单的"黄联退税专用联"上加盖"验讫章",供出口企业办理出口退税手续时使用。

(3)海关在报关单的"海关核销联"上加盖"验讫章",供经营来料加工的企业办理加工贸易核销手续时使用。

样例 4-25

数据中心统一编号：000000000721417251

000000000721417251

企业留存联

045432547

中华人民共和国海关出口货物报关单

预录入编号：045432547　　申报现场：天津海关(2314)　　海关编号：054678090045432547

出口口岸(2314) 天津海关	备案号		出口日期 20070928	申报日期 20070927
经营单位(0201563488) 浩海纺织品有限公司	运输方式 水路运输		运输工具名称 HUMBER BRIDGE 0031W	提运单号 HR2005081889
发货单位(0201563488) 浩海纺织品有限公司	贸易方式(0110) 一般贸易		征免性质(101) 一般征税	结汇方式 信用证
许可证号	运抵国(地区)(305) 法国	指运港(2170) 马赛	境内货源地 河南新乡	
批准文号 041281427	成交方式 CIF	运费 502/850/3	保费 502/136.85/3	杂费
合同协议号 HH20070818	件数 595 箱	包装种类 纸箱	毛重/kg 8 925.00	净重/kg 8 330.00
集装箱号 CSMJ0098328 * 1(1)	随附单据 B;371900208011415000		生产厂家 创伟制衣有限公司	

标记唛码及备注　　GIORGI WORKWILR
　　　　　　　　HH20070818
　　　　　　　　MBSIILLES
　　　　　　　　CID NO. 1-595

项号	商品编号	商品名称、规格型号	数量及单位	最终目的国(地区)	单价	总价	币制	征免
1	6203230091	男式工作服 65 涤　35 棉	5 950 套	法国 (306)	17.95	106 802.50	502 美元	照章征税

税费征收情况

录入员　　　录入单位	兹声明以上申报无讹并承担法律责任	海关审单批注及放行日期(签章)	
报关员		审单　　　　　审价	
单位地址	申报单位(签章)	征税　　　　　统计	
邮编　　　电话　　　填制日期		查验　　　　　放行	

出口报关

1. 报关的含义

海关出口申报简称报关，是指出口货物的发货人、受委托的报关企业，依照《中华人民共和国海关法》以及有关法律、行政法规和规章的要求，在规定的期限、地点，采用电子数据报关单和纸质报关单形式，向海关报告实际出口货物的情况，并接受海关审核的行为。

出口货物的发货人，可以自行向海关申报，也可以委托报关企业（报关行）向海关申报。

2. 申报的时间、地点和申报主体

（1）申报时间

根据《中华人民共和国海关法》的规定，出口货物的发货人除海关特准外，应当在装货的24小时前向海关申报。

（2）申报地点

出口货物的发货人或其代理人应当在货物的出境地向海关申报；经收发货人、海关同意，可以在设有海关的货物起运地申报。

（3）申报主体

向海关办理申报手续的可以是出口货物的发货人，也可以是受委托的报关企业，他们都应当预先在海关依法办理登记注册。

3. 申报单证

申报单证可以分为主要单证、基本单证、特殊单证和预备单证（见表4-3）。

表 4-3　单证的分类

主要单证	主要单证就是出口货物报关单，为必备单证
基本单证	基本单证是指货运单据和商业单据，亦为必备单证。如商业发票、装箱单、装货单、出口收汇核销单等
特殊单证	特殊单证主要指配额许可证、来料和进料加工备案手册以及其他各类特殊管理证件等
预备单证	预备单证主要指贸易合同等企业有关证明文件，这些单证，海关在审单、征税时可能需要调阅或收取备案

4. 申报方式

目前，电子报关主要有3种类型4种申报方式（见表4-4）。

表 4-4　电子报关的方式

终端申报	终端申报方式指进出口货物收发货人或其代理人在海关规定的报关地点，委托经海关登记注册的预录入企业使用连接海关计算机系统的计算机终端，录入报关单电子数据
EDI申报	委托EDI申报方式。进出口货物收发货人或其代理人在海关规定的报关地点，委托经海关登记注册的预录入企业使用EDI方式，录入报关单电子数据
	自行EDI申报方式。进出口货物收发货人或其代理人在本企业办公地点使用EDI方式，自行录入报关单电子数据
网上申报	网上申报方式指进出口货物收发货人或其代理人在本企业办公地点连接互联网，通过中国电子口岸QuickPass报关申报子系统自行录入报关单电子数据

进出口货物收发货人或其代理人在上述 4 种申报方式中选择一种适用的方式,将报关单内容录入海关电子计算机系统,生成电子数据报关单。一旦接收到海关发送的"接受申报"报文,即表示电子申报成功。

4.8 制单结汇

工作内容

高彤前期已经申领到贸促会签发的一般原产地证、中国人民财产保险股份有限公司签发的保险单,现在又拿到天津海荣国际货运有限公司签发的海运提单并且已发装船通知给法国 GEORGE WORKWEAR S. A. 客户,至此浩海纺织品有限公司已完成其交货的基本义务,接下来高彤依据第 R0058970—B 号信用证及其修改的要求,缮制其余结汇单证,并于信用证有效期和交单期内将全套结汇单据交到中国银行天津分行议付货款。

操作过程

制单结汇

发票箱单 → 其他单据 → 商业汇票 → 审核单证 → 交单结汇

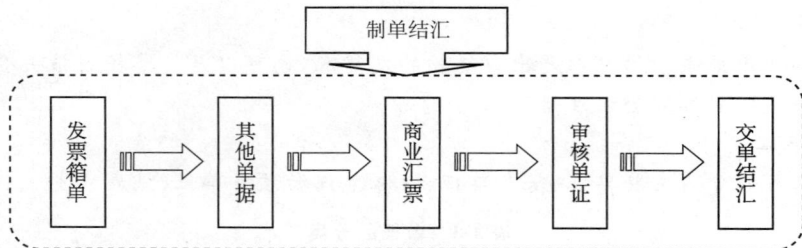

就目前而言,一般小规模的出口企业通常使用 Word 或 Excel 单据模版缮制常用的结汇单证,而规模相对比较大的出口企业则采用制单软件,进行套合制单,大大地提高了工作效率,也降低了单证的差错率,保证企业安全及时收汇。天津浩海纺织品有限公司采用常用的制单软件——EASYTODO——外贸业务管理系统缮制全套结汇单证。

【步骤一】单击桌面快捷图标 进入"EASYTODO——外贸业务管理系统"登录界面。

【步骤二】在登录对话框中,用户代码默认 ADMIN,密码为 PASS,单击"确定"按钮,进入"EASYTODO——外贸业务管理系统"操作平台(见图 4-43)。

用户登录

账 号: ADMIN
口 令:
选择数据库 DEMO

✔ 确定(Y)   ✗ 取消(C)

图 4-43

【步骤三】打开"EASYTODO——外贸业务管理系统",首先呈现的是事务安排的备忘录(见图 4-44)。

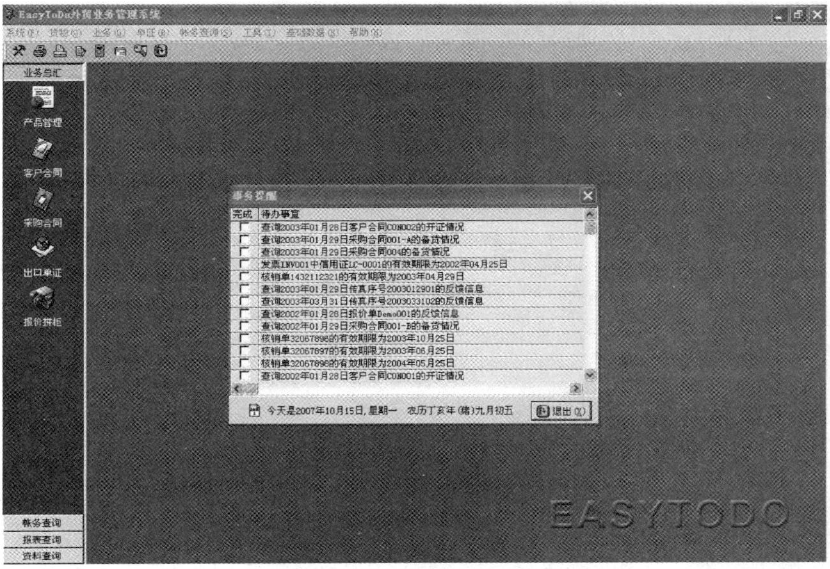

图 4-44

【步骤四】浏览后关闭备忘录,打开出口单证模块,出口单证模块主要用于单证制作和单证管理,它包括了基本信息、产品明细、单证条款、受益人证明及自定义条款等窗口分页。

(1)在基本信息界面(见图 4-45)分别录入有关该笔业务所涉及合同、信用证、运输情况、出口方及开证申请人的基本信息。

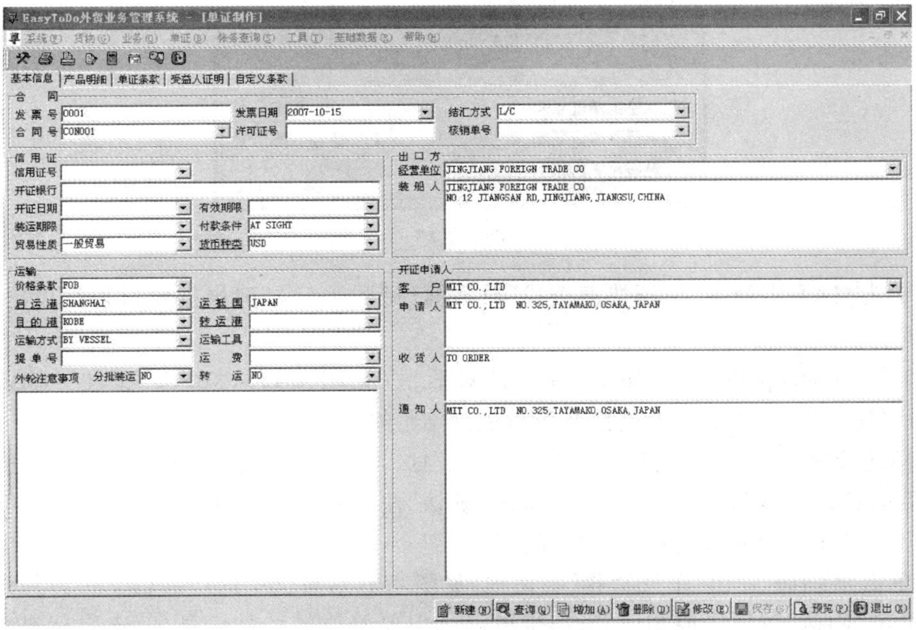

图 4-45

（2）产品信息界面（见图4-46）可以进行产品信息的新建、查询、增加、删除、修改、预览及退出等操作。

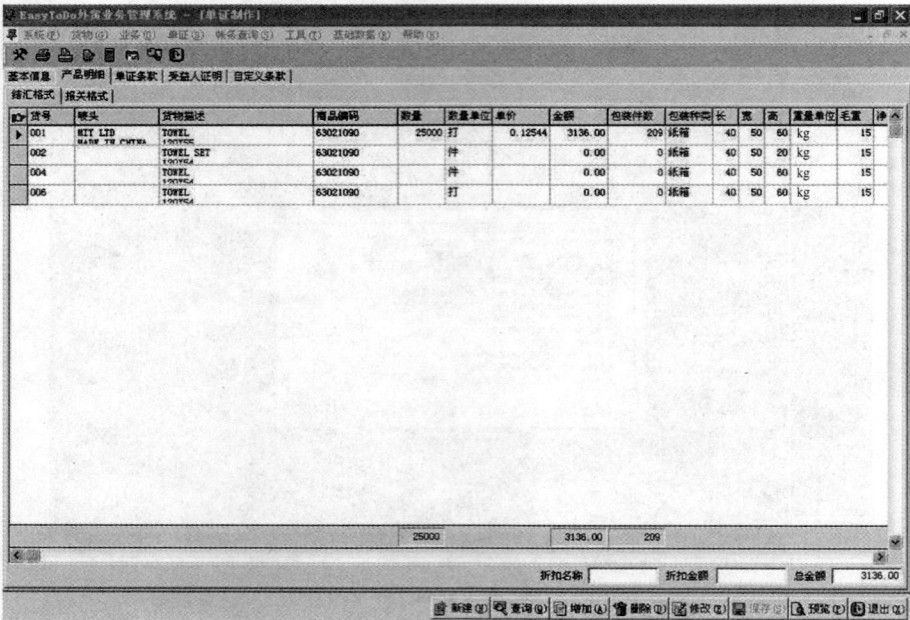

图　4-46

产品明细的操作方法如下：

① 单击 新建(N)，弹出"请选择单证的建立方式"对话框（见图4-47），请选择从空的单证新建、从已有单证复制还是从客户合同生成，然后单击"确认"按钮，新建一个产品信息。

图　4-47

② 单击 查询(Q)，弹出"单证快速查找"对话框（见图4-48），请根据窗口顶端设定的条件进行查询。

③ 单击 增加(A)，弹出"添加单证产品"对话框（见图4-49），双击或按住 Ctrl 或 Shift 键＋鼠标左键在已有产品库中选择产品添加到结汇格式中。

④ 单击 删除(D)，弹出"请选择需要删除的数据"对话框（见图4-50），请选择是删除当前一项产品信息还是删除当前单证，然后单击"确认"按钮，完成产品信息的删除。也可按鼠标右键弹出编辑和删除的快捷键进行快速操作。

⑤ 单击 修改(E)，弹出"单证货物"对话框（见图4-51），对选中的产品信息进行修改，修改完成后单击"确认"按钮完成相应修改；也可以选中要修改的产品信息，双击鼠标进行修改，鼠标拖动可进行产品的排序。

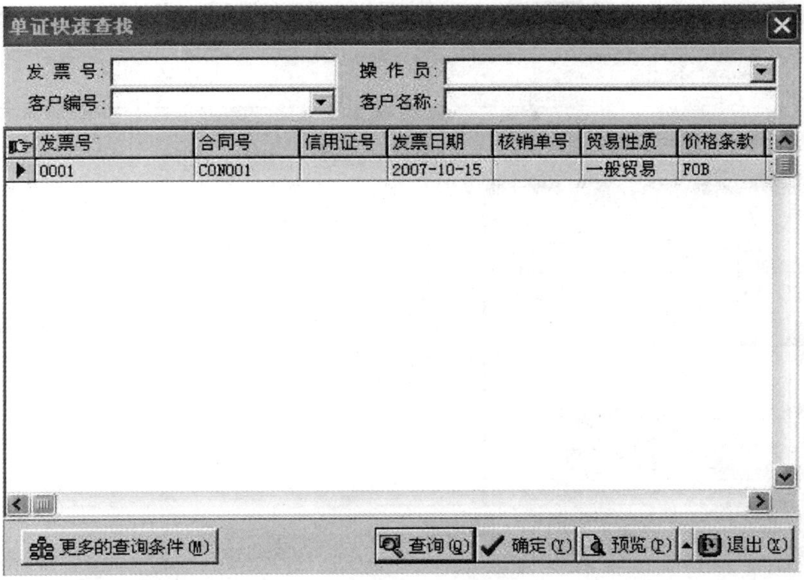

图　4-48

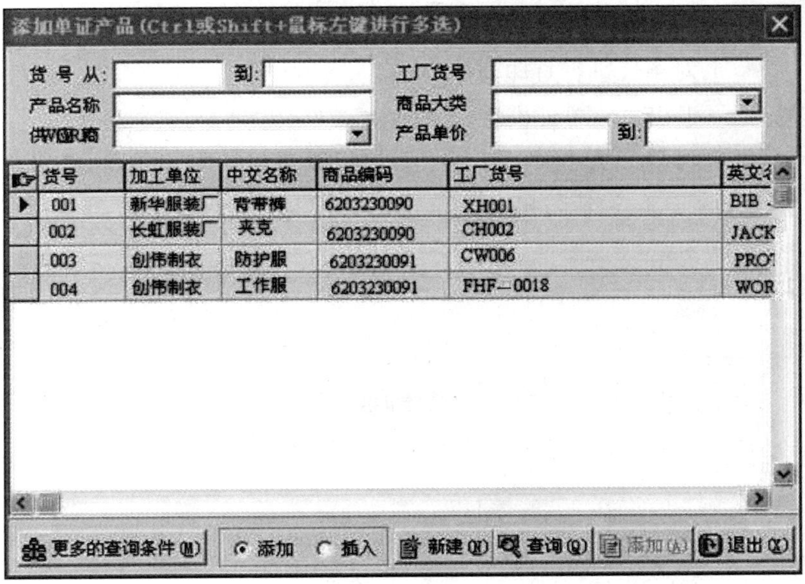

图　4-49

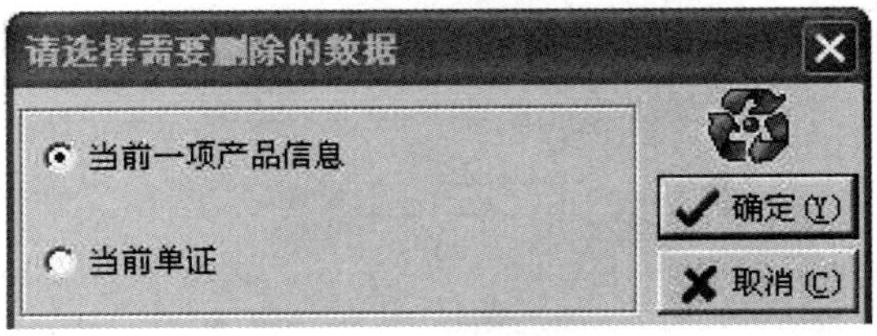

图　4-50

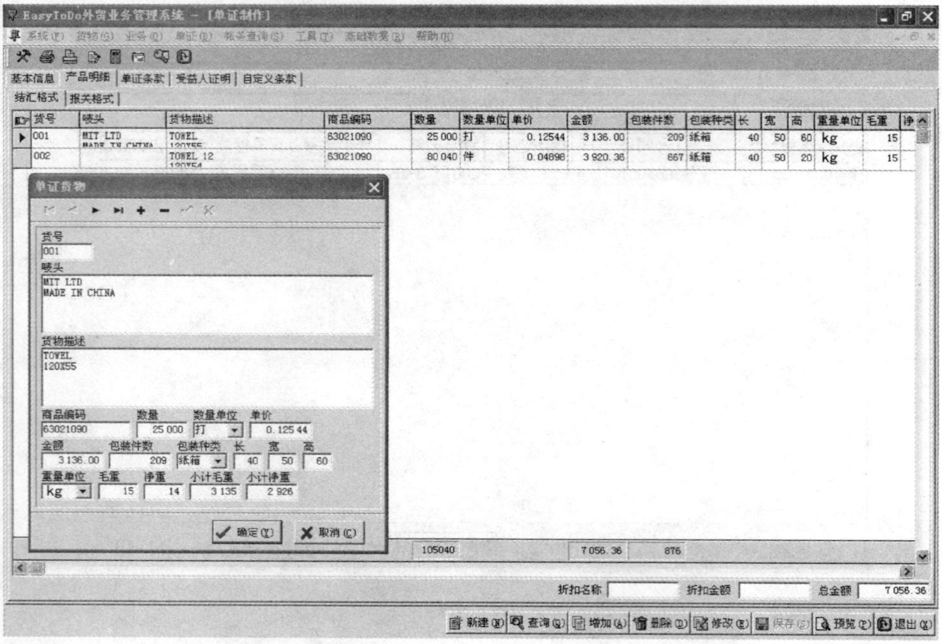

图　4-51

⑥ 单击 [预览(P)]，对单证进行打印前的预览。

⑦ 单击 [退出(X)]，退出出口单证模块。

（3）在单证条款窗口分页界面（见图 4-52）可以进行单证附加条款、汇票条款和保险条款的信息处理，进行相关的操作后单击 [保存(S)]，有关单证信息全部保存到数据库中。

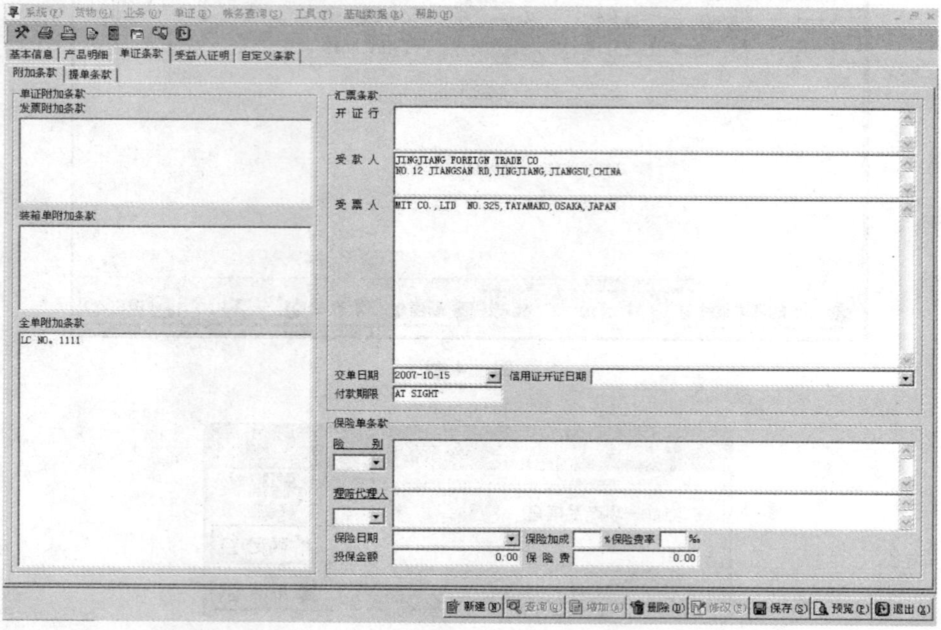

图　4-52

(4) 在受益人证明界面(见图4-53)中,可以按照信用证和合同(非信用证支付方式下)要求把证明函的名称填写在标题栏中,把证明函的内容输入到界面的空白处,然后单击 保存(S),完成证明函的填制。

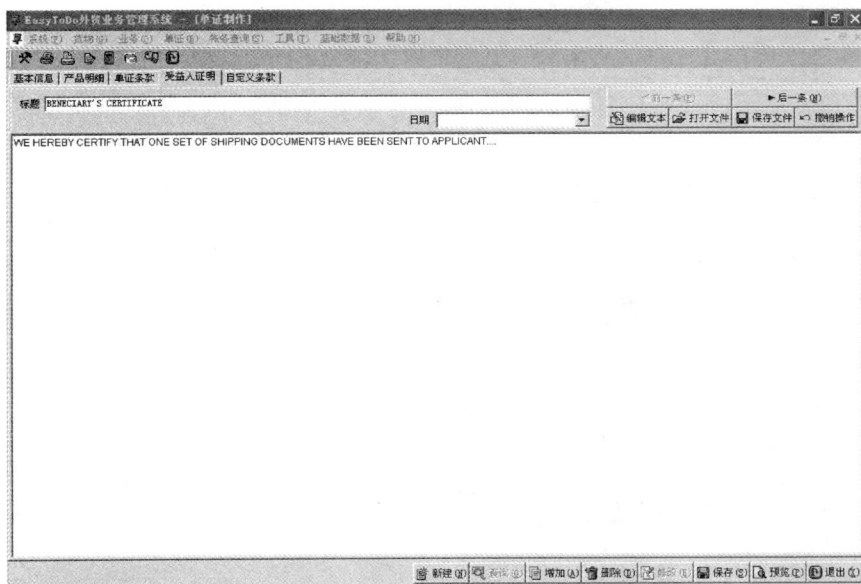

图 4-53

(5) 在自定义条款界面(见图4-54)中,单击右上角的"自定义项目"按钮,输入相关的内容后单击 添加(A),完成自定义项目的操作。

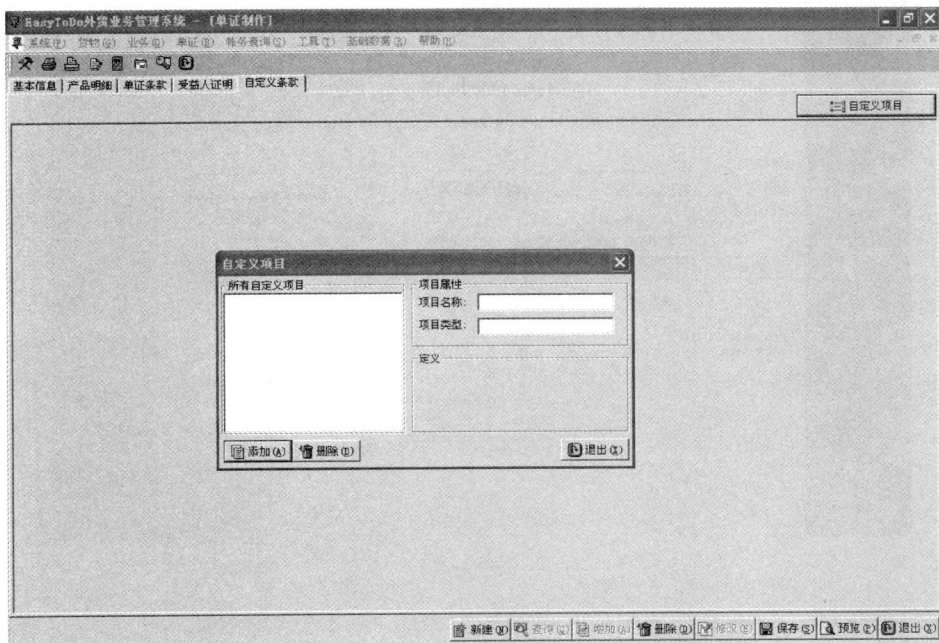

图 4-54

【步骤五】单击左上角的 🖨，弹出"打印"对话框（见图4-55），从"所有单证"、"报关单证"、"结汇单证"和"其他单证"中选择所要打印的大类，然后再选择具体的单据，单击 🖨生成单证，生成预览单据（见图4-56）。

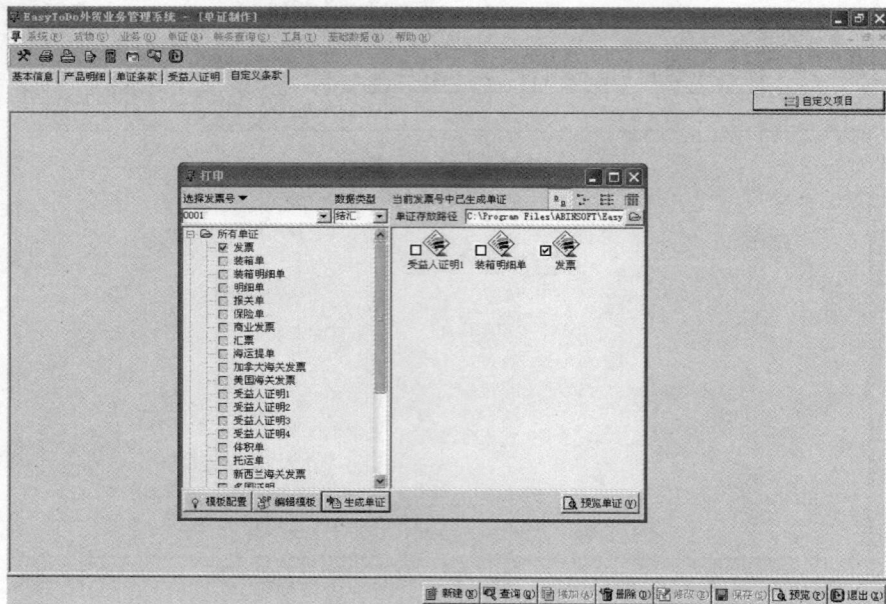

图　4-55

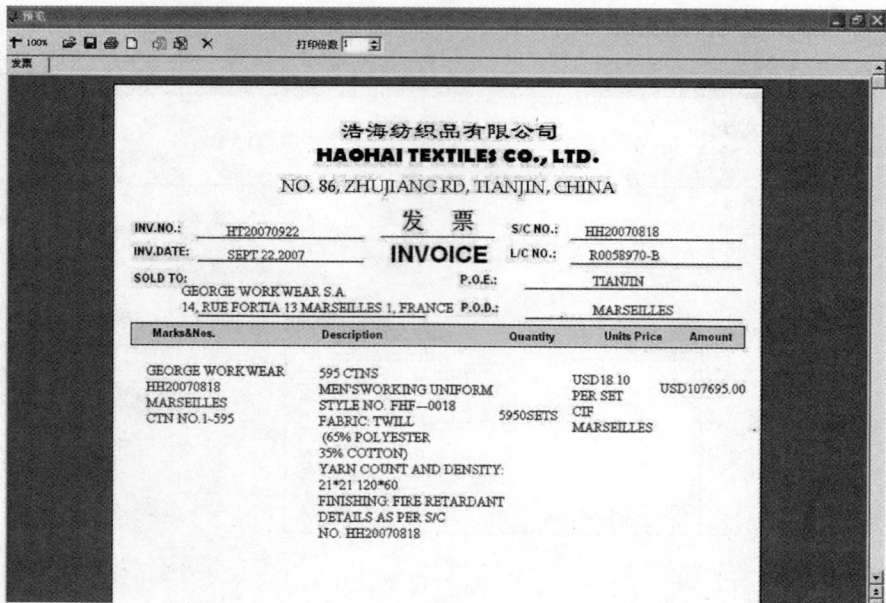

图　4-56

如果单据生成后，不是很理想或有差错需要修改，双击"预览单据"，进入单据修改编辑状态（见图4-57）。

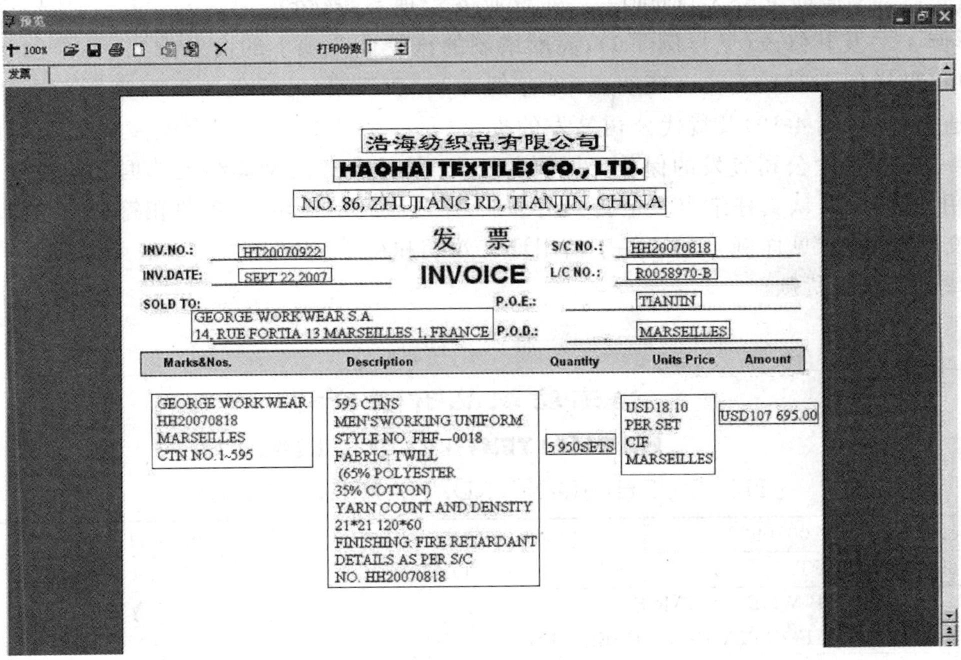

图 4-57

在修改编辑状态下,选中要修改的栏目双击后出现"文本编辑器"(见图 4-58),修改相应的内容后,单击"文本编辑器"上方的 ✓,保存修改的内容。

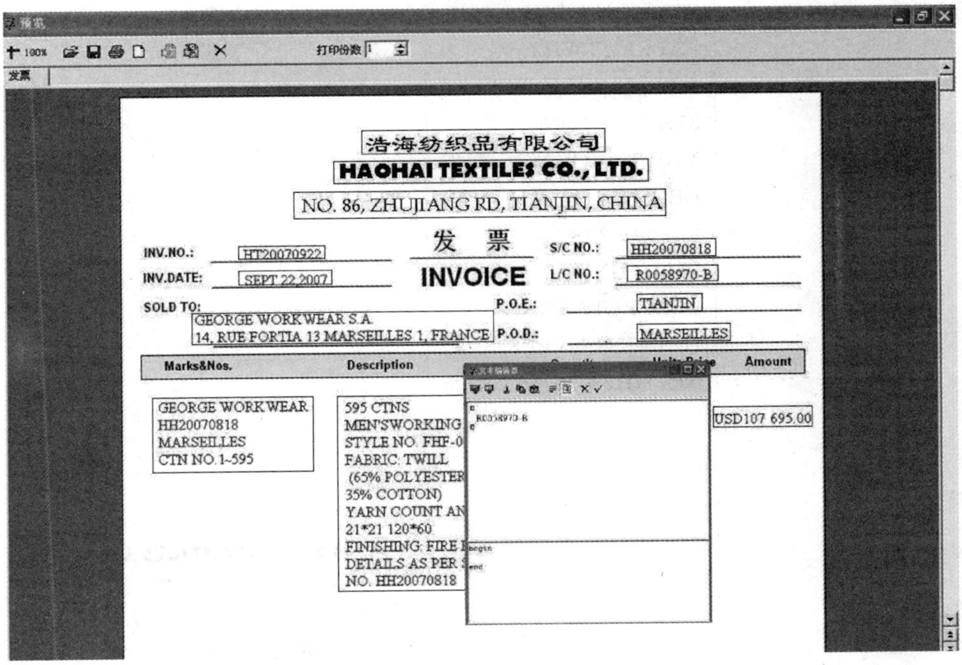

图 4-58

【步骤六】借助 EASYTODO——外贸业务管理系统,依据第 R0058970—B 号信用证(见样例 4-3)及其修改(见样例 4-6),高彤缮制的该笔业务项下的商业发票(见样例 4-26)、装箱单(见样例 4-27)、受益人证明函(见样例 4-28)和汇票(见样例 4-29),连同前面缮制的装船通知(见样例 4-19)及货代公司签发的提单(见样例 4-18)、贸促会签发的原产地证(见样例 4-14)和保险公司签发的保单(见样例 4-20),该笔业务的全套结汇单据已经备妥,高彤以信用证为基础,认真仔细审核全套结汇单证,保证做到单证相符、单单相符合和单内相符,缮制交单联系单(见样例 4-30),并于信用证有效期和交单期内将全套结汇单据交到中国银行天津分行议付货款。

样例 4-26

浩海纺织品有限公司
HAOHAI TEXTILES CO., LTD.
NO. 86, ZHUJIANG RD, TIANJIN, CHINA

Invoice No. : HT20070922	发票	S/C No. : HH20070818
Invoice Date: SEPT. 22, 2007	INVOICE	L/C No. : R0058970—B
Sold to: GEORGE WORKWEAR S. A.		P. O. E. : TIANJIN
14, RUE FORTIA 13 MARSEILLES 1, FRANCE		P. O. D. : MARSEILLES

Marks &. No.	Description	Quantity	Unit price	Amount
GEORGE WORKWEAR HH20070818 MARSEILLES CTN NO. 1-595	595 CTNS MEN'S WORKING UNIFORM STYLE NO. FHF—0018 FABRIC: TWILL (65% POLYESTER 35% COTTON) YARN COUNT AND DENSITY: 21 * 21 120 * 60 FINISHING: FIRE RETARDANT DETAILS AS PER S/C NO. HH20070818	5 950SETS	USD18.10 PER SET CIF MARSEILLES	USD 107 695.00

HAOHAI TEXTILES CO., LTD.

高彤

....
Authorized Signature

样例 4-27

浩海纺织品有限公司
HAOHAI TEXTILES CO., LTD.
NO. 86, ZHUJIANG RD, TIANJIN, CHINA

Invoice No. : HT20070922	装箱单	S/C No. : HH20070818
Invoice Date: SEPT. 22, 2007	PCAKING LIST	L/C No. : R0058970—B
Sold to: GEORGE WORKWEAR S. A.		P. O. E. : TIANJIN
14, RUE FORTIA 13 MARSEILLES 1, FRANCE		P. O. D. : MARSEILLES

Marks & No.	Description	G. W.	N. W.	MEAS.
GEORGE WORKWEAR HH20070818 MARSEILLES CTN NO. 1-595	595 CTNS MEN'S WORKING UNIFORM Style No. FHF—0018	8 925KGS	8 330KGS	24. 990m³
	PACKED IN CARTONS OF 10 SETS EACH ASSORTMENT			
	S M L XL XXL			
NACARAT	1 2 3 3 1	10SETS/CTNS		
BLUE	1 2 3 3 1	10SETS/CTNS		

HAOHAI TEXTILES CO., LTD.

高彤

....
Authorized Signature

样例 4-28

浩海纺织品有限公司
HAOHAI TEXTILES CO., LTD.
NO. 86, ZHUJIANG RD, TIANJIN, CHINA

证明函
CERTIFICATE

Invoice No. : HT20070922

Date: OCT. 2, 2007

WE HEREBY ATTEST THAT ORIGINAL CERTIFICATE OF ORIGIN, ONE COPY OF INVOICE AND ONE COPY OF PACKING LIST HAVE BEEN SENT DIRECTLY TO GEORGE WORKWEAR S. A. WITHIN 2 DAYS AFTER SHIPMENT.

HAOHAI TEXTILES CO., LTD.

高彤

....
Authorized Signature

158

样例 4-29

BILL OF EXCHANGE

NO. HT20070922

Date: OCT. 2, 2007

FOR USD75 386.50

At 60 DAYS AFTER B/L DATE SEPT. 30, 2007　Sight of THIS FIRST BILL OF EXCHANGE

(First of the tenor and date being unpaid) Pay to　BANK OF CHINA TIANJIN BRANCH　or order the sum of

U. S. DOLLARS SEVENTY-FIVE THOUSAND THREE HUNDRED AND EIGHTY-SIX AND CENTS FIFTY ONLY

Drawn under　BNP PARIBAS PARIS

L/C NO. R0058970—B　　Dated 070902

To: BNP PARIBAS PARIS

HAOHAI TEXTILES CO., LTD.

高彤

....
Authorized Signature

样例 4-30

交单联系单

致：中国银行

　　兹随附下列信用证项下出口单据一套，请按国际商会第 600 号出版物《跟单信用证统一惯例》办理寄单索汇。

开证行：BNP PARIBAS PARIS							信用证号：R0058970—B							
通知行：BANK OF CHINA TIANJIN BRANCH							通知行编号：							
最迟交期：2007-09-30							效期：2007-10-15				交单期限：15 天			
汇票付款期限：60 DAYS AFTER B/L DATE							汇票金额：USD96 271.00							
发票编号：							发票金额：							

单据	名称	汇票	发票	海关发票	海运提单正本	航空运单	货物收据	保险单	装箱/重量单	质量/重量证	产地证	GSP FORM A	检验/分析证	受益人证明	装船通知	电抄
份数		2	4		3			2	2		1			1	1	

委办事项：打"×"者

☐ 附信用证及修改书共　2　页。

☐ 单据中有下列不符点：
　　☐ 请向开证行寄单，我公司承担一切责任。
　　☐ 请电提不符点，待开证行同意后再寄单。

☐ 寄单方式：☒ 特快专递　☐ 航空挂号

☐ 索汇方式：☐ 电索　　☒ 信索(☒ 特快专递　☐ 航空挂号)

核销单编号：　041281427

公司联系人：　　　　　联系电话：　　　　　公司签章：

银行审单记录：	银行接单日期：		寄单日期：	
	汇票/发票金额：		BP No.：	
	银行费用	通知/保兑：	银行经办：	
		议/承/付：		
		修改费：		
		邮 费：		
		电 传：	银行复核：	
退单记录：		小 计：		
	费用由　　　　　承担			

![知识链接]

结 汇 单 证

1. 结汇单证的含义

国际贸易的特点是环节多,风险大,每个环节都有与之对应的单证。从单证的适用范围分,有些单证在国内流转,主要是与国内相关部门办理有关进出口手续时使用。如与保险公司办理投保手续时使用的投保单、与船公司或货代公司办理租船订舱手续时使用的订舱委托书等,这些单证称为对内操作性单证;而有些单证在国外流转,主要是向国外进口商或开证行收取货款时使用,即用于国际货款结算。如商业发票、装箱单、海运提单、保险单、原产地证、汇票等,这些单证称为"对外结汇单证",简称"结汇单证"。

2. 结汇单证的分类

(1) 资金单据:如汇票、本票、支票等。

(2) 商业单据:如商业发票、形式发票、装箱单、重量单、规格单等。

(3) 货运单据:如至少包括两种不同运输方式的运输单据,提单,非转让海运单,租船合约提单,空运单据,公路、铁路或内陆水运单据,快递收据,邮政收据或投邮证明等。

(4) 保险单据:如保险单、保险凭证、预保单等。

(5) 公务单据:如海关发票、原产地证书、检验检疫证书、配额许可证等。

(6) 附属单据:如寄单证明、寄样证明、航程证明、装运通知等。

3. 结汇单证的作用

在某种意义上说国际贸易就是单据贸易,几乎所有贸易环节的具体操作都与单据的交换密切相关,即使是在无纸化贸易日趋发达的今天,单据也在扮演着相当重要的角色。不了解和不熟悉单证知识就意味着不懂贸易,无法与业务部门的相关人员进行正确沟通和交流,就意味着所进行的交易不可能正常,甚至无法及时收取货款,具体表现在以下几个方面。

(1) 结汇单证是履行买卖合同的证明。

(2) 结汇单证是结汇的必要工具。

(3) 结汇单证是避免和解决争端的依据。

(4) 结汇单证是企业经营管理水平的重要标志。

4. 结汇单证的缮制要求

单证工作总体的要求是"证同一致、单证一致、单单一致和单货一致"。其中,"证同一致"是指信用证与合同保持一致;"单证一致"是指外贸单据与信用证保持一致;"单单一致"是指各种单据之间保持一致;"单货一致"是指单据中所描述的货物与实际出运的货物保持一致。前述三个一致,是针对单据处理而言的;单货一致,应侧重在备货工作上。单证制作的具体要求应做到正确、完整、及时、简明、整洁。

(1) 正确(Correctness)

正确是外贸单证工作的前提,单证不正确就不能安全结汇。这里所说的正确,至少包括两方面的内容:一方面是要求各种单据必须做到"三相符"(即单据与信用证相符、单据与单据相符、单据与贸易合同相符);另一方面则要求各种单据必须符合有关国际惯例和进口国的有关法令和规定。通常从银行来说,它们只控制"单证相符"和"单单相符"。

从进出口企业来说,除以上三个"相符"外,还要做到"单货相符",这样单证才能真实代表出运的货物,确保履约正常,安全收汇。跟单托收业务虽然不像信用证那样严格,但如果不符合买卖合同的规定,也可能被进口商找到借口,拒付货款或延付货款。

（2）完整（Completeness）

单证的完整性是构成单证合法性的重要条件之一,是单证成为有价证券的基础。凭单据买卖的合同/信用证都会明确要求出口方需提交哪些单据、提交几份、有无正副本要求、是否背书及应在单据上标明的内容,所有这些都必须得到满足。单证的完整一般包括下列几种意义。

① 单据内容完整

单据内容完整即每一种单据本身的内容（包括单据本身的格式、项目、文字和签章、背书等）必须完备齐全,否则不能构成有效文件。

② 单据种类完整

单证在通过银行议付或托收时,一般都是成套、齐全而不是单一的。遗漏一种单据,就是单据不完整。例如在 CIF 交易中,出口商向进口商提供的单证至少应有发票、提单和保险单。出口商只有按信用证或合同规定备齐所需单据,银行（或进口商）才能履行议付、付款或承兑的责任。

③ 单据份数完整

单据份数完整即要求出口商提供的各种单据的份数要按信用证或买卖合同和惯例的要求如数交齐,不能少缺。目前,国外有些地区开来的信用证所列条款日趋繁复,所需单证类别甚多,除发票、提单、保险单等主要单据外,还有各种附属证明,如检验证书、重量单、装箱单、产地证、航行证、邮政收据、电报副本等,这些单证都需要经过一定手续和事先联系才能取得。因此,在单证制作和审核过程中,必须密切注意,及时催办,防止遗漏和误期,以保证全套单证的完整无缺。

（3）及时（Promptness）

进出口单证工作的时间性很强,各种单证都要有一个适当的出单日期。及时出单包括两个方面的内容:一方面是指各种单据的出单日期必须合理可行。就是说每一种单据的出单日期不能超过信用证规定的有效期限或按商业习惯的合理日期。例如,保险单的日期必须早于或同于提单的签发日期,提单日期不得迟于装运期限,装运通知书必须在货物装运后立即发出等。这些日期如果搞错了,同样会造成出单不符。另一方面还反映在交单议付上。这里主要是指向银行交单的日期不能超过信用证规定的交单有效期。过期交单将会遭到拒付或造成利息损失。

总之,及时是指及时制单、及时审单、及时交单、及时收汇。制作单据是个复杂的工程,多数单据由出口方完成,有些需要相关部门配合完成;审核应齐抓共管,这样就可以保证在规定的时间内把全部合格单据向有关方面提交,及时交单肯定意味着能及时收汇,及时收汇意味着又一个良性业务环节的开始。

（4）简明（Conciseness）

单据的内容应按合同或信用证要求和国际惯例填写,力求简明,切勿加列不必要的内容,以免弄巧成拙。

简化单证不仅可以减少工作量和提高工作效率,而且也有利于提高单证的质量和减少单证的差错。

UCP 600 第 4 条 b 款规定："开证行应劝阻申请人试图将基础合同、形式发票等文件作为信用证组成部分的做法"。因此为了防止混淆和误解,银行应劝阻在信用证或其任何修改书中加注过多的细节内容,单据中不应出现与单据本身无关的内容。

（5）整洁（Clearness）

所谓整洁是指单证表面的清洁、美观、大方,单证内容的清楚易认,单证内容记述的简洁明了。如果说正确和完整是单证的内在质量,那么整洁则是单证的外观质量。单证的外观质量在一定程度上反映单证员的业务水平。

单证的整洁要求单证格式的设计和缮制力求标准化和规范化,单证内容的排列要行次整齐、主次有序,重点项目突出醒目,字迹清晰,语法通顺,文句流畅,用词简明扼要、恰如其分。各种单证的更改都要有一个限制点,不允许在一份单证上多处涂改。更改处一定要盖校对章或简签。如涂改过多,应重新缮制单证。

5. 缮制结汇单据的依据

（1）买卖合同

在非信用证支付方式下,买卖合同是制单和审单的首要依据,从商品名称、数量、规格、价格条件到运输方式、支付方式等均应符合买卖合同的规定;而在信用证支付方式下,虽然单据的缮制应该以信用证条款为准,但有些项目如商品的品名、规格、单价、佣金等如果信用证没有明确规定,也须参照合同条款制单。在托收支付方式下,单据的缮制更是需要以合同为基础。

（2）信用证

在信用证支付方式下,信用证取代买卖合同而成为缮制国际商务单证的主要依据,凡是信用证项下的单据,必须严格按照信用证的条款缮制。因为银行付款原则是"只凭信用证而不问合同",各种单据必须完全符合信用证的规定,银行才能承担付款责任。如果信用证条款与买卖合同相互矛盾,要么修改信用证,以求得"证同一致",否则应以信用证为准才能达到安全收汇的目的。

（3）仓库的出库单/供货厂家的码单

有关商品的实际出运数量,一般以仓库的出库单载明的具体数量、重量、规格、尺码等为准,或以供货厂家提供的码单为准。有些商品的包装不是规格划一,如棉花一般采用机压包,每包的重量很难做到完全一样,包装单的缮制应该以供货厂家提供的磅码单为准;再如服装、鞋帽一般采用混色混码装,实际业务中,很难做到所有的货物都能严格按照搭配要求装箱,往往最后有些是混箱的,包装单的缮制应该以供货厂家提供的装箱单为准。

（4）业务上的特殊要求

由于每个行业都有其特定的要求,进出口企业应按规定的格式和要求缮制单据。如出口纺织品时经常会遇到国外要求我们提供 AZO free Certificate（无偶氮证明,这是与人类健康有关的一种特殊单据）;出口到信仰伊斯兰教国家的禽类产品,进口商有时会提出由出口地伊斯兰教协会出具有关证明;AMS 舱单由美国开始,现已扩展到加拿大、澳大利亚、欧洲等许多国家;农药产品出口到美国、欧盟等国时,进口商通常会要求出口方提供所出口的农药产品的 MSDS（危险数据资料卡）等。

（5）有关国际惯例

国际贸易中的有关国际惯例,如国际商会的 UCP 600 以及《托收统一规则》和

INCOTERMS 2010 等出版物,也是正确缮制国际商务单证的依据。

重点内容概要

任务四重点内容框架如图 4-59 所示。

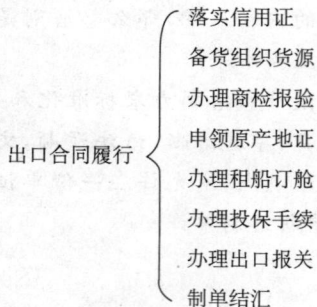

出口合同履行
- 落实信用证
- 备货组织货源
- 办理商检报验
- 申领原产地证
- 办理租船订舱
- 办理投保手续
- 办理出口报关
- 制单结汇

图 4-59

同步训练

一、单选题

1. SWIFT 信用证电文的日期表示方式为(   )。

    A. DDMMYY   B. YYMMDD   C. YYDDMM   D. MMDDYY

2. 凡被列入国家法定检验检疫范围的商品,最迟应于报关或出境装运前(   )天,向货物所在地检验检疫机构申请报检。

    A. 5   B. 6   C. 7   D. 8

3. 在出口贸易的报检通关环节中,我国实行的原则是(   )。

    A. 先报检、后报关   B. 先报关、后报检

    C. 报检报关同时进行   D. 报检报关的先后顺序视具体业务而定

4. 属于单向优惠的原产地证是(   )。

    A. 一般原产地证   B. FORM E 产地证

    C. FORM F 产地证   D. FORM A 原产地证

5. 根据《中华人民共和国海关法》的规定,出口货物的发货人除海关特准外,应当在装货的(   )小时前向海关申报。

    A. 12   B. 24   C. 36   D. 48

二、多选题

1. SWIFT 信用证与即开信用证相比,其特点有(   )。

    A. SWIFT 需要会员资格   B. SWIFT 的费用较低

    C. SWIFT 的安全性较高   D. SWIFT 的格式具有标准化

2. 保险单据是保险公司和投保人之间订立的保险合同,其常见种类有(   )。

    A. 保险单   B. 保险凭证   C. 预约保单   D. 批单

3. 报关申报单证的种类有(   )。

A. 主要单证　　　B. 基本单证　　　C. 特殊单证　　　D. 预备单证

4. 电子报关主要类型包括有（　　　）。

A. 现场申报　　　B. 终端申报　　　C. 网上申报　　　D. EDI 申报

5. 在下列单据中，属于公务单据的有（　　　）。

A. 原产地证书　　B. 证实发票　　　C. 网上申报　　　D. 配额许可证

163

三、判断题

1. 备货是指卖方按合同和信用证的要求，按时、按质、按量地准备好应交的出口货物。
（　　）

2. 对产地和报关地不相一致的货物，经检验检疫合格，检验检疫机构出具《出境货物通关单》供报检人在海关办理通关手续。
（　　）

3. 原产地证书（Certificate of Origin）是一种证明货物原产地或制造地的证件，是出口产品进入国际市场的"经济国籍"和"护照"。
（　　）

4. 几乎所有贸易环节的具体操作都与单据的交换密切相关，因此，在某种意义上说国际贸易就是单据贸易。
（　　）

5. 单证工作总体的要求是"证同一致、单证一致、单单一致和单货一致"。
（　　）

出口业务善后

能力目标
- 了解增值税发票认证流程
- 熟悉出口收汇核销及出口退税流程
- 掌握出口收汇核销单填制规范

知识目标
- 了解有关增值税发票主要内容
- 掌握出口收汇核销和出口退税的要点

经过不断努力,浩海纺织品有限公司按照合同和信用证要求,保质保量如期将 5 950 套男士工作服出运给法国 George Workwear S. A. 客户,接下来高彤需要处理一些善后事宜,一方面要结算人民币货款给创伟制衣有限公司;另一方面待收到法国客户货款后需要办理有关外汇核销和出口退税等手续。

5.1 与供货厂家结算货款

工作内容

依据与供货厂家签订的国内采购合同规定,待全部货物备妥并经出入境检验检疫局检测合格后凭增值税发票结清余款,浩海纺织品有限公司收到创伟制衣有限公司开具的增值税发票后,在办理货款结算前,首先需要对增值税发票进行认证。

操作过程

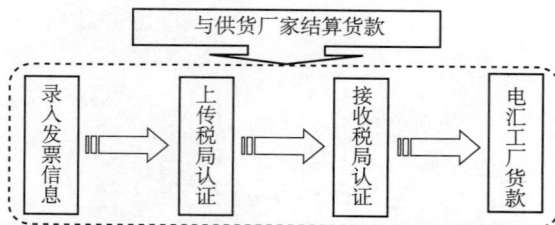

2007 年 11 月 10 日,高彤收到创伟制衣有限公司开出的增值税发票第二联抵扣联和第三联发票联(见样例 5-1)后,送交给财务部门办理增值税发票认证手续,以便日后及时办理出口退税手续。

样例 5-1

【步骤一】录入发票信息。

(1) 双击屏幕上的 图标,弹出"系统登录"对话框(见图 5-1)。

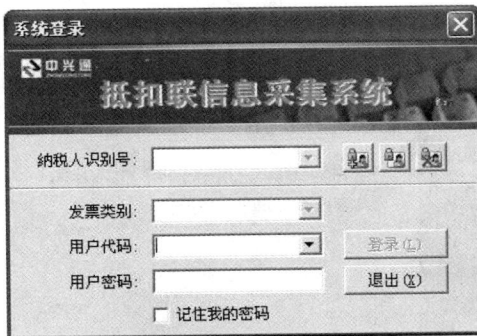

图　5-1

(2) 输入纳税人识别号,选择发票类别,系统默认为"增值税专用发票",输入用户密码,单击"登录"按钮(见图 5-2),直接进入系统运行主界面(见图 5-3)。

(3) 单击"文件"菜单下的"发票认证向导",弹出"发票认证向导"提示界面(见图 5-4),单击"下一步"按钮进入"发票录入"界面(见图 5-5)。

方法一:选择手工录入

在"发票录入"窗口中单击"手工录入"按钮(见图 5-5),弹出"增值税发票[新增]"页面,

图 5-2

图 5-3

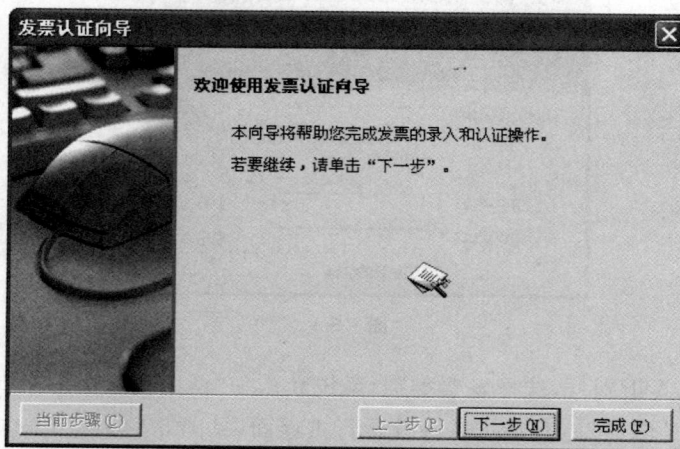

图 5-4

密文区默认为108位的输入格式,可通过按钮图切换84位密文的输入格式(见图5-6),录入相应的发票信息,单击"保存"按钮,录入的发票信息显示在发票明细列表中。

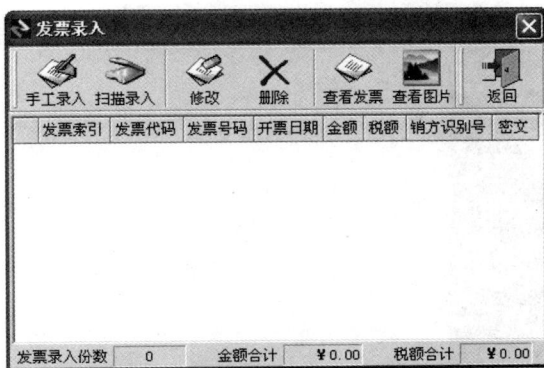

图　5-5

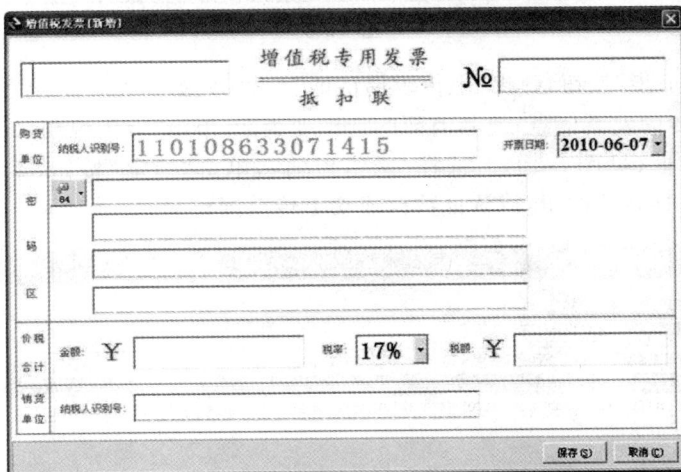

图　5-6

方法二:选择扫描录入

将发票正确放入扫描仪,单击"扫描录入"按钮,屏幕显示"扫描中"的提示(见图 5-7),当扫描完毕时,提示"扫描结束",单击"确定"按钮。扫描录入的发票信息显示在发票明细列表中。

图　5-7

【步骤二】上传税局认证。

(1) 无论是手工录入还是扫描录入,录入保存后单击"返回"按钮,弹出"发票认证向导"界面(见图 5-8)。

图 5-8

（2）单击"下一步"按钮，弹出"上传税局认证"界面（见图 5-9）。直接在"发票信息列表"中选择相应要上传的发票信息，使其前面的选框变为☑，单击"上传税局认证"按钮，弹出"选择传输方式"对话框（见图 5-10）。选择"网络传输"，单击"确定"按钮，系统弹出"提示"框（见图 5-11），单击"确定"按钮，待认证数据成功上传至国税局。

图 5-9

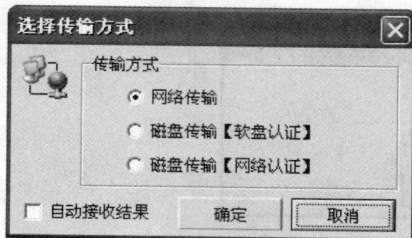

图 5-10

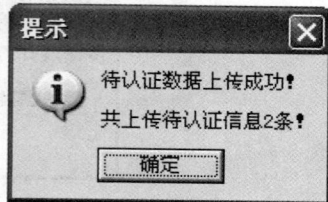

图 5-11

【步骤三】接收税局认证。

（1）对录入的发票进行上传税局认证后，单击"返回"按钮，弹出"发票认证向导"界面（见图 5-12）。

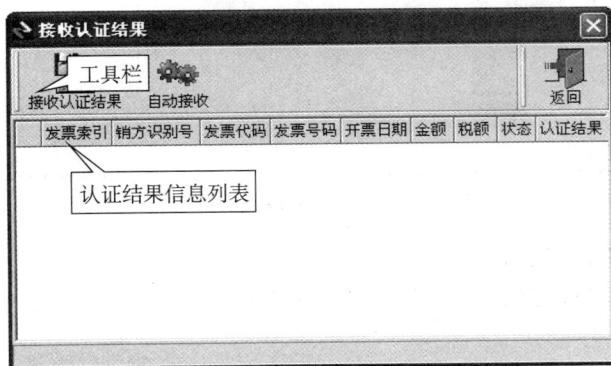

图 5-12

（2）单击"下一步"按钮，弹出"接收认证结果"界面（见图 5-13）。单击"接收认证结果"按钮，弹出"选择传输方式"对话框（见图 5-14），选择"网络传输"，单击"确定"按钮，弹出认证结果（见图 5-15）。再次单击"确定"按钮，在认证结果信息列表中显示接收回来的发票信息（见图 5-16）。单击"返回"按钮，弹出"发票认证向导"界面（见图 5-17），单击"完成"按钮，完成发票认证操作。

图 5-13

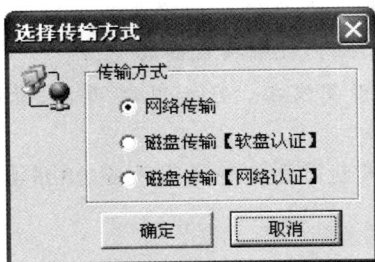

图 5-14

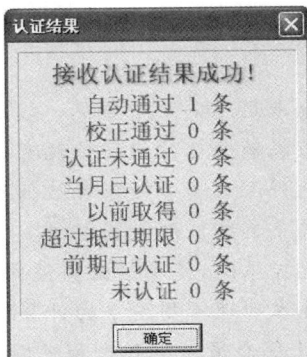

图 5-15

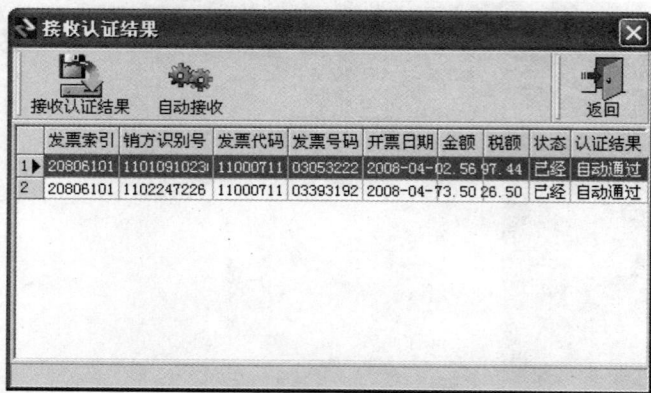

图 5-16

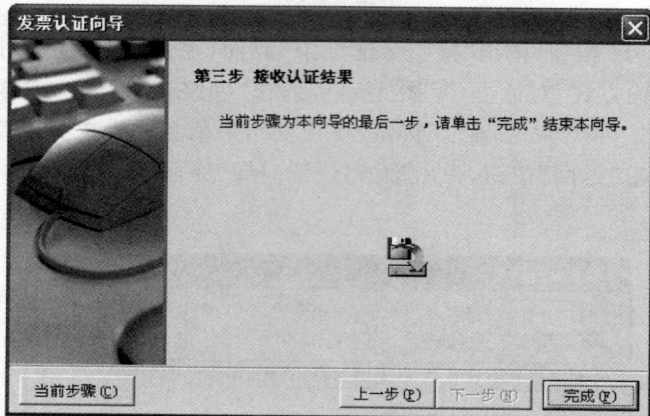

图 5-17

【步骤四】电汇工厂货款。

浩海纺织品有限公司财会部门会计将 5 950 套男士工作服货款共计 RMB761 600.00 电汇至创伟制衣有限公司。

知识链接

增值税专用发票

1. 增值税专用发票的含义

增值税专用发票是增值税一般纳税人销售货物或者提供应税劳务开具的发票,是购买方支付增值税额并可按照增值税有关规定据以抵扣增值税进项税额的凭证。

一般纳税人应通过增值税防伪税控系统,使用专用发票。包括领购、开具、缴销、认证纸质专用发票及其相应的数据电文。

防伪税控系统,是指经国务院同意推行的,使用专用设备和通用设备、运用数字密码和电子存储技术管理专用发票的计算机管理系统。

2. 增值税专用发票联次和限额

增值税专用发票由基本联次或者基本联次附加其他联次构成,基本联次为三联:发票联、抵扣联和记账联。发票联,作为购买方核算采购成本和增值税进项税额的记账凭证;抵扣联,作为购买方报送主管税务机关认证和留存备查的凭证;记账联,作为销售方核算销售收入和增值税销项税额的记账凭证。其他联次用途,由一般纳税人自行确定。

增值税专用发票实行最高开票限额管理。最高开票限额,是指单份专用发票开具的销售额合计数不得达到的上限额度。最高开票限额由一般纳税人申请,税务机关依法审批。

一般纳税人凭《发票领购簿》、IC 卡和经办人身份证明领购专用发票。

3. 增值税专用发票认证

2010 年 1 月 1 日以后增值税一般纳税人取得开具的增值税专用发票,应在开具之日起180 日内到税务机关办理认证,并在认证通过的次月申报期内,向主管税务机关申报抵扣进项税额。认证相符的专用发票应作为购买方的记账凭证,不得退还销售方。

所谓认证是指税务机关通过防伪税控系统对专用发票所列数据的识别、确认。所谓认证相符是指纳税人识别号无误,专用发票所列密文解译后与明文一致。

增值税专用发票应按下列要求开具。

(1) 项目齐全,与实际交易相符;

(2) 字迹清楚,不得压线、错格;

(3) 发票联和抵扣联加盖财务专用章或者发票专用章;

(4) 按照增值税纳税义务的发生时间开具。

对不符合上列要求的专用发票,购买方有权拒收。

5.2　出口收汇核销

工作内容

中国银行天津分行通知高彤有一笔外汇到账,然后高彤持银行出口收汇水单(出口收汇核销专用联)和盖有海关"验讫章"的出口收汇核销单(正联)及出口货物报关单(收汇核销联)连同出口商业发票及认证后增值税发票等单据,着手办理该笔业务的出口收汇核销手续。

操作过程

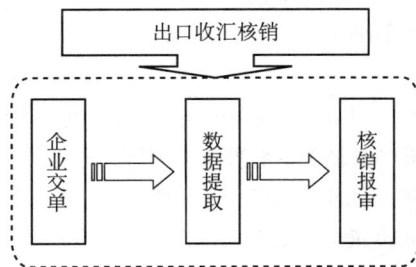

"出口收汇核销专用联"简称核销专用联(见样例 5-2),是指外汇指定银行在办理企业出口收汇业务时出具的出口收汇核销专用结汇水单或出口收汇核销专用收账通知单,是企

业办理出口收汇核销手续的重要凭证。

样例 5-2

出口收汇核销专用联
EXPORT CHECKING LIST

OUR REF NO.
我行编号:07004567912034-S1

TO:
致:浩海纺织品有限公司

Date:
日期:2007-10-25

Dear Sirs,

敬启者:

    WITH REFERENCE TO THE CAPTIONED ITEMS, PLEASE BE ADVISED THAT WE HAVE TODAY CERTIFIED YOUR ACCOUNT NO. 092809100789 FOR USD75 106.50.

    上述业务项下款项我行已于即日贷记你司账户 092809100789 金额 USD75 106.50,大写金额为美元柒万伍仟壹佰零陆元伍拾分,特此通知。

BRIEF 摘要

YOUR INV NO. 发票号	HT20070922
FOREIGN CHECK NO. 核销单号	041281427
INV AMOUNT 发票金额	USD75 386.50
RECEIVED AMOUNT 实收金额	USD75 106.50
CHARGES DETAILS 扣费	USD280.00

BANK OF CHINA

Authorized signature

核销专用章

1. **核销单交单环节**

【步骤一】企业交单。

在出口外汇核销之前,企业应通过中国电子口岸系统将已完成出口业务且海关已使用的核销单数据提交至国家外汇管理局。

(1) 登录中国电子口岸。

打开 IE 浏览器,输入 www. chinaport. gov. cn/pub,登录中国电子口岸(见图 5-18),插入操作员 IC 卡,输入密码,单击"确认"按钮进入中国电子口岸选择各个操作子系统页面(见图 5-19)。选择"出口收汇",进入到出口收汇子系统中,在本系统页面左侧的功能菜单上,选择"企业交单"进入核销单查询页面(见图 5-20)。

(2) 核销单查询。

在定义多重条件框中选择满足用户要求的属性和条件,属性中选择"核销单号"、条件中选择"等于"、在值中输入需要查询的核销单号,单击"条件设定"按钮,需要查询的核销单出

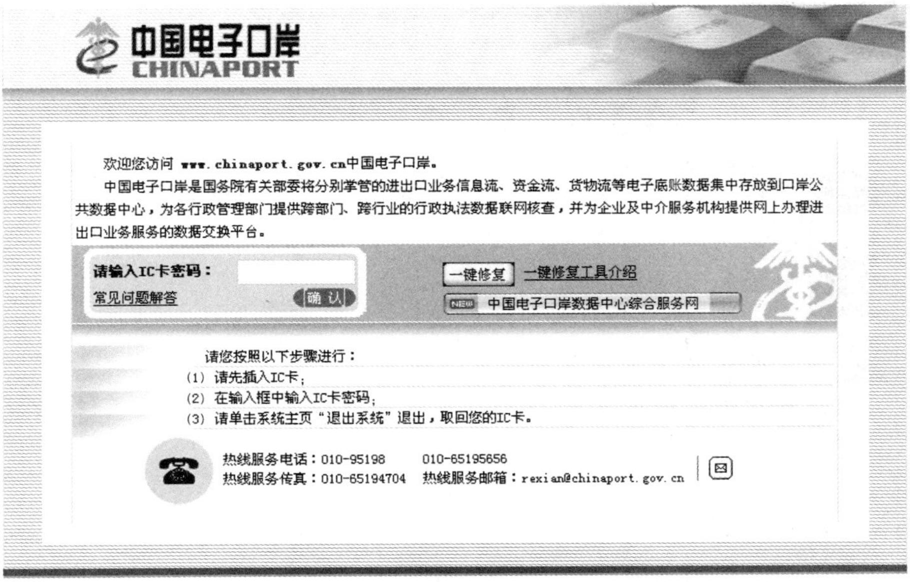

图 5-18

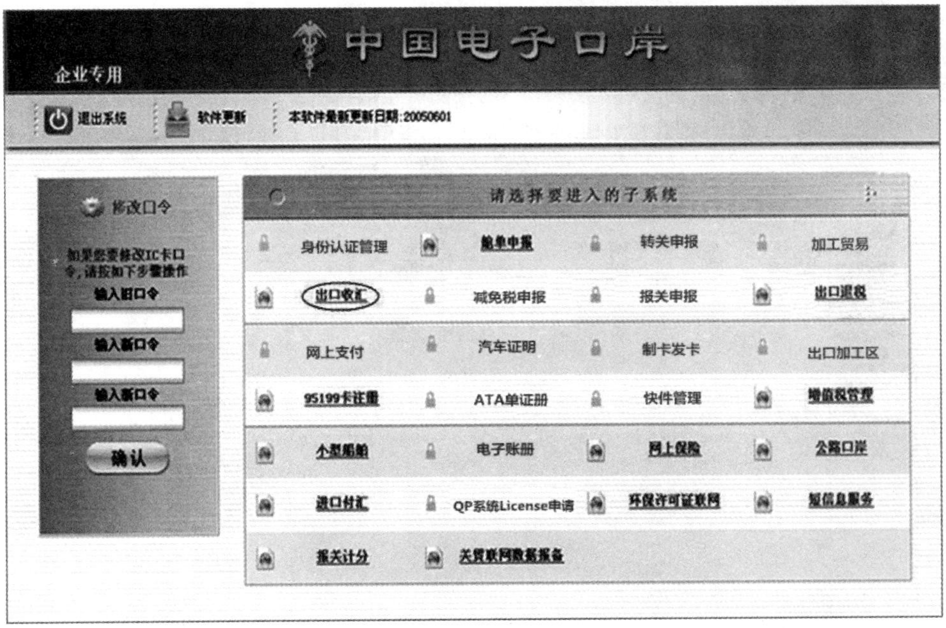

图 5-19

现在按下列条件查询的方框内,再单击"开始查找"按钮,系统会列出符合用户定义的核销单及其交单状态、外管局使用状态、海关使用状态、发单日期等信息。如果直接单击"开始查找"按钮,系统弹出本企业申领的所有核销单列表及其交单状态、外管局使用状态、海关使用状态、发单日期等信息(见图5-21)。

(3)企业交单。

单击核销单列表中显示的海关使用状况为"已用"且交单状态为"未交"或"已修改未交"

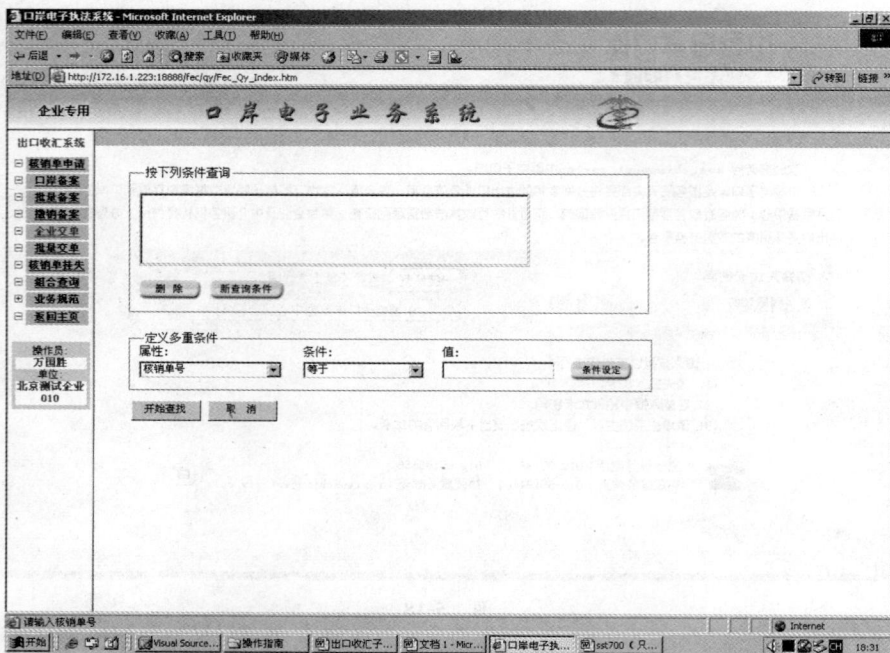

图   5-20

图   5-21

的核销单号下蓝色链接,进入核销单网上交单界面(见图 5-22)。在此界面,单击上方的"出口报关单"和"出口核销单"按钮,可分别查看出口报关单和出口核销单的具体信息(见图 5-23),从中看到核销单和报关单是一一对应的关系,查看此核销单对应报关单数据,如果有误,应要求海关更改数据。如果没有问题，单击"交单"按钮，系统提示用户进行确认（见图5-24）。交单后系统会提示用户交单完成，单击"确定"按钮，企业交单完成（见图5-25）。交单后1个工作日在出口核销系统再查询该核销单，交单状态变成"已交"，这时报关使用过的核销单数据已传输到国家外汇管理局。

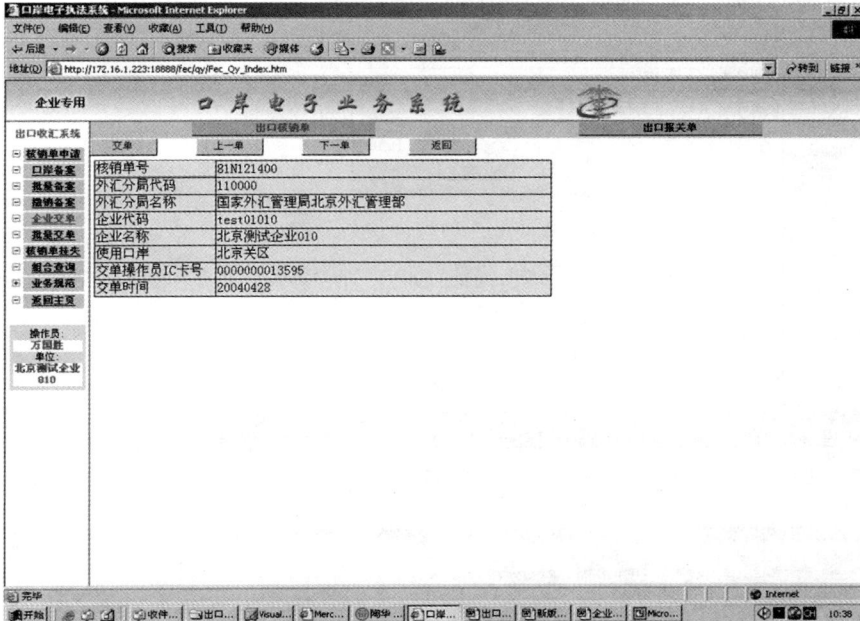

图　5-22

图　5-23

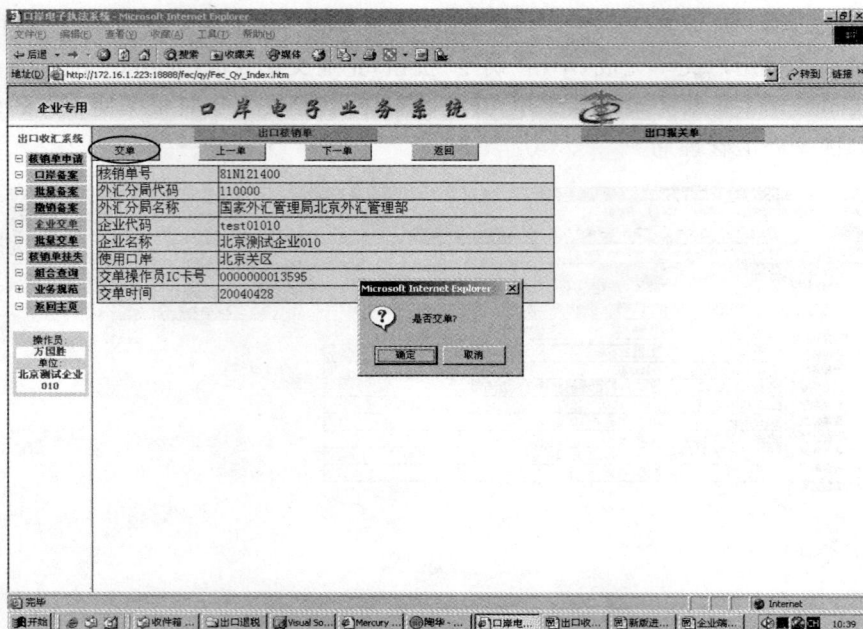

图　5-24

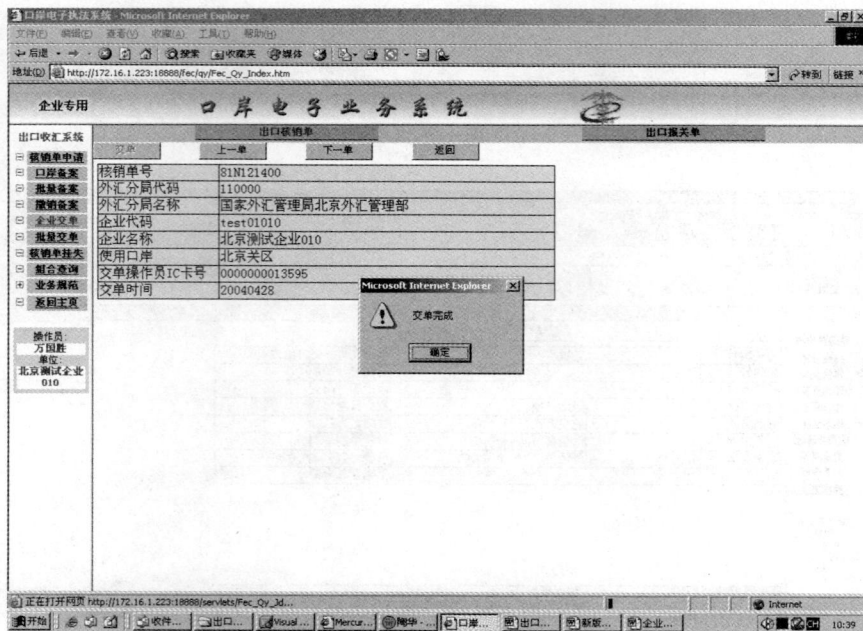

图　5-25

2. 外汇核销环节

【步骤二】数据提取。

（1）登录系统。

在系统登录之前，必须连接互联网。双击桌面上 图标，启动出口收汇核销网上报审系统(见图 5-26)。选择"单击进入",出现系统登录界面(见图 5-27),操作员输入自己的代码和密码。如果您是第一次使用报审系统,"在线登录"和"离线登录"选项将不可见,系统默认为"在线登录",请输入初始用户代码 ADMIN 和初始口令 ADMIN(注:英文字母为大写),单击"确定"按钮,进入程序主界面(见图 5-28)。

注意:密码三次输入不正确,将退出系统。

图 5-26

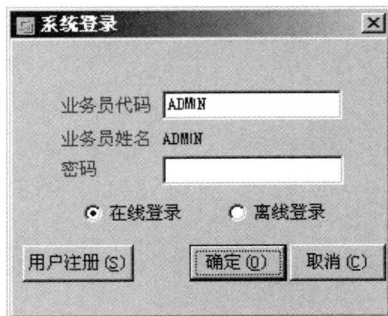

图 5-27

(2) 全部数据提取。

企业通过互联网从外汇局的业务数据库把属于本企业的相关数据下载到自己的计算机上,在企业首次使用报审系统时,必须首先下载本企业的数据及折算率。

注意:在选择"数据提取条件"过程中,第一次下载数据时,一定要选择"下载全部可用数据";从第二次起,可选择"下载最新数据",以节省下载时间。

单击主菜单中的"数据交换"→"数据提取"→"全部数据提取"(见图 5-29),将弹出"数据提取"对话框(见图 5-30)。

178

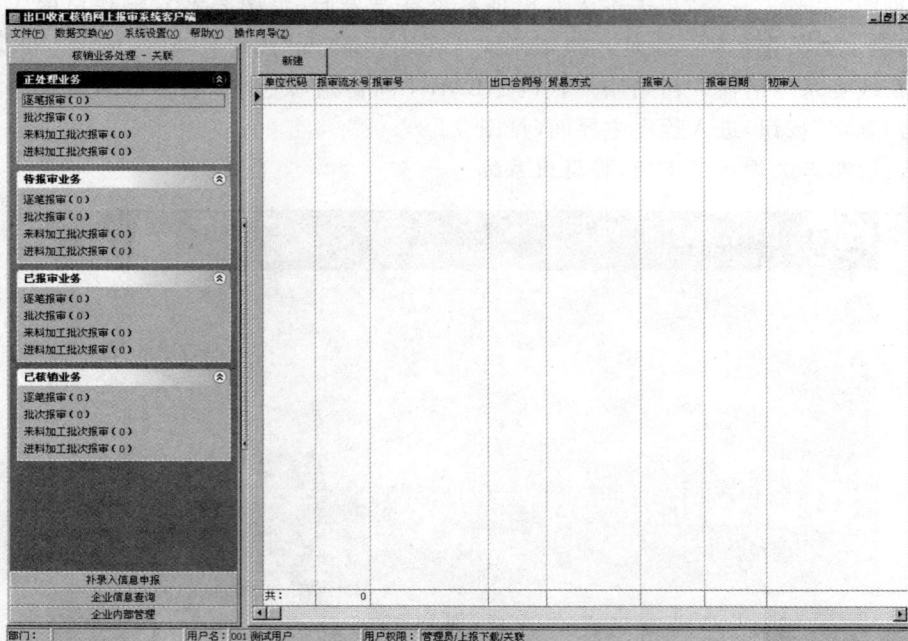

图 5-28

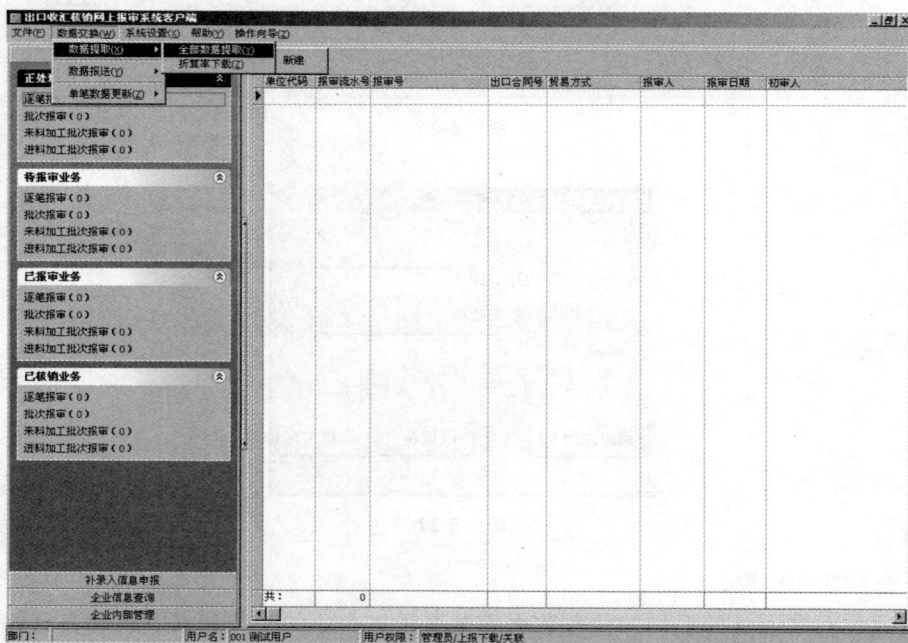

图 5-29

"数据提取选择"中各项选择的含义如下。

企业领单记录:指企业在外汇局申领的核销单信息。

收汇信息:指企业在银行的外汇收入信息(用于核销的收入信息)。

图　5-30

核销单信息：指企业已用于报关出口的核销单信息。

加工合同信息：指企业的加工贸易合同备案信息。

公告栏信息：指企业收到外汇局反馈的核销审核信息以及外汇局发布的其他相关政策法规信息。

进口信息：指企业补录入并上报到外汇局的进口货物信息。

每次下载完数据之后，系统会自动弹出新的公告信息（见图 5-31）。

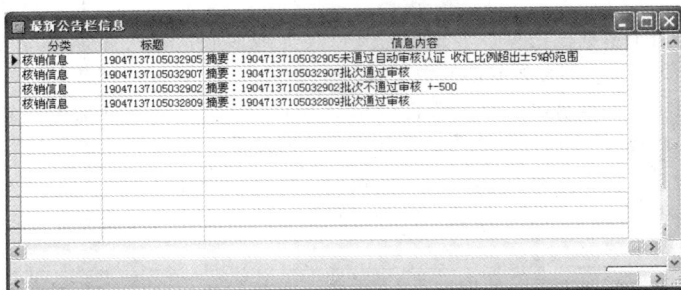

图　5-31

在选择要提取的信息及数据提取条件后，单击"开始"按钮即可以下载数据。全部数据提取完成后，系统自动提示"数据下载完成，是否继续下载折算率信息？"（见图 5-32），单击"是"按钮继续下载，或单击"否"按钮退出。

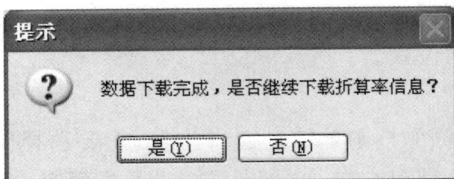

图　5-32

（3）折算率下载。

单击主菜单中的"数据交换"→"数据提取"→"折算率下载"，将弹出"折算率信息提取"对话框（见图5-33），选择起始日期、截止日期、币别代码，如果不选择以上相关内容，则下载全部折算率（建议不要填写任何条件而提取全部折算率），单击"开始"按钮，系统自动读取数据。数据下载完毕，单击"确定"按钮（见图5-34），完成下载。

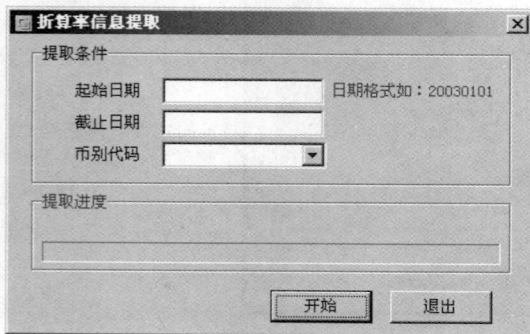

图　5-33

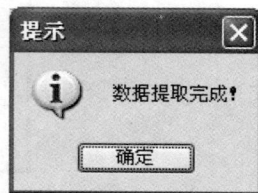

图　5-34

【步骤三】核销报审——批次报审。

企业可根据自身的实际情况进行核销数据报审，报审结果上报外汇局后，根据不同报审方式和贸易方式进行后续的业务处理。报审方式主要分为逐笔报审、批次报审、来料加工批次报审及进料加工批次报审4种（见表5-1），一般多选择批次报审。

表 5-1　报审方式适用的贸易方式列表

报审方式	适 用 范 围	适用贸易方式
逐笔报审	主要用于单笔核销单少收汇超过500美元或多收汇超过2 000美元的差额收汇核销	除加工贸易外的所有贸易方式
批次报审	适用于一般贸易等需全额收汇的出口业务。是由企业集中报告，外汇局按批次为企业核销的核销方式	除加工贸易外所有需全额收汇的贸易方式
来料加工批次报审	适用于来料加工项下的出口业务，由企业将核销单证分批集中进行出口收汇核销报告，外汇局按批次为企业办理核销手续	来料加工、来料深加工
进料加工批次报审	适用于进料加工项下的出口业务，由企业将核销单证分批集中进行出口收汇核销报告，外汇局按批次为企业办理核销手续	进料对口、进料深加工、进料料件复出、进料料件退换、进料非对口、进料边角料复出

（1）新建报审。

在新建报审界面（见图5-35），单击"核销业务处理——关联"，在"正处理业务"模块中选择"批次报审"，然后单击"新建"按钮，会产生一个报审号："企业组织机构代码＋年（后两位）＋月＋日＋当日批次（两位）"。

（2）选择贸易方式。

单击"新建"按钮后，左侧的核销单信息窗口为空，需要选择贸易方式，选择后才会显示出对应贸易方式下的核销单信息。单击"贸易方式"下拉列表，选择贸易方式（见图5-36），界面左侧的"核销单信息"列表中显示出一般贸易方式下未核销的核销单信息。

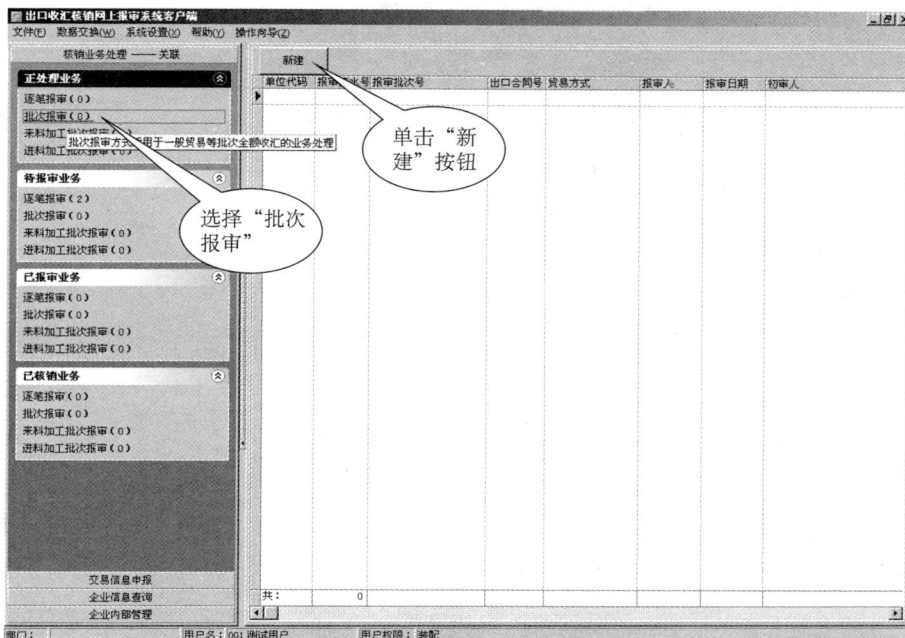

图　5-35

图　5-36

（3）录入核销单号。

在界面（见图 5-37）左侧"核销单信息"列表中，选中需要核销的核销单号（可多选），然后单击"添加"按钮，所选中的核销单相关信息将自动显示在界面右侧的"核销单信息"栏目中。

图 5-37

（4）录入银行收汇信息。

在界面（见图5-38）左侧"收汇水单信息"列表中，选中本笔核销单对应的银行收汇水单（可多选），然后单击"添加"按钮，所选中的银行收汇信息将出现在界面右侧的银行收汇列表中。

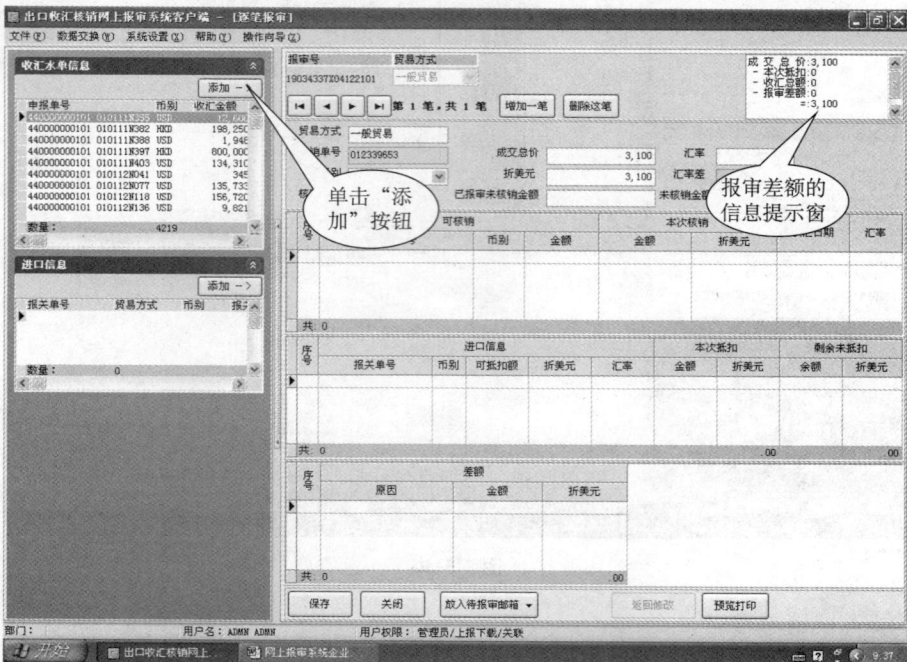

图 5-38

（5）录入（调整）报审差额。

核销单信息和水单信息添加完毕后，右上角状态窗口会随时显示"成交总价"、"本次抵扣"、"收汇总额"、"报审差额"等数据。最实用的是报审差额，根据报审差额来随时监控核销的差额。

调整报审差额的方法是可以通过选择"增加一笔"或"删除这笔"的方法调整，或单击"原因"的空白栏，单击下拉键，选择差额原因后在金额框输入差额（差额值可以参看界面右上方的信息提示窗中的最后一行"＝："的折美元金额），按 Enter 键。此处录入的差额是以出口报关单的币别计算的，也可直接在"折美元"栏输入差额。

（6）录入汇率差。

如果该笔核销单存在汇率差，在界面右上方"汇率差"栏内输入本笔核销单的汇率差金额（见图 5-39）。

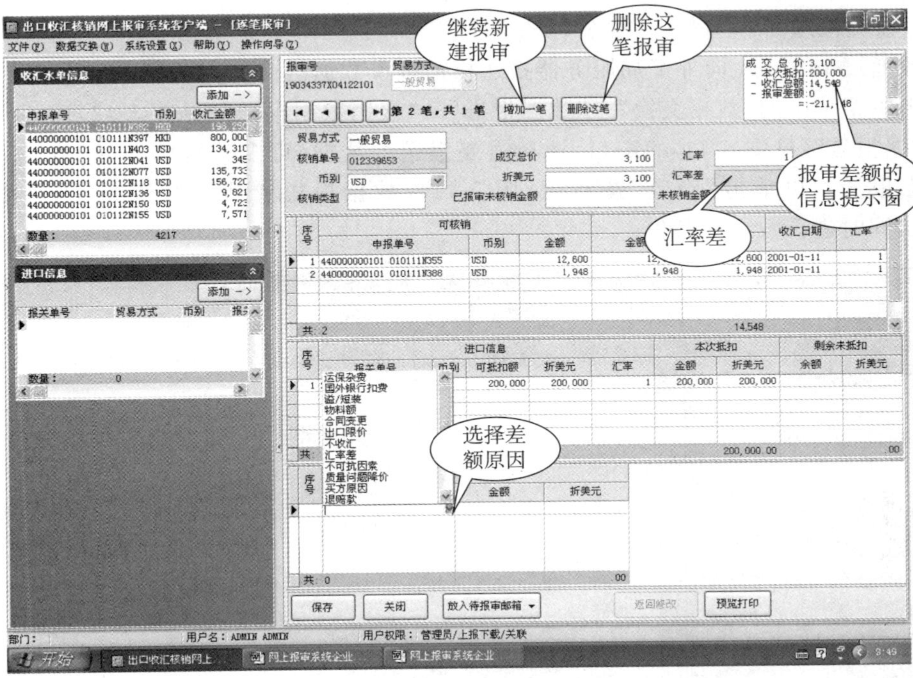

图　5-39

（7）保存已关联数据放入待报审邮箱。

单击左下方的"保存"按钮（见图 5-39），弹出对话框（见图 5-40），单击"是"按钮，报审数据放入待报审邮箱，只有放入待报审业务中的核销数据才可以向外汇局报送。

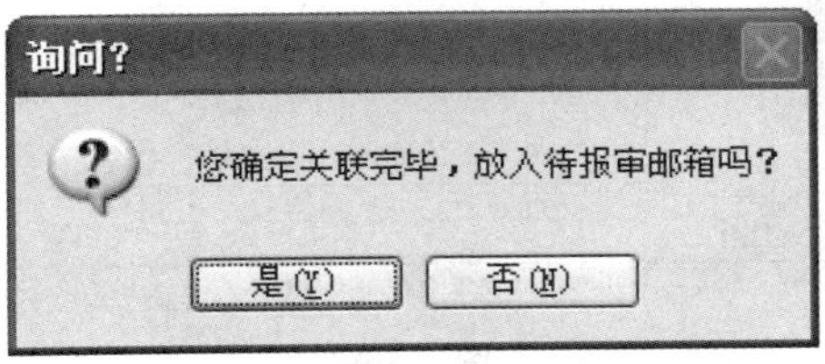

图　5-40

（8）审核待报审数据。

数据放入待报审邮箱后，弹出"提示"框（见图5-41），单击"确定"按钮，建议在报送前再审核数据。"待报审业务"中选择批次报审，选择待报审的数据，双击即可查看，查看数据是否有误。如果没有错误，单击"关闭"按钮以退出，准备进行下一步数据报送。如果数据有错误，则单击"返回修改"，待报审的数据退回到数据关联状态以供修改。

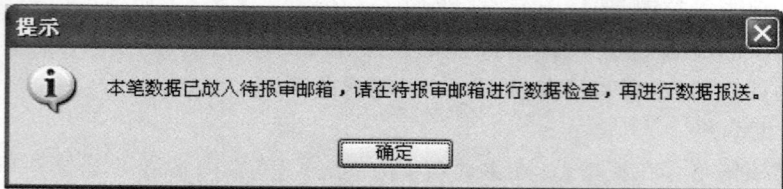

图　5-41

（9）数据报送。

企业通过Internet向外汇局服务器报送核销报审数据。

单击主菜单中的"数据交换"→"数据报送"→"核销数据报送"（见图5-42）后，系统弹出"核销数据报送"（见图5-43）的窗口，选择需要报送的数据（可多选），单击"开始"按钮即可进行数据报送。再单击"确定"按钮（见图5-44），数据报送成功。再单击"OK"按钮（见图5-45），同时进行数据库备份。

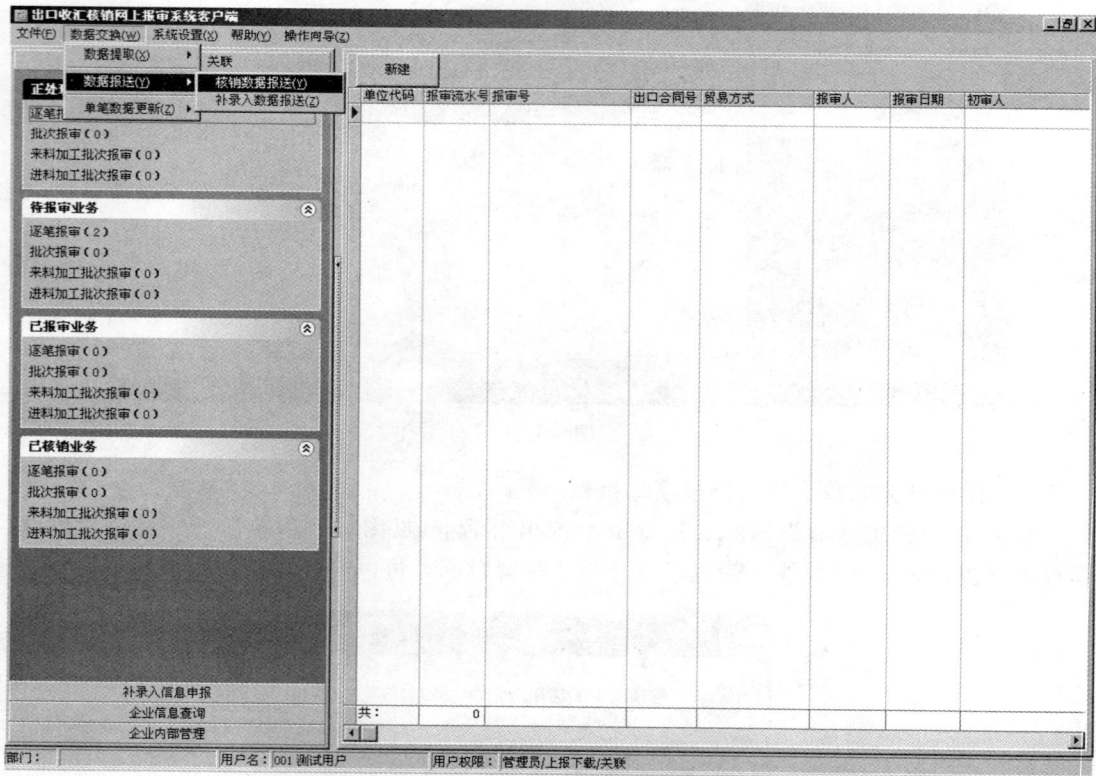

图　5-42

图 5-43

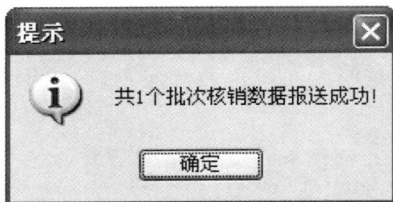

图 5-44

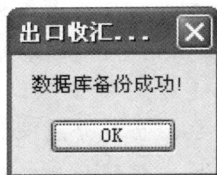

图 5-45

（10）后续业务处理。

在数据报送完毕,外汇局审核之后,企业可以通过"数据提取"功能提取最新的公告信息,查询该批报审数据是否通过了自动审核,已通过的,系统将该批数据存入"已核销业务",企业不需要再到外汇局现场办理;如信息提示需现场办理人工审核的,企业应带好在网上报审系统打印的报审清单、出口收汇核销单、出口收汇核销专用联到外汇局现场办理核销。外汇局人工审核通过或不通过,均自动发布相应的审核信息。企业提取公告信息后,系统将自动根据审核信息的内容把该批数据存入"已核销业务"或放回"正处理业务"。

知识链接

出口收汇核销

1. 外汇核销制度的含义、目的及管理对象

为了加强外汇管理,防止逃汇、套汇或境外截留外汇,于1991年1月1日起我国采用出口收汇核销制度,是指外汇管理局在商务、海关、税务、银行等有关部门的配合、协助下,以出口货物的价值为标准核对,是有相应的外汇收回国内的一种事后监管措施,是对出口收汇的

贸易真实性的审核。其主要目的是：在贸易背景真实的基础上，督促出口单位及时足额收汇，提高收汇率，防止收汇资金流失或非出口贸易项下外汇资金混入，维护国际收支平衡，促进我国对外贸易的发展。出口收汇核销管理的对象包括所有出口单位，具体地说，包括经商务主管部门或其授权机关批准登记，具有对外贸易经营权的所有单位。

2. 出口收汇核销管理的原则

（1）属地管理

出口收汇核销实行属地管理原则，即出口单位办理备案登记、申领出口收汇核销单和办理出口收汇核销手续，均应在其注册所在地外汇局办理。

（2）谁"单"谁用

谁申领的核销单就由谁用，不得相互借用，其核销、作废、遗失和注销等手续也必须由原申领单位向其所在地的外管部门办理。

（3）领用衔接

多用多发、不用不发，续发核销单的份数与已用核销单及其已核销情况和预计出口用单的增减量相"呼应"。

（4）单单对应

原则上一份核销单对应一份报关单；报关单、核销单、发票、汇票副本上的有关栏目的内容应相一致，如有变动，应附有关更改单或凭证。

3. 出口收汇核销及其方式

出口企业在货物报关出口后，必须持盖有海关"验讫章"的核销单（正联）、银行出口收汇水单（出口收汇核销专用联）和报关单（收汇核销联），在规定的时间内，向原申领核销单的外管局办理核销手续。

对不同类别的企业分别采取自动核销、批次核销和逐笔核销的管理方式。其中批次核销又分为一般批次核销和加工贸易合同批次核销两种。

（1）逐笔核销：即由出口单位按核销单证一一对应进行报告，外汇局按照一一对应、逐笔核销方式为出口单位办理核销手续。逐笔核销适用于出口收汇高风险企业以及差额核销和无法全额收汇的出口收汇业务；外汇局视属地核销量大小也可对非高风险企业实行逐笔核销。

（2）批次核销：即由出口单位集中报告，外汇局按批次为出口单位核销的核销方式。同一批次核销的出口贸易方式应该一致。适用于除出口收汇高风险企业外的所有出口单位的全额收汇核销，以及来料加工项下和进料加工抵扣项下需按合同核销的出口收汇业务。

（3）自动核销：即出口单位出口货物后，除特殊情况外，不需向外汇局进行出口收汇核销报告，外汇局根据从"中国电子口岸收汇系统"采集的核销单信息和报关信息，以及从"国际收支统计申报系统"采集的收汇信息，进行总量核销的核销方式。自动核销适用于国际收支申报率高以及符合外汇局规定的其他条件的出口收汇荣誉企业的一般贸易项下及其他贸易项下全额收汇的出口收汇业务。

4. 出口收汇核销中的重要单据

（1）出口收汇核销单

出口收汇核销单是指由国家外汇管理局统一管理，各分局核发，出口单位凭以向海关办理出口报关、向银行办理出口收汇、向外汇管理机关办理出口收汇核销、向税务机关办理出口退税申报、有统一编号的重要凭证。

（2）出口货物报关单（收汇核销联）

出口货物报关单是指出口货物结关后，海关为出口单位签发的证明其货物实际出口并凭以办理出口收汇核销手续的报关单。

（3）银行结汇水单（核销专用联）

银行结汇水单是指银行出具的出口单位凭以办理出口收汇核销手续的出口收汇核销专用结汇水单或出口收汇核销专用收账通知，不同银行名称略有不同。

5.3　出口退税

工作内容

高彤在办妥出口外汇核销手续，拿到盖有"已核销"章的出口收汇核销单（出口退税专用联）后，备齐盖有海关"验讫章"的出口货物报关单（出口退税黄联）、盖有"已认证"章的出口货物的增值税发票（抵扣联）、出口专用发票等单据，着手办理出口退税手续。

操作过程

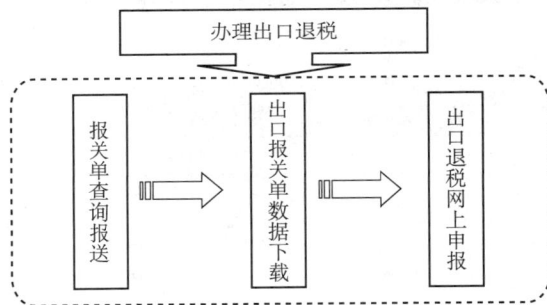

【步骤一】报关单查询报送。

（1）登录中国电子口岸网页。

打开 IE 浏览器，输入地址 http://www1. chinaport. gov. cn/pub/访问中国电子口岸执法系统页面。连接读卡器并插入电子口岸 IC 卡，在执法系统页面输入 IC 卡密码，单击"确认"按钮，提交验证登录（见图 5-46）。

（2）进入出口退税子系统。

成功登录系统后，在主界面中单击"出口退税"，进入出口退税子系统（见图 5-47）。该系统是针对出口退税报关单（即出口报关单退税证明联）的联网核查系统。

（3）结关信息查询。

企业可以通过查询已离境结关的出口货物报关单号信息，可以及时向海关领取出口货物报关单退税证明联（黄联），用于进行出口退税操作。海关应按照出口退（免）税法规的有关规定，在收到清洁仓单的 5 个工作日内签发报关单"出口货物报关单退税证明联"。单击页面左侧导航栏的"结关信息"，系统将自动列出该企业所有已结关的报关单

图　5-46

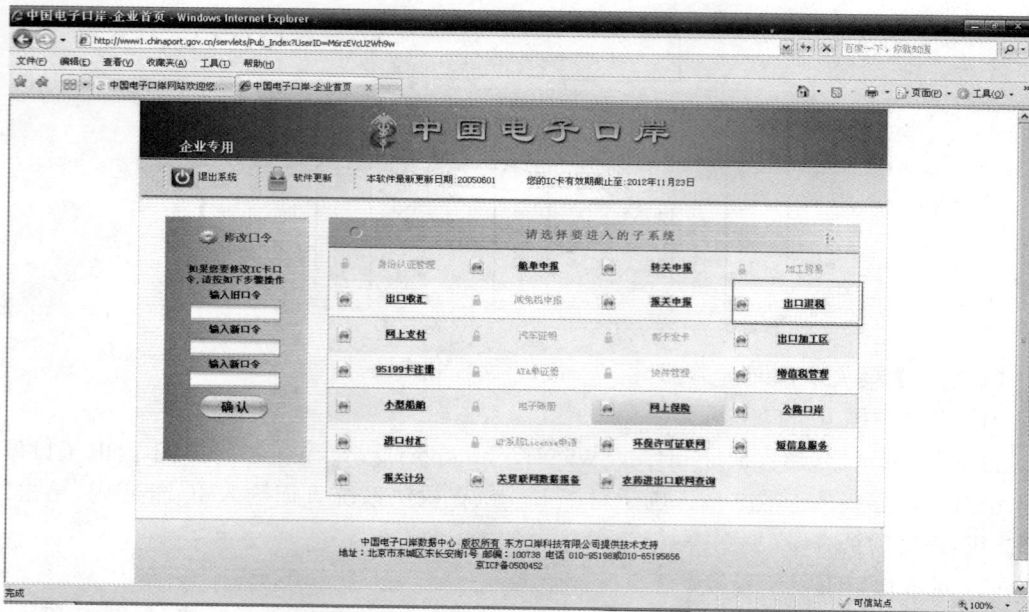

图　5-47

列表(见图 5-48)。

(4)报送报关单。

企业用户通过查询报送操作,将查询到的已结关的出口退税报关单电子底账数据经电子口岸数据中心报送给国税局。国税总局收到后通过网络下发给各地国税局供具体操作人员查询,以便后续办理出口退税核销报审。

图 5-48

① 进入出口退税报关单查询界面。

单击页面(见图 5-49)左侧导航栏的"数据报送",在下拉的菜单中单击"查询报送",系统进入出口退税报关单查询界面。

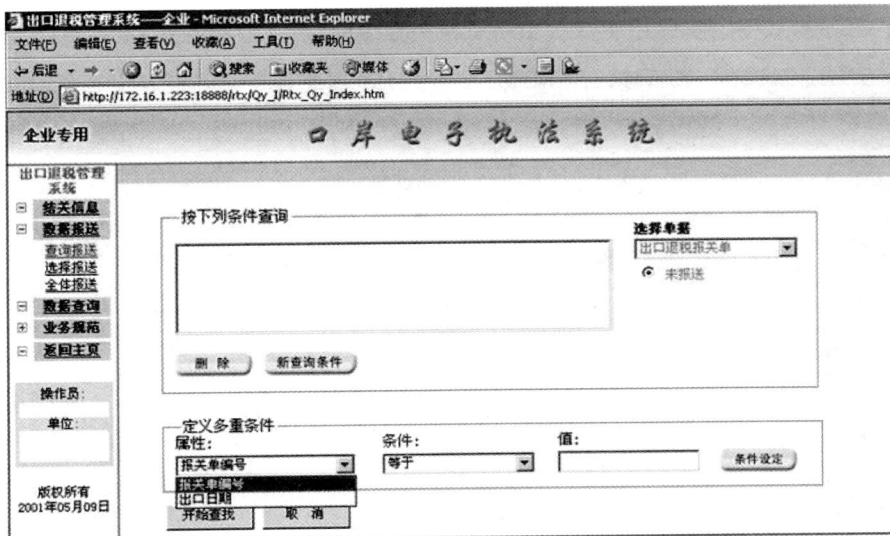

图 5-49

② 输入查询条件。

该界面包括"按下列条件查询"、"定义多重条件"、"选择单据"三个部分,用户首先在"选择单据"部分选择查询的单据种类(简单查询界面只能选择"未报送"、"出口退税报关单"),然后在"定义多重查询条件"中,在"属性"栏选择要查询的内容(报关单编号或出口时间),在"条件"栏选择查询条件(等于、以……开始、包含、以……结尾),在"值"栏输入相应的数值,单击"条件设定"按钮,此时用户设定的条件将显示在上方按"下列条件查询"栏内,然后此时单击"开始查找",系统便按照设定的查询条件查找出符合相应条件的报关单。

例如,按照"属性"为"报关单编号"、"条件"为"以……开始"、"值"为"97W"的条件查询,单击"条件设定"按钮,出现如下界面(见图5-50)。

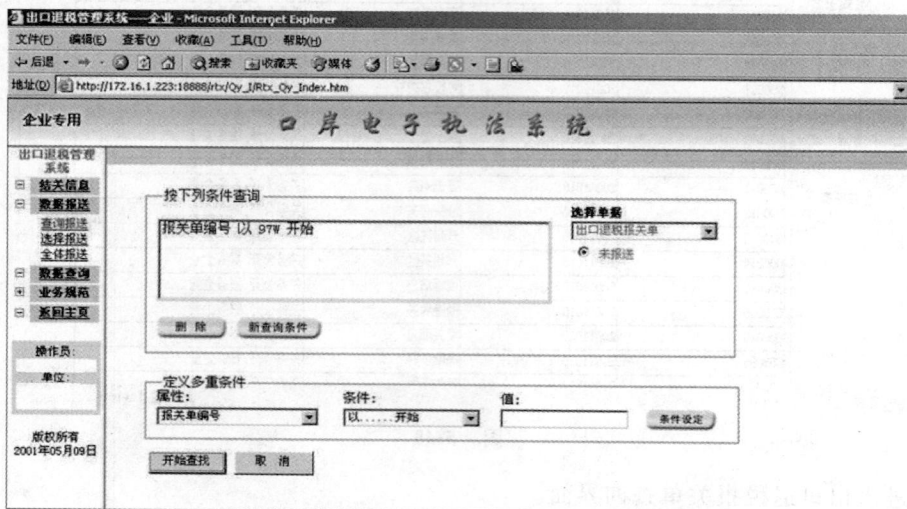

图　5-50

③ 开始查找。

单击"开始查找"按钮后,系统查找出所有报关单编号以"97W"开始的报关单(见图5-51)。

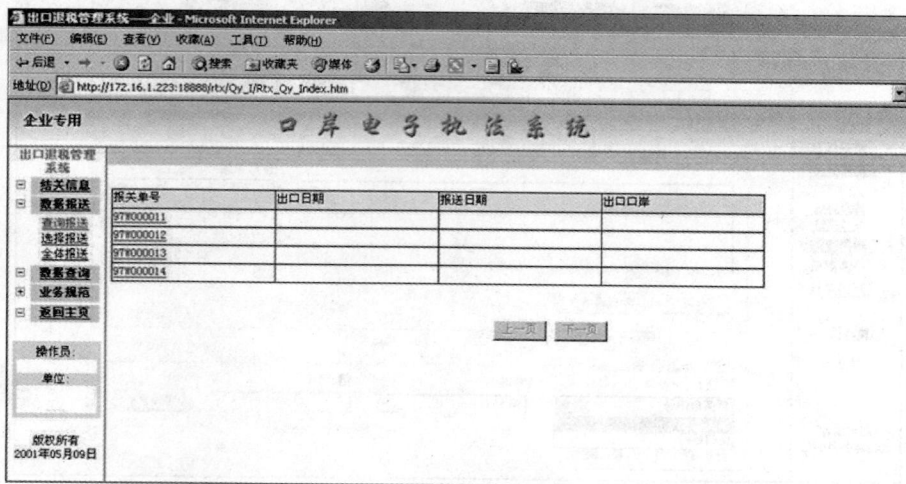

图　5-51

④ 进入出口退税报关单报送页面。

单击需要进行出口退税报送的"报关单号"(蓝色链接),系统进入出口退税报关单报送界面(见图 5-52)。

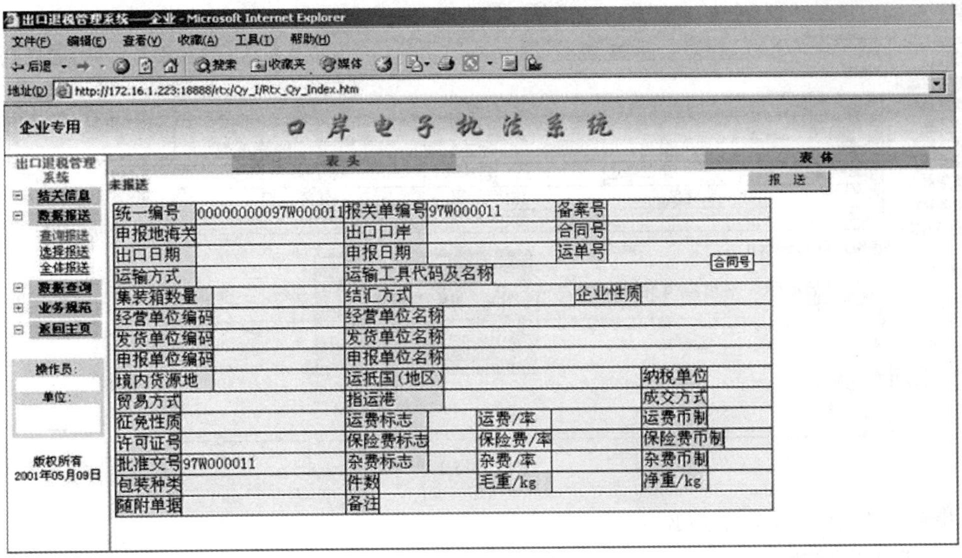

图　5-52

⑤ 报送报关单。

单击"表头"和"表体"按钮可查看报关单的相应信息,与纸质报关单核对无误后,可单击详细信息上方的"报送"按钮,系统提示用户进行确认(见图 5-53)。

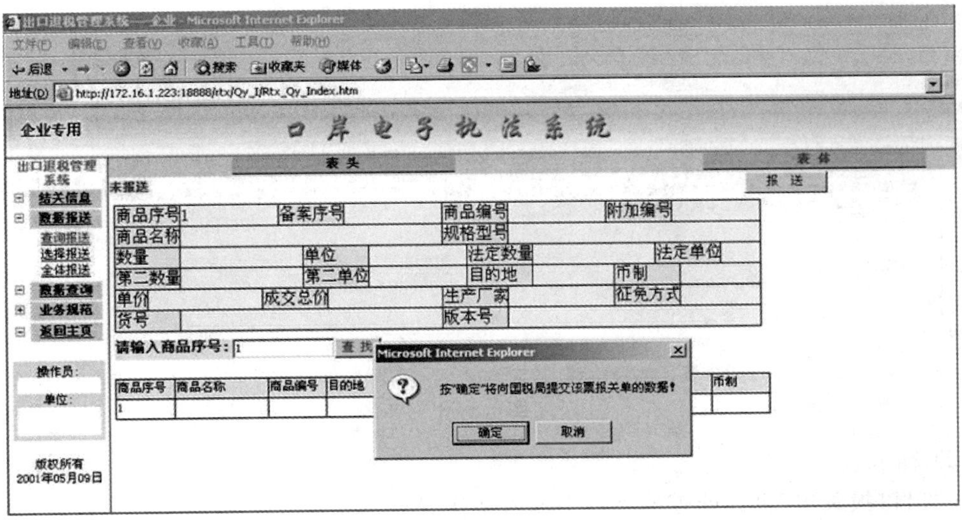

图　5-53

⑥ 确认报送。

单击"确定"按钮,系统提示"数据提交成功"(见图 5-54),即完成了出口退税报关单查询报送操作。

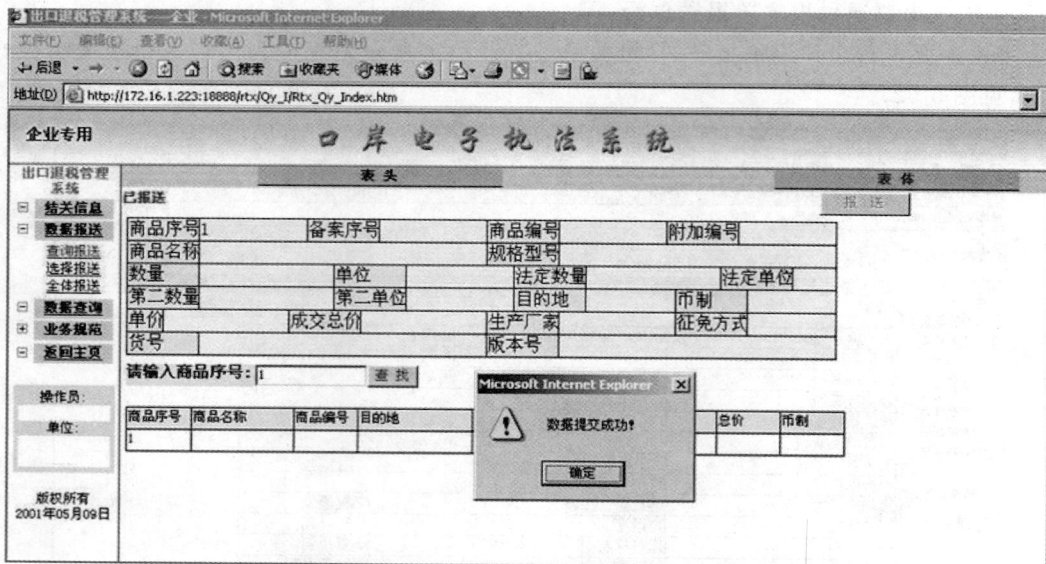

图 5-54

【步骤二】出口报关单数据下载。

（1）进入出口报关单页面。

在出口退税子系统中，单击页面左侧导航栏的"数据下载"，展开后单击"出口报关单"子菜单（见图 5-55），右侧刷新出"出口报关单"页面。

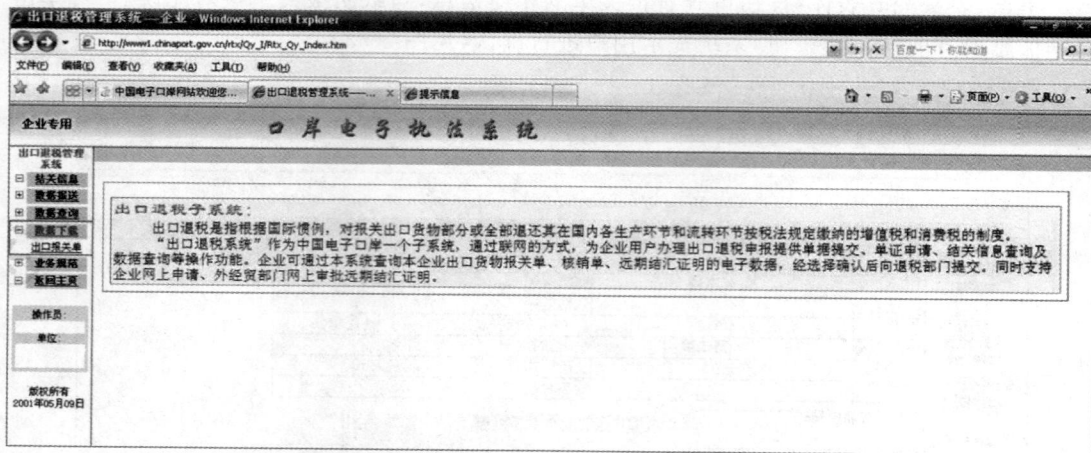

图 5-55

（2）输入查询条件。

在"出口报关单"页面的查询条件中输入本次要查询下载报关单的条件，条件可以是出口日期、报送日期范围或出口报关单号。输入查询条件后，单击"查询"按钮可以查看本次查询到的结果，包括报关单号、出口日期、报送日期、出口口岸信息（见图 5-56）。

（3）修改下载文件保存路径。

输入查询条件后，单击"下载"按钮将满足查询条件的报关单数据下载到本地保存。在

图　5-56

"出口报关单"页面的下载文件保存的路径中输入本次要下载的报关单保存路径(默认保存路径为 C:\localdb)。下载结束后提示下载数据条数、存放路径、文件名、下载时间(见图 5-57)。

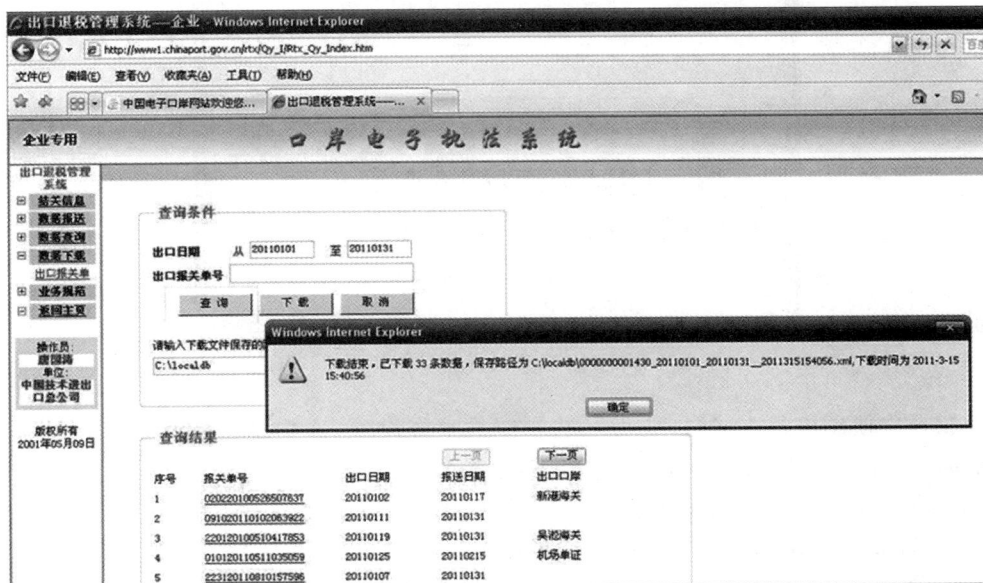

图　5-57

【步骤三】出口退税网上申报。

单击快捷键进入"外贸企业出口退税申报系统"页面（见图 5-58）。输入用户名
"sa"，密码为"空"，单击"登录"按钮进入操作人页面（见图 5-59），填写申报所属期，年份
（4 位）＋月份（2 位），进入外贸企业出口退税申报系统（见图 5-60）。

图　5-58

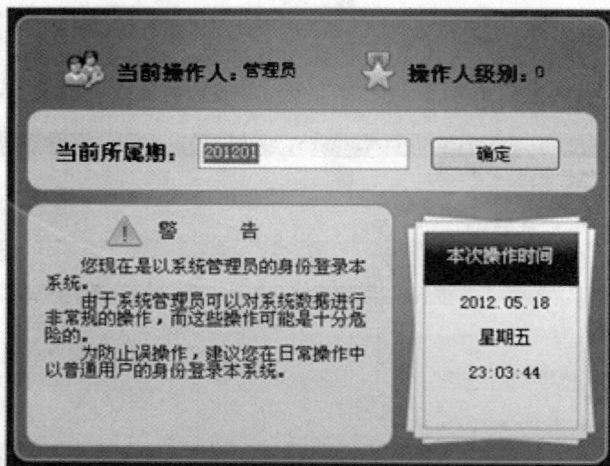

图　5-59

在第一次使用申报系统时，要做一些相应的系统设置，这些设置操作原则上仅需做一
次，此部分操作省略，重点演示如何申报出口退税流程。

（1）外部数据采集（向导一）。

① 出口报关单数据读入——从中国电子口岸出口退税子系统导入信息。

在中国电子口岸出口退税子系统中下载的报关单数据是加密状态，企业需要通过数据
读入将报关单数据解密并读入到外贸企业出口退税申报系统中（见图 5-61）。

图　5-60

图　5-61

　　选择需要读入的数据文件。注意读入数据时请确保电子口岸 IC 卡与电脑的正确连接，并且参数设置中的电子口岸卡信息与当前连接的 IC 卡信息一致，即不能跨卡使用。

　　选取的文件是当前电子口岸卡下载的报关单文件（.xlm 格式），否则无法读取，将当前海关数据转换为出口退税申报的数据（见图 5-62）。

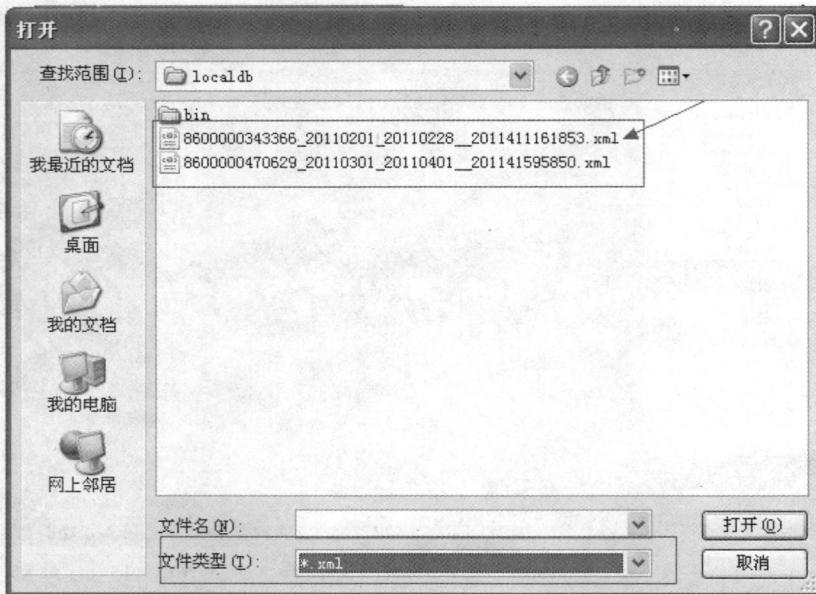

图 5-62

为保证出口报关单申报数据的正确性,对读入的报关数据还需要经过数据检查和数据确认环节。在"出口报关单数据查询与确认"页面(见图 5-63),单击上方工具栏中的"数据确认"红色字体按钮(见图 5-63)。

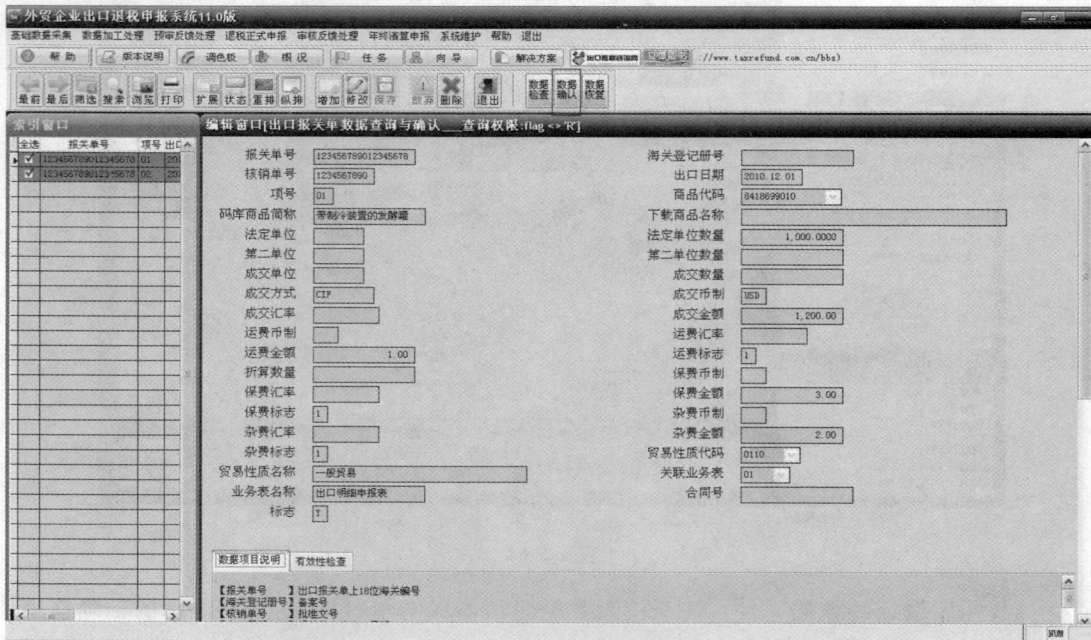

图 5-63

在确认出口明细页面(见图 5-64),填写申报年月和申报批次,然后单击"确定"按钮。

图 5-64

做完确认操作后,相应的海关数据会在退税申报数据录入对应的数据采集录入选项内,例如,出口货物明细申报表录入界面内(见图 5-65),只需要修改出口发票号就可以完成出口数据录入的操作。

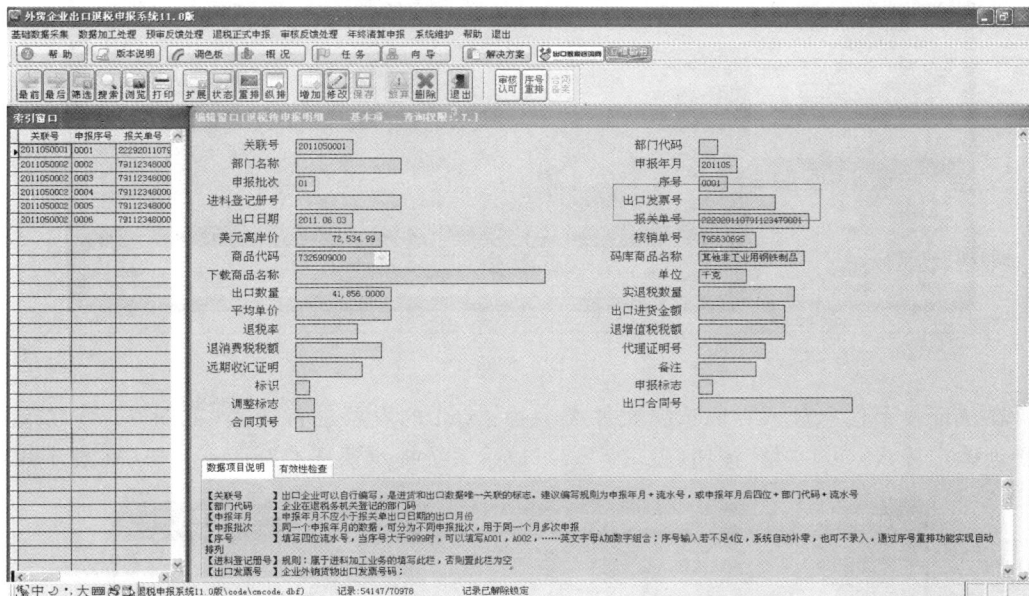

图 5-65

② 认证发票数据读入——从增值税发票认证系统导入。

通过借助增值税发票认证系统获取增值税发票的认证电子数据,可以简化进货数据的录入。为了方便广大外贸出口企业的退税申报工作,提高工作效率和准确率,外贸企业可参照如下的增值税认证发票信息接口(见表 5-2)和 XML 格式从发票认证系统中导出发票信息,之后将其读入到出口退税申报系统中用于退税申报。

表 5-2 发票接口

序号	字段名	类　　型	中文名称	长度
1	hm	CHAR	发票号码	8
2	dm	CHAR	发票代码	10
3	je	NUMBER	计税金额	13,2
4	se	NUMBER	税额	13,2
5	xf	CHAR	销方纳税号	15
6	nsh	CHAR	购方纳税号	15
7	kp	DATE	开票日期	8

单击"基础数据采集",选择"外部数据采集",进入"认证发票信息读入"页面(见图 5-66)。

图　5-66

在认证发票信息读入界面选择文件类型为 .xml 的发票进行读入(见图 5-67),系统提示是否确定读入,单击"是"按钮(见图 5-68),最后系统提示认证发票读入完毕(见图 5-69)。

图　5-67

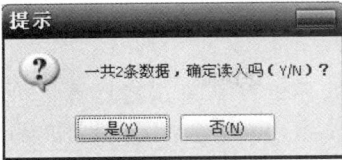

图　5-68

图　5-69

认证发票读入完毕后,进入发票查询界面,单击"基础数据采集",选择"外部数据采集",进入"认证发票信息处理"页面(见图 5-70),查看已读入的发票的信息(见图 5-71)。

图　5-70

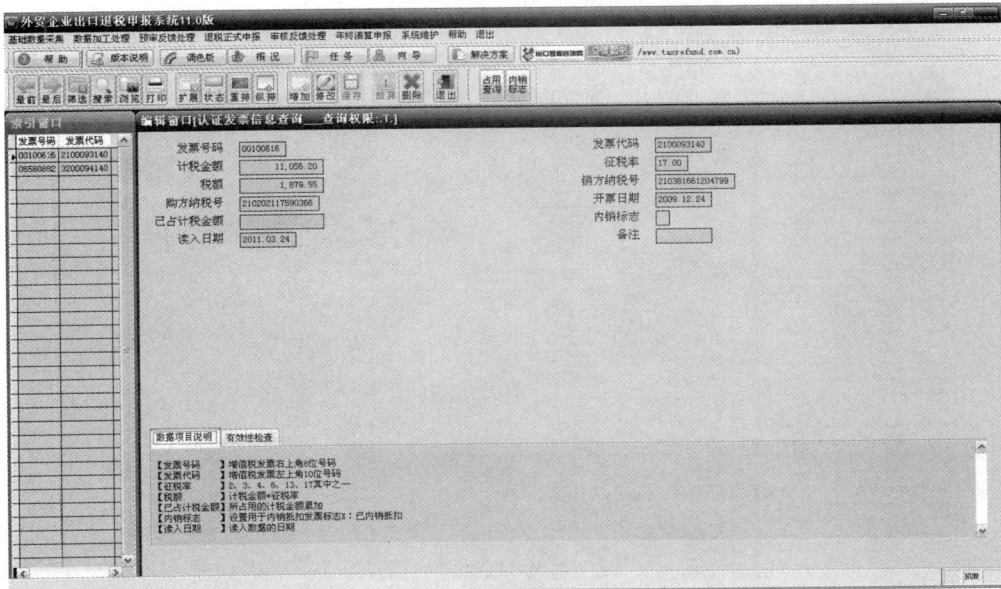

图　5-71

（2）退税申报数据录入（向导二）。

① 出口明细申报数据录入。

如果企业的出口规模不大，可以单击"基础数据采集"（见图 5-72），直接进入"出口明细申报数据录入"界面（见图 5-73），依据纸质出口报关单退税联，录入出口明细申报数据。单击"增加"按钮，在编辑窗口增加一条新记录，数据项目说明录入后，单击"保存"按钮，出口报关单上有几条信息（几个项号），就重发录入几条信息即可，每录入一条信息都要保存。

图　5-72

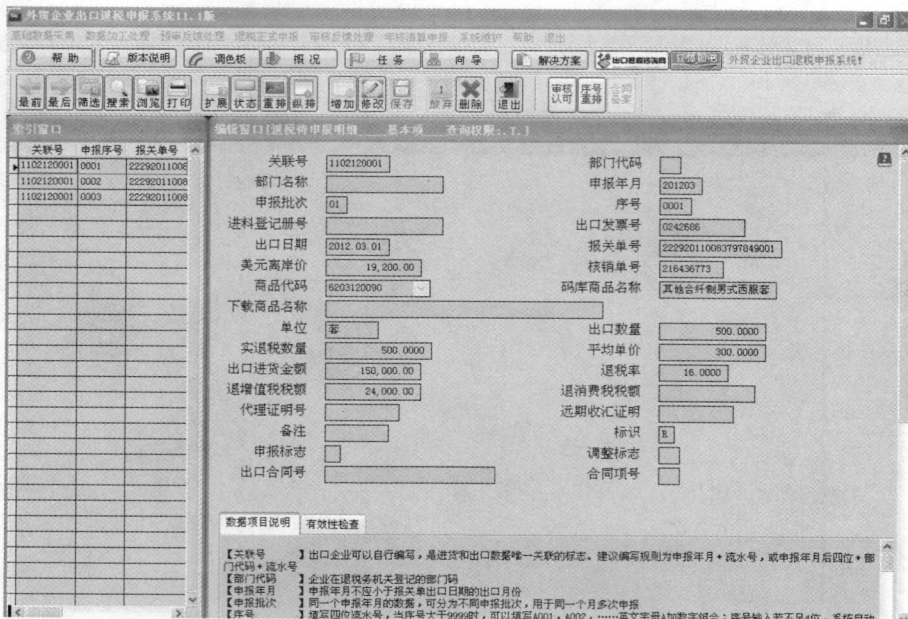

图　5-73

数据项目说明：

【关联号】出口企业可以自行编写，是进货和出口数据唯一关联的标志。建议编写规则为申报年月后四位＋部门代码＋流水号。

【部门代码】企业在退税机关登记的部门码，可以留空。

【申报年月】申报年月不应小于报关单出口日期的出口月份。

【申报批次】同一个申报年月的数据，可分为不同申报批次，用于同一个月多次申报。

【序号】序号输入若不足 4 位，系统自动补零，也可通过序号重排功能实现自动排列。

【进料登记册号】属于进料加工业务的填写此栏，否则留空。

【报关单号】出口报关单右上角海关编号 18 位＋0＋2 位项号。例如 123456789123456789001、123456789123456789002⋯⋯请严格按照报关单上的记录顺序录入，不能合并或颠倒录入。

【出口日期】报关单右上角的出口日期，退税率由此判定。

【美元离岸价】美元离岸价格为 FOB 价格，如果成交方式为 CIF 或其他，应折成 FOB，是换汇成本监测的重要参考数据，企业应仔细录入。

【核销单号】外管局统一核销单编号，应录入 9 位。

【商品代码】按报关单商品代码选基本商品码录入，请注意检查计量单位、数量。

【码库商品名称】在同一商品码下，名称可与商品码库中的商品名称略有不同，但计量单位必须相同。

【出口数量】实际出口发货数量，和海关报关单上第一计量单位的数量一致。

【实退税数量】实际退税数量（因进货量不足或差额核销引起）。

【出口进货金额】同一关联号同一商品代码下加权平均计算出的计税金额，可能和每一笔进货凭证号对应的计税金额都不一致，但是总计税金额是一致的。

【退增值税税额】同一关联号同一商品代码下加权平均计算出的退增值税，可能和每一笔进货凭证号对应的退税额都不一致，但是总退税额是一致的。

【退消费税税额】同一关联号同一商品代码下加权平均计算出的退消费税，可能和每一笔进货凭证号对应的退税额都不一致，但是总退税额是一致的。

【代理证明号】委托出口时取得对方开具的《代理出口证明》。

注意：录入代理证明号则报关单号和收汇核销单为空。

【远期收汇证明】外贸主管部门出具的远期收汇证明的证明编号。

【标识】空——该记录处于录入状态；R——该记录需要申报；Z——该记录暂时不需申报；P——该记录因业务特殊规定，不符合录入规则又需要申报。

【申报标志】空——该记录处于未申报状态；R——该记录已确认需要申报。

【调整标志】DZ——表示数据订正；CJ——表示数据冲减。

② 进货明细申报数据录入。

如果企业的出口规模不大，可以单击"进货明细申报数据录入"依据进货凭证进行数据录入，主要录入出口企业申报出口退税所需的增值税专用发票、小规模纳税人提供的税务局代开的增值税专用发票以及消费税发票等信息（见图 5-74）。数据录入后进行"审核认可"

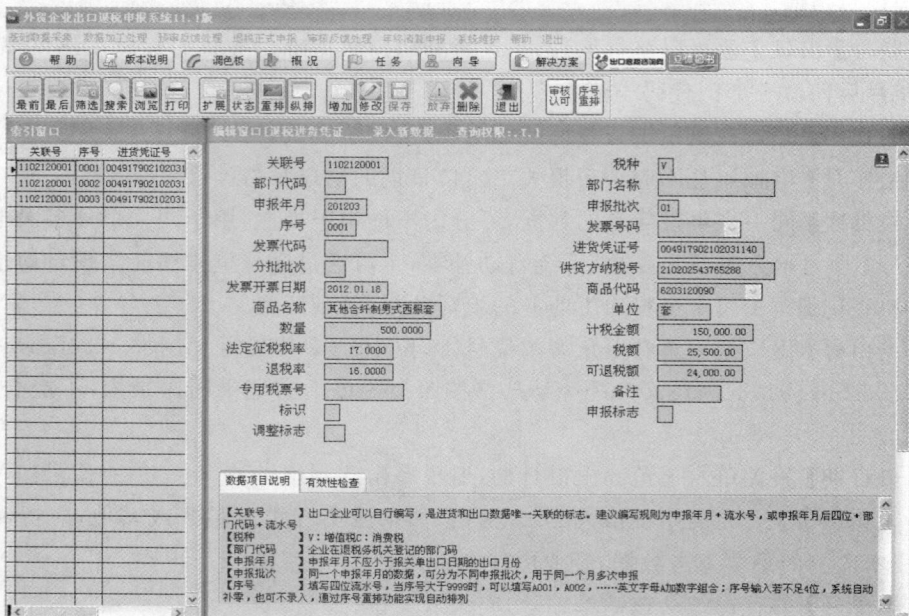

图 5-74

和"序号重排"操作。

数据项目说明：

【关联号】出口企业可以自行编写，是进货和出口数据唯一关联的标志。建议编写规则为申报年月后四位＋部门代码＋流水号。

注意：每一笔业务用一个关联号，不建议多笔业务用同一个关联号来进行申报。在同一关联号内，同一商品代码的进货累计数量与出口累计数量必须相等。

【税种】V——增值税；C——消费税。

【部门代码】无须填写。

【申报批次】同一个申报年月的数据，可分为不同申报批次，用于同一个月多次申报。

注意：申报批次应填写两位数字如01、02等，在同一申报流程内，申报批次应一致（申报流程是指从录入数据开始到正审结束为止）。

【申报年月】申报年月不应小于报关单出口日期的出口月份，一般为申报所述期。

【序号】序号输入若不足4位，系统自动补零，也可通过序号重排功能实现自动排列，序号不允许重号。

【发票号码】无须录入。

【发票代码】无须录入。

注意：进货明细部分无须录入发票代码和发票号码，直接录入进货凭证号即可。

【进货凭证号】增值税录入发票左上角10位代码＋右上角8位号码；消费税的录入规则为去掉专用税票括号内的第二、第三位数字后，在最后加上两位项号，如专用税票号是（020011）2873220的第一条记录则录入为0011287322001。

【分批批次】如开具分批单录入1、2等，否则为空。

注意：分批批次是分批单和进货结余对应的唯一标志，当一笔出口业务的进货大于出口时,鉴于进货需要在下次出口时申报,出口企业就需要开具分批单,对应录入 1、2 等。

【供货方纳税号】供货方的纳税登记号,录入时应录入 15 位。

【发票开票日期】发票的填开日期。

【商品代码】按报关单商品代码选择基本商品码。

【商品名称】按照所选商品码自动生成。

注意:在同一商品码下,名称可与商品码库中的商品名称略有不同,但计量单位必须相同。

【数量】加工费、辅料等数量可以申报为空,但备注字段应录入 WT。

注意:由于企业增值税发票开具的商品单位和海关报关单第一计量单位经常存在不同现象,此时以第一计量单位数量为准录入,在确定发票开具的商品单位和海关的第二或第三单位一致,并且数量相同的前提下,录入时应按照海关的第一计量单位数量录入,企业应附相应的《计量单位转换表》。

【计税金额】如果对应的出口报关单为同一商品代码,可录入专用发票计税金额总和;否则数量和计税金额应拆分录入。

注意:税额是根据计税金额自动计算而成。无论是税额还是计税金额都不能大于发票上的数额。

【法定征税税率】增值税法定征税税率为专用发票开具的征税率;消费税法定征税税率为专用税票开具的征税率,和商品码库的消费税税率一致;如果为双重征消费税商品,需企业自行录入征税率。

【备注】委托加工业务录入 WT;消费税专用发票录入 FSK,其余的按税务机关规定的录入。

【专用税票号】未纳入防伪税控系统从小规模纳税人取得的发票以及消费税发票必须填写此项,此项将参与税务局端审核。

注意:如供货方是小规模纳税人,则在专用税票号内填入去掉括号的第二、第三位数字后的编号＋项号共 13 位。如专用税票号为(02000)12345678,则应录入为 0001234567801。

录入专用缴款书号后需在备注中录入 FSK。

【标识】空——该记录处于录入状态;R——该记录需要申报;Z——该记录暂时不需申报;P——该记录因业务特殊规定,不符合录入规则又需要申报;E——该记录有错误。

【申报标志】空——该记录处于未申报状态;R——该记录已确认需要申报。

注意:如果申报标志为 E 则不能生成任何数据。

【调整标志】DZ——表示数据订正;CJ——表示数据冲减

注意:建议使用"纵排",以免漏填。

(3)退税申报数据检查(向导三)。

这一步的作用主要是对退税申报数据在申报以前进行检查。

① 进货出口数量关联检查。

检查同一关联号,同一商品码下的进货和出口总数量是否相等。弹出文本查看器会显示是否有错误,如果数量不等,需要根据提示找到相应关联号数据进行修改。修改后再进行关联检查,直到完全正确为止。

注意:必须进行此步操作,否则出口明细申报界面中的多项数据无法自动生成。

② 换汇成本检查。

根据换汇成本的上下限,检查数据的换汇成本是否超出合理范围。如果有错误,需要根据提示找到相应数据进行修改。

(4) 生成预申报软盘(向导四)。

退税申报数据录入后,选择此步进行退税申报或单证申报,生成到软盘后报送到税务机关预审核。若选择"退税申报",在关联号中输入最大号"999999999",单击"确定"按钮(见图 5-75),在文本查看器上显示数据一致性检查结果,若没有差错,单击"关闭"按钮(见图 5-76),输入生成申报数据路径,单击"确定"按钮(见图 5-77)。

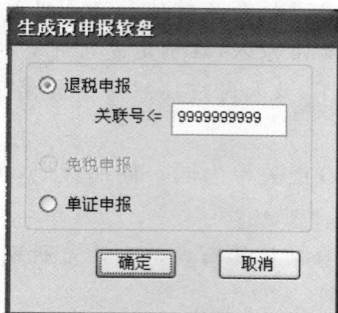

图　5-75

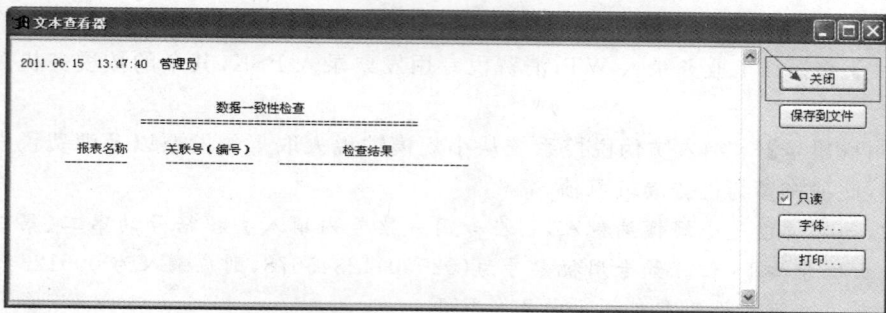

图　5-76

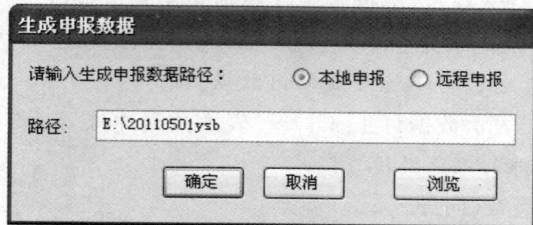

图　5-77

生成软盘(U 盘)时,路径可自行设定。建议设置相应的文件夹,如退税申报按"申报所属期+批次+YS"命名,若 2011 年 5 月申报,填写 20110501YSB;单证申报按"申报所属期+DZYS"命名,若 2011 年 5 月申报,填写 201105DZYS。

单击"确定"按钮后,如申报盘符上未建立相应文件夹,系统会弹出确认信息对话框,如

"路径 E:\20110501ysb 没有找到,您要新建此路径吗",单击"是"按钮即可。

（5）预审信息处理（向导五）。

① 退税申报预审信息读入。

退税部门审核完企业的预申报数据后,会反馈给企业审核疑点表,企业需通过系统提供的"税务机关反馈信息读入"将反馈信息读入到申报系统（见图 5-78）。申报系统只保留本次反馈信息,读入后当月会进行调整,下次读入新的反馈信息后,将覆盖上次的反馈信息。

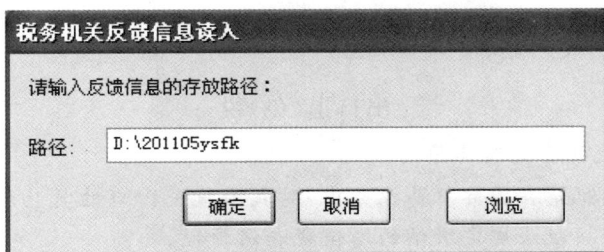

税务机关反馈信息读入

请输入反馈信息的存放路径：

路径：　D:\201105ysfk

［确定］　［取消］　［浏览］

图　5-78

② 退税预审信息处理。

反馈信息读入系统后,根据税局反馈的疑点信息,企业可通过疑点原因、疑点概述、调整方法对上述疑点进行内部调整。疑点信息可通过打印功能键打印出来与系统内的原申报数据进行比较。

注意:建议单击"打印预览",打印后对照疑点表到向导退税申报数据录入页面修改,修改完毕后,必须重新操作退税申报数据检查和生成预申报软盘,重新生成申报数据并到税务局再次进行预审。

（6）确认正式申报数据（向导六）。

企业根据反馈疑点调整后将最终确认的数据进行正式申报,正式申报后可进行申报明细的打印,如果想对正式申报后的数据进行修改必须撤销本次申报,在"提示"对话框中单击"否"按钮（见图 5-79）。

如果无须修改则直接确认正式申报,生成正式申报软盘,做正式申报。确认正式申报完成后系统会提示"本次申报数据确认完毕"（见图 5-80）。

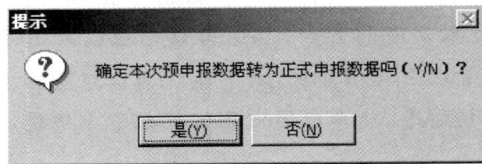

提示

? 确定本次预申报数据转为正式申报数据吗（Y/N）？

［是(Y)］　［否(N)］

图　5-79

本次申报数据确认完毕!

图　5-80

（7）生成正式申报软盘（向导七）。

① 退税汇总申报表录入。

系统会根据明细数据自动生成汇总表,单击增加,按 Enter 键后系统自动生成汇总数据,保存后,可通过右上角红色"打印报表"按钮进行汇总报表的打印。

② 生成退税申报软盘。

生成企业"退税申报软盘",形成正式申报。执行此功能后,申报数据由本次申报转为已申报状态。转已申报的数据,可通过"查询退税进货已申报数据"及"查询退税申报已申报数据"查询并将税务机关审核通过的数据转入已退税数据,对审核未通过的数据转待申报,调整后重新申报。

申报路径为"申报所属期+批次+ZSB",如2011年5月申报填写201105ZSB。

(8) 已申报数据确认(向导八)。

此步基本可以不用操作。

知识链接

出口退(免)税

1. 出口退(免)税的含义及其原则

出口货物退(免)税是在国际贸易业务中,对我国报关出口的货物退还或免征在国内各生产环节和流转环节按税法规定缴纳的增值税和消费税。

对出口产品退税是一个"国际惯例"而非"政策优惠"。

公平税负原则:为了保证各国商品在参与国际贸易时能够公平竞争,消除因各国税收政策不同造成的出口货物税收含量差异,要求各国按照国际惯例,退还已征收的出口货物间接税,以促进国际贸易的发展。

零税率原则:"征多少,退多少"。在我国目前有不同的退税率,主要是国家利用退税率来实现宏观调控目标,设定低退税率来限制低附加值的产品出口,设定高退税率来鼓励高附加值的产品出口。

2. 一般退免税货物应具备的条件

依据税法规定,对出口的凡属于已征或应征增值税、消费税的货物,除国家明确规定不予退(免)税或出口不符合出口退(免)税条件的货物都是出口货物退(免)税的货物范围,可以退(免)税的出口货物一般应具备以下4个条件。

(1) 必须是属于增值税、消费税征税范围的货物。生产企业出口的货物仅限于自产货物和视同自产货物或国家列名企业收购出口的非自产货物,否则出口后不得办理退(免)税,这一点是相当明确的。

(2) 必须是报关离境的货物。所谓报关离境,即出口,就是货物输出海关,这是区别货物是否应退(免)税的主要标准之一。凡是报关不离境的货物,不论出口企业以外汇结算还是以人民币结算,也不论企业在财务上和其他管理上作何处理,均不能视为出口货物予以退(免)税。对非贸易性质的出口货物,如向国外捐赠等,就算在国内已征税也不予按退(免)税办理(国内进料深加工结转的贸易方式除外)。

(3) 必须是在财务上作销售处理的货物。出口货物销售收入的记账时间是按权责发生制的原则确定的。陆运以取得承运货物收据或铁路联运单,海运以取得出口装船提单,空运以取得运单,并向银行办理交单后作为收入的实现。预交货款不通过银行交单的,取得以上提单、运单后作为收入的实现。出口货物计税依据一律以离岸价(FOB)折算为人民币入账。所以,出口货物只有在财务上做销售后,才能办理退税。

(4) 必须是出口收汇并已核销的货物。出口货物只有按期收汇核销才能证明企业出口贸易的最终实现,将出口退(免)税与出口收汇核销挂钩可以有效地防止出口企业高报出口价格骗取退税的行为,有助于提高出口收汇的效率,强化出口收汇核销制的落实(不按正常规定核销的远期收汇货物除外)。

3. 现行出口货物的退税率

退税率是出口货物的实际退税额与计税依据之间的比例。它是出口退税的中心环节,体现国家在一定时期的经济政策,反映出口货物实际征税水平,退税率是根据出口货物的实际整体税负确定的,同时,也是零税率原则和宏观调控原则相结合的产物。体现了国家在一定时期的经济政策,反映出口货物实际征税水平。自 2004 年出口退税机制改革后,出口退税率经过几番调整,变化频繁。目前,我国对不同出口货物主要有 0%(用于取消退税率)、3%(用于购进小规模企业货物退税)、5%、9%、13%、15%、16%、17% 8 档退税率。

重点内容概要

任务五重点内容框架如图 5-81 所示。

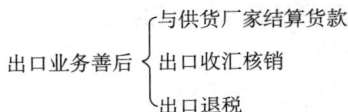

$$\text{出口业务善后}\begin{cases}\text{与供货厂家结算货款}\\\text{出口收汇核销}\\\text{出口退税}\end{cases}$$

图　5-81

同步训练

一、单选题

1. 适用于单笔核销单少收汇超过 500 美元或多收汇超过 2 000 美元的差额收汇的报审方式为(　　)。

　　A. 逐笔报审　　　　　　　　　　B. 批次报审

　　C. 来料加工批次报审　　　　　　D. 进料加工批次报审

2. 目前,我国对不同出口货物实行的不同出口退税率,共有(　　)种退税税率。

　　A. 4　　　　　　B. 6　　　　　　C. 8　　　　　　D. 10

3. 出口货物退(免)税是在国际贸易业务中,对我国报关出口的货物退还或免征在国内各生产环节和流转环节按税法规定缴纳的(　　)。

　　A. 增值税和出口税　　　　　　　B. 增值税和消费税

　　C. 增值税和营业税　　　　　　　D. 消费税和营业税

4. 出口企业办理退(免)税认定手续的期限是在取得进出口权登记备案之日起(　　)日内办理。

　　A. 15　　　　　　B. 20　　　　　　C. 30　　　　　　D. 40

5. 增值税专用发票的基本联次一般为(　　)联。

　　A. 二　　　　　　B. 三　　　　　　C. 四　　　　　　D. 五

二、多选题

1. 开具增值税专用发票的要求包括(　　),对不符合上列要求的专用发票,购买方有权拒收。

A. 项目齐全,与实际交易相符

B. 字迹清楚,不得压线、错格

C. 发票联和抵扣联加盖财务专用章或者发票专用章

D. 按照增值税纳税义务的发生时间开具

2. 出口收汇核销管理的原则包括有(　　　)。

A. 属地管理　　　　　　　　　　　B. 谁"单"谁用

C. 领用衔接　　　　　　　　　　　D. 单单对应

3. 出口收汇核销的方式包括(　　　)。

A. 批次核销　　　B. 逐笔核销　　　C. 自动核销　　　D. 非自动核销

4. 出口收汇核销中的重要单据包括有(　　　)。

A. 出口货物报关单(收汇核销联)　　B. 出口收汇核销单

C. 出口货物报关单(出口退税联)　　D. 银行结汇水单(核销专用联)

5. 一般退免税货物应具备的条件包括有(　　　)。

A. 必须是属于增值税、消费税征税范围的货物

B. 必须是报关离境的货物

C. 必须是在财务上作销售处理的货物

D. 必须是出口收汇并已核销的货物

三、判断题

1. 增值税专用发票,是增值税一般纳税人销售货物或者提供应税劳务开具的发票,是购买方支付增值税额并可按照增值税有关规定据以抵扣增值税进项税额的凭证。　　(　　　)

2. 出口收汇核销制度,是以出口货物的价值为标准核对是否有相应的外汇收回国内的一种事前监管措施,是对出口收汇的贸易真实性的审核。　　(　　　)

3. 在我国目前有不同的退税率,主要是国家利用退税率来实现宏观调控目标,设定低退税率来限制低附加值的产品出口,设定高退税率来鼓励高附加值的产品出口。　　(　　　)

4. 对出口产品退税是鼓励出口的政策优惠措施。　　(　　　)

5. 出口收汇核销实行属地管理原则,即出口单位办理备案登记、申领出口收汇核销单和办理出口收汇核销手续,均应在其注册所在地外汇局办理。　　(　　　)

项目二

进口加拿大废纸的贸易实务与操作

任务速递

　　天津长虹纸制品有限公司成立于 2008 年,主要生产各类纸张及纸制品,以产品质量优良、价格合理在国内享有很好的声誉,市场占有率高。

　　该公司所需原料原来以国内市场为主,鉴于国际市场上废纸的价格低廉,故公司考虑从加拿大进口废纸作为原料。正值天津商务职业学院应届毕业生王宇到公司应聘,通过人力资源部组织的技能考核和综合素质测评,王宇被公司聘为正式员工,主管废纸进口。

　　随后王宇着手了解国际市场废纸行情,熟悉我国对废纸进口的管制要求,落实各种批文,经历了从交易前准备到进口交易洽商、签订进口合同、履行合同直至业务善后全过程,成功地从北美加拿大进口到国内市场,满足了公司对原料的需求。

温馨提示

　　整笔进口业务操作都是基于当时的外汇牌价、贸易监管条件、进口付汇管理条例,而我国进口商品目录、贸易管制条件、各种管理条例随着整体经济形势的变化会做出相应的调整,这些都会影响业务的操作流程和具体的操作规范,应在实际业务中做到活学活用。

任务六

进口交易前准备

能力目标
- 了解熟悉进口商品的途径及其海关监管条件
- 熟悉进口单位付汇名录办理规范
- 掌握各种进口批文申请书的填写规范

知识目标
- 了解进口商品国内外市场调研的主要内容
- 熟悉进口商品知识及其质量标准
- 掌握各种进口批文的申领程序

从事进口交易活动如同从事其他工作一样,需要做好交易前的各项准备工作,这样才能起到事半功倍的效果。这些准备工作主要包括了解国内外市场行情、熟悉进口商品及其监管条件、办理企业进口名录和落实各种进口批文等。

6.1 了解进口商品国内外市场行情

工作内容

王宇被长虹纸制品有限公司聘用为新员工,其任务是负责进口废纸。在熟悉了商品的基础上,王宇需要进一步了解废纸的国际国内市场行情,其方法有实地考察和网络搜集,鉴于目前网络信息非常发达,王宇主要还是借助网络深入细致地熟悉该废纸市场行情。

操作过程

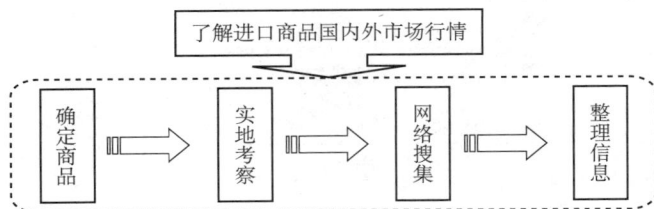

1. 了解国内市场行情

【步骤一】搜索相关网站。

利用常用的搜索引擎,如百度、谷歌等都可以用来搜索与废纸业务相关的网站。现仅以百度为例,输入关键词"废纸",单击"百度一下"按钮(见图 6-1)。

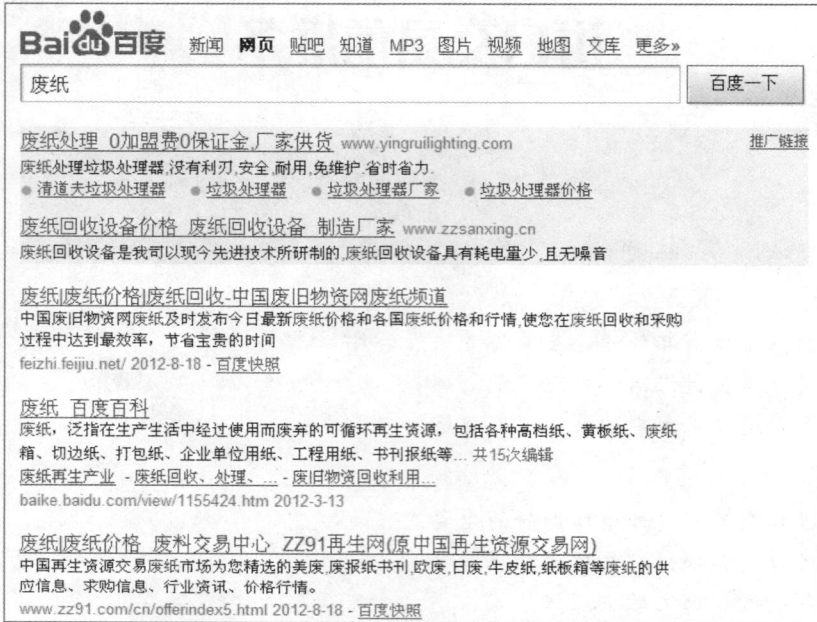

图　6-1

【步骤二】登录网站,了解国内行情。

(1)通过观察发现,中国废旧物资网能够提供较为全面的信息。现登录中国废旧物资网 http://feizhi.feijiu.net(见图 6-2)。

图　6-2

（2）如果需要了解更详细的信息，需要办理注册手续。单击左上方"免费注册"按钮，进行相关注册手续（见图6-3）。

图　6-3

【步骤三】信息分析。

注册成功后登录，我们比较感兴趣的是现在的市场行情，这些信息可以通过浏览网站右侧"废纸日评"和"废纸周评"获得（见图6-4）。

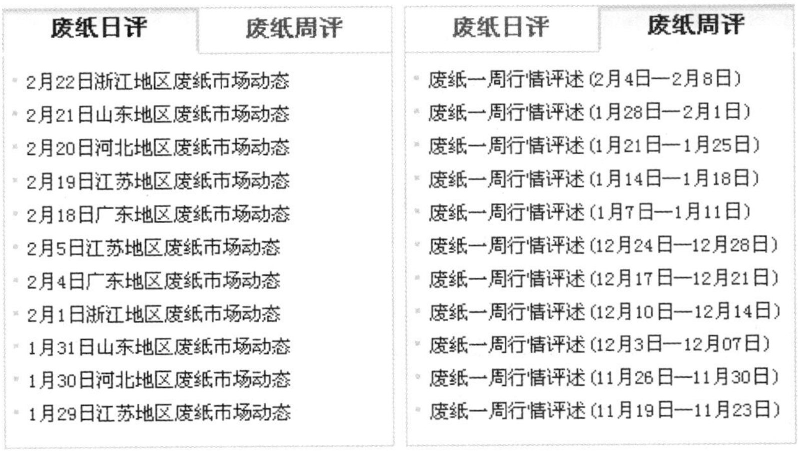

图　6-4

【步骤四】整理信息。

通过查阅废纸行情一周行情评述，了解分析废纸市场相关的市场动态（见图6-5）。

废纸行情一周行情评述（2009.07.18—2009.07.25）

时间：2009-07-25 14：54：15 中国废旧物资网 免费注册赢积分

本周造纸行业成品纸价格大幅度下跌，预计纸企中期利润仍将大幅下降。有关人士认为，无论从基本面还是估值，造纸板块目前均处于底部。并预计需求能否回升将决定着原材料及纸品价格的走势，也是对造纸行业盈利能力提升的关键，目前经济下滑导致的需求不振影响了纸价的上涨，行业盈利能力短期仍将处于低谷。

下面为国内部分地区废纸市场动态。

江苏地区废纸市场交易持平于上周，需求未见改观，货源相对趋少。国废黄板纸、报纸小幅上扬，幅度在50元/吨左右，成交稍有起色。目前市场内出货相对积极，囤货者居少。

浙江地区废纸市场部分品种货源趋多，然报价下滑。书本纸跌幅为100元/吨，商家反映主要是因学生高考、中考、放假致使书本纸量过多。部分地方低档成品纸小涨，整体交投良好，商家也表示行情略好，打包站货源主要销往外地。外盘日废市场报价平稳，市场需求惨淡，实单均略微下滑。日废8♯，11♯货量低位，3♯市场需求不佳。

河北地区废纸市场行情主流波动不大，国废市场表示持平，书本价稍跌，货源趋多。废旧报纸市场交投较为活跃，供需正常，商家出货表现较为积极。欧废外盘市场交投气氛较为清淡，整体报价虽然波动不大，但趋势略显低迷。

天津地区废纸市场交易相对持稳，黄板纸当地纸厂收购价格波动不大。统货类废杂纸价格小幅震荡波动，市场缺乏有力支撑，下游接货能力有限，行情持续疲软态势。近期美废8♯现货成交颇为低迷，主要由于下游纸厂需求不景气，然部分中小纸厂库存高企，出售难以提振。

据统计：本周欧洲市场北方漂白软木牛皮浆报价662.40欧元/吨，本周价格有所下跌，每吨比上周下跌8.04％；硬木牛皮浆报价623.87欧元/吨，本周价格有所下跌，每吨比上周下跌6.65％；轻涂杂志纸报价706.41欧元/吨，本周价格有所下跌，每吨比上周下跌2.59％；牛皮卡纸报价536.08欧元/吨，本周价格有所上涨，每吨比上周上涨1.90％；美办公废纸报价124.82欧元/吨，本周价格有所下跌，每吨比上周下跌2.87％；报纸/废杂纸报价143.65欧元/吨，本周价格有所下跌，每吨比上周下跌2.29％；美国新闻纸30lb报价621.06美元/吨，本周价格有小幅度下跌，每吨比上周下跌0.70％；美国新闻纸27lb报价661.45美元/吨，本周价格有小幅度下跌，每吨比上周下跌0.75％；中国硬木牛皮浆报价4 237.5元/吨，本周较上周有所下跌，每吨比上周下跌6.34％。

本周外盘行情如下。

欧废报盘不多，交投气氛较为清淡，主港A2报178美元/吨左右，UKOCC报价持稳200美元/吨上下，A9(8020)零星报200美元/吨。

黄板纸：江浙黄板纸行情企稳，当地到厂A级1 300～1 410元/吨，B级1 250～1 360元/吨，C级1 200～1 310元/吨（不带票）。

铜版纸：山东铜版纸需求冷清价格下滑，157g铜版纸当地经销商出货价华夏太阳5 600元/吨左右，雪兔、天阳5 300～5 350元/吨。

箱板瓦楞纸：前期东莞玖龙及理文箱板瓦楞纸大幅降价后，订单情况良好，价格稳定。东莞玖龙原定于15号取消的优惠政策延迟到20日左右。

白板纸：上海白板纸需求冷清，价格暂稳，实单商谈余地较大。250g灰底白终端价地龙3 700元/吨左右，三星4 100元/吨左右，江鹰4 300元/吨左右。

白卡纸：北京白卡交投疲软，价格稳中微涨，250g白卡终端价酋长6 200元/吨左右，华夏太阳6 500～6 600元/吨，美利湖5 900～6 000元/吨。

双胶纸：武汉双胶纸市场暂稳，终端价格无明显波动，100g双胶纸当地经销商出货价UPM 6 700～6 800元/吨，泉林5 500～5 600元/吨。

其他地区废纸市场行情为：江苏地区超市级1 120元/吨左右；浙江地区日废3♯198～200美元/吨；河北地区报纸统货散货1 430元/吨左右；天津地区黄板纸1 100～1 410元/吨。

图 **6-5**

2. 了解国际市场行情

【步骤五】搜索相关网站。

利用常用的搜索引擎，如百度、谷歌等同样可以用来搜索与废纸业务相关的网站。现仅以百度为例,输入关键词"国外废纸价格",单击"百度一下"按钮(见图 6-6)。

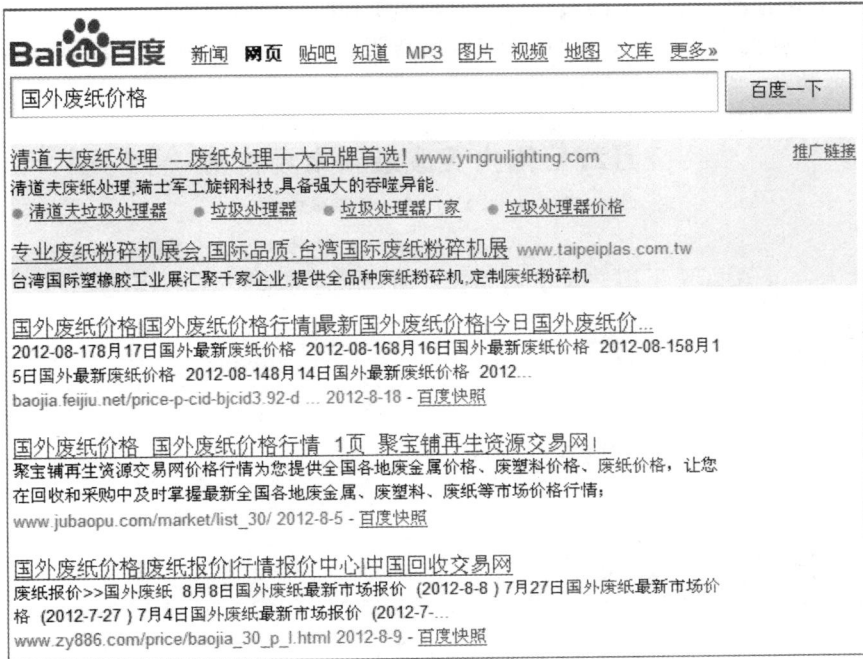

图　6-6

【步骤六】登录网站,了解国外行情。

通过浏览发现,中国回收交易网提供的国外价格信息较为全面。现登录中国回收交易网(http://www.zy886.com),单击上方的"行情报价"按钮,显示出日废、欧废、美废等在国内市场的价格水平(见图 6-7)。

图　6-7

【步骤七】行情分析。

分别单击查看同一市场不同时期、不同市场同一时期的价格水平,并进行行情分析,从而确定采购市场(见图6-8和图6-9)。同时,也需要登录不同的网站,进行查询比较,具体操作相似,不再赘述。

7月27日国内美废最新市场价格

时间 2009-7-27 14:30:10   ZYSS6中国回收交易网

| 国内日废 | 国内美废 | 国内欧废 | 国外废纸 | 废纸周评 | 废纸日评 |

品名	价格USD/T
美废 8#	180～182
美废 9#	215～217
美废 11#	200～205
美废 13#A	240～242
美废 37#	248～250

图　6-8

7月27日国内欧废最新市场价格

时间 2009-7-27 14:30:20   ZYSS6中国回收交易网

| 国内日废 | 国内美废 | 国内欧废 | 国外废纸 | 废纸周评 | 废纸日评 |

品名	价格 USD/T
欧废 A2	152～154
欧废 OINP	198～200
欧废 OCC(80/20)	180～182
欧废 OCC(90/10)	184～186
欧废 OCC(95/5)	188～190

图　6-9

经过国内、国际市场行情分析得知,进口废纸比从国内采购价格要合适,并初步把市场锁定在加拿大。

📖 知识链接

国内外市场调研的常用方法

国际市场调研就是系统地收集、记录和分析信息,以供市场经营决策之用的各种活动,国际市场调研包括有国别调研、商品调研、竞争对手调研等。其常用的方法有如下三种。

1. 二手资料调研

二手资料调研即案头调研法,其信息来源渠道有企业内部有关档案资料、国际性组织提供的资料、外国(或地区)政府的有关机构提供的资料、国际商会和行业协会提供的资料、出版物和各类传媒机构、驻外机构提供的资料及有偿情报信息等。

2. 互联网调研

通过互联网调研也是二手资料调研的一种途径。随着互联网的使用在全球迅速发展,互联网日益成为许多公司进行国际市场调研的重要工具,它具有信息多、材料及时、时效性强、快速、方便和费用低等特点。

3. 实地调研

实地调研是国际市场调研人员采用实际调研的方式直接到国际市场上搜集情报信息的方法。采用这种方法搜集到的资料,就是第一手资料,也称为原始资料。其方法有询问法、观察法、实验法等。

6.2　熟悉进口商品及其监管条件

熟悉了解经营的产品,不仅要熟悉废纸的收集、废纸的技术指标、废纸的加工流程,而且要借助网络更多深入细致地熟悉该商品及海关对废纸进口的监管条件,为进口废纸充分做足准备工作,及时申领各种证书,这样才能保证把产品顺利报关进境。

6.2.1　熟悉进口商品的质量标准

工作内容

王宇在锁定加拿大为进口废纸的目标市场后,摆正其面前的首要任务尽快熟悉该产品。产品信息的搜集工作主要可分为实地搜集和网络搜集两种。实地搜集又包括去加拿大了解废纸的生产、销售和批发市场等信息,亲临这些市场即可直观地了解到产品的有关信息。鉴于现在网络信息非常丰富,为节省费用,王宇主要采用了网络搜集的方法。

操作过程

熟悉进口商品

登录相关网站 → 输入关键字 → 查找信息 → 整理信息

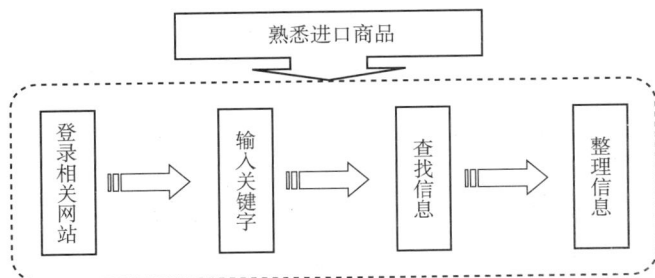

【步骤一】打开 IE 浏览器,输入阿里巴巴国际站网址 www.alibaba.com(见图 6-10)。

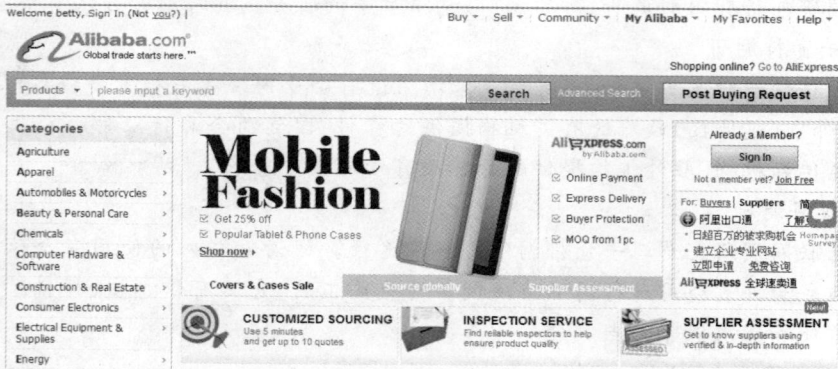

图 6-10

【步骤二】在产品搜索框内输入关键词 waste paper,然后单击"搜索"按钮,系统会呈现出许多废纸产品信息(见图 6-11)。

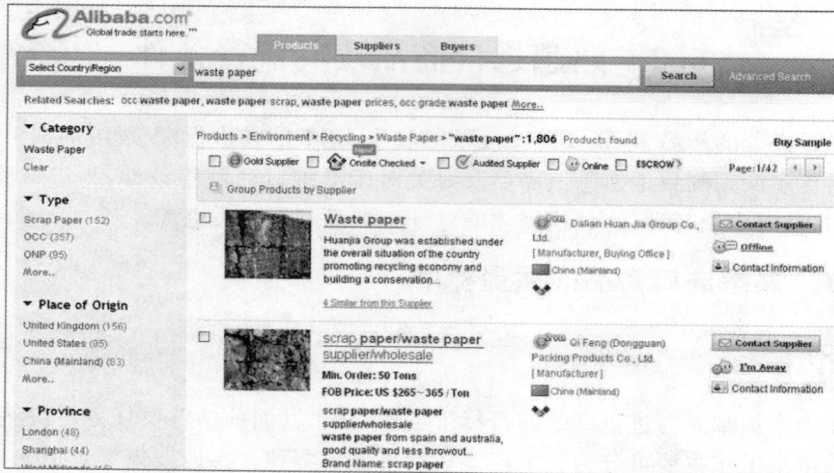

图 6-11

【步骤三】单击商品名称下面的链接后,页面会显示 Product Details 及 Company Profile,在产品详情中,又列有 Quick Details、Packaging & Delivery 和 Specifications,从中可以获悉产品的原产地、种类、牌号、包装方式、交货期及详细的规格(见图 6-12)。

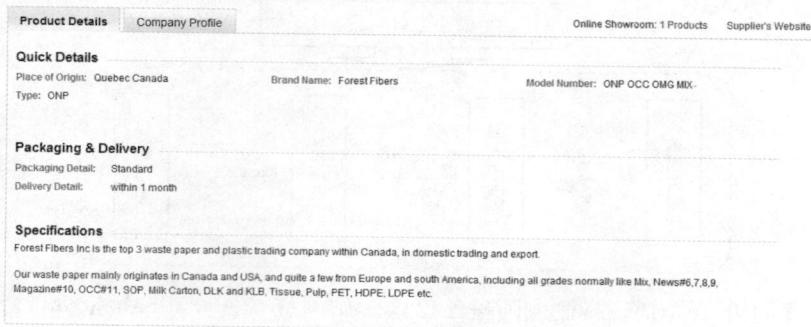

图 6-12

通过不断查阅,我们可以了解到 Waste Paper 只是一个产品的统称,具体又可细分出很多种类,不同的国家对此分类不同,大体有美废、欧废、日废之分。

【步骤四】经过搜集筛选各种信息,王宇制作产品信息表(见表 6-1)。

表 6-1 废纸产品信息表

产品图片(Goods Picture)	产品描述(Goods Description)
	Tissue Waste Paper Place of Origin:Ohio United States Packaging Details:In bale Delivery Time:Within 1. 5 month Min quantity:15MT Payment Terms:D/P,L/C
	Sorting Mixed Waste Paper 50% mixed paper ledger grade-coated and uncoated. (not brown) 25% brown grades-OCC-chip-BMC-cereal boxes etc. 15% plastics-HDPE-PET-butter tubs etc. 10% metal-aluminum-tin etc. Allowing 5% to 8% out throws and prohibitive
	Commodity Name:ONP(Old Newspaper) 　　　　　Waste Paper Place of Origin:Quebec Canada Packaging Details:Standard Delivery Time:Within 1 month Reference Price:At request Payment Terms:D/P,T/T
	Commodity Name:OCC♯11(Old Corrugated Cardboard) 　　　　　Waste Paper Place of Origin:Ontario,Canada Packaging Details:In bales Delivery Term:FOB,CFR,CIF Reference Price:At request Payment Terms:L/C,D/P Loading:20mt in each 40ft container

220

种类繁多的废纸

废纸种类繁多,可以从不同角度对其进行分类。

联合国粮农组织按废纸用途将废纸分为 4 大类:新闻纸和书籍废纸、纸板箱废纸、高质量废纸及其他废纸。

日本将废纸分为 9 类:上等白纸卡纸、特白中白马尼拉纸、有色道林纸、证券纸、牛皮纸、报纸、杂志纸、瓦楞箱板和硬纸板。

英国将废纸分为 11 类:不含机械浆的白色未印刷废纸、不含机械浆的白色已印刷废纸、含机械浆的白色和轻度印刷废纸、不含机械浆的有色废纸、含机械浆的重度印刷废纸、有色牛皮纸和马尼拉纸、新的牛皮挂面纸板、容器废纸、混合废纸、有色卡纸和含杂质废纸。

德国将废纸分为低级、中级、高级和保强废纸 4 大类。后者包括用过的防水或不防水的牛皮纸袋,用过或未用过的纯硫酸盐浆纸、旧瓦楞箱纸等。

美国将废纸分为三大类:纸浆代用品、可净化的废纸和普通废纸。纸浆代用品指白纸与白纸的切边,这类废纸经打散成纤维后不作进一步处理即可作为成浆使用。可净化的废纸经脱除印刷油墨后即可成浆使用。普通废纸包括旧报纸、旧瓦楞纸箱和混合废纸等。另一更细的分类法是将废纸分为 47 种,另列特殊等级 7 种,并颁布了《废纸原料标准》,使每个类别的废纸均有明确的质量标准。

6.2.2 熟悉海关对可用作原料的固体废物的监管条件

工作内容

为了防止"洋垃圾"对国内环境造成危害,我国海关对进口废物有严格的规定,只有在符合海关监管规定的条件下,海关才会对进口可用作原料的固态废物进行放行。为此,王宇要熟悉我国海关对废纸进口的监管条件,提前办妥各种证件,为废物进口做好准备工作。

操作过程

熟悉海关监管条件

登录网站 ⇒ 确定商品 ⇒ 查询信息 ⇒ 整理信息

【步骤一】打开 IE 浏览器,输入海关总署网址 http://www.customs.gov.cn(见图 6-13)。

【步骤二】选择服务版中的"网上查询"栏目,单击进入中国海关网上服务大厅(见图 6-14)。

图　6-13

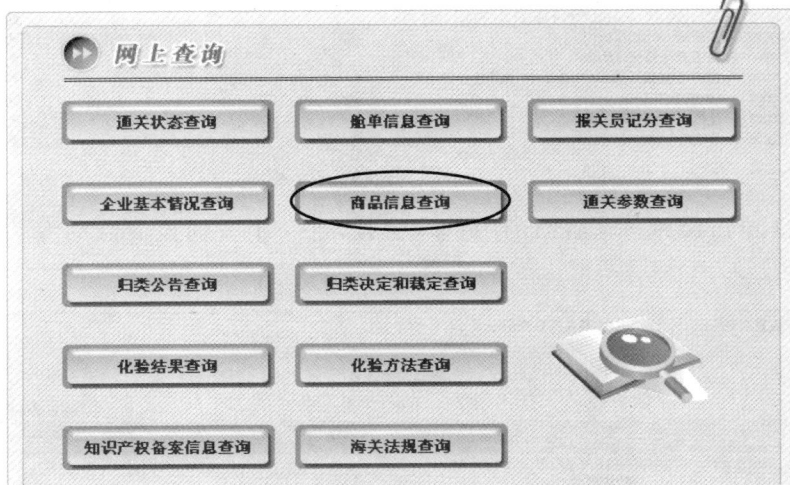

图　6-14

【步骤三】单击"商品信息查询"按钮,查询废纸海关编码及监管条件(见图 6-15)。

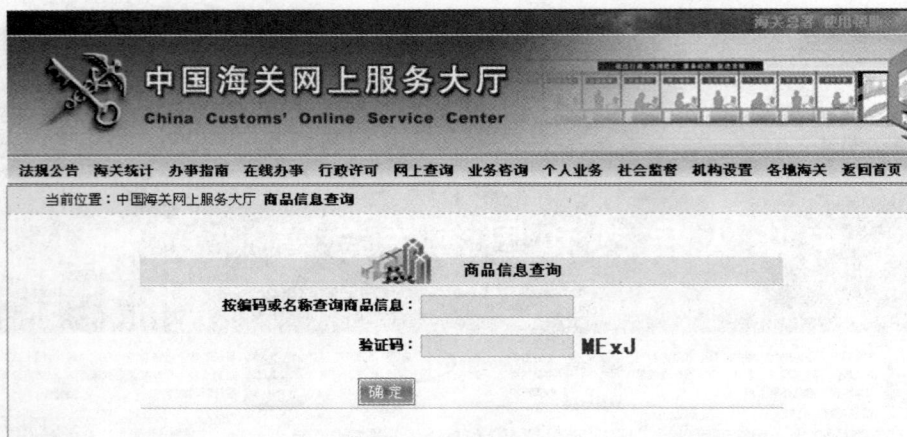

图　6-15

【步骤四】在商品信息查询页面显示可按编码或名称查询商品信息,鉴于废纸是长虹纸业公司开发的产品,王宇不熟悉其确切商品编码,故首先采用名称查询的方法查找该商品信息,在查询商品信息框中输入名称"废纸"并输入随机产生的验证码,单击"确定"按钮后,出现废纸的有关信息(见图 6-16)。

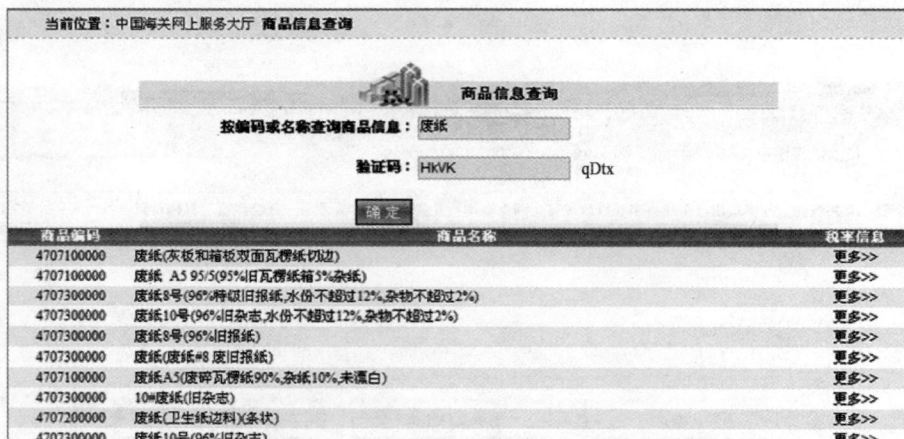

图　6-16

【步骤五】单击废纸 8♯ 后面的"更多"链接,进一步查询该商品的海关监管条件为7ABP(见图 6-17)。

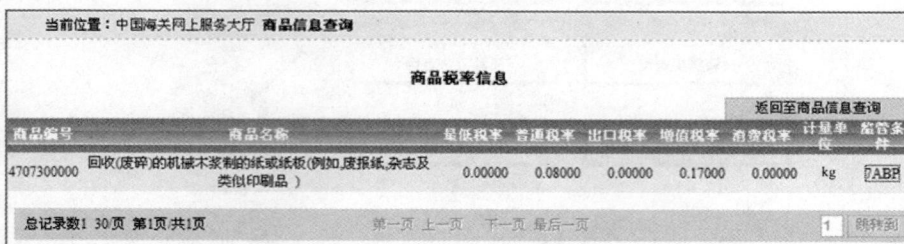

图　6-17

【步骤六】单击 7、A、B、P 对应的链接,查看具体需要哪些证书办理进口通关手续(见图 6-18)。

当前位置：中国海关网上服务大厅 **商品信息查询**		
	监管证件列表	
		返回至商品信息查询
许可证或批文代码	许可证或批文名称	进出口标志
7	自动进口许可证	进口
A	入境货物通关单	进口
B	出境货物通关单	出口
P	进口废物批准证书	进口
总记录数4 30页 第1页共1页	第一页 上一页　　下一页 最后一页	1　跳转到

图　6-18

代码"7"为自动进口许可证,是指进口商品实行自动进口许可管理,由商务部及其授权机构签发自动进口许可证。

通关要求:进口属于自动进口许可管理的货物,进口经营者应当在向海关申报前,向商务部授权的自动进口许可证发证机构领取《自动进口许可证》。海关凭《自动进口许可证》办理验放手续。

代码"A"为《入境货物通关单》,是指国家质量监督检验检疫机构根据《中华人民共和国进出口商品检验法》、《中华人民共和国动植物检疫法》和《中华人民共和国食品卫生法》等有关法律法规,对列入《出入境检验检疫机构实施检验检疫的进出境商品目录》的进口商品签发的入境货物通关单。

代码"B"为《出境货物通关单》,是指国家质量监督检验检疫机构根据《中华人民共和国进出口商品检验法》、《中华人民共和国动植物检疫法》和《中华人民共和国食品卫生法》等有关法律法规,对列入《出入境检验检疫机构实施检验检疫的进出境商品目录》的出口商品签发的出境货物通关单。

通关要求:进出口《出入境检验检疫机构实施检验检疫的进出境商品目录》中列名商品以及有关法律、法规明确由出入境检验检疫机构负责检验检疫的进出口货物,海关凭进出口口岸出入境检验检疫机构出具的《入/出境货物通关单》验放。

代码"P"为《进口废物批准证书》,是指根据《中华人民共和国固体废物污染环境防治法》和《废物进口环境保护管理暂行规定》及相关法律、法规,对列入《自动许可类可用作原料的固体废物目录》和《限制进口可用作原料的固体废物目录》的进口商品,由国家环保总局签发进口废物批准证书。

通关要求:列入《禁止进口废物目录》的废物禁止进口。进口列入《限制进口可用作原料的固体废物目录》、《自动许可类可用作原料的固体废物目录》的任何废物,海关凭国家环境保护总局签发并盖有"国家环境保护总局废物进口审批专用章"字样的《进口废物批准证书》、口岸检验检疫机构出具的《入境货物通关单》及其他有关单据办理验放手续。

从中可以获悉,国家对出口废纸只需要向海关提供《出境货物通关单》,而对进口废纸需要向海关提供《自动进口许可证》、《入境货物通关单》、《进口废物批准证书》等,只有三证齐全才能顺利完成进口通关手续。因此,王宇在对外签订进口废纸合同前,需要向环境保护部门申请《进口废物批准证书》、在合同履行前向天津商务委申领《自动进口许可证》,在办理进口报关手续前向天津出入境检验检疫局申请《入境货物通关单》。

【步骤七】打开 IE 浏览器,输入 http://www.zhb.gov.cn,登录中华人民共和国环境保护部网站,在右上角的全文检索框中输入关键词"进口废物管理目录"后,单击"搜索"按钮(见图 6-19),或者直接单击"高级检索",填写"撰写时间"、"标题"、"副标题"、"作者"、"正文"等选项,这样可以精准搜索范围(见图 6-20)。

图　6-19

图　6-20

从检索后的结果中发现,环境保护部会同商务部、国家发展和改革委员会、海关总署、国家质量监督检验检疫总局颁布的 2009 年第 36 号公告——关于调整进口废物管理目录的公告,对 2008 年公布的《进口废物管理目录》重新进行了调整,分为《禁止进口固体废物目录》、《限制进口类可用作原料的固体废物目录》和《自动许可进口类可用作原料的固体废物目录》。

王宇经过仔细查看,发现以下三种税则号的废纸属于自动许可类。

(1) 4707100000 回收(废碎)的未漂白牛皮、瓦楞纸或纸板;

(2) 4707200000 回收(废碎)的漂白化学木浆制的纸和纸板(未经本体染色);

(3) 4707300000 回收(废碎)的机械木浆制的纸或纸板(例如,废报纸、杂志及类似印刷品)。

鉴于天津长虹纸制品有限公司拟进口发行量过剩的废报纸,其税则号为 4707300000,因此,后面王宇还需要向环境部申请《自动许可进口类可用作原料的固体废物进口许可证》。

知识链接

进口废物管理制度

进口废物，俗称"洋垃圾"，是指在生产建设、日常生活和其他活动中产生的污染环境的有害物质、废弃物质，包括固体废物、液态废物和气态废物。国际上列入有害废物管理的共有 23 项。

据估计，全球每年产生垃圾 100 亿吨，有害废物 3 亿多吨，这些垃圾和废物绝大部分得不到有效处理，由此出现有害废物和垃圾在跨国间转移。一些发达国家将大量工业和生产垃圾，特别是有害废物以各种名义，通过各种渠道向发展中国家转移，我国也成为转移的受害对象。

我国于 1990 年加入了联合国环境计划署通过的《控制危险废物越境转移及其处置的巴塞尔公约》。国家环保局、外经贸部、海关总署、国家工商局、商检疫站局联合颁布了《废物进口环境保护管理暂行规定》，并于 1996 年 4 月 1 日起施行。

环境保护部、商务部、发展改革委、海关总署、国家质检总局于 2009 年 7 月 3 日联合发布的《关于调整进口废物管理目录的公告》（2009 年第 36 号）规定，自 2009 年 8 月 1 日起执行新的《禁止进口固体废物目录》、《限制进口类可用作原料的固体废物目录》和《自动许可进口类可用作原料的固体废物目录》。

6.3　办理进口单位付汇名录

为了防止国际热钱的流入及不法分子进行洗钱活动，我国对企业进口实行进口名录制度，进口企业应该向所属外汇管理局申请办理进口名录，外汇局统一向银行发布名录。不在名录的进口单位，银行不得直接为其办理进口付汇业务。

工作内容

王宇在熟悉了废纸的质量标准及其海关监管条件后，为了保证废纸进口后能够及时办理进口付汇手续，接下来王宇需要办理企业进口名录手续，为日后顺利付汇做好基础性工作。

操作过程

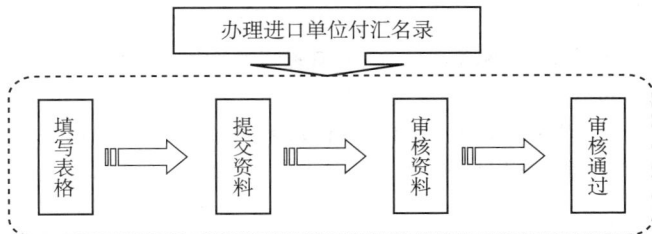

【步骤一】填写对外付汇进口单证名录登记申请表（见样例 6-1）。

样例 6-1

对外付汇进口单位名录登记申请表

序号:120103080715

单位名称	天津长虹纸制品有限公司		
单位地址	天津市静海县迎宾大道 1999 号		
组织机构代码	12030178—3		
经营期限	2008.07.15— 2018.07.14	经济类型	□国有企业 □三资企业 ☒私营企业
注册资本	人民币 200 万元	注册时间	2008 年 7 月 15 日
缴资情况		☒已缴齐　　□未缴齐	
联系电话	022-68812690	邮政编码	301600
公司经营范围	主要生产各类纸张及纸制品		

　　本公司已取得经营进出口资格,因公司发展需要,申请办理登记"进口付汇单位名录"手续。我公司保证所提供资料的真实性,并愿承担一切法律后果。

法人签章:　　　　　　　　公司公章:

经办人:王宇　　　　　　　　　　　　　　时间:2009-07-15

货物贸易进口付汇业务办理确认书

　　本单位已知晓、理解《中华人民共和国外汇管理条例》以及货物贸易进口付汇外汇管理法规规定,并已仔细阅读、知晓、理解本确认书告知和提示的外汇局监管职责。

　　兹确认,本单位承认并将认真遵守、执行下列条款。

　　(1)依法具有对外贸易经营权。对于本单位具有真实、合法交易基础的货物贸易进口付汇,在按规定提交有关真实有效单证的前提下,享有根据外汇管理法规规定便利办理货物贸易进口付汇的权利。

　　(2)对外汇局的具体行政行为包括行政处罚等,享有依法进行申诉提起行政复议和行政诉讼等法定权利。

　　(3)接受并配合外汇局对本单位货物进口外汇收支进行监督检查,及时、如实说明情况并提供相关单证资料;按规定进行相关的业务登记与报告;按照外汇局分类管理要求办理货物进口外汇收支业务。

　　(4)若违反外汇管理法规规定,接受外汇局依法实施的包括通报、罚款、列入负面信息名单、限制结算方式、对外公布相关处罚决定等在内的处理措施。

　　(5)知晓并确认本确认书适用于货物贸易进口外汇收支。本单位资本项目、货物贸易出口、服务贸易等其他项目外汇收支按照适用相关项目的外汇管理法规规定依法办理。本确认书未尽事项,按照有关外汇管理法规规定执行;相关外汇管理法规规定发生变化的,以新的外汇管理法规规定为准。

　　(6)本确认书自本单位签署时生效。本单位将认真学习并遵守货物贸易进口付汇外汇管理法规规定,积极支持配合外汇局对货物贸易进口付汇业务的管理和改革。

进口单位(公章):

法定代表人(签章):

二〇〇九年七月十五日

　　为进一步促进贸易便利化，更好地为企业服务，全面实施国家依法行政纲要，推进政府职能转变，外汇局根据《中华人民共和国外汇管理条例》及货物贸易进口付汇外汇管理法规规定等，制定本确认书，提示进口单位相关外汇管理法规规定和依法享有的权利。进口单位签署本确认书并认真执行，享有依法便利办理进口付汇业务的权利。

　　外汇局依据《中华人民共和国外汇管理条例》等法规规定，在货物贸易进口付汇具有真实、合法交易基础，满足有关单证真实性及其与外汇收支一致性审核要求的前提下，对货物贸易对外支付不予限制。

　　外汇局根据国际收支形势等具体情况，制定、调整货物贸易进口付汇外汇管理法规规定，并依法通过文告、外汇局政府网站等适当的公开、透明的方式予以公布。

　　外汇局依法对进口单位货物进口外汇收支进行监督检查。对进口单位未能遵守货物贸易进口付汇外汇管理法规规定的行为，按照《中华人民共和国外汇管理条例》等法规规定进行行政处罚。

【步骤二】提交相关资料。

进口单位应持《名录登记申请书》及提交下列材料到所在地外汇局。

（1）《对外贸易经营者备案登记表》，依法不需要办理备案登记的提交《中华人民共和国外商投资企业批准证书》或《中华人民共和国台、港、澳、侨投资企业批准证书》等相关证明材料；

（2）《企业法人营业执照》或《企业营业执照》；

（3）《中华人民共和国组织机构代码证》；

（4）《中华人民共和国海关进出口货物收发货人报关注册登记证书》；

（5）法定代表人签字、加盖单位公章的《货物贸易进口付汇业务办理确认书》；

（6）法定代表人有效身份证明（个人对外贸易经营者提供个人有效身份证明）；

（7）外汇局要求提供的其他材料。

【步骤三】外汇局审核。

外汇局对企业提交的上述材料进行审核，主要审核申请人递交的申请材料是否齐全真实，是否符合规定形式，能当场做出决定的，应当场告知已受理。外汇局不能当场做出准予行政许可或者不予行政许可决定的，应当自受理行政许可申请之日起 20 个工作日内做出决定。

【步骤四】审核通过。

外汇局审核上述材料无误后，将将天津长虹纸制品有限公司进口单位列入名录，并确定为 A 类进口单位，外汇局为其办理网上业务开户手续并向银行发布名录信息。

知识链接

可对外付汇进口单位名录

　　根据《贸易进口付汇核销监管暂行办法》，国家外汇管理局需要对"可对外付汇进口单位名录"和"由外汇局审核真实性的进口单位名单"进行管理。国家外汇管理局各级分局分别管理本地区的所有可直接到外汇指定银行办理进口付汇的"可对外付汇进口单位名录",该名录由外汇局向当地的银行公布。

银行进口付汇名录管理系统实现与外汇管理局的联网,联机实时查询,及时获取本地区进口付汇名单,企业办理付汇业务时,通过本系统进行查询,只有名录上许可的进口单位,才能直接在本银行办理付汇。

6.4 落实各种进口批文

为了杜绝"洋垃圾"对我国环境造成危害,我国对可用作原料的固态废物进口实行严格的管理,不仅国外供货商需要向中华人民共和国质量监督检验检疫总局办理供货商注册登记手续,而且国内收货人也需要向中华人民共和国质量监督检验检疫总局办理进口废物原料国内收货人登记手续,同时还要向环境部申领《废物进口许可证》。

6.4.1 办理国外供货商的注册证书

工作内容

根据国家质检总局制定的《进口可用作原料的固体废物国外供货商注册登记管理实施细则》的规定,国外供货商应通过国家质检总局"进口可用作原料的固体废物电子监管系统"(http://scrap.eciq.cn)提交注册登记、变更和延续申请,在网络注册登记申请成功后的30天内,应将全套书面注册登记材料寄送国家质检总局。通过网络申请注册登记的国外供货商在提交电子注册登记申请成功后,可获得查询密码,以便了解本企业注册登记工作的进展情况。

王宇受一家国外供货商 Ample Recycling Co. 委托,协助其办理国外供应商注册登记程序。为此,他积极了解国外供应商注册登记的内容,搜集相关资料,填写国外供应商注册登记申请书,完成国外供应商注册登记手续。

操作过程

办理国外供货商的注册证书

网上申请 → 书面申请 → 受理与审查 → 书面评审 → 发放证书

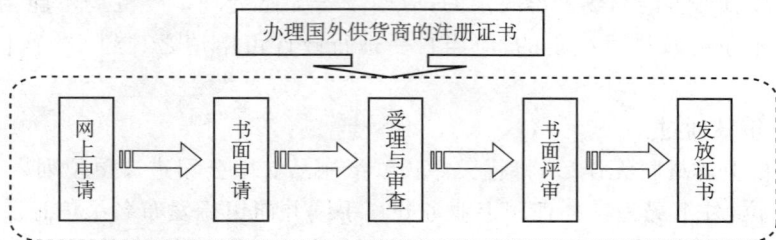

【步骤一】网上申请。

(1) 打开 IE 浏览器,输入网址 http://scrap.eciq.cn 登录进口废物原料电子监管系统的供货商服务界面(见图 6-21)。

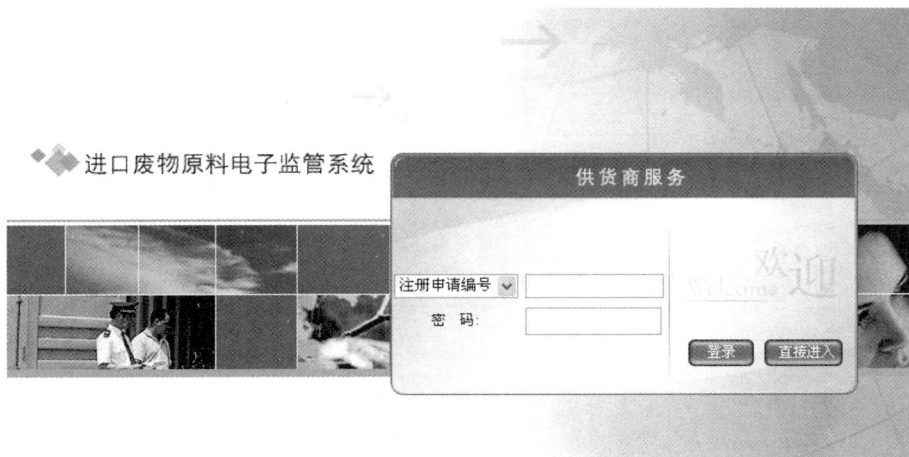

图　6-21

（2）单击"直接进入"按钮，进入"进境货物检验检疫监管系统"（见图6-22）。

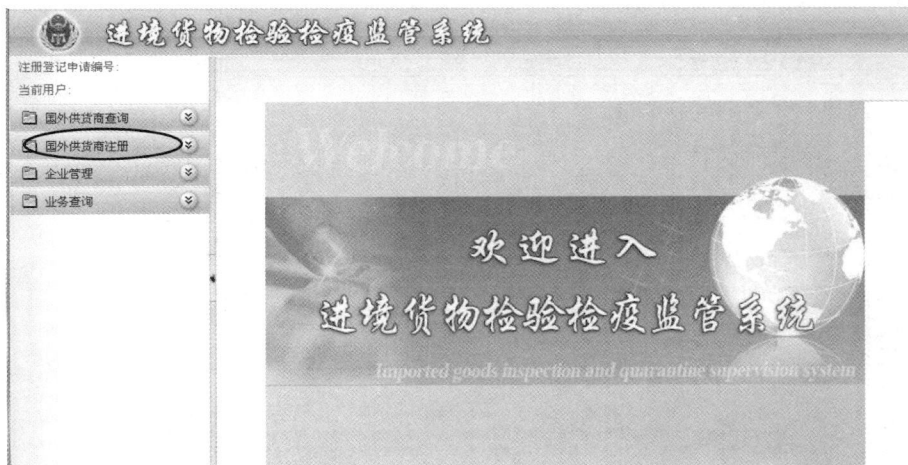

图　6-22

（3）单击左侧菜单栏中的"国外供货商注册"按钮，进行国外供货商在线注册。在正式办理注册之前，系统自动呈现出《进口可用作原料的固体废物国外供货商注册登记管理实施细则》（简称"实施细则"），提醒企业办理注册前要仔细阅读实施细则，阅读后单击"我同意注册"按钮，录入供货商信息进行在线注册（见图6-23）。

全部信息录入完毕，单击"提交"按钮，生成并打印注册登记申请书（见样例6-2）。

【步骤二】书面申请。

申请注册登记的国外供货商须通过互联网登录"进口可用作原料的固体废物检验检疫电子监管系统"提交注册申请书。在电子申请成功后30日内，将全套书面注册申请材料提交国家质检总局。

通过"进口可用作原料的固体废物检验检疫电子监管系统"生成并打印注册登记申请书；经公证的税务登记文件，有商业登记文件的还需提供经公证的商业登记文件；组织机构、

进口可用作原料的固体废物国外供货商注册登记申请书

（2009年版）

企业基本信息

供货商名称（英文）：*
供货商名称（中文）：
商业登记地址（英文）：*
商业登记地址（中文）：
办公地址（英文）：*
办公地址（中文）：
供货商国别/地区：　请选择　　　供货商性质：*　请选择
法定代表人：*　　　　联系电话：*
传真：*　　　　邮编：*
电子邮件：*　　　　代理人姓名：
代理人地址：
代理人单位：
代理人联系电话：　　　　代理人传真：
代理人E-mail：　　　　代理人邮编：
原注册登记证书编号：　　　　原注册登记证书有效截止期：

本次申请出口可用作原料的固体废物种类：*
☐ 矿废料　☐ 皮革废料　☐ 硅废碎料　☐ 橡胶废料　☐ 冶炼矿渣
☐ 木及软木废料　☐ 废纸　☐ 废纺织原料　☐ 金属和合金废料　☐ 混合废金属
☐ 废船舶　☐ 糖蜜　☐ 废塑料

企业基本情况

(1)主要部门和分选/打包厂情况

选择	名称	规模	从业人数（输入整数）	负责人	电话

(2)主要生产和检测设备情况

选择	设备名称	规格型号	主要用途	数量（整数）	购置年份	运行现状

(3)企业质量管理认证情况*

选择	认证种类*	认证机构*	证书编号*	有效截止日期*
○				

(4)特许经营证书

选择	证书名称*	证书号

(5)协会会员

选择	协会名称*

企业出口可用作原料的固体废物情况

从事出口可用作原料的固体废物行业年份：
首次向中国出口可用作原料的固体废物日期：
可用作原料的固体废物主要供货来源：* ☐ 收购 ☐ 生产加工
可用作原料的固体废物主要装运口岸：*

近三年向中国出口可用作原料的固体废物情况　注：如果无记录，出口量（吨）、检验检疫合格率%（浮点数）均填写0

选择	年份*	种类*	出口量（吨）*	检验检疫合格率%（浮点数）*
○	2010	请选择	0	0
○	2011	请选择	0	0
○	2012	请选择	0	0

申请人声明

本企业申请中华人民共和国质量监督检验检疫总局进口可用作原料的固体废物国外供货商注册登记，保证遵守中华人民共和国出入境检验检疫法律法规和环境保护技术法规的规定，对向中国大陆地区出口的可用作原料的固体废物进行环境保护控制，承担环保不合格货物的退运和由此产生的费用。

本企业提供的所有进口可用作原料的固体废物国外供货商注册登记申请资料真实准确，愿接受中华人民共和国国家质量监督检验检疫总局和授权的机构对本企业因申请上述注册登记而进行的评审、验证、检查、监督管理，并承担所需合理费用。

随附资料包括：

选择	文件清单	文件页数
☐	注册申请书	*　页
☐	商业登记文件和/或税务登记文件	*　页
☐	组织机构、部门和岗位职责	*　页
☐	固定办公场所及加工场地的资料（需有测量尺寸与计量单位的平面图和影像文件）	*　页
☐	ISO9001体系、RIOS体系等认证资格证书（彩色复印件）及相关作业指导文件	*　页

图　6-23

部门和岗位职责的说明；标明尺寸的固定办公场所平面图，有加工场地的，还应提供加工场地平面图，能全面展现上述场所、场地实景的视频文件或者三张以上照片；ISO 9001 质量管理体系或 RIOS 体系等认证证书彩色复印件及相关作业指导文件。

在电子提交注册申请成功后，申请人可以获得查询密码，以便了解申请注册登记工作的评审进展状况，并在取得注册登记资格后申请相关的装运前检验、了解口岸检验检疫监管状态。

样例 6-2

进口可用作原料的固体废物国外供货商
注册登记申请书

☒初次申请 ☐注册登记延续
☐注册登记变更 ☐重新申请

注册登记申请编号＿＿＿＿＿＿＿＿＿＿

供货商名称AMPLE RECYCLING CO.

供货商国别/地区加拿大

联系人王宇

联系电话022-68812690

中华人民共和国国家质量监督检验检疫总局 制

二○○九年版

供货商名称	AMPLE RECYCLING CO.		
商业登记地址	67 TIDWORTH ST,TORONTO,ONTARION,CANADA M1Y7		
办公地址	67 TIDWORTH ST,TORONTO,ONTARION,CANADA M1Y7		
法定代表人	MIKE AMPLE	邮编	M1Y7
电话	001-647-300-9868	传真	001-416-840-6862
电子邮件	belinda＠ample.com		
原注册登记证书编号		原注册登记证书	
注册登记变更内容			
本次申请出口可用作原料的固体废物种类	废纸		

企业基本情况

主要部门和分选/打包厂情况

名称	规模	从业人数	负责人	电话

主要生产和检测设备情况

设备名称	规格型号	主要用途	数量	购置年份	运行现状
打包机	Hy901	打包废纸	8	2008	良好
筛选机	Sx2010	筛选废纸	8	2007	良好

企业质量管理认证情况

认证种类	认证机构	证书编号	有效截止日期
ISO 9001	MOODY	123456789	2013-07-01
ISO 140001	MOODY	987654321	2013-07-08

企业出口可用作原料的固体废物情况

从事出口可用作原料的固体废物行业年份	2002	首次向中国出口可用作原料的固体废物日期	2005-01-01
可用作原料的固体废物主要供货来源	☒ 收购 ☒ 生产加工	可用作原料的固体废物主要装运口岸	多伦多

近三年向中国出口可用作原料的固体废物情况			
年份	种　类	出口量(批次/重量)	检验检疫合格率
2006	美废 3#	8 000 吨	100%
2007	美废 3#	5 000 吨	99%
	美废 5#	6 000 吨	100%
2008	美废 3#	4 000 吨	98%
	美废 8#	7 000 吨	100%
申请人声明	本企业申请中华人民共和国质量监督检验检疫总局进口可用作原料的固体废物国外供货商注册登记,保证遵守中华人民共和国出入境检验检疫法律法规和环境保护技术法规的规定,对向中国内地出口的可用作原料的固体废物进行环境保护控制,承担环保不合格货物的退运和由此产生的费用。 　　本企业提供的所有进口可用作原料的固体废物国外供货商注册登记申请资料真实准确,愿接受中华人民共和国国家质量监督检验检疫总局和授权的机构对本企业因申请上述注册登记而进行的评审、验证、检查、监督管理,并承担所需合理费用。 　　　　　　　　　　　法定代表人签名:MIKE AMPLE 　　　　　　　　　　　(企业印鉴)AMPLE RECYLING CO. 　　　　　　　　　　　　　　　　　2009 年 8 月 10 日		

【步骤三】受理与审查。

国家质检总局收到注册登记申请书面材料之日起 5 个工作日内,做出是否受理注册登记申请的决定。经审查,申请材料齐全、符合法定形式的,签发《进口可用作原料的固体废物国外供货商注册登记申请受理通知书》(见样例 6-3)。

样例 6-3

进口可用作原料的固体废物国外供货商
注册登记申请受理通知书

注册登记申请编号:A840042907

申请注册登记供货商名称:AMPLE RECYCLING CO.

受理意见:

根据《进口可用作原料的固体废物国外供货商注册登记管理实施细则》,经对你单位进口可用作原料的固体废物国外供货商注册登记申请进行审查,材料齐全,同意受理注册登记申请。

我局自受理国外供货商注册登记申请之日起 10 日内组成专家评审组,对申请材料实施评审。专家评审所需时间不计算在内。

　　　　　　　　　中华人民共和国国家质量监督检验检疫总局
　　　　　　　　　　　　　2009 年 8 月 16 日

【步骤四】书面评审。

国家质检总局自受理国外供货商注册登记申请之日起 10 个工作日内组成专家评审组,

实施书面评审，专家评审所需时间不计算在内。

评审组对国外供货商提交的申请材料进行书面评审，并按《进口可用作原料的固体废物国外供货商注册登记评审记录》的要求逐项审核。评审组应当在评审工作结束后做出评审结论，向国家质检总局提交评审报告。

【步骤五】发放证书。

国家质检总局自收到评审报告之日起 10 个工作日内做出是否准予注册登记的决定，对评审合格的国外供货商，准予注册登记，并颁发《进口可用作原料的固体废物国外供货商注册登记证书》（见样例 6-4）；对评审不合格的，不予注册，签发《进口可用作原料的固体废物国外供货商不予注册登记通知书》，并书面说明理由，告知申请人享有依法申请行政复议或者提起行政诉讼的权利。进口废物原料国外供货商注册登记证书有效期为 3 年。

样例 6-4

进口可用作原料的固体废物国外供货商注册登记证书

LICENCE OF REGISTRATION FOR OVERSEAS SUPPLIER ENTERPRISE OF IMPORTED SOLID WASTES AS RAW MATERIALS

经审核，你公司符合进口可用作原料的固体废物国外供货商注册登记条件，准予注册登记。

According to the evaluation, we hereby declare that the following enterprise is in conformance with the requirements of registration for overseas supplier enterprise of imported solid wastes as raw materials, and granted the permission for registration.

注册证书编号(Licence No.):
A840042907

企业名称(Name of Enterprise):
AMPLE RECYCLING CO.

国别/地区(Country/Region of Enterprise Located):
CANADA

企业地址(Address of Enterprise):
67 TIDWORTH ST, TORONTO, ONTARION, CANADA M1Y7

注册产品种类(Types of Registered Scrap Materials):
WASTE PAPER

有效期(Period of Validity):
2009 年 9 月 1 日至 2012 年 8 月 31 日
(From　SEPT.01, 2009 to　AUG. 31, 2012)

中华人民共和国国家质量监督检验检疫总局
General Administration of Quality Supervision,
Inspection and Quarantine of the People's Republic of China

知识链接

可用作原料的固体废物的国外供货商注册登记

《固体废物进口管理办法》中固体废物,是指在生产、生活和其他活动中产生的丧失原有利用价值或者虽未丧失利用价值但被抛弃或者放弃的固态、半固态、液态和置于容器中的气态的物品、物质以及法律、行政法规规定纳入固体废物管理的物品、物质。

实际进口业务中固体废物主要是指橡胶废料、废纺织原料、木及软木废料、皮革废料、废金属、废塑料、废纸、废船舶等。

可用作原料的固体废物的国外供货商应通过进口废物原料电子监管系统进行注册登记。进口废物原料电子监管系统具有境外供货企业管理、装运前检验证书核销、到货查验、风险预警等功能,实现了对进口废物原料从受理报检到生成风险预警全过程的电子化。通过使用该系统,可及时识别企业申报的无效信息,防止不合格废物原料变换口岸非法入境,成为提高检验把关有效性的重要手段。

国外供货商申请注册登记应当符合下列条件。

(1) 具有所在国家(地区)合法的经营资质;

(2) 具有固定的办公场所;

(3) 熟悉并遵守中国检验检疫、环境保护的法律法规和规章;

(4) 获得 ISO 9001 质量管理体系、RIOS 体系等认证;

(5) 企业应当保证其产品符合与其申请注册登记废物原料种类相适应的中国有关安全、卫生和环境保护的国家技术规范的强制性要求;

(6) 具有相对稳定的供货来源,并对供货来源有环保质量控制措施;

(7) 近 3 年内未发生过重大的安全、卫生、环保质量问题;

(8) 具有在互联网申请注册登记及申报装运前检验的能力,具备放射性检测设备及其他相应的基础设施和检验能力。

国外供货商申请注册登记应当提供以下材料。

(1) 通过"进口可用作原料的固体废物检验检疫电子监管系统"生成并打印的注册登记申请书;

(2) 经公证的税务登记文件,有商业登记文件的还需提供经公证的商业登记文件;

(3) 组织机构、部门和岗位职责的说明;

(4) 标明尺寸的固定办公场所平面图,有加工场地的,还应提供加工场地平面图,能全面展现上述场所、场地实景的视频文件或者三张以上照片;

(5) ISO 9001 质量管理体系或 RIOS 体系等认证证书彩色复印件及相关作业指导文件。

提交的文字材料,须用中文或中外文对照文本。

6.4.2 办理国内收货人的登记证书

工作内容

为保护我国环境,提高进口废物原料质量,规范对进口废物原料国内收货人的监督管理,根据《中华人民共和国进出口商品检验法实施条例》第二十二条的有关规定,对进口废物原料国内收货人实施登记管理。王宇在协助国外供货商办妥《进口可用作原料的固体废物国外供货商注册登记证书》同时,公司经理要求王宇着手办理《进口可用作原料的固体废物国内收货人注册登记证书》。

操作过程

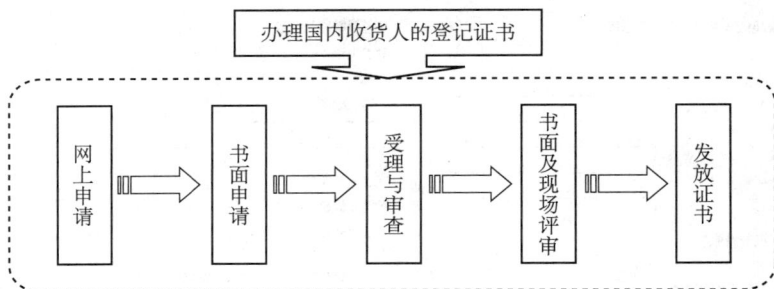

【步骤一】网上申请。

(1) 打开 IE 浏览器,输入网址 http://scrapconsignee.eciq.cn/登录进口废物原料电子监管系统国内收货人注册管理界面(见图 6-24)。

(2) 单击"直接进入"按钮,进入"进境货物检验检疫监管系统"(见图 6-25)。

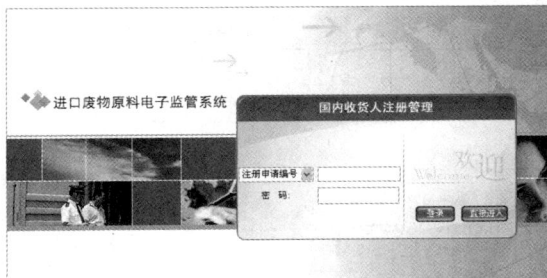

图 6-24

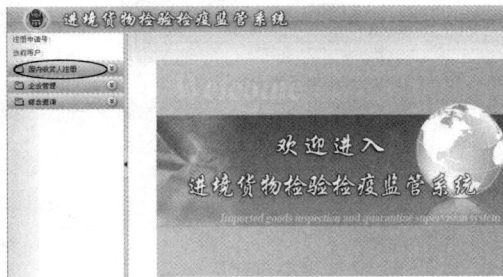

图 6-25

(3) 单击左侧菜单栏中的"国内收货人注册"按钮,进行国内收货人在线注册。在正式办理注册之前,系统会自动呈现出《进口可用作原料的固体废物国内收货人注册登记管理实施细则》(试行,简称《实施细则》),提醒企业办理注册前要仔细阅读《实施细则》,阅读后单击"我同意注册"按钮,录入收货人信息进行在线注册(见图 6-26)。

信息录入完毕,单击"提交"按钮,生成并打印《进口可用作原料的固体废物国内收货人注册登记申请书》(见样例 6-5),至此国内收货人电子注册完成。

【步骤二】书面申请。

收货人打印《进口可用作原料的固体废物国内收货人注册登记申请书》并向国家质检总局提出登记申请。

【步骤三】受理与审查。

直属检验检疫局自收到注册登记申请书面材料之日起 5 个工作日内,做出是否受理注册登记申请的决定。

进口可用作原料的固体废物国外供货商注册登记申请书 ❓

（2009年版）

企业基本信息

供货商名称（英文）：*	
供货商名称（中文）：	
商业登记地址（英文）：*	
商业登记地址（中文）：	
办公地址（英文）：*	
办公地址（中文）：	

供货商国别/地区：*　请选择　供货商性质：* ❓　请选择

法定代表人：*		联系电话：*	
传真：*		邮编：*	
电子邮件：*		代理人姓名：	

代理人地址：

代理人单位：

代理人联系电话：		代理人传真：	
代理人Email：		代理人邮编：	

原注册登记证书编号：　　　原注册登记证书有效截止期：

本次申请出口可用作原料的固体废物种类：*

- ☐ 矿废料　☐ 皮革废料　☐ 硅废碎料　☐ 橡胶废料　☐ 冶炼矿渣
- ☐ 木及软木废料　☐ 废纸　☐ 废纺织原料　☐ 金属和合金废料　☐ 混合废金属
- ☐ 废船舶　☐ 罐壳　☐ 废塑料

企业基本情况

(1)主要部门和分选/打包厂情况 [增加] [删除]

选择	名称	规模	从业人数（输入整数）	负责人	电话

(2)主要生产和检测设备情况 [增加] [删除]

选择	设备名称	规格型号	主要用途	数量（整数）	购置年份	运行现状

(3)企业质量管理认证情况：* [增加] [删除]

选择	认证种类*	认证机构*	证书编号*	有效截止日期*
○				

(4)特许经营证书 [增加] [删除]

选择	证书名称*	证书号

(5)协会会员 [增加] [删除]

选择	协会名称*

企业出口可用作原料的固体废物情况

从事出口可用作原料的固体废物行业年份		首次向中国出口可用作原料的固体废物日期	

可用作原料的固体废物主要供货来源：* ☐ 收购 ☐ 生产加工　可用作原料的固体废物主要装运口岸：*

近三年向中国出口可用作原料的固体废物情况 [增加] [删除]　注：如果无记录，出口量（公吨）、检验检疫合格率%（浮点数）均填写0

选择	年份*	种类*	出口量（公吨）*	检验检疫合格率%（浮点数）*
○	2010	请选择	0	0
○	2011	请选择	0	0
○	2012	请选择	0	0

申请人声明

本企业申请中华人民共和国质量监督检验检疫总局进口可用作原料的固体废物国外供货商注册登记，保证遵守中华人民共和国出入境检验检疫法律法规和环境保护技术法规的规定，对向中国大陆地区出口的可用作原料的固体废物进行环境保护控制，承担环保不合格货物的退运和由此产生的费用。

本企业提供的所有进口可用作原料的固体废物国外供货商注册登记申请资料真实准确，愿接受中华人民共和国国家质量监督检验检疫总局和授权的机构对本企业因申请上述注册登记而进行的评审、验证、检查、监督管理，并承担所需合理费用。

随附资料包括：

选择	文 件 清 单	文件页数
☐	注册申请书	* ___ 页
☐	商业登记文件和/或税务登记文件	* ___ 页
☐	组织机构、部门和岗位职责	* ___ 页
☐	固定办公场所及加工场地的资料（需有测量尺寸与计量单位的平面图和影像文件）	* ___ 页
☐	ISO9001体系、RIOS体系等认证资格证书（彩色复印件）及相关作业指导文件	* ___ 页

[提交] [返回]

图　6-26

样例 6-5

进口可用作原料的固体废物国内收货人
注册登记申请书

申请形式：☒初次申请　　　☐ 延续换证
　　　　　☐ 注册登记变更　☐ 重新申请

申请编号 _____

企业名称 ___天津长虹纸制品有限公司___

企业所在地 _____天津市静海县_____

联系人 _____王宇_____

联系电话 ___022-68812690___

申请日期 _2009_ 年 _8_ 月 _8_ 日

国家质量监督检验检疫总局　制

二〇〇九年版

企业名称（中文）	天津长虹纸制品有限公司			
企业名称（英文）	Tianjin Changhong Paper Products Co. ,Ltd.			
企业地址	工商注册地址：天津市静海县迎宾大道 1999 号 办公地址：天津市静海县迎宾大道 1999 号			
组织机构代码	12030178—3	法定代表人	刘长虹	
联系电话	022-68812690	联系传真	022-68812691	
E-mail	changhongpeper@126.com	邮政编码	301600	
从事进出口 贸易日期	2009 年 6 月	首次进口可用作原料的 固体废物日期	无	
前次注册 登记证书编号	无			
注册登记变更内容	☐地址 新地址： ☐法定代表人 新法定代表人： ☐利用单位：			
主要进口口岸	天津新港			
主要国外供货商	AMPLE RECYCLING CO. CAC ENTERPRISES GROUP INC. GUANGDA DEVELOPMENT(USA) INC. KOFA INTERNATIONAL LTD.			
代理的国内利用单位	天津长虹纸制品有限公司			

主要部门情况	名称	人数	负责人	电话
	天津长虹纸制品 有限公司	100	刘长虹	022-68812690

加工设备和检测设备	设备名称	规格型号	主要用途	数量	购置年份	运行现状
	大型纤维 切断机	Hy—900	粉碎纤维	3 台	2003 年	良好
	打包机	全自动	打包	2 台	2003 年	良好

	认证种类	认证机构	证书编号	颁发日期
质量管理认证情况	ISO 9001:2008	中国质量认证中心	00109Q123456789/1234	2008.08.24
	ISO 14001	中国质量认证中心	××—2009—1234	2008.08.31

	年份	种类	进口量/t	检验检疫合格率/%
近两年进口可用作原料的固体废物情况				

申请人声明	本企业申请进口可用作原料的固体废物国内收货人注册登记,保证遵守中华人民共和国出入境检验检疫法律、法规和中国环境保护技术法规、相关环境保护控制标准和其他相关法规的规定;提供的申请资料真实准确;愿支付对本企业评审、验证、检查、监督管理等发生的一切合理费用;如实申报进口可用作原料的固体废物的来源和流向;愿意承担垫付处置环保不合格货物所需的费用。 法定代表人签名:刘长虹 (企业公章)天津××纸制品有限公司 2009年8月8日

【步骤四】书面评审与现场评审。

直属检验检疫局受理国内收货人注册登记申请后,应于10个工作日内组成专家评审组对申请人进行评审。评审组负责对申请人提供的书面材料进行书面评审以及对书面评审合格的申请人进行现场评审。

【步骤五】发放证书。

直属检验检疫局自收到评审报告之日起10个工作日内做出是否准予注册登记的决定。

对评审合格的申请人,准予注册登记,颁发《进口废物原料国内收货人登记证书》(见样例6-6),并报国家质检总局备案,《进口废物原料国内收货人登记证书》有效期为3年。

样例 6-6

进口废物原料国内收货人

登记证书

经审核，你企业符合进口废物原料国内收货人登记条件，准予登记。

注册证书编号：
B1209038X
企业名称：
天津长虹纸制品有限公司
TIANJIN CHANGHONG PAPER PRODUCTS CO., LTD.
企业地址：
天津市静海县迎宾大道1999号
所代理的加工利用企业：
天津长虹纸制品有限公司
证书有效期：
2009年9月8号至2012年9月7号

中华人民共和国国家质量监督检验检疫总局

知识链接

进口废物原料国内收货人的登记申请

国家质检总局统一管理全国进口废物原料国内收货人注册登记及其监督管理；国家质检总局设在各地的直属检验检疫局负责所辖区域国内收货人注册登记申请的受理、评审、批准、变更、延续和日常监督管理工作。

从事废物原料进口的国内收货人，都应取得注册登记。国内收货人或其代理人凭注册登记证书（或复印件）及相关材料向口岸检验检疫机构报检。

国内收货人不自行开展加工利用进口废物原料的，应当将进口废物原料交付给《可用作原料的固体废物进口许可证》（以下简称"进口许可证"）载明的利用单位，如实记录货物流向，并保存货物的交付凭据。

收货人必须具备以下条件。

（1）具有进出口贸易权限的合法经营企业；

（2）有固定的办公场所；

（3）遵守中国环境保护技术法规和相关环境保护控制标准；

（4）应建立并已实施质量管理制度；

（5）具有相对稳定的供货来源和国内加工利用企业。

收货人向国家质检总局提出登记申请，应提供以下书面材料。

（1）打印填写的《进口可用作原料的固体废物国内收货人注册登记申请书》；

（2）工商营业执照及其加盖公章的复印件；

（3）组织机构代码证书及其加盖公章的复印件；

（4）《对外贸易经营者备案注册登记证》等进出口资质许可文件及其加盖公章的复印件；

（5）质量管理体系文件，对于已经获得 ISO 9001 等质量体系认证的，还应提供质量体系认证证书及其加盖公章的彩色复印件；

（6）代理国内利用单位进口的，应当提供代理进口文件、加盖公章的国内利用单位组织机构代码证书复印件、国内利用单位经当地环保部门批准准予利用进口废物原料的相关文件证明，如《进口可用作原料的固体废物利用单位备案表》。

6.4.3 申请废物进口许可证

工作内容

为防止"洋垃圾"对我国环境造成危害，我国对进口可用作原料的固体废物实行许可证管理，分为限制类和自动许可类，废纸税号 4707100000、4707200000、4707300000 属于自动许可类，废纸税号 4707900010、4707900090 属于限制许可类。天津长虹纸制品有限公司拟进口的美废 8♯ 属于自动许可类。为此，王宇着手办理废物进口许可证申领手续。

操作过程

申请废物进口许可证

填写申请表 → 准备其他材料 → 审核与公示 → 缴纳证书费用 → 发放许可证

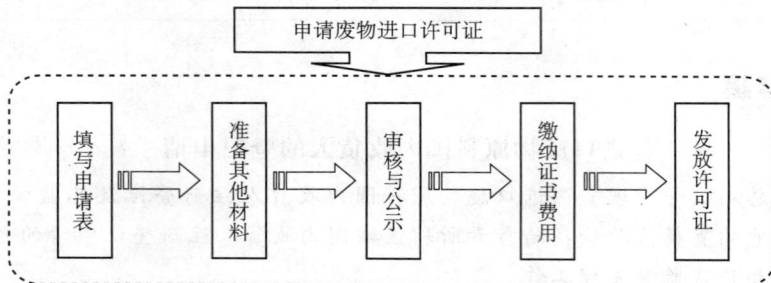

【步骤一】填写申请表。

（1）打开 IE 浏览器，输入 http://ncswm.sepa.gov.cn 登录国家环保总局固废管理中心网站（见图 6-27）。

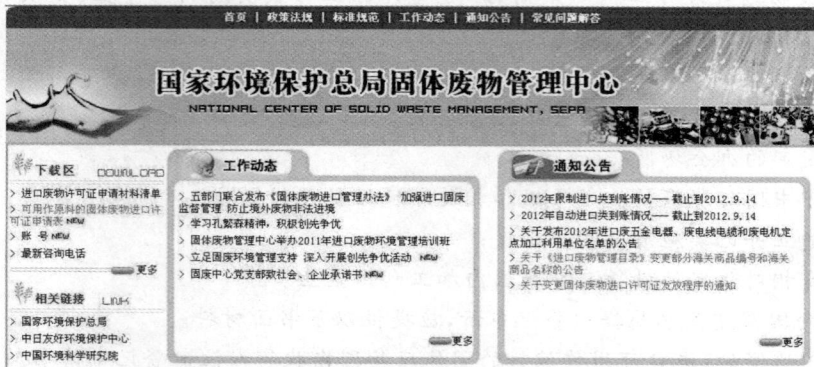

首页 政策法规 标准规范 工作动态 通知公告 常见问题解答

国家环境保护总局固体废物管理中心
NATIONAL CENTER OF SOLID WASTE MANAGEMENT, SEPA

下载区 DOWNLOAD
- 进口废物许可证申请材料清单
- 可用作原料的固体废物进口许可证申请表 NEW
- 账号 NEW
- 最新咨询电话
更多

相关链接 LINK
- 国家环境保护总局
- 中日友好环境保护中心
- 中国环境科学研究院

工作动态
- 五部门联合发布《固体废物进口管理办法》 加强进口国废监督管理 防止境外废物非法进境
- 学习孔繁森精神，积极创先争优
- 固体废物管理中心举办2011年进口废物环境管理培训班
- 立足国废环境管理支持 深入开展创先争优活动 NEW
- 国废中心党支部服务社会、企业承诺书 NEW
更多

通知公告
- 2012年限制进口类到账情况——截止到2012.9.14
- 2012年自动进口类到账情况——截止到2012.9.14
- 关于发布2012年进口废五金电器、废电线电缆和废电机定点加工利用单位名单的公告
- 关于《进口废物管理目录》变更部分海关商品编号和海关商品名称的公告
- 关于变更固体废物进口许可证发放程序的通知
更多

图 6-27

（2）在左侧下载区内，单击"可用作原料的固体废物进口许可证申请表"下载申请表（见样例 6-7）。

样例 6-7

可用作原料的固体废物进口许可证申请表

加工利用企业（申请单位）	天津长虹纸制品有限公司（章）	
加工利用企业组织机构代码	12030178—3	
进口方式	自营进口 ☒　　　委托代理进口 □	
进口企业	天津长虹纸制品有限公司（章）	
进口企业组织机构代码	12030178—3	
进口企业海关代码	0201968123	
申请的进口废物类别	限制进口类 □　　　自动许可进口类 ☒	
申请的进口废物名称	废纸	
进口废物海关商品编号	4707	
申请进口数量/吨	2 000	
申请 2009 年度许可证	申领许可证分证份数　　9 份	
贸易方式	一般贸易 ☒　　　加工贸易 □	
报关口岸	天津	
申请类型	三年内首次申请 ☒　　　年度首次申请 □ 年度非首次申请 □ 变更 □　　延期使用 □　　遗失换证 □	
加工利用企业联系人	姓名 王宇　　　　固定电话 022-68812690 手机 18920810378　　传　真 022-68812691	
进口企业联系人	姓名 王宇　　　　固定电话 022-68812690 手机 18920810378　　传　真 022-68812691	
受理机关受理人		
受理日期		
受理意见	受　理 □　　　不受理 □	

中华人民共和国环境保护部　制

1. 基本情况

加工利用企业	法人名称（中文）：天津长虹纸制品有限公司　　　　（章）
	法人名称（英文）：TIANJIN CHANGHONG PAPER PRODUCTS CO. ，LTD.
	工商营业执照号：120168700084353
	国税税务登记证号：1201689123456789
	住所： 天津市省（区、市）＿＿＿市（地、州、盟）静海县（区、市、旗） 迎宾大道 1999 号　　邮编：301600
	法定代表人：刘长虹　电话：022-68812690　手机：18920810378 传真：022-68812691　E-mail：changhongpaper@126.com
	是否应当实施强制性清洁生产审核　□ 是　□ 否 是否开展了清洁生产审核　　　　□ 是　□ 否

进口企业	法人名称(中文):天津长虹纸制品有限公司　　　　　(章)
	法人名称(英文):TIANJIN CHANGHONG PAPER PRODUCTS CO. ,LTD.
	工商营业执照号:120168700084353
	进口废物国内收货人注册登记证书号:B12090389
	住所: 天津市省(区、市)＿＿＿市(地、州、盟)静海县县(区、市、旗) 迎宾大道 1999 号　　邮编:301600
	法定代表人:刘长虹　电话:022-68812690　手机:18920810378 传真:022-68812691　E-mail:changhongpaper@126.com

加工利用企业对所申请的进口废物的总加工利用能力/(吨·年$^{-1}$):2 000

说明:废纸、废塑料(废光盘破碎料、废 PET 饮料瓶砖除外)、废五金、废钢铁、废纺织原料、含钒废料、木废料、废糖蜜、硅废碎料的加工利用能力可按照大类填写,其他品种的加工利用能力按照具体品种填写

| 变更/延期使用/
遗失换证申请 | 原许可证号: |
| | 申请内容和理由: |

备注:

2. 生产场地、设施、设备情况表(内容填写略)

加工利用场地地址:
＿＿＿＿省(区、市)＿＿＿＿市(地、州、盟)＿＿＿＿县(区、市、旗)
＿＿＿＿＿＿＿＿邮编:

| 总面积/m² | | 生产加工区面积/m² | |

备注:

1. 总面积:指加工利用设施所在厂区的总面积,包括办公、道路、生产加工区、仓储等区域的面积。

2. 生产加工区面积:指加工利用所申请的进口废物的直接操作区域(包括贮存区域)的面积,不包括行政办公场所、道路、绿地以及其他与直接加工利用进口废物活动无关区域的面积

本加工利用场地设施对所申请的进口废物的加工利用能力/(吨·年$^{-1}$):

对所申请的进口废物的主要加工利用设施、设备

名　称	规格型号	数　量	处理的废物名称和类别	设计能力	备　注

备注:

注:①本表可增加附页;②加工利用场地地址按照企业加工利用进口废物的设施所在的实际地址填写,有多个加工利用设施且地址不同的,要每个地址填写一张表。

3. 污染防治设施和措施情况表(内容填写略)

废水、废气、噪声治理设施情况
固体废物(包括对进口固体废物中夹杂物)的贮存设施情况及处理处置方案
其他污染防治措施及需要说明的问题
备注:

注:①本页可增加附页;②有多个加工利用设施且地址不同的,要对每个地址的污染防治设施和措施填写一张表;③委托其他单位对污水、进口固体废物加工利用后所产生的残余废物及其他污染物进行利用处置的,应当提供委托合同和所委托单位相关资质证明的复印件。

4. 所申请进口固体废物的加工利用情况(内容填写略)

废 物 名 称	典型组成成分及其比例	可能夹杂物、危害物质及其比例
产生过程		

　　加工利用流程和最终产品名称(按照每类进口废物分别填写,生产流程末端必须注明加工利用固体废物所得的原料或者产品的种类或者名称)

注:本页可增加附页。

5. 申请单位声明(内容填写略)

　　我声明,据我所知,本申请表及有关附带资料是完整的、真实的和正确的。本单位保证遵守中华人民共和国环境保护法律、法规、固体废物进口管理的各项规定和相关环境保护控制标准及要求,将进口的固体废物全部在本单位以环境无害化方式加工利用,对无法加工利用的固体废物进行无害化处理处置,并如实记录加工利用进口废物的情况,接受有关部门的监督检查。

　　　　　　　　申请单位(加工利用企业)法定代表人签名:刘长虹
　　　　　　　　　(单位公章)天津长虹纸制品有限公司

　　　　　　　　　　　　　　　　　　　　　　　　2009 年 8 月 16 日

本部分仅限代理进口企业填写:

　　我声明,据我所知,本单位保证遵守中华人民共和国环境保护法律、法规、固体废物进口管理的各项规定和相关环境保护控制标准及要求,将进口的固体废物全部交付所代理的加工利用企业使用,并如实记录进口废物的来源、种类、重量或数量、去向等情况,接受有关部门的监督检查。

　　　　　　　　　　　　　　代理进口企业法定代表人签名:
　　　　　　　　　　　　　　　　　　(单位公章)

　　　　　　　　　　　　　　　　　　　　年　月　日

【步骤二】准备其他材料。

　　依据《进口可用作原料的固体废物环境保护管理规定》(环境保护部公告 2011 年第 23 号,以下简称"规定")要求,申请可用作原料的固体废物进口许可证的企业限为固体废物加工利用企业。首次申请时需要提交申请材料如下:

　　(1)书面申请报告。

　　(2)《进口可用作原料的固体废物进口许可证申请表》。

　　(3)《进口可用作原料的固体废物加工利用企业环境保护报告》。

　　内容包括:单位基本情况;生产场地、设施、设备和工艺情况;上年度生产经营情况,包括可用作原料的固体废物进口、加工利用情况;环境保护及污染防治情况,包括企业环境保护的管理规章制度,污染物排放达标情况,污染防治设施及其运行情况,固体废物利用处置情况,缴纳排污费情况,排污申报情况,环保守法情况;存在问题和改进措施;其他相关情况。

(4) 企业资质证明材料(所有材料的复印件需加盖企业公章,并注明"此复印件与原件相同"和日期)。

① 企业年检有效的法人营业执照副本复印件。

② 组织机构代码证书副本复印件。

③ 一般纳税人资格证书(或者加盖"增值税一般纳税人"字样的国税税务登记证)的复印件。

④ 进口方式和贸易方式不同所需材料不同。

A. 进口方式。

自营进口的:《进口可用作原料的固体废物国内收货人注册登记证书》复印件、《进出口货物收发货人报关注册登记证书》的复印件。

委托代理进口的:代理进口企业年检有效的工商营业执照副本复印件、组织机构代码证书副本复印件、《进口可用作原料的固体废物国内收货人注册登记证书》复印件、《进出口货物收/发货人报关注册登记证书》以及代理进口合同复印件。代理进口合同中应当订明以下条款:a. 有关进口固体废物的种类、数量、价格和质量要求;b. 有关进口固体废物必须符合我国进口固体废物环境保护控制标准,以及对不符合环境保护控制标准固体废物退运责任的规定;c. 有关不得将所进口固体废物弃货以及不得转让固体废物进口许可证的规定。

B. 贸易方式。

申请以加工贸易方式进口:提供商务主管部门签发的有效的加工贸易业务批准文件复印件或者所处出口加工区管理机构出具的加工贸易业务证明。

(5) 企业符合建设项目环境保护管理规定的必要文件。

① 建设项目环境影响报告书(或报告表、登记表)及其批准文件。

② 项目竣工环境保护验收批准文件的复印件。

③ 需要进口固体废物试生产的企业,应当提供试生产批准文件的复印件。

(6) 申请表填报的生产场地的照片及其文字说明。

包括厂区入口及厂牌、厂区概览、原料和成品储存场地、加工利用场地、设施、设备、污染防治设施设备的彩色照片及文字说明。

(7) 企业环保制度和措施。

① 有关经营情况记录簿样本(可参考 23 号公告附七)。

② 环境监测等环境管理制度文本(包括环境监测方案、监测指标和频率以及应急监测预案)。

③ 有关环境保护岗位职责与考核标准的规章制度。

④ 相关工作人员和管理人员的环保培训材料等。

⑤ 相关防止进口不符合国家环境保护控制标准的固体废物的管理制度和措施。

(8) 省级环境保护行政主管部门的监督管理情况。

① 申请自动进口类:提交省级环境保护行政主管部门出具的对加工利用企业监督管理情况表(23 号公告附四)。

② 申请限制进口类：提交省级环境保护行政主管部门出具的对加工利用企业监督管理情况及初审意见表（23 号公告附五）。

③ 无论申请自动类还是限制类，均需提交 6 个月以内的废水、废气、噪声的监测报告。

④ 如果污水、不可利用废物委托其他单位处理的，需要提交委托合同和被委托单位相关资质证明文件的复印件。

⑤ 危险废物必须交由有危废经营许可证的单位处理。

（9）强制性清洁生产审核。

应当实施强制性清洁生产审核的企业，应提供通过清洁生产审核评估验收的证明文件的复印件，若尚未进行评估验收，则提供清洁生产审核报告、向环保部门递交的评估验收申请及回执的复印件。

（10）其他有关证明材料。

注：非首次申请的，只需提交 1、2、4、8 项申请材料。

【步骤三】审核与公示。

环境保护部固体废物管理中心收到申请许可证材料后，在网上进行公示（见图 6-28 和图 6-29）。公示表说明环境保护部固体废物管理中心收到企业的申请后，按照国家有关规定进行了审核，且已经报送至上级主管部门，但该申请尚未得到批准。企业看到公示表后，可以按规定将登记费汇到环境保护部固体废物管理中心公布的账号。

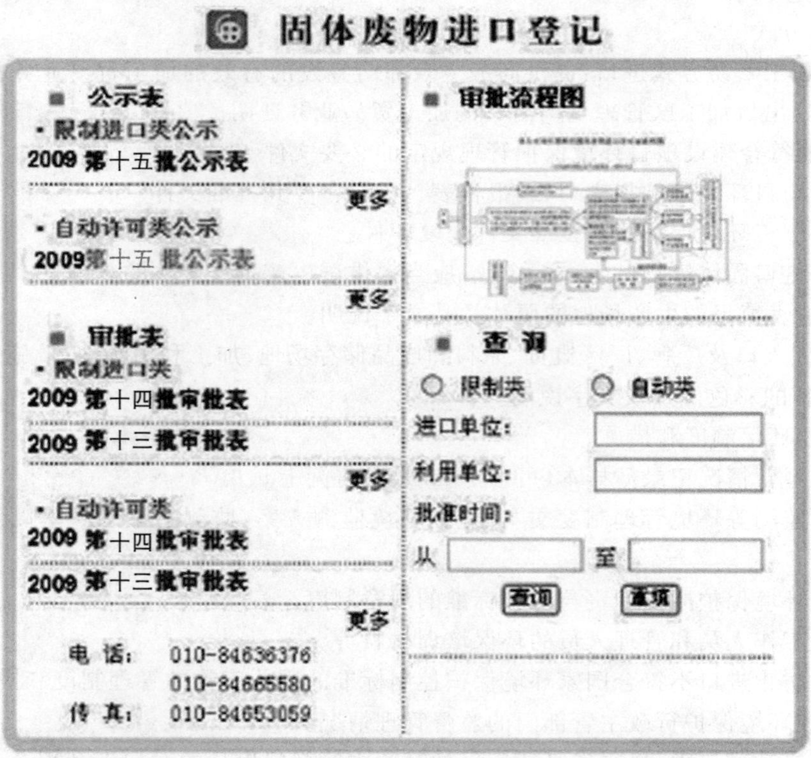

图 **6-28**

自动许可进口类申请公示表（2009 第十五批）　　　　11 月 13 日

序号	进口单位	利用单位	商品编码	商品名称	申请数量/t	核定进口量/t	报关口岸	备注
1	浙江鼎尊贸易有限公司	富阳福盛纸业有限公司	4707100000，4707200000，4707300000	废纸	16 000	16 000	上海	
2	天津长虹纸制品有限公司	天津长虹纸制品有限公司	4707100000，4707200000，4707300000	废纸	2 000	2 000	天津	
3	河北永新纸业有限公司	河北永新纸业有限公司	4707100000，4707200000，4707300000	废纸	20 000	5 000	新港	
						5 000	新港	
						5 000	新港	
						5 000	新港	

图　6-29

【步骤四】发放许可证。

一经环保部正式批准，环境保护部固体废物管理中心将审批表（见图 6-30）放到网站"固体废物进口登记"栏目中供企业查阅，并将已经汇款并到账的企业的自动类和限制类许可证统一寄往各省级环保部门，由其代为发放。

自动许可类证书（见样例 6-8）一式四联，第一联报关凭证、第二联环境保护部门存档、第三联进口登记部门存档、第四联检验检疫部门存档。

自动许可进口类申请审批表（2009 第十四批）　　　　11 月 4 日

序号	进口单位	利用单位	商品编码	商品名称	申请数量/t	核定进口量/t	报关口岸	备注
1	浙江鼎尊贸易有限公司	富阳福盛纸业有限公司	4707100000，4707200000，4707300000	废纸	16 000	16 000	上海	
2	天津长虹纸制品有限公司	天津长虹纸制品有限公司	4707100000，4707200000，4707300000	废纸	2 000	2 000	天津	
3	河北永新纸业有限公司	河北永新纸业有限公司	4707100000，4707200000，4707300000	废纸	20 000	5 000	新港	
						5 000	新港	
						5 000	新港	
						5 000	新港	

图　6-30

样例 6-8

中华人民共和国自动许可进口类可用作原料的固体废物进口许可证
IMPORT LICENCE OF THE FEOPLE'S REPUBLIC OF CHINA FOR AUTOMATIC-LICENSING SOLID WASTES THAT CAN BE USED AS RAW MATERIALS

1. 进口商： Importer 天津长虹纸制品有限公司	2. 进口许可证号： Import licence No. SEPAZ2011000080
3. 利用商： Recycler 天津长虹纸制品有限公司	4. 进口许可证有效截止日期： Import licence expiry date 2011 年 10 月 31 日
5. 商品名称： Description of goods 废纸	6. 商品编码： Code of goods 4707300000
7. 数量： Quantity 2 000	8. 计量单位： Unit 吨
9. 报关口岸： Place of clearance 天津海关	10. 贸易方式： Terms of trade 一般贸易
11. 备注： Supplementary details	12. 发证机关盖章： Issuing authority's stamp 国家环境保护总局 State Environmental Protection Administration 13. 发证日期： Licence date

国家环境保护总局监制(2005)

第一联　报关凭证

知识链接

国家对进口固体废物有关规定

国务院环境保护行政主管部门对全国固体废物进口环境管理工作实施统一监督管理。国务院商务主管部门、国务院经济综合宏观调控部门、海关总署和国务院质量监督检验检疫部门在各自的职责范围内负责固体废物进口相关管理工作。

县级以上地方环境保护行政主管部门对本行政区域内固体废物进口环境管理工作实施监督管理。各级商务主管部门、经济综合宏观调控部门、海关、出入境检验检疫部门在各自职责范围内对固体废物进口实施相关监督管理。

固体废物进口分禁止类、限制类和自动许可进口类。国务院环境保护行政主管部门会同国务院商务主管部门、国务院经济综合宏观调控部门、海关总署、国务院质量监督检验检疫部门制定、调整并公布禁止进口、限制进口和自动许可进口的固体废物目录。禁止进口列入禁止进口目录的固体废物。进口列入限制进口或者自动许可进口目录的固体废物，必须取得固体废物进口相关许可证。

1. 禁止进口

禁止进口危险废物。禁止经中华人民共和国过境转移危险废物。

禁止以热能回收为目的进口固体废物。

禁止进口不能用作原料或者不能以无害化方式利用的固体废物。

禁止进口境内产生量或者堆存量大且尚未得到充分利用的固体废物。

禁止进口尚无适用国家环境保护控制标准或者相关技术规范等强制性要求的固体废物。

禁止以凭指示交货(To Order)方式承运固体废物入境。

2. 限制进口和自动许可进口

对可以弥补境内资源短缺,且根据国家经济、技术条件能够以无害化方式利用的可用作原料的固体废物,按照其加工利用过程的污染排放强度,实行限制进口和自动许可进口分类管理。

国务院环境保护行政主管部门对加工利用进口废五金电器、废电线电缆、废电机等环境风险较大的固体废物的企业,实行定点企业资质认定管理。管理办法由国务院环境保护行政主管部门制定。

固体废物进口相关许可证当年有效。固体废物进口相关许可证应当在有效期内使用,无论是否使用完毕逾期均自行失效。

重点内容概要

任务六重点内容框架如图 6-31 所示。

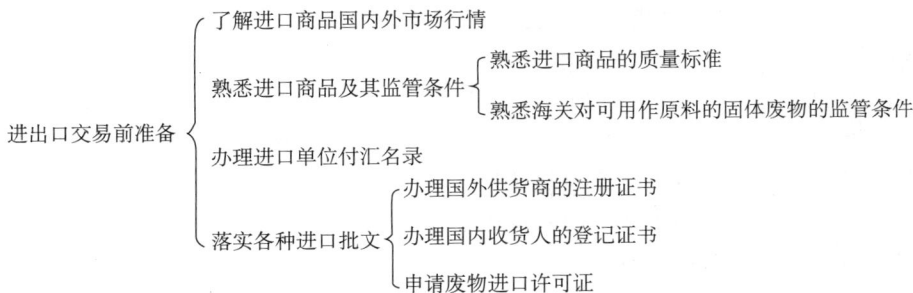

```
                   ┌─ 了解进口商品国内外市场行情
                   │
                   │                      ┌─ 熟悉进口商品的质量标准
                   │  熟悉进口商品及其监管条件 ┤
                   │                      └─ 熟悉海关对可用作原料的固体废物的监管条件
进出口交易前准备 ┤
                   │  办理进口单位付汇名录
                   │
                   │                   ┌─ 办理国外供货商的注册证书
                   │  落实各种进口批文 ┤ 办理国内收货人的登记证书
                   └─                  └─ 申请废物进口许可证
```

图 6-31

同步训练

一、单选题

1. 联合国粮农组织按废纸用途将废纸分为( )大类。

    A. 一   B. 二   C. 三   D. 四

2.《进口废物批准证书》的海关代码为( )。

    A. O   B. P   C. A   D. B

3.《进口可用作原料的固体废物国外供货商注册登记证书》有效期为一般( )年。

    A. 一   B. 二   C. 三   D. 四

4. 进口废物原料国内收货人应该向( )申请废物进口许可证。

A. 商务部　　　　　B. 商务委　　　　　C. 特派员办事处　　D. 环境部

5. 自动许可进口类可用作原料固体废物进口许可证一般(　　)。

A. 一式二联　　　　B. 一式三联　　　　C. 一式四联　　　D. 一式五联

二、多选题

1. 国际市场调研的方法一般包括(　　)。

A. 互联网调研　　　B. 一手资料调研　　C. 二手资料调研　　D. 实地调研

2. 对外付汇进口单位名录,除持《名录登记申请书》和《货物贸易进口付汇业务办理确认书》外,需要提交的材料包括(　　)。

A.《对外贸易经营者备案登记表》

B.《企业法人营业执照》或《企业营业执照》

C.《中华人民共和国组织机构代码证》

D.《中华人民共和国海关进出口货物收发货人报关注册登记证书》

3. 可用作原料的固体废物的国外供货商申请注册登记应当提供的材料除了通过"进口可用作原料的固体废物检验检疫电子监管系统"生成并打印的注册登记申请书外;还应提供(　　)。

A. 经公证的税务登记文件,有商业登记文件的还需提供经公证的商业登记文件

B. 组织机构、部门和岗位职责的说明

C. 与国外供货商签订的固体废物进口合同

D. ISO 9001 质量管理体系或 RIOS 体系等认证证书彩色复印件及相关作业指导文件

4. 进口废物原料国内收货人必须是具有进出口贸易权限的合法经营企业外,还应具备的条件包括(　　)。

A. 有固定的办公场所

B. 遵守中国环境保护技术法规和相关环境保护控制标准

C. 应建立并已实施质量管理制度

D. 具有相对稳定的供货来源和国内加工利用企业

5. 我国将固体废物进口分(　　)。

A. 自由进口类　　　　　　　　　B. 自动许可进口类

C. 限制类　　　　　　　　　　　D. 禁止类

三、判断题

1. 通过互联网调研不是二手资料调研的一种主要途径。　　　　　　　　(　　)

2. 一般出口商品总是在价格上涨时出售,进口商品在低价时购进。　　　(　　)

3. 进口列入《限制进口可用作原料的固体废物目录》、《自动许可类可用作原料的固体废物目录》的任何废物,海关凭国家环境保护总局签发《进口废物批准证书》、口岸检验检疫机构出具的《入境货物通关单》及其他有关单据办理验放手续。　　　　　　(　　)

4. 不在对外付汇进口单位名录的进口单位,也可以直接在银行办理进口付汇手续。

(　　)

5. 废物进口许可证一般实行"一批一证"。　　　　　　　　　　　　　(　　)

任务七

进口交易磋商

能力目标
- 了解开发寻找国外供货商的途径
- 熟悉比较国外供货商发盘的方法
- 掌握与国外供货商往来邮件的拟写规范

知识目标
- 了解调研国外供货商资信的主要内容
- 熟悉交易磋商的主要环节及其主要内容
- 掌握发盘和接受的法律意义

经过前期的进口交易前准备工作,长虹纸制品有限公司取得了经营进口废纸业务基本条件,并且也进行了深入细致的国内国际市场调研,获悉废纸在北美地区特别是加拿大有丰富的货源,接下来王宇需要做的工作是进一步开发寻找潜在客户,并与其建立业务关系,进行实质性交易磋商。

7.1 开发寻找国外供货商

工作内容

收集国外供货商信息的渠道,有直接和间接之分,如亲临各种展会和网络搜索。鉴于现在的网络信息非常发达,王宇主要还是借助网络搜寻国外供货商和整理国外供货商的信息。

操作过程

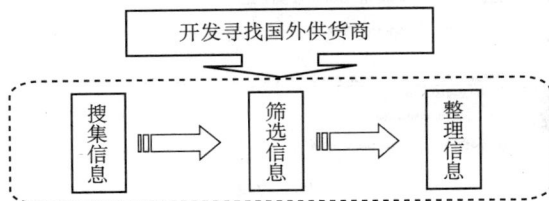

252

【步骤一】搜集信息。

(1) 打开 IE 浏览器,输入阿里巴巴国际站网址 www.alibaba.com(见图 7-1)。

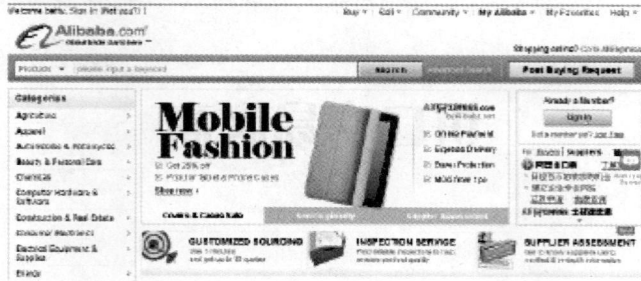

图　7-1

(2) 在产品搜索框内输入关键词 waste paper,单击 Search 按钮,进行搜索(见图 7-2)。

图　7-2

(3) 有关"废纸"的信息多达 30 040 条,为了提高查询结果的精准性,我们可以筛选目标市场,在 Select Country/Region 中勾选加拿大为目标市场,然后单击 Confirm(见图 7-3),这样加拿大经营废纸业务的客户信息就会呈现出来(见图 7-4),这样查询结果缩减到 79 个。

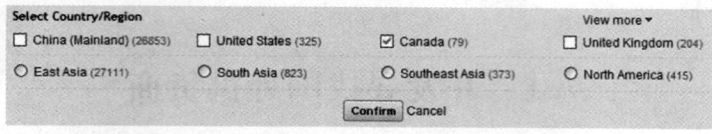

图　7-3

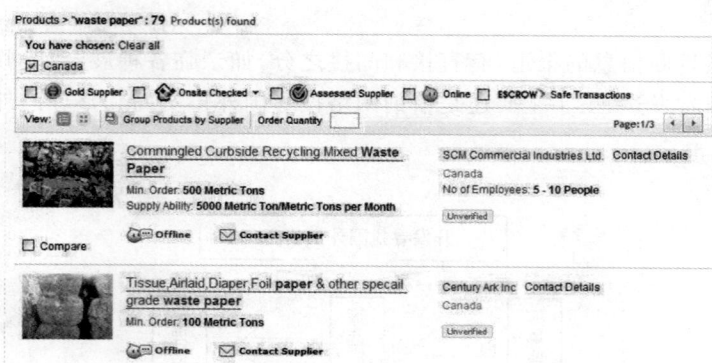

图　7-4

【步骤二】筛选信息。

单击以上任何一条信息都可以显示企业具体内容，比如公司简介（About Us）、公司信息（Company Profile）、联系方式（Contact Information）等（见图 7-5）。

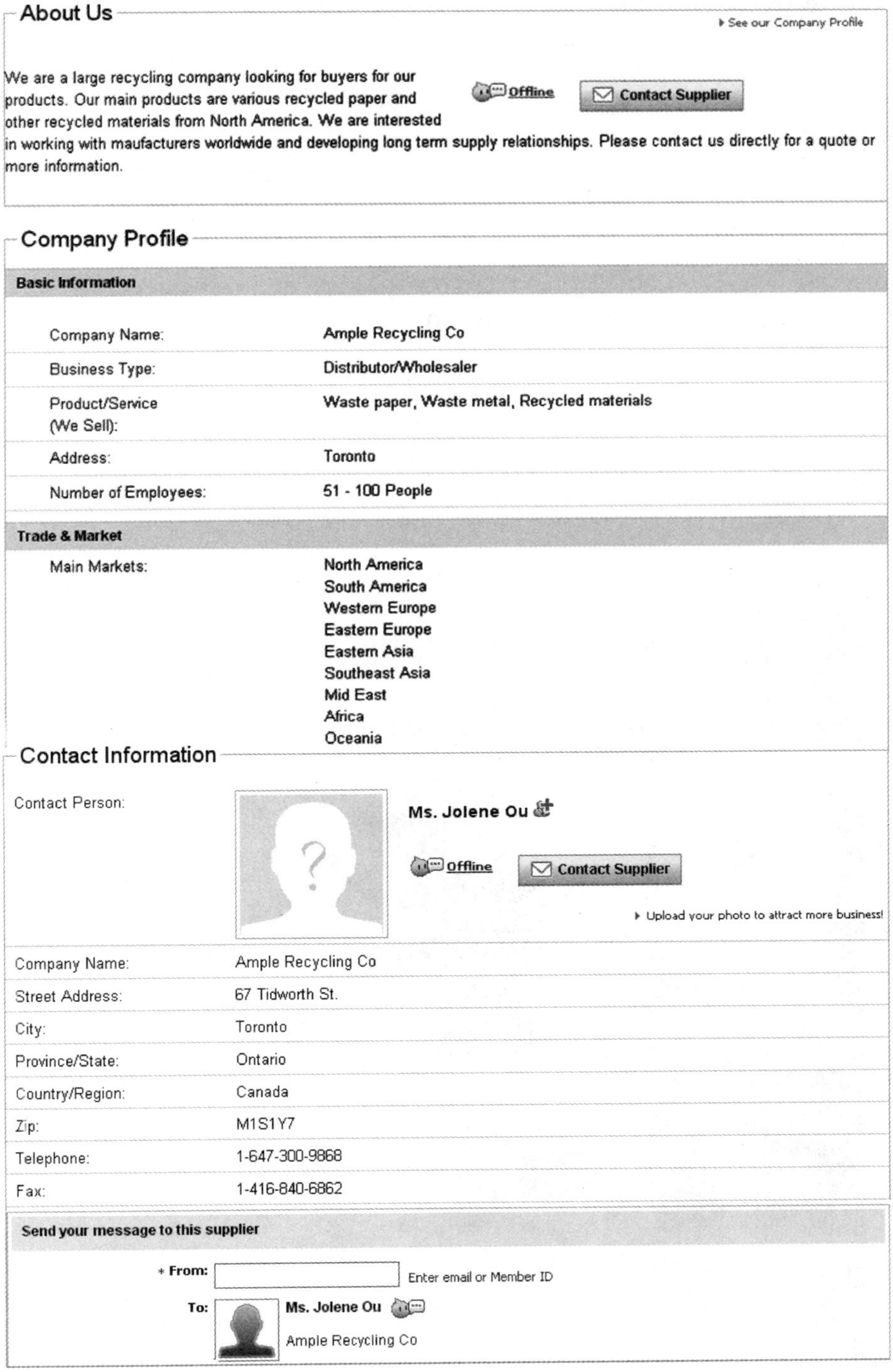

About Us

See our Company Profile

We are a large recycling company looking for buyers for our products. Our main products are various recycled paper and other recycled materials from North America. We are interested in working with maufacturers worldwide and developing long term supply relationships. Please contact us directly for a quote or more information.

Offline | Contact Supplier

Company Profile

Basic Information

Company Name:	Ample Recycling Co
Business Type:	Distributor/Wholesaler
Product/Service (We Sell):	Waste paper, Waste metal, Recycled materials
Address:	Toronto
Number of Employees:	51 - 100 People

Trade & Market

Main Markets:	North America
	South America
	Western Europe
	Eastern Europe
	Eastern Asia
	Southeast Asia
	Mid East
	Africa
	Oceania

Contact Information

Contact Person: **Ms. Jolene Ou**

Offline | Contact Supplier

Upload your photo to attract more business!

Company Name:	Ample Recycling Co
Street Address:	67 Tidworth St.
City:	Toronto
Province/State:	Ontario
Country/Region:	Canada
Zip:	M1S1Y7
Telephone:	1-647-300-9868
Fax:	1-416-840-6862

Send your message to this supplier

* From: [ ] Enter email or Member ID

To: **Ms. Jolene Ou**
Ample Recycling Co

图 7-5

在有些公司的 Company Contact Information 中还会显示该公司的网址,这时我们可以登录公司网站,了解更为详细的公司信息(见图 7-6)。

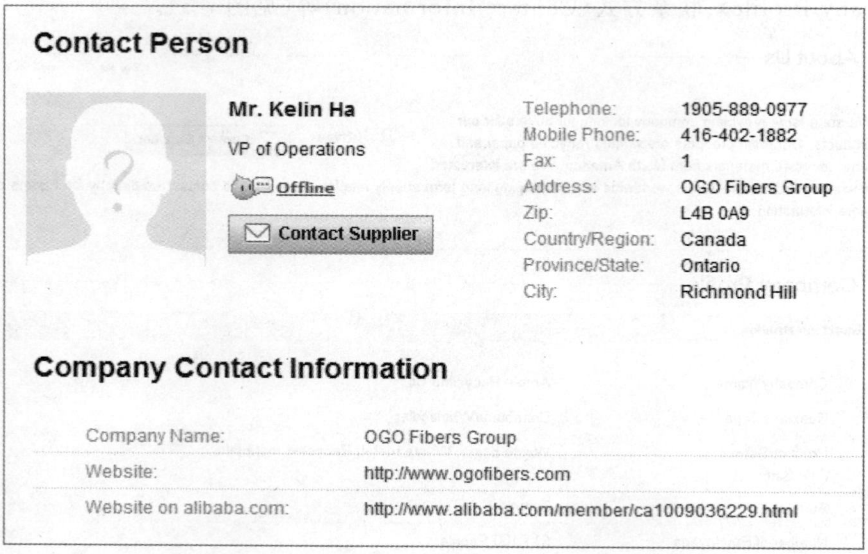

Contact Person

Mr. Kelin Ha

VP of Operations

Offline

✉ Contact Supplier

Telephone:	1905-889-0977
Mobile Phone:	416-402-1882
Fax:	1
Address:	OGO Fibers Group
Zip:	L4B 0A9
Country/Region:	Canada
Province/State:	Ontario
City:	Richmond Hill

Company Contact Information

Company Name:	OGO Fibers Group
Website:	http://www.ogofibers.com
Website on alibaba.com:	http://www.alibaba.com/member/ca1009036229.html

图　7-6

打开 IE 浏览器,输入 http://www.ogofibers.com,进入该公司的网站(见图 7-7)。

图　7-7

单击"OUR PRODUCT",便可以了解到该公司所经营的具体的产品信息(见图7-8)。

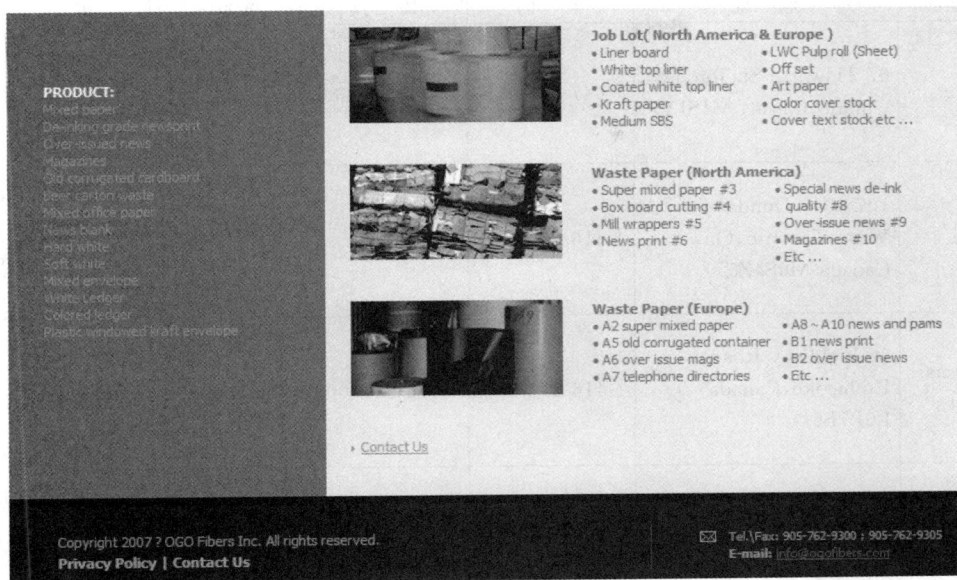

PRODUCT:
Mixed paper
De-inking grade newsprint
Over-issued news
Magazines
Old corrugated cardboard
beer carton waste
Mixed office paper
News blank
Hard white
Soft white
Mixed envelope
White Ledger
Colored ledger
Plastic windowed kraft envelope

Job Lot(North America & Europe)
- Liner board
- White top liner
- Coated white top liner
- Kraft paper
- Medium SBS
- LWC Pulp roll (Sheet)
- Off set
- Art paper
- Color cover stock
- Cover text stock etc …

Waste Paper (North America)
- Super mixed paper #3
- Box board cutting #4
- Mill wrappers #5
- News print #6
- Special news de-ink quality #8
- Over-issue news #9
- Magazines #10
- Etc …

Waste Paper (Europe)
- A2 super mixed paper
- A5 old corrugated container
- A6 over issue mags
- A7 telephone directories
- A8 ~ A10 news and pams
- B1 news print
- B2 over issue news
- Etc …

› Contact Us

Copyright 2007 ? OGO Fibers Inc. All rights reserved.
Privacy Policy | Contact Us

Tel.\Fax: 905-762-9300 ; 905-762-9305
E-mail: info@ogofibers.com

图　7-8

王宇以该供货商为线索,制作该供货商名片(见图7-9)。

供货商名片

名称:OGO FIBERS INC.

地址:9140 Leslie Street,Suite 312,Richmond Hill ON L4B 0A9,Canada

联系人:Mr. Kelin Ha

手机:

电话:1-905-762-9300

传真:1-905-762-9305

邮箱:sales@ogofibers.com

网站:http://www.ogofibers.com

可供商品:various kinds of waste paper,such as A2,A5,A6,A7,A8~A10

图　7-9

【步骤三】整理信息。

通过以上信息的观察,我们会发现产品符合需求、公司信息较为齐全的可以作为我们的潜在供货商进行进一步的信息整理,而该公司所供产品与我们需求不符或者公司信息严重缺失的,可以基本断定没有做进一步整理的必要。

通过各种渠道会搜寻到众多的国外潜在供货商,对搜寻到的信息进行整理就是收集国外潜在供货商信息的工作。

我们可以利用阿里巴巴网站收集的加拿大废纸供货商信息,整理出供货商信息表(见表7-1)。

表 7-1　加拿大废纸供货商信息表

客户名称	地 址	电 话	传 真	联系人	可供产品
Ample Recycling Co.	67 Tidworth St. Toronto，Ontario，Canada M1S1Y7	1-647-300-9868	1-416-840-6862	Ms. Jolene Ou	Mixed paper，over-issued news
Koa Co.	107-4049 Dundas St West，Toronto，On，Canada M6S4Z5	1-416-8061265		Mr. J. C. Pastor	De-inking grade newspaper，magazines，mixed office paper
SCM Commercial Industries Ltd.	36 Fieldway Road，Etobicoke，Canada L6B1B6	1-416-273-8713	1-416-9253008	Mr. Michael	OCC（old corrugated cardboard），white ledger
OGO FIBERS INC.	9140 Leslie Street，Suite 312，Richmond Hill ON L4B 0A9，Canada	1-905-762-9300	1-905-762-9305	Mr. Kelin Ha	Various kinds of waste paper，such as A2，A5，A6，A7，A8～A10

知识链接

开发国外供货商的渠道

开发国外供货商的渠道很多，一般常见的有如下几种。

1. 各类交易会或博览会

国内外各种交易会或者博览会很多，有些是综合性展会，有些是专业性展会，特别是有些展会在国际上有很高的影响力，展会上客商云集，是开发客户的比较理想的渠道之一。

2. 网络资源

互联网的飞速发展，为进出口企业提供了非常便利的搜索客户的平台，目前很多企业在使用阿里巴巴搜寻客户。

3. 报纸、杂志

国内外各种专业的报纸、杂志也能为进出口企业提供很多国外供货商信息。从事化工进出口业务的人都会熟悉 Chemical Weekly 这本杂志，其内容涵盖化工行业发展现状、发展趋势、市场现状等。

4. 我国驻外机构和驻华使领馆商务处

通过浏览驻外机构的网页可能会收集到一些有价值的信息，外国驻华使领馆商务处也是搜寻国外供货商的很好途径。

5. 各种商会、行业协会

当然不同的机构会提供不同质量的服务，有的还会收取一定的费用，比如纺织品商会、英中贸易协会等。

6. 国内外咨询机构

国内外咨询机构众多,经营范围各有不同,需要企业结合实际情况选择,比较著名的如邓白氏咨询公司,可以进行国外客户的资信调查。

7.2 调研国外供货商资信

工作内容

收集到国外废纸供货商信息后,公司经理要求王宇利用各种方式有针对性地对潜在供货商进行资信调查,以便公司领导决策。接到任务后,结合公司实际情况,王宇决定使用机构调查的方式,对客户进行资信调查。

操作过程

```
              调研国外供货商资信
   ┌─────────────────────────────────────────┐
   │  获得机构     发函      分析     提炼客户  │
   │  联系方式  ⇒  调查  ⇒  回函  ⇒  资信情况  │
   └─────────────────────────────────────────┘
```

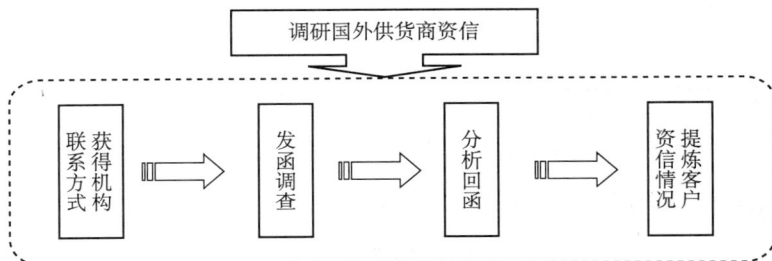

【步骤一】获得机构联系方式。

王宇首先向潜在供货商 Ample Recycling 公司发出要求进行资信调查的邮件(见样例 7-1)。

样例 7-1

Tianjin Changhong Paper Products Co. ,Ltd.
No. 1999 Yingbin Road,Jinghai,Tianjin,China 301600
Tel:0086-22-68812690　Fax:0086-22-68812691　E-mail:changhongpaper@126.com

Aug. 12,2009

Dear Sirs,

In order to develop our business smoothly,we would like to be advised the contact information on your clients,account-opening bank and etc,so that we can get your standing information.

Thank you for your cooperation in advance.

Yours faithfully
Wang Yu

Ample Recycling 公司收到王宇的邮件后,回复邮件(见样例 7-2)。

样例 7-2

Ample Recycling Co.

67 Tidworth St. Toronto, Ontario, Canada M1Y7

Tel:001-647-300-9868　　Fax:001-416-840-6862　　E-mail:belinda @ample. com

Aug. 14,2009

Dear Mr. Wang

　　Thanks for your E-mail dated Aug. 12th,2009

　　We pleased to advise you that our client and opening bank information as follows:

1. Maples Inc.

Tel:1-616-911-8816　　Fax:1-616-911-8816　　E-mail:contact@maple. com

2. Duluxes Label Corporation

Tel:1-466-976-8896　　Fax:1-496-979-8886　　E-mail:contact@duluxes. com

3. Bank of China Toronto Downtown Branch

396 Dundas Street West, Toronto, Canada, M5T 1G7

Tel:1-416-971-8806　　Fax:1-416-971-6551　　E-mail:tdb@ca. bocusa. com

Hope you can get valuable information from them.

Your faithfully

Ms. Belinda W

【步骤二】发函调查。

得到了可供资信调查机构的联系方式后,王宇拟写资信调查函(见样例 7-3)。

样例 7-3

Tianjin Changhong Paper Products Co. ,Ltd.

No. 1999 Yingbin Road, Jinghai, Tianjin, China 301600

Tel:0086-22-68812690　　Fax:0086-22-68812691　　E-mail:changhongpaper@126. com

Aug. 16,2009

Dear Sirs,

　　Your name has been given to us as a reference by Ample Recycling Co. , who wants to open an account with us.

　　We should be much obliged if you could give us some information on their financially standing and their way of doing business. We are especially interested to know whether you think that a credit of USD100 000 can be granted safely.

　　Any information given to us will, of course, be treated in strict confidence.

　　Thank you in advance for your courtesy.

Yours faithfully

Wang Yu

【步骤三】分析回函。

接受委托的机构通常会给予答复,可能会给予很好的评价,比如 Maples Inc. ,公司的供货商回函(见样例 7-4)。

样例 7-4

Maples Inc.

Tel：1-616-911-8816　　Fax：1-616-911-8816　　E-mail：contact@maple.com

Aug. 17，2009

Dear Sirs，

　　In reply to your letter dated Aug. 16th，2009，we are glad to give you the following information you have asked for.

　　The company you mentioned is an old-established one who has been enjoying the highest reputation. We have done business with them for many years and have found them reliable.

　　Though this information is given to the best of our knowledge，we must ask you to treat it in strict confidence and without any responsibility on our part.

Yours truly

Maples

也可能得到的信息不是很好，比如 Duluxes Label Corporation 公司的客户回函（见样例 7-5）。

样例 7-5

Duluxes Label Corporation

Tel：1-466-976-8896　　Fax：1-496-979-8886　　E-mail：contact@duluxes.com

Aug. 18，2009

Dear Sirs，

　　We have completed our inquiries concerning the firm you mentioned in your letter of Aug. 16，2009 and have to inform you to consider carefully the business with them.

　　In the past three years the company has experienced a serious difficulty in fiance and delayed in executing their normal payment. Overbuying would appear to be a liable fault in this firm.

　　We would suggest you to pay most careful attention to any business relation with them. However，this is our personal opinion and we wish you to make further inquiries on your part.

Yours sincerely

Duluxes

我们从银行得到的 Ample 公司近三年的财务状况明细（见表 7-2）。

表 7-2　Ample 公司近三年的财务状况明细

Three-year statement comparative：

Items	Fiscal Consolidated Dec. 31 2006	Fiscal Consolidated Dec. 31 2007	Fiscal Consolidated Dec. 31 2008
Current Assets	9 707 835	8 096 249	8 055 594
Current Liabs	8 235 440	6 772 839	7 224 999
Current Ratio	1. 18	1. 2	1. 11
Working Capital	1 472 395	1 323 410	830 595
Other Assets	2 238 621	2 108 974	1 931 322
Net Worth	1 812 635	1 340 331	1 075 695
Sales	28 646 009	23 480 920	21 665 429
Long Term Liab	1 898 381	2 092 053	1 686 222
Net Profit(Loss)	(214 000)	(472 304)	(264 636)

【步骤四】提炼客户资信情况。

由于委托机构身份不同、对于该客户资信掌握情况的不同以及其他各种因素的影响,我们所收集到的客户资信信息会出现差异,甚至矛盾的情况,因此要进行提炼。

通过细读第一封回函,我们发现:公司成立时间较长,客户对 Ample 公司评价较高,但是言辞较为空泛,没有给出具体的数字证据。

而第二封回函中则描述了 Ample 公司近三年的财务状况,而且描述得较为具体。

通过研究财务数据:我们发现该公司的规模还是比较大的,现有资产 800 多万美元,销售额 2008 年达到 2 166.5 万美元,但企业经营稍显不稳定。

综合而言,通过对 Ample 公司的资信调查,我们发现,该公司成立时间较长,长期以来与客户关系较好,近三年来(可能是金融危机的原因)出现了一些财务问题。但是总体而言还是一个不错的国外供货商。当然如需详细信息,可以开展进一步的调查。

知识链接

客户资信调查内容和方式

1. 客户资信调查的内容

(1) 经营范围:主要了解企业的性质是合伙还是独资,以及经营商品的类别,对我出口商品的经营情况如何。

(2) 经营能力:主要了解企业的经营规模、贸易关系及其属于什么性质的客户,是中间商、贸易商,还是制造商。

(3) 支付能力:对客户支付能力的调查,着重于客户的财力,如注册资本的大小、营业额的大小、资产负债、借贷能力等情况。

(4) 企业声誉:主要了解企业的经营作风、商业道德、服务能力、进行公共关系的水平等。

(5) 政治情况:主要了解客户的政治背景和政治态度。

2. 客户资信调查的方式

在实际业务中调查客户资信的方式较多,比如可以派人直接赴企业实地考察,也可以通过信函,通过工商税务部门、行业协会、商会、银行、咨询公司或者与其有业务往来的公司等机构进行间接调查。

实地调查往往费用较高,因而在业务接触初期较少使用,而较多采用委托机构进行调查的方式。下面介绍以信函进行资信调查的操作。

7.3 草拟进口询盘函

工作内容

经过前期充分的准备,公司经理要求王宇向 Ample 等几家国外供货商发出询盘,以了解和掌握最新的废纸市场行情。为此,王宇着手使用传真方式起草询盘函。

操作过程

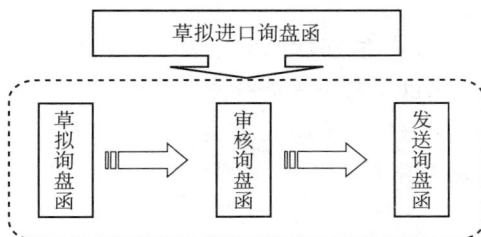

【步骤一】按照经理要求,王宇草拟询盘函(见样例 7-6)。

样例 7-6

Tianjin Changhong Paper Products Co. ,Ltd.
No. 1999 Yingbin Road,Jinghai,Tianjin,China 301600
Tel:0086-22-68812690　Fax:0086-22-68812691　E-mail:changhongpaper@@126.com

---

Aug. 22,2009

To:Ample Recycling Co.
Attn:Ms. Belinda W
Tel:001-647-300-9868
Fax:001-416-840-6862

Dear Ms. Belinda W,

Re:Inquire of Waste Paper

We have your name and address from the website of Alibaba and are glad to learn you can supply Waste Paper.

Being one of the largest Waste Paper treatment plants in China,we'd like to development the North America market.

We plan to import 200MT Waste Paper and hope to get your cooperation.

Please kindly inform us if it is possible to supply and quote your price on the basis of FOB Toronto with details,including commodity name,quality,package,shipment,payment,etc.

Look forward to receipt of your early reply asap.

Yours Sincerely
Wang yu
Tianjin Changhong Paper Products Co. ,Ltd.

【步骤二】王宇将拟写的询盘函,交给经理审核。

【步骤三】经理审核通过后,王宇及时用传真发送,并将传真报告附在传真上归档。

知识链接

甄别有效询盘方法

业务人员每天要处理大量往来邮件,当收到一些陌生询盘后,我们需要做的一件工作是辨别询盘是否有效。否则,就会使我们淹没在茫茫的邮件海洋之中无法自拔,不但浪费了时间与精力,更可能丢失信心。做好这个工作,主要从以下两方面入手。

1. 询盘的内容

收到一封询盘函时,判断客户有没有实单、订单大小、需求缓急,可以通过询盘的内容或一两次的沟通看出来。具体从以下几个方面来看。

(1) 邮件标题:可体现买家的仔细、礼貌,也可看出他是群发的询盘,还是单独发给你一家的。

(2) 产品名称:如果提到具体产品型号、功能、技术参数、颜色、包装等细节,说明客人是很有诚意的。

(3) 订单数量:如问到起 MOQ(最低起订量)是多少、价格多少,一般来说,这个客户的开始订单量不大,但应该有明确需要。

(4) 产品认证:客人对产品认证很关心,问有没通过有关认证,说明客户可能专供超市或其他渠道,订单量一般比较可观。

(5) 关键部件或功能:说明客户有明确的需求,只是在物色一个好的供货商。

(6) 交货时间:如果客户明确问到交货时间、付款方式,也可看出是有实单在手的,而且交货期要求比较急。

2. 客户的联系方式

(1) 公司名称:如果想进一步确定某公司,可以在网上查一下,一般都会有结果的,如果网上查不到,说明该公司可能刚起步,也可能不太注重电子商务。

(2) 联系电话:如果电话、传真都是一个号,可反映公司小,一般大点的公司,传真与电话是会不一样的。

(3) 办公地址:公司地址写得清清楚楚,包括几幢几号,可看出这是一家正规公司,同时试着通过 Google 地图查一下,可看出公司大小。

(4) 网站信息:一般来说,正规公司会用企业邮箱,除非他不想让你知道,你可以通过企业邮箱或网址去了解客户,这是一个很好的方法,可初步判断出公司实力、产品范围、销售渠道等。

7.4 比较国外供货商发盘

工作内容

王宇在收到国外客户的发盘后,公司经理要求他针对发盘的内容进行对比,以便后一步选择适合的客户进行还盘。

操作过程

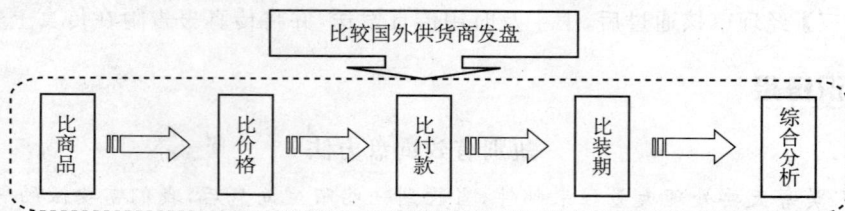

发盘一:CACENT 公司发盘(见样例 7-7)

样例 7-7

CAC ENTERPRISES GROUP INC.
619-4538 KINGSWAY,BURNABY,B. C. CANADA
Tel:1-604-430-8835   Fax:1-604-4308803   E-mail:hongyang@cac. com

Aug. 24,2009

Dear Wang Yu,

We would like to make firm offer as follows.

Commodity:Waste Paper

Price:♯3 USD170/MT FOB Toronto

♯8 USD180/MT FOB Toronto

♯9 USD230/MT FOB Toronto

♯10 USD240/MT FOB Toronto

♯11 USD235/MT FOB Toronto

Quantity:500 MTs in stock

Shipment:Nov. /Dec. 2009

Payment:By T/T 100% in advance

This offer is good for 15 days upon your receipt.

Yours faithfully

Belinda W

发盘二:Ample 公司发盘(见样例 7-8)

样例 7-8

Ample Recycling Co.
67 Tidworth St. Toronto,Ontario,Canada M1Y7
Tel:001-647-300-9868   Fax:001-416-840-6862   E-mail:belinda @ample. com

Aug. 24,2009

Dear Wang Yu,

We have the pleasure to make following offer.

Commodity:Waste Paper

Price:♯3 USD160/MT FOB Toronto

♯8 USD175/MT FOB Toronto

♯9 USD220/MT FOB Toronto

♯10 USD210/MT FOB Toronto

♯11 USD215/MT FOB Toronto

Quantity:2000MTs available

Shipment:Oct. Nov. 2009 upon receipt of L/C

Payment:By L/C at sight

This offer is valid for 15 days.

Yours truly

Belinda W

【步骤一】比商品。

商品的比较涉及品名与品质两个问题。

从以上发盘中我们能够看到商品是相同的,均为废纸(Waste Paper)并且规格全部也一样。

品质的比较往往是比商品的关键,两个发盘中描述废纸品质的方法相同,都是采用了"美废"常用的商品编号方式。

【步骤二】比价格。

价格是报价的核心内容,观察两份发盘中的价格信息。

CACENT 公司发盘

Price:♯3 USD170/MT FOB Toronto

♯8 USD180/MT FOB Toronto

♯9 USD230/MT FOB Toronto

♯10 USD240/MT FOB Toronto

♯11 USD235/MT FOB Toronto

Ample 公司发盘

Price:♯3 USD160/MT FOB Toronto

♯8 USD175/MT FOB Toronto

♯9 USD220/MT FOB Toronto

♯10 USD210/MT FOB Toronto

♯11 USD215/MT FOB Toronto

比较后可以发现:

两份发盘都使用了 FOB 价格术语,都是自多伦多运往天津新港,报价货币单位均为美元;不同的是单价,CACENT 公司报价明显高于 Ample 公司报价。

【步骤三】比付款。

CACENT 公司发盘采用的是 T/T(电汇),而且是 100%预付款结算方式。

Ample 公司发盘采用的是 L/C(信用证)结算方式。

付款条件的比较重点在如下两个方面。

(1) 从结算方式所带来的风险进行比较。

电汇 100%预付款意味着在货物装运前,进口商就应向出口商支付全部的货款;而如果使用信用证结算,则进口商只是在开证时向开证行支付保证金,货款并未支付给出口商。所以对于进口商来讲,使用信用证结算方式明显要优于使用 100%的预付款结算方式。

(2) 从不同结算方式下进口方所承担的费用和利息比较。

使用电汇 100%预付款结算,进口商要承担电汇费用、预付货款所产生的利息;使用信用证结算,进口商要承担开证费用、改证费用、开证保证金贷款利息。

假定其他条件相同,假设进口商支付 30%开证保证金,则预付货款所产生的贷款利息要明显高于开证保证金贷款利息。

【步骤四】比装期。

装期是装运期的简称,是指货物的装运期限。

CACENT 公司发盘装期为 Nov./Dec. 2009(2009 年 11~12 月),Ample 公司发盘的装

期为 Oct./Nov.2009(2009 年 10～11 月)。

CACENT 公司报价比 Ample 公司报价晚交货一个月,且 CACENT 公司只有 500MT 现货,Ample 公司可供货较充足。

【步骤五】综合分析。

假定我们进行发盘比较的前提条件为价格优先,Ample 公司的报价优于 CACENT 公司报价。

知识链接

比价常用的方法

比价有横向和纵向之分,常用的方法有如下三种。

(1)不同外商的同期报价比较。考虑因素:同等质量、同等数量、同等包装、同样的交货期、同样的付款条件。

(2)历史价格比较。前提条件是我方进口商要积累资料,将过去进口同样商品的成交价或过去的供货商对同类商品的报价同现在的供货商的报价做比较。考虑因素:供货商所在国通货膨胀因素和其他影响价格的因素。

(3)对各个发盘进行综合分析比较。比价不仅是指比总价,更要注意对卖方发盘所提其他交易条件分项目逐条比较,以求获得合理价格。对于技术规格复杂、型号比较多的产品,还应该要求对方分项报价,以便我方一项一项进行比较。总的考虑因素:品质、所用贸易术语、交货时间和销售季节、付款条件。

7.5　拟写还盘函

工作内容

经过仔细研究比较国外供货商的发盘内容,王宇决定对加拿大的 Ample 公司进行还盘,希望能通过与其进一步磋商,力争在双方都能接受的情况下达成合作意向。

操作过程

拟写还盘函

分析发盘函 → 草拟还盘函 → 审核还盘函 → 发送还盘函

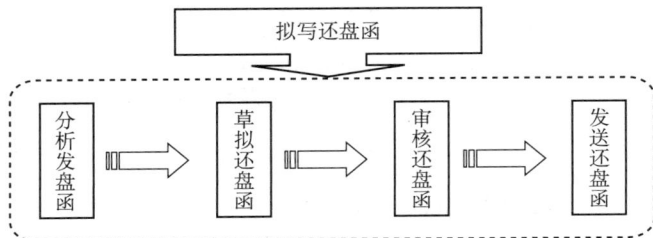

【步骤一】分析发盘函。

(1)针对价格条款进行还盘。

发盘中,价格是一个关键因素,若认为对方报价太高提出降价要求,降价比例的提出应有一定的依据,一定要结合具体的商品来决定。价值较高的商品往往要求降价幅度较低,低价值的商品往往要求降价幅度较高。另外还可以要求对方把价格术语从 CFR 改为 CIF,从而达到要求对方降价的目的,因为价格术语的改变会影响到供货商承担费用的变化。

比如针对国外供货商报价 USD110/PC CIF Xingang(CIF 新港每把 110 美元),在通常的还盘操作中最常见的是要求供货商降低一定金额或一定百分比价格,比如要求每把降价 11 美元或者降价 10%。

(2)针对付款方式进行还盘。

发盘中所列出的付款方式往往是对于出口商比较有利的结算方式,还盘中可以通过改变结算方式,使进口商所承担的风险降低、负担的费用更少。

比如针对国外客户发盘中提出采用电汇 100% 预付货款,考虑到交易风险和国际贸易惯例,我们可以采用远期 60 天信用证方式进行还盘。

(3)针对装运条款进行还盘。

装运条款涉及运输方式、装运地点、装运期、分批与转船等问题。

运输方式会影响货物到达目的地或目的港的速度。

装运地点会影响装运工作的衔接、是否能顺利交货的问题。

装运期则会影响进口商收到货物的时间,直接对货物的销售产生影响。

分批与转船同样也关系到货物的到货和运输途中的安全问题。

如果 11 月份是销售旺季,针对客户发盘中提出 2009 年 10～11 月装运的信息,我们可以提出的修改建议可以是提前一个月装运,即 2009 年 9～10 月装运,或者可以提出 2009 年 10 月底前装运的要求。

通过以上分析,针对 Ample 回收公司的发盘,长虹纸制品公司王宇初步形成以下还盘建议:

① 要求对方降价 10%;

② 付款方式改为远期 60 天信用证;

③ 交货期改为 2009 年 10 月装运。

还盘建议是撰写还盘函的核心内容,应尽量全面、完整。

【步骤二】草拟还盘函(见样例 7-9)。

样例 7-9

Tianjin Changhong Paper Products Co. ,Ltd.
No. 1999 Yingbin Road,Jinghai,Tianjin,China 301600
Tel:0086-22-68812690   Fax:0086-22-68812691   E-mail:changhongpaper@126. com

Date:Aug. 26,2009

Dear Ms. Belinda W,

Re:Counter-offer for Waste Paper

Thank you for your fax dated Aug. 24,2009 together with offer for waste paper.

In reply,we regret to inform you that we can hardly accept your offer. Information indicates that waste paper of similar quality from other companies is sold at a much lower price.

As the competition here is fierce,we have to counter offer as follows:

(1) Please reduce your price by 10 percent, e. g. USD157. 50/MT FOB Toronto;

(2) Please accept payment by L/C at 60 days sight;

(3) Please advance shipment to Oct. ,2009.

Should you be able to consider our proposal most favorably, we might come to terms.

We are anticipating your early reply.

Yours Sincerely

Wang Yu

【步骤三】王宇将拟写的还盘函交给经理审核。

【步骤四】经理审核通过后,王宇及时用传真发送,并将传真报告附在传真上归档。

知识链接

还盘及其法律效力

还盘(Counter Offer)又称还价,是受盘人对发盘内容不完全同意而提出修改或变更的表示,是对发盘条件进行添加、限制或其他更改的答复。还盘只有受盘人才可以做出,其他人做出无效。

还盘实质上构成对原发盘的某种程度的拒绝,也是接盘人以发盘人地位所提出的新发盘。因此一经还盘,原发盘即失效,新发盘取代它成为交易谈判的基础。如果另一方对还盘内容不同意,还可以进行反还盘(或称再还盘)。还盘可以在双方之间反复进行,还盘的内容通常仅陈述需变更或增添的条件,对双方同意的交易条件无须重复。

还盘可以用口头或书面形式表示。

一般来说,一方的发盘经对方还盘以后就应视为失效,发盘人不再受原发盘的约束;同时,接盘人在还盘中对原发盘要件的改变,或对原发盘要件的减少和增加,都是对原发盘的拒绝;接盘人在还盘以后又愿意接受原发盘,发盘人既可以确认,也可以拒绝。

受盘人在收到发盘后,有两种处理办法:一种是完全同意发盘所提出的交易条件,并及时向对方发出接受通知,这就是所谓达成交易;另一种情况是不同意发盘人在发盘中所提出的条件,并向发盘人提出自己的修改条件,这就是所谓的还盘。

实际业务中经常是发盘、还盘、反还盘,要经历多次往复的磋商过程,才能达成一项交易。

7.6　接受及进口合同生效

工作内容

Ample 回收公司收到王宇发送的还盘后,虽然长虹纸制品有限公司要求降价 10% 造成 Ample 回收公司预期利润大为减少,但考虑到目前废纸市场需求比较疲软,综合考虑后决定接受王宇的还盘,至此双方合同关系成立。

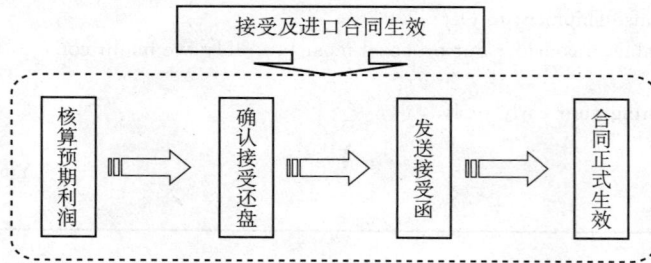

【步骤一】核算预期利润。

Ample 回收公司收到王宇的还盘后,结合国内收购的价格,进行价格再次核算。现在以美废 ♯8 为例,进行价格核算。

王宇还盘为 USD157.50/MT FOB Toronto。

国内收购价格为 CAD145.00/MT。

加拿大元与美元当时的汇率为 CAD100＝USD105.01。

国内收购价格折算成美元为 USD152.26/MT。

这样,每吨废纸 Ample 回收公司盈利 USD5.24,利润率为 4.34%。

【步骤二】为了不断扩大销售渠道,故客户回复传真确认接受王宇还盘。

【步骤三】王宇收到 Ample 回收公司发送的接受函(见样例 7-10)。

样例 7-10

Ample Recycling Co.
67 Tidworth St. Toronto,Ontario,Canada M1S1Y7
Tel:001-647-300-9868　Fax:001-416-840-6862　E-mail:belinda @ample.com

To:Tianjin Changhong Paper Products Co. ,Ltd.
Attn:Mr. Wang Yu
Tel:0086-22-66812690
Fax:0086-22-69912691

Date:Aug. 28,2009

Dear Mr. Wang,

Re:Acceptance for Waste Paper

Thank you for your fax dated Aug. 26,2009.

Though your counter-offer is very low,we confirm accepting it in order to enlarge the sales of waste paper. In order to cooperate with you,we also agree payment by L/C at 60 days sight and advance shipment to Oct. ,We sincerely hope your clients will be satisfied with our quality and place repeat order in the near future.

Please make out the contract and establishing relative L/C at your earliest convenience.

Thank you for your cooperation in advance.

Yours Sincerely
Belinda W

【步骤四】至此,买卖双方就废纸进口业务已经达成,双方合同关系正式生效。

知识链接

有条件接受和逾期接受

1. 有条件的接受

原则上讲,接受应是无条件的,有条件的接受,不能视为有效的接受,而是一项反要约。对有条件的接受《公约》做出以下规定。

(1) 对发价表示接受时,如载有添加、限制或其他更改,应视为对发价的拒绝并构成反要约。

(2) 对发价表示接受但载有添加或不同条件的答复,如所载的添加或不同条件在实质上并不变更该项发价的条件,则除发价人在不过分延迟的期间内以口头或书面方式提出异议外,仍可作为接受,合同仍可有效成立。

(3) 凡在接受中对下列事项做了添加或变更,均认为在实质上变更了发价的条件:①货物的价格;②付款;③货物的质量与数量;④交货的时间与地点;⑤当事人的赔偿责任范围;⑥解决争议的方法。

根据《公约》的规定,发盘人在收到受盘人发来的有条件的接受后,须首先断定其添加或修改的性质。如果这种添加或修改是"实质性"的,则应将其按还盘处理,即使发盘人没有提出异议,合同也不成立;但如果这种添加或修改是"非实质性"的,如果发盘人不及时提出反对,则对方的接受有效,双方合同成立。对此我们必须清醒地理解和把握。

2. 逾期接受

按照各国的法律,逾期接受不能认为是有效的接受,而只是一项新的发价。《公约》也认为逾期的接受原则上无效。但为了有利于双方合同的成立,《公约》对逾期的接受也采取了一系列灵活的处理方法。《公约》规定,逾期的接受仍具有接受的效力,只要发价人毫不迟延地以口头或书面形式将其认为该逾期的接受仍属有效的意思通知发价人。《公约》规定,如果载有逾期接受的信件或其他书面文件表明,依照它寄发时的情况,只要邮递正常,本来应能够及时送达发价人(但事实却由于传递的延误而迟到)则此项逾期的接受应认为具有接受的效力,除非发价人毫不迟延地用口头和书面通知受发价人,表示他的发价已因接受预期而失效。

根据《公约》这一规定,发价人收到受发价人送来的逾期接受时,应认真查明造成接受逾期的原因,然后根据造成接受逾期的不同原因,进行不同的处理。即如果这种逾期是受发价人本人原因造成的,则这种逾期接受无效,不能导致合同成立;但如果这种逾期不是受发价人本人原因而是邮递原因造成的,则该逾期接受是否有效主要应看发价人的态度,即看其是否及时向对方表明其发价已经失效。如果发盘人向对方表明了这一点,则对方接受无效合同不成立;但如其没有向对方表明其发价已经失效,则对方接受仍然有效,合同成立。对这一点,我们也应灵活运用与把握。

注意:在一定的情况下,沉默也表示某种国际贸易行为。在逾期接受的两种情况中,沉默所表达的含义是截然不同的。第一种情况,沉默表示拒绝接受;而在第二种情况下,沉默则表示同意接受,合同成立。

重点内容概要

任务七重点内容框架如图 7-10 所示。

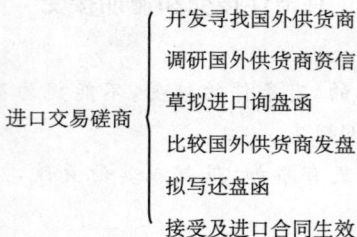

进口交易磋商
- 开发寻找国外供货商
- 调研国外供货商资信
- 草拟进口询盘函
- 比较国外供货商发盘
- 拟写还盘函
- 接受及进口合同生效

图 7-10

同步训练

一、单选题

1. 受盘人在收到发盘后,一般通常有(　　)处理办法。

A. 一种　　　　　B. 二种　　　　　C. 三种　　　　　D. 四种

2. 交易磋商中必须要经历的环节有(　　)。

A. 询盘和发盘　　　　　　　　B. 发盘和还盘

C. 还盘和接受　　　　　　　　D. 发盘和接受

3. 还盘只有(　　)才可以做出,其他人做出无效。

A. 发盘人　　　B. 还盘人　　　C. 受盘人　　　D. 接受人

4. 一方发盘后,受盘人即刻开出信用证,被称之为(　　)。

A. 口头接受　　B. 行动接受　　C. 逾期接受　　D. 有条件接受

5. 甲公司向乙公司发盘,乙公司回复"发盘可以接受,交货期提前一个月",这实际上是(　　)。

A. 接受　　　　B. 逾期接受　　C. 还盘　　　　D. 有条件接受

二、多选题

1. 开发国外供货商的渠道很多,除参加各类交易会或博览会、查阅报纸杂志外,一般常见的还有(　　)。

A. 我国驻外机构和驻华使领馆商务处

B. 网络资源

C. 各种商会、行业协会

D. 国内外咨询机构

2. 甄别有效询盘的方法:一是要看询盘的内容是否翔实;二是看询盘是否有具体的联系方式,具体来说,是否包括(　　)。

A. 公司名称和地址　　　　　　B. 联系人

C. 联系电话　　　　　　　　　D. 网站信息

3. 比价常用的方法通常有(　　)。

A. 不同外商的同期报价比较　　　B. 历史价格比较

C. 对各个发盘进行综合分析比较　D. 不同国家或地区比较

4. 凡在接受中对下列(　　)事项做了添加或变更,均认为在实质上变更了发价的条件,构成还盘。

A. 货物的价格　　　　　　　　B. 货物的质量与数量

C. 包装方式和方法　　　　　　D. 交货的时间与地点

5. 客户资信调查的主要内容包括(　　)。

A. 经营范围　　　　　　　　　B. 经营能力

C. 支付能力　　　　　　　　　D. 企业声誉

三、判断题

1. 客户资信调查的方式最好采用实地调查,尽管费用高,但调查结果真实可信。

(　　)

2. 还盘实质上构成对原发盘的某种程度的拒绝,也是接盘人以发盘人地位所提出的新发盘。

(　　)

3. 按照各国的法律,逾期接受不能认为是有效的接受,而只是一项新的发价。 (　　)

4. 对发盘表示接受但载有添加或变更,如所载的添加或变更在实质上并不改变该项发盘的条件,则除发盘人在不过分延迟的期间内以口头或书面方式提出异议外,仍可作为有效接受,合同仍可有效成立。

(　　)

5. 由于委托机构身份不同、对于该客户资信掌握情况的不同以及其他各种因素的影响,我们所收集到的客户资信信息会出现差异,甚至矛盾的情况,因此,做客户资信调查没有实际意义。

(　　)

进口合同签订

- 了解查询进口合同结构的途径
- 掌握进口合同条款拟写规范

知识目标
- 熟悉进口合同框架结构
- 掌握进口合同主要条款的内容

进出口双方经过询盘、发盘、还盘、再发盘、再还盘不断地讨价还价,直至一方无条件接受另一方所有交易条件而达成一致意见,紧接着一个重要任务就是双方签订进口合同。进口合同是买卖双方当事人依照法律,通过协商就各自在贸易上的权利和义务所达成的具有法律约束力的协议。

8.1　熟悉进口合同结构

工作内容

在王宇与 Ample 回收公司多次的信函往来后,最终进出口双方就所有交易条件达成一致意见。他着手签订进口合同之前,首先上网查询一些合同范例,熟悉合同的种类和进口合同结构。

操作过程

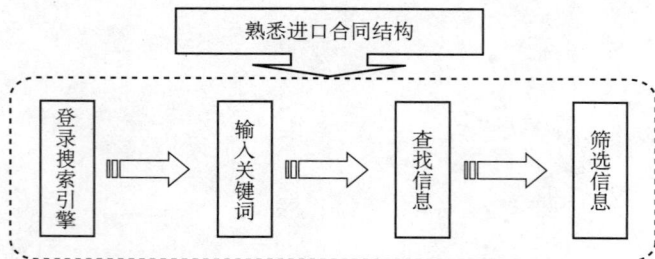

【步骤一】登录搜索引擎。

打开 IE 浏览器,输入常用的搜索引擎网址,如百度 www.baidu.com(见图 8-1)。

图 8-1

【步骤二】输入关键词。

在方框内输入关键词"进口合同样本"或"进口合同范例",单击"百度一下"按钮(见图 8-2)。

图 8-2

【步骤三】查找信息。

单击"百度一下"按钮后,会看到有很多搜索结果,我们有选择地打开相关网页,注意有些网页需要充值,有些需要有积分,但也有很多是免费的,所以要多尝试一些,最后再筛选出比较满意的结果。我们打开 110 法律咨询网站(http://www.110.com),会看到该网站上有中英对照的进口合同样本(见图 8-3)。

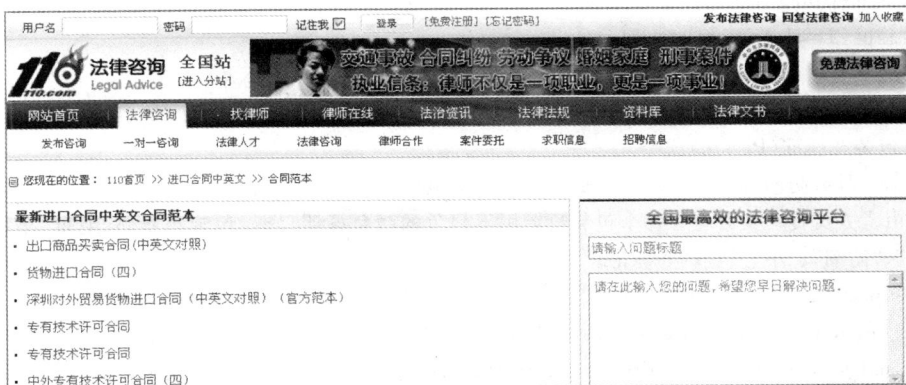

图 8-3

【步骤四】筛选信息。

在最新进口合同中英文合同范本中选择对外贸易货物进口合同(中英文对照)(官方范本)(见样例 8-1)。

样例 8-1

Purchase Contract
进口合同

合同编号(Contract No.)：＿＿＿＿＿＿

签订日期(Date)：＿＿＿＿＿＿

签订地点(Signed at)：＿＿＿＿＿＿

买方：＿＿＿＿＿＿＿＿＿＿＿＿＿＿＿＿＿＿＿＿＿＿＿

The Buyer：＿＿＿＿＿＿＿＿＿＿＿＿＿＿＿＿＿＿＿＿＿

地址：＿＿＿＿＿＿＿＿＿＿＿＿＿＿＿＿＿＿＿＿＿＿＿＿

Address：＿＿＿＿＿＿＿＿＿＿＿＿＿＿＿＿＿＿＿＿＿＿

电话(Tel)：＿＿＿＿＿＿＿＿＿＿传真(Fax)：＿＿＿＿＿＿＿＿＿＿

电子邮箱(E-mail)：＿＿＿＿＿＿＿＿＿＿＿＿＿＿＿＿＿＿

卖方：＿＿＿＿＿＿＿＿＿＿＿＿＿＿＿＿＿＿＿＿＿＿＿

The Seller：＿＿＿＿＿＿＿＿＿＿＿＿＿＿＿＿＿＿＿＿＿

地址：＿＿＿＿＿＿＿＿＿＿＿＿＿＿＿＿＿＿＿＿＿＿＿＿

Address：＿＿＿＿＿＿＿＿＿＿＿＿＿＿＿＿＿＿＿＿＿＿

电话(Tel)：＿＿＿＿＿＿＿＿＿＿传真(Fax)：＿＿＿＿＿＿＿＿＿＿

电子邮箱(E-mail)：＿＿＿＿＿＿＿＿＿＿＿＿＿＿＿＿＿＿

买卖双方同意按照下列条款签订本合同。

The Seller and the Buyer agree to conclude this Contract subject to the terms and conditions stated below.

1. 货物名称、规格和质量(Name, Specifications and Quality of Commodity)

2. 数量(Quantity)

允许＿＿＿＿＿＿％的溢短装(＿＿＿＿＿＿％ more or less allowed)

3. 单价(Unit Price)

4. 总值(Total Amount)

5. 交货条件(Terms of Delivery)FOB/CFR/CIF ＿＿＿＿＿＿＿＿＿

6. 原产地国与制造商(Country of Origin and Manufacturers)

7. 包装及标准(Packing)

货物应具有防潮、防锈蚀、防震并适合于远洋运输的包装，由于货物包装不良而造成的货物残损、灭失应由卖方负责。卖方应在每个包装箱上用不褪色的颜色标明尺码、包装箱号码、毛重、净重及"此端向上"、"防潮"、"小心轻放"等标记。

The packing of the goods shall be preventive from dampness, rust, moisture, erosion and shock, and shall be suitable for ocean transportation/multiple transportation. The Seller shall be liable for any damage and loss of the goods attributable to the inadequate or improper packing. The measurement, gross weight, net weight and the cautions such as "DO NOT STACK UP SIDE DOWN", "KEEP AWAY FROM MOISTURE", "HANDLE WITH CARE" shall be stenciled on the surface of each package with fadeless pigment.

8. 唛头(Shipping Marks)

9. 装运期限(Time of Shipment)

10. 装运口岸(Port of Loading)

11. 目的口岸(Port of Destination)

12. 保险(Insurance)

由_____按发票金额 110％投保_____险和_____附加险。

Insurance shall be covered by the _____ for 110％ of the invoice value against _____ Risks and _____ Additional Risks.

13. 付款条件(Terms of Payment)

(1) 信用证方式：买方应在装运期前/合同生效后____日，开出以卖方为受益人的不可撤销的议付信用证，信用证在装船完毕后____日内到期。

Letter of Credit：The Buyer shall, _____ days prior to the time of shipment/after this Contract comes into effect, open an irrevocable Letter of Credit in favor of the Seller. The Letter of Credit shall expire _____ days after the completion of loading of the shipment as stipulated.

(2) 付款交单：货物发运后，卖方出具以买方为付款人的付款跟单汇票，按即期付款交单(D/P)方式，通过卖方银行及_____银行向买方转交单证，换取货物。

Documents against payment：After shipment, the Seller shall draw a sight bill of exchange on the Buyer and deliver the documents through Sellers bank and _____ Bank to the Buyer against payment, i. e. D/P. The Buyer shall effect the payment immediately upon the first presentation of the bill(s)of exchange.

(3) 承兑交单：货物发运后，卖方出具以买方为付款人的付款跟单汇票，付款期限为_____后____日，按即期承兑交单(D/A____日)方式，通过卖方银行及_____银行，经买方承兑后，向买方转交单证，买方在汇票期限到期时支付货款。

Documents against Acceptance：After shipment, the Seller shall draw a sight bill of exchange, payable _____ days after the Buyers delivers the document through Seller's bank and _____ Bank to the Buyer against acceptance(D/A ____ days). The Buyer shall make the payment on date of the bill of exchange.

(4) 货到付款：买方在收到货物后____天内将全部货款支付卖方(不适用于 FOB、CRF、CIF 术语)。

Cash on delivery(COD)：The Buyer shall pay to the Seller total amount within _____ days after the receipt of the goods(This clause is not applied to the terms of FOB,CFR,CIF).

14. 单据(Documents Required)

卖方应将下列单据提交银行议付/托收：

The Seller shall present the following documents required to the bank for negotiation/collection：

(1) 标明通知收货人/受货代理人的全套清洁的、已装船的、空白抬头、空白背书并注明运费已付/到付的海运/联运/陆运提单；

Full set of clean on board Ocean/Combined Transportation/Land Bills of Lading and blank endorsed marked freight prepaid/to collect；

(2) 标有合同编号、信用证号(信用证支付条件下)及装运唛头的商业发票一式____份；

Signed commercial invoice in _____ copies indicating Contract No. ,L/C No. (Terms of L/C)and shipping marks；

(3) 由_____出具的装箱或重量单一式____份；

Packing list/weight memo in _____ copies issued by ____；

（4）由_____出具的质量证明书一式____份；

Certificate of Quality in _____ copies issued by _____;

（5）由_____出具的数量证明书一式____份；

Certificate of Quantity in _____ copies issued by _____;

（6）保险单正本一式____份（CIF 交货条件）；

Insurance policy/certificate in _____ copies(Terms of CIF);

（7）_____签发的产地证一式____份；

Certificate of Origin in _____ copies issued by _____;

（8）装运通知（Shipping Advice）：卖方应在交运后_____小时内以特快专递方式邮寄给买方上述第____项单据副本一式一套。

The Seller shall, within _____ hours after shipment effected, send by courier each copy of the above-mentioned documents No. _____.

16. 装运条款（Terms of Shipment）

（1）FOB 交货方式

卖方应在合同规定的装运日期前 30 天，以_____方式通知买方合同号、品名、数量、金额、包装件、毛重、尺码及装运港可装日期，以便买方安排租船/订舱。装运船只按期到达装运港后，如卖方不能按时装船，发生的空船费或滞期费由卖方负担。在货物装上船以前一切费用和风险由卖方负担。

The Seller shall, 30 days before the shipment date specified in the Contract, advise the Buyer by _____ of the Contract No., commodity, quantity, amount, packages, gross weight, measurement, and the date of shipment in order that the Buyer can charter a vessel/book shipping space. In the event of the Seller's failure to effect loading when the vessel arrives duly at the loading port, all expenses including dead freight and/or demurrage charges thus incurred shall be for the Seller's account.

（2）CIF 或 CFR 交货方式

卖方须按时在装运期限内将货物由装运港装船至目的港。在 CFR 术语下，卖方应在装船前两天以_____方式通知买方合同号、品名、发票价值及开船日期，以便买方安排保险。

The Seller shall ship the goods duly within the shipping duration from the port of loading to the port of destination. Under CFR terms, the Seller shall advise the Buyer by _____ of the Contract No., commodity, invoice value and the date of dispatch two days before the shipment for the Buyer to arrange insurance in time.

16. 装运通知（Shipping Advice）

一俟装载完毕，卖方应在____小时内以_____方式通知买方合同编号、品名、已发运数量、发票总金额、毛重、船名/车/机号及启程日期等。

The Seller shall, immediately upon the completion of the loading of the goods, advise the Buyer of the Contract No., names of commodity, loading quantity, invoice values, gross weight, name of vessel and shipment date by _____ within _____ hours.

17. 质量保证（Quality Guarantee）

货物品质规格必须符合本合同及质量保证书之规定，品质保证期为货到目的港____个月内。在保证期限内，因制造厂商在设计制造过程中的缺陷造成的货物损害应由卖方负责赔偿。

The Seller shall guarantee that the commodity must be in conformity with the quantity, specifications and quantity specified in this Contract and Letter of Quality Guarantee. The guarantee period shall be _____ months after the arrival of the goods at the port of destination, and during the period the Seller shall be responsible for the damage due to the defects in designing and manufacturing of the manufacturer.

18. 检验(Inspection)(以下两项任选一项)

(1) 卖方须在装运前____日委托_____检验机构对本合同之货物进行检验并出具检验证书,货到目的港后,由买方委托_____检验机构进行检验。

The Seller shall have the goods inspected by _____ days before the shipment and have the Inspection Certificate issued by _____ . The Buyer may have the goods reinspected by _____ after the goods arrival at the destination.

(2) 发货前,制造商应对货物的质量、规格、性能和数量/重量做精密全面的检验,出具检验证明书,并说明检验的技术数据和结论。货到目的港后,买方将申请中国出入境检验检疫局对货物的规格和数量/重量进行检验,如发现货物残损或规格、数量与合同规定不符,除保险公司或轮船公司的责任外,买方得在货物到达目的港后____日内凭中国检验检疫局出具的检验证书向卖方索赔或拒收该货。在保证期内,如货物由于设计或制造上的缺陷而发生损坏或品质和性能与合同规定不符时,买方将委托中国检验检疫局进行检验。

The manufacturers shall, before delivery, make a precise and comprehensive inspection of the goods with regard to its quality, specifications, performance and quantity/weight, and issue inspection certificates certifying the technical data and conclusion of the inspection. After arrival of the goods at the port of destination, the Buyer shall apply to China Entry-Exit Inspection And Quarantine Bureau (hereinafter referred to as CIQ) for a further inspection as to the specifications and quantity/weight of the goods. If damages of the goods are found, or the specifications and/or quantity are not in conformity with the stipulations in this Contract, except when the responsibilities lies with Insurance Company or Shipping Company, the Buyer shall, within _____ days after arrival of the goods at the port of destination, claim against the Seller, or reject the goods according to the inspection certificate issued by CIQ. In case of damage of the goods incurred due to the design or manufacture defects and/or in case the quality and performance are not in conformity with the Contract, the Buyer shall, during the guarantee period, request CIQ to make a survey.

19. 索赔(Claim)

买方凭其委托的检验机构出具的检验证明书向卖方提出索赔(包括换货),由此引起的全部费用应由卖方负担。若卖方收到上述索赔后_____天未予答复,则认为卖方已接受买方索赔。

The Buyer shall make a claim against the Seller(including replacement of the goods)by the further inspection certificate and all the expenses incurred therefrom shall be borne by the Seller. The claims mentioned above shall be regarded as being accepted if the Seller fail to reply within _____ days after the Seller received the Buyer's claim.

20. 迟交货与罚款(Late delivery and Penalty)

除合同第 21 条不可抗力原因外,如卖方不能按合同规定的时间交货,买方应同意在卖方支付罚款的条件下延期交货。罚款可由议付银行在议付货款时扣除,罚款率按每____天收____%,不足____天时以____天计算。但罚款不得超过迟交货物总价的____%。如卖方延期交货超过合同规定____天时,买方有权撤销合同,此时,卖方仍应不迟延地按上述规定向买方支付罚款。

买方有权对因此遭受的其他损失向卖方提出索赔。

Should the Seller fail to make delivery on time as stipulated in the Contract, with the exception of Force Majeure causes specified in Clause 21 of this Contract, the Buyer shall agree to postpone the delivery on the condition that the Seller agree to pay a penalty which shall be deducted by the paying bank from the payment under negotiation. The rate of penalty is charged at _____% for every _____ days, odd days less than _____ days should be counted as _____ days. But the penalty, however, shall not exceed _____% of the total value of the goods involved in the delayed delivery. In case the Seller fail to make delivery _____ days later than the time of shipment stipulated in the Contract, the Buyer shall have the right to cancel the Contract and the Seller, in spite of the cancellation, shall nevertheless pay the aforesaid penalty to the Buyer without delay.

The Buyer shall have the right to lodge a claim against the Seller for the losses sustained if any.

21. 不可抗力(Force Majeure)

凡在制造或装船运输过程中,因不可抗力致使卖方不能或推迟交货时,卖方不负责任。在发生上述情况时,卖方应立即通知买方,并在____天内,给买方特快专递一份由当地民间商会签发的事故证明书。在此情况下,卖方仍有责任采取一切必要措施加快交货。如事故延续____天以上,买方有权撤销合同。

The Seller shall not be responsible for the delay of shipment or non-delivery of the goods due to Force Majeure, which might occur during the process of manufacturing or in the course of loading or transit. The Seller shall advise the Buyer immediately of the occurrence mentioned above and within _____ days thereafter the Seller shall send a notice by courier to the Buyer for their acceptance of a certificate of the accident issued by the local chamber of commerce under whose jurisdiction the accident occurs as evidence thereof. Under such circumstances the Seller, however, are still under the obligation to take all necessary measures to hasten the delivery of the goods. In case the accident lasts for more than _____ days the Buyer shall have the right to cancel the Contract.

22. 争议的解决(Arbitration)

凡因本合同引起的或与本合同有关的任何争议应协商解决。若协商不成,应提交中国国际经济贸易仲裁委员会,按照申请仲裁时该会现行有效的仲裁规则进行仲裁。仲裁裁决是终局的,对双方均有约束力。

Any dispute arising from or in connection with the Contract shall be settled through friendly negotiation. In case no settlement is reached, the dispute shall be submitted to China International Economic and Trade Arbitration Commission(CIETAC), for arbitration in accordance with its rules in effect at the time of applying for arbitration. The arbitral award is final and binding upon both parties.

23. 通知(Notices)

所有通知用_____文写成,并按照如下地址用传真/电子邮件/快件送达给各方。如果地址有变更,一方应在变更后____日内书面通知另一方。

All notice shall be written in _____ and served to both parties by fax/courier according to the following addresses. If any changes of the addresses occur, one party shall inform the other party of the change of address within _____ days after the change.

24. 本合同使用的 FOB、CFR、CIF 术语系根据国际商会《2010 年国际贸易术语解释通则》。

The terms FOB、CFR、CIF in the Contract are based on INCOTERMS 2010 of the International Chamber of Commerce.

25. 附加条款(Additional clause)

本合同上述条款与本附加条款抵触时,以本附加条款为准。

Conflicts between Contract clause hereabove and this additional clause, if any, it is subject to this additional clause.

26. 本合同用中英文两种文字写成,两种文字具有同等效力。本合同共____份,自双方代表签字(盖章)之日起生效。

This Contract is executed in two counterparts each in Chinese and English, each of which shall deemed equally authentic. This Contract is in _____ copies, effective since being signed/sealed by both parties.

买方代表(签字):　　　　　　　　　　　卖方代表(签字):

Representative of the Buyer　　　　　　　Representative of the Seller

(Authorized signature):　　　　　　　　(Authorized signature):

　　如果进出口企业接受其他企业委托,代理其从事进口业务,通常两家企业之间还要签订代理进口合同或代理进口协议,其内容分为约首、本文(交易信息、双方责任、索赔与争议解决)和约尾三个部分(见样例 8-2)。

样例 8-2

代理进口合同

　　甲方:_____

　　地址:_____

　　乙方:_____

　　地址:_____

甲乙双方就乙方委托甲方代理_____进口事宜,经友好协商,达成如下协议。

1. 甲方代理乙方进口以下商品

(1) 商品名称_____

(2) 规格及数量:_____;总数量:_____

(3) 产地:_____

(4) 价格:_____;总金额:_____

(5) 包装:_____

以上条款最终以甲方对外签约合同为准。

2. 双方责任

(1) 甲方责任

① 对外签署合同并向乙方提供合同副本。

② 收到乙方的开证保证金后按合同要求对外开立信用证。

③ 负责办理代理进口报关、商检及其他接货手续,但所有相关费用均由乙方承担。

④ 如需索赔,在收到乙方的索赔委托、依据及索赔费用后及时代理乙方按甲方对外签署的合同规定向外索赔,索赔利益归乙方所有,但代理手续费不做任何退回。

⑤ 如乙方未按规定向甲方付清全款,甲方有权没收保证金并自行处理货物,以及向甲方索赔由此而造成的其他损失。

⑥ 及时向乙方通报进口合同的执行情况,特别是货物备妥期、装运期、预计抵达情况,以便乙方及时做好接货准备。

⑦ 收到国外正本单据审核无误后,及时向乙方结算。汇率以甲方实际对外付汇日汇率为准。

（2）乙方责任

① 本协议签订后 5 个工作日内向甲方支付合同全额_____%的代理手续费。

② 协议签订后三个工作日内向甲方支付合同金额_____%作为开证保证金。

③ 接受甲方采用的货物进口标准合同的固定条款。承认甲方代表乙方承担这些合同条款对"买方"的权利和义务的规定。

④ 收到甲方交来的对外进口合同副本后，立即进行核对。如发现合同协议要求有不符点时，应在收到合同副本后 3 个工作日内以传真或电报通知甲方。否则，即视为乙方已承担该合同的权利和义务。

⑤ 货到目的港后，应积极配合甲方的港口货运代理办理货物的交接事宜。乙方必须在货到后_____天内向甲方交清货物的全部税款（进口关税及增值税）和港口所发生的所有费用（报关费、商检费、港杂费、仓储费及其他相关费用）及全部货款，以便甲方放货。

⑥ 如果外商系乙方自己所定，如发生迟交货或不交货等问题由乙方负责追索，甲方协助。

3. 索赔处理

（1）甲方必须认真遵守《中华人民共和国进出口商品检验法》，发现问题时，及时处理。凡属于船方或保险责任的，应会同甲方在港口的货运代理向有关责任方面索要货损、货差证明，通过甲方向保险公司办理有关索赔手续。凡属于国外发货人责任的短重及/或品质索赔，及时申请商检，并在合同规定的索赔有效期终了前 15 天将商检证书送到甲方，以便甲方审核及时对外提赔。

（2）甲方必须积极办理属于发货人责任的短重及/或质量索赔。甲方不承担直接的赔偿责任，但有义务代表乙方向国外发货人提赔，并须据理力争督促国外发货人尽速理赔。甲方须及时向乙方通报对外索赔进展情况，并对此索赔案负责到底直至乙方同意结案为止。

4. 争议解决

凡与本协议有关的争议，甲乙双方应本着长期合作、互惠互利的原则，依照《中华人民共和国合同法》的有关规定，友好协商解决。若协商不成，任何一方有权向协议签订地的人民法院起诉。

5. 其他本协议未尽事宜，适用对外贸易经济合作部《关于对外贸易代理制的暂行规定》。

6. 本协议一式两份，具有同等法律效力，自签订之日起生效。

甲方（盖章）：_____	乙方（盖章）：_____
代表人（签字）：_____	代表人（签字）：_____
____年____月____日	____年____月____日

知识链接

进口合同的结构

进口合同的结构分为约首、本文、约尾三个部分。

约首是指合同的序言部分，包括合同名称或类型、合同编号、定约时间、地点、缔约双方当事人的法定名称和法定地址、序文等内容。

本文是合同的主体部分，在此部分双方当事人具体列明各项交易的条件或条款，如品名、品质、包装、数量、价格、交货等条款，这些条款体现了双方当事人的权利和义务。

约尾是合同的结束部分，通常有合同所使用的文字及其效力、合同的份数、缔约人签字、合同生效时间等内容。

进口合同的条款要完整、严谨，利于日后合同顺利履行。

8.2　拟定装运条款

王宇在熟悉了进口合同框架的基础上，按照进出口双方就各项交易条件所达成的一致意见，着手准备签订进口合同，有关货物描述的品名、品质、数量和包装、价格条款与出口合同拟写要求基本相同，不再赘述。王宇此部分的工作重点放在装运、保险、支付、装运前检验、单据等条款的拟定上。

工作内容

明确合理地规定装运条款，是保证装运合同顺利履行的重要条件，结合前期业务磋商买卖双方采用 FOB 贸易术语成交，并考虑到进口货量不大，故本笔交易适宜采用班轮运输。为此，王宇从选择装运地点、确定装运时间、规定分批和转船、发出装运通知 4 个方面着手拟写装运条款。

操作过程

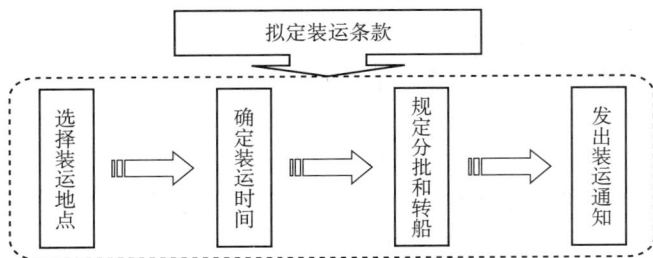

【步骤一】选择装运地点。

根据买卖双方分处的地理位置，王宇选择加拿大的多伦多为装运港、中国新港为目的港。拟写条款为：Shipment from Toronto, Canada to Xingang, China.

【步骤二】确定装运时间。

根据买卖双方在交易磋商环节中的邮件往来，为了便于买方交货，王宇将交货期约定为 10 月份，拟写具体条款为：Shipment during October, 2009.

【步骤三】规定分批和转船。

考虑到废纸属于废旧产品，转船对产品质量不会造成危害，方便卖方及时安排装运，满足买方急需用货需要，故王宇规定不允许分批，允许转船，拟写具体条款为：Partial shipments not allowed and transhipment allowed.

【步骤四】发出装运通知。

买卖双方在交易磋商中采用 FOB 贸易术语，为了能及时办理投保手续，转嫁运输途中的风险，买方要求卖方装船后要及时发出装船通知，故王宇拟写装运通知条款为：

The Seller shall, immediately upon the completion of the lading of the goods, advise the Buyer of the Contract No. , name of commodity, loaded quantity, invoice value, gross weight, name of vessel and shipment date by mail within 48 hours. （一俟装载完毕，卖方应在 48 小时内以邮件方式通知买方合同编号、品名、已发运数量、发票总金额、毛重、船名及

装运日期等。)

知识链接

合同中装运条款

1. 装运期与交货期的含义及其区别

装运时间(Time of Shipment)又称装运期,是指卖方将合同规定的货物装上运输工具或交给承运人的期限。交货时间(Time of Delivery)是指交付货物的时间。

装运时间与交货时间通常是一致的。在装运合同中装运期与交货期是一致的,但在到达合同中,装运与交货就是两个截然不同的概念。

2. 装运地(港)与目的地(港)

装运港(Port of Shipment)是指货物起始装运的港口,装运港一般由出口方提出,经进口方同意后确定。

目的港(Port of Destination)是买卖合同中规定的最后卸货港口,目的港由进口方提出,经出口方同意后确定。

在国际货物买卖合同中,约定装运地(港)和目的地(港),既有利于卖方按约定地点组织货源和发运货物,也有利于买方按约定地点接运或受领货物。

3. 分批装运和转运

分批装运又称分期装运,是指一个合同项下的货物分若干批或若干期装运。买卖合同中做出这一规定时,称为分批装运条件。造成分批装运的原因是多方面的,如除了成交量较大外,运输工具的限制、目的港装卸条件差、船源紧张、市场销售的需要、一次备货有困难、期货成交后需逐批生产等。

转运(Transhipment)是指货物没有直达船或一时无合适的船舶运输,而需通过中途港转运的称为转船。

4. 装运通知

装运通知(Shipping Advice)是通常在采用租船运送大宗进出口货物的情况下,在合同中加以约定的条款。规定这个条款的目的在于明确买卖双方的责任,促使买卖双方互相配合,共同做好船货交接工作。如在装运港(地)条件下,买方应按约定的时间将船名、船期等通知卖方,卖方装船后应及时通知买方以便保险。而在目的港(地)条件下,为了便于买方及时提货,卖方应将交货日期、货物数量、载货船舶名称和预定到港日期等事先通知买方。

买卖双方约定装运通知有着重要的意义。就卖方而言,装运通知除便于交接货物外,主要表明其交付货物的运输风险已转由买方负担。就买方而言,装运通知则更具有多方面的意义:一是便于买方办理货运保险或进行追加保险;二是便于买方早日着手准备提货事宜;三是便于买方预售货物。

8.3 拟定保险条款

国际货物交易中,货物由卖方手里到买方手里往往要经过长距离的运输,在运输过程会发生各种意外情况,为转嫁运输途中的风险,需要办理投保手续。

保险条款是进口贸易合同中的主要条款之一,其内容繁简不一,主要取决于买卖双方的成交条件和所使用的贸易术语。

工作内容

结合前期业务磋商买卖双方采用 FOB 贸易术语成交,运输途中的风险由买方承担,为了转嫁运输途中的风险,长虹纸制品有限公司就需要自行办理货运保险,并支付保险费,合同的保险条款相对简单,仅说明由买方办理即可。为此,王宇着手拟定有关保险条款。

操作过程

```
              ┌─────────────────┐
              │   拟定保险条款    │
              └─────────────────┘
                       ▼
┌─────┐   ┌─────┐   ┌─────┐   ┌─────┐   ┌─────┐
│确定 │→ │选择 │→ │确定 │→ │确定 │→ │拟定 │
│投保 │   │保险 │   │投保 │   │投保 │   │保险 │
│人   │   │条款 │   │险别 │   │加成 │   │条款 │
└─────┘   └─────┘   └─────┘   └─────┘   └─────┘
```

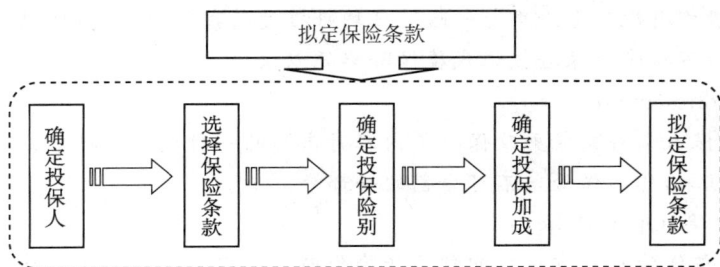

【步骤一】王宇查看业务卷宗,买卖双方采用 FOB 贸易术语成交,这意味着保险由买方自行办理。

【步骤二】鉴于由买方负责办理投保手续,王宇拟选择中国人民财产保险股份公司的海运货物保险条款办理预约保险投保手续。

【步骤三】考虑到废纸属于低货值产品,为转嫁运输途中的风险,选择投保平安险。

【步骤四】我国进口货物的保险金额原则上也是按进口货物的 CIF(或 CIP)价格计算,但实务中大部分进口合同是采用 FOB(或 CFR)贸易术语,在向中国人民财产保险股份公司进行投保时,均按估算出的 CIF(或 CIP)价作为投保金额而不必加成,其中的运费率和保费率采用平均值计算。

【步骤五】王宇简单地拟写保险条款如下。

Insurance:To be covered by the Buyer.

按 FOB、CFR、FCA 和 CPT 条件成交的进口货物,由我进口企业自行办理保险。为简化投保手续和避免漏保,一般采用预约保险的做法,即被保险人(投保人)和保险人就保险标的物的范围、险别、责任、费率以及赔款处理等条款签订长期性的保险合同。投保人在获悉每批货物起运时,应将船名、开船日期及航线、货物品名及数量、保险金额等内容,书面定期通知保险公司。保险公司对属于预约保险合同范围内的商品,一经起运,即自动承担保险责任。

未与保险公司签订预约保险合同的进口企业,则采用逐笔投保的方式,在接到国外出口方的装船通知或发货通知后,应立即填“装货通知”或投保单,注明有关保险标的物的内容、装运情况、保险金额和险别等,交保险公司,保险公司接受投保后签发保险单。

知识链接

保 险 单 证

1. 保险单(Insurance Policy)

保险单俗称"大保单",正规的保险合同保险单的格式。其正面内容一般包括:被保险人名称和地址、保险标的、运输标志、运输工具、起讫地点、承保险别、保险币种和金额,出单日期等项目。目前,我国国内的保险公司大都以出具保险单作为出口保险凭证。

2. 保险凭证(Insurance Certificate)

保险凭证俗称"小保单",简化的保险合同。保险凭证的内容,除背面未印有详细条款外,正面内容与保险单相同,在法律上与保险单具有同等法律效力。目前各国在信用证上的保险条款中,一般都有规定保险单与保险凭证均可接受的条款,但信用证规定提交单据为保险单时,则议付行不接受以保险凭证代替保险单凭以议付。

3. 批单(Endorsement)

批单是指投保人需补充或更改保险单内容时出具的一种凭证。批单必须粘贴在原保险单上,并加盖骑缝单,作为保险单不可分割的一部分。

4. 预约保险单(Open Policy)

保险公司与被保险人双方签订的预约保险合同。它规定了总的保险范围、保险期限、保险种类、总保险限额、航程区域、运输工具、保险条件、保险费率和保险结算办法等。在这个范围内的被保险货物,一经起运保险公司即自动承保。但被保险人在获悉每批货物装运时,应及时将装运通知书(包括货物的名称、数量、保险金额、船名、运输工具、起讫地点、起运日期)送交保险公司,并按约定办法缴纳保险费,即完成了投保手续。在实际业务中,预约保单适用于进口的货物保险,这可以防止因漏保或迟保而造成的无法弥补的损失。

8.4 拟定支付条款

国际货物交易中,货款的收付是买卖双方的基本权利和义务,货款的收付直接影响双方的资金周转和融通,以及各种金融风险和费用的负担,这是关系到买卖双方利益的问题。因此,买卖双方在磋商交易时,都力争规定对自己有利的支付条件。

工作内容

王宇充分了解支付条款对于进口业务的重要性,他一方面整理买卖双方往来的信函资料;另一方面搜集支付条款规范性的写法,力争通过支付条款的确定最大限度地保证公司利益。

操作过程

【步骤一】加拿大 Ample Recycling Co. 对长虹纸制品有限公司来说是新客户,起初供货商坚持采用即期信用证支付方式,买卖双方同意采用 FOB 术语成交,我方自己安排租船订舱事宜。考虑到废纸市场目前处于供大于求的状态,王宇请求供货商给予更为灵活的付

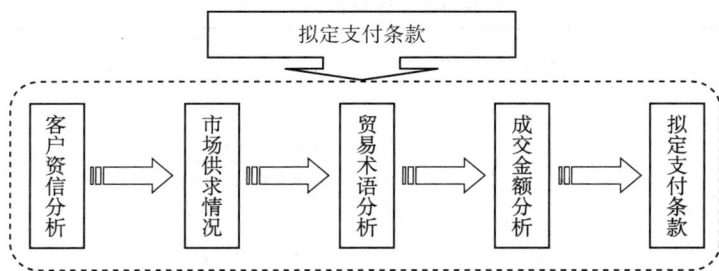

款方式,故最后同意采用远期信用证付款方式。

【步骤二】王宇拟写支付条款如下:

Payment:The Buyer shall, 30 days prior to the time of shipment/after this Contract comes into effect, open an irrevocable Letter of Credit in favor of the Seller, payable at 60 days after sight. The Letter of Credit shall expire 15 days after the completion of loading of the goods as stipulated.

知识链接

支 付 方 式

1. 汇付

汇付是付款人委托所在国银行,将款项以某种方式付给收款人的结算方式。汇付的方式及利弊见表8-1。

表 8-1　汇付的方式及利弊

方式	利	弊	费用	速　　度
电汇	较安全,收款快,款项通过银行付给指定的收款人,由于银行不能占用资金,汇款人可充分利用资金,减少利息损失	汇款手续费相对其他汇款方式要高	高	最快
信汇	费用不是很高,较安全	速度较慢,银行可占用收款人资金,可能在邮寄中延误或丢失	较低	较 T/T 慢
票汇	收款人不必等汇入行通知取款,背书后可流通转让	可能丢失、被窃	最低	最慢

2. 托收

出口人委托银行向进口人收款的一种支付方式。托收的分类见图8-4。

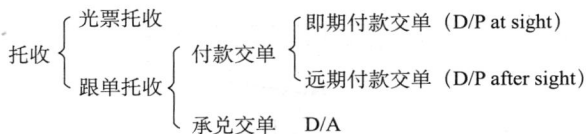

图　8-4

3. 信用证

信用证是指一项不可撤销的安排,无论其名称或描述如何,该项安排构成开证行对相符交单予以承付的确定承诺。信用证的分类见表8-2。

表 8-2　信用证的分类

分　类　方　法	信用证种类
是否附有货运单据	跟单信用证（Documentary L/C）
	光票信用证（Clean L/C）
付款期限	即期信用证（Sight L/C）
	远期信用证（假远期信用证）（Time L/C）
有无另一银行加以保付	保兑信用证（Confirmed L/C）
	非保兑信用证（Unconfirmed L/C）
是否可转让信用证	可转让信用证（Transferable L/C）
	非转让信用证（Non-transferabel L/C）
兑付方式	议付信用证（Negotiation L/C）
	承兑信用证（Acceptance L/C）
	付款信用证（Payment L/C）
其他种类	循环信用证（Revolving L/C）
	对开信用证（Reciprocal L/C）
	对背信用证（Back to back L/C）
	预支信用证（Anticipatory L/C）
	备用信用证（Standby L/C）

8.5　拟定装运前检验条款

为防止境外有害废物向我国转运,我国对允许作为原料进口的废物,实施装运前检验制度。收货人与发货人签订的废物原料进口贸易合同中,必须订明所进口的废物原料应符合中国环境保护控制标准的要求,并约定由出入境检验检疫机构或国家局认可的检验机构实施装运前检验,检验合格后方可装运。作为原料进口的废物进境时,收货人应当提供出入境检验检疫机构或者经国家质检总局指定的检验机构出具的装运前检验证书办理进口通关手续。

工作内容

王宇充分了解国家对进口废物原料的监督管理规定后,前期要求国外供货商办理相关的注册登记手续外,为保证废纸抵港后能正常顺利通关进境,王宇着手拟写合同的装运前检验条款部分,要求国外供货商在废纸装运前一定要办理装运前检验手续,并提供装运前检验证书。

操作过程

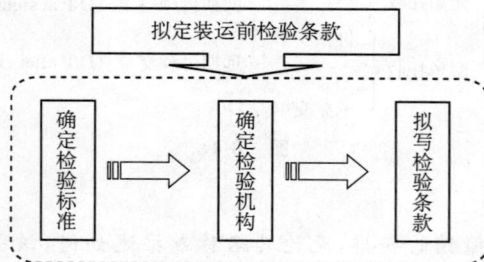

【步骤一】确定检验标准。

王宇仔细查阅了国家对进口可作原料的固体废物环境保护控制标准,该套标准共有13个,对应废纸和废纸板的标准为 GB 16487.4—2005 进口可作原料的固体废物环境保护控制标准。

【步骤二】确定检验机构。

王宇认真学习了质检总局令第 2 号《进口废物原料装运前检验机构认可管理办法》(试行)获悉,国家出入境检验检疫局统一管理进口废物原料装运前检验机构认可工作,负责组织对进口废物原料装运前检验机构的考核和认可工作,并对其实施监督管理。经仔细查阅获悉中国检验认证集团加拿大有限公司(CHINA CERTIFICATION & INSPECTION CORPORATION CANADA INC.)是驻加拿大经认可的负责进口废物原料装运前检验机构。

【步骤三】拟写检验条款。

王宇按照国家质检总局的规定和贸易惯例起草合同检验条款如下:

卖方须在装运前　7　日委托中国检验认证集团加拿大有限公司对本合同之货物按照中国 GB 16487.4—2005 标准进行检验并出具装船前检验证书,货到目的港后,买方有权委托天津出入境检验检疫局进行复验。

The Seller shall ask China Certifcation & Inspection Corporation Canada Inc To inspect the goods according to Chinese standard GB 16487.4—2005 not later than ___7___ days before the shipment and issue relative pre-shipment inspection. The Buyer may reserve the right to re-inspect the goods by CIQ Tianjin after the goods arrival at the destination.

知识链接

我国对进口废物装运前检验的有关规定

为加强进口可用作原料的固体废物检验检疫监督管理,保护环境,国家对进口废物原料实行装运前检验制度。

废物原料进境前,国外供货商应当向检验检疫机构或者国家质检总局指定的装运前检验机构(简称装运前检验机构)申请装运前检验。

装运前检验机构应当在国家质检总局规定的检验业务范围和区域内按照中国环境保护控制标准和装运前检验规程实施装运前检验。

进口废物原料报检时,收货人应当提供检验检疫机构或者经国家质检总局指定的检验机构出具的装运前检验证书。进口废物原料到货后,由检验检疫机构依法实施检验检疫。口岸检验检疫机构对已运抵口岸但未经装运前检验的进口废物,可以不受理报检。

检验检疫机构对经检验检疫合格的进口废物原料,出具《入境货物通关单》,并在备注项注明"上述货物经初步检验,未发现不符合环境保护要求的物质";对经检验检疫不合格的,出具《检验检疫处理通知单》和《检验检疫证书》。

对装货地或发运地不属于指定区域的进口废物原料,境外供货企业可就近向授权装运前检验机构申请装运前检验并提供必要的检验条件。因条件所限不能实施装运前检验的,可将相关货物运抵中国内地口岸,由收货人向入境口岸检验检疫机构申请到货检验;入境口岸检验检疫机构应对上述废物原料实施逐批全数检验。其中,装货地是指废物原料装入集装箱或者以散运方式装入船舱、汽车或列车车皮的地点。发运地是指废物原料直接(含联运)运往中国内地的启运港口或场站。全数检验是指对以集装箱、汽车或列车装运的废物原料每箱、每车、每车皮均实施掏箱或落地检验,散运的废物原料每舱均实施落地检验。

8.6　拟定单据条款

国际贸易买卖双方相距甚远,不能实现一手交钱一手交货,国际贸易大多都采用象征性交货,以交单代替交货,买方见单付款。因此,特别在进口交易中,买卖双方将各自应履行的义务单据化,以保证买方进口的货物符合约定的品质要求,更好地保证自己的权益。

工作内容

王宇充分了解国家对进口废物原料的监督管理规定后,为保证废纸抵港后能正常顺利通关进境,王宇着手拟写合同中的单据条款部分。

操作过程

拟定单据条款

| 拟写发票条款 | → | 拟写包装单据条款 | → | 拟写提单条款 | → | 拟写装运前检验条款 | → | 拟写其他单据条款 | → | 缮制完整购货确认书 |

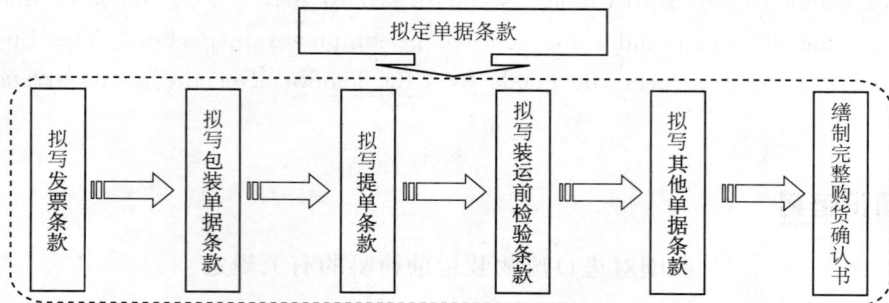

【步骤一】作为每笔交易,买卖双方结算货款的依据,发票是必不可少的基本单据之一。为此,王宇拟写发票条款为:Commercial invoice in triplicate indicating the Contract No., LC No. and H. S code of the waste paper.

【步骤二】鉴于废纸属于低值产品,一般采用简易的捆扎方式,而买卖双方是以重量计价的。为此,作为发票的补充单证,重量单在此笔交易中也是不可或缺的单证之一。王宇拟写重量单条款为:Weight list in triplicate showing the gross weight of each container.

【步骤三】本笔业务买卖双方约定采用海运方式,我国明确规定废物原料进口,提单必须做成记名提单,不允许空白抬头提单。为此,王宇拟写提单条款为:Full set of clean on board bill of lading made out to Tianjin Changhong Paper Products Co., Ltd. notify the same and marked freight to collect.

【步骤四】我国对进口废物原料实施装运前检验制度,废物抵港后,若买方没有正本装运前检验证书,口岸检验检疫部门不受理报检申请,货物不能进境。为此,王宇拟写装运前检验条款:Pre-shipment inspection ceritifcate in duplicate issued by China Certification &

Inspection Corporation Canada Inc mentioning the inspection are to be made strictly according to Chinese standard GB 16487.4—2005, no excess prohibitive materials or harmful substances are found during on-the-site inspection.

【步骤五】鉴于买卖双方最终以 FOB 贸易术语成交，为了做好船货衔接，并方便买方及时办理投保手续，买卖双方应尽到相互通知的义务。为此，王宇拟写装船通知条款为：Copy of shipping advice to be sent to the Buyer within 48 hours, advising the Buyer of the Contract No. , names of commodity, loading quantity, invoice value, gross weight, name of vessel and shipment date by fax/mail.

鉴于废纸商品的特殊性，办理进口清关手续时需要提交正本装运前检验证书，为了及时办理进口清关手续，减少货物积压在港时间，故要求出口商将正本装运前检验证书及一套副本单据直接邮寄给进口商。为此，王宇拟写寄单证明函条款为：Original Beneficiary's Certificate state that original pre-shipment inspection certificate and copy of invoice and weight list and B/L to be sent to applicant within 2 days after shipment.

【步骤六】王宇查阅与加拿大 Ample Recycling Co. 客户的往来邮件，按照接受函缮制完整购货确认书（见样例 8-3）。

样例 8-3

购 货 确 认 书

PURCHASE CONFIRMATION

P/C No. :CH090905

Date:SEPT. 05,2009

The Buyer:TIANJIN CHANGHONG PAPER PRODUCTS CO. ,LTD.

　　　　　NO. 1999 YINGBIN ROAD,JINGHAI,TIANJIN,CHINA

The Seller:AMPLE RECYCLING CO.

　　　　　67 TIDWORTH ST. TORONTO,ONTARIO,CANADA M1Y7

The Seller and the Buyer have confirmed this Contract with the terms and conditions stipulated below.

DESCRIPTIONS OF GOODS	QUANTITY	UNIT PRICE	AMOUNT
WASTE PAPER8♯ PROHIBITIVE MATERIALS≤2％ MOISTURE≤12％ OUT-THROWS≤1％	200MTS 10％ more or less, at Seller's option	USD157. 50/MT FOB TORONTO	USD31 500. 00
TOTAL VALUE:SAY US DOLLARS THIRTY-ONE THOUSAND FIVE HUNDRED ONLY			

(1) Packing:IN BALE AS USUAL BY CONTAINER SHIPMENT

The Seller shall be liable for any damage of the commodity and expenses incurred on account of importer packing or inadequate and importer protective measures taken by the Seller in regard to the packing,shipping marks as follows.

N/M

(2) Time of Shipment:Shipment during Oct. ,2009

(3) Port of Shipment：Toronto，Canada

(4) Port of Destination：Xingang，China

(5) Partial Shipment：Not Allowed

(6) Transhipment：Allowed

(7) Insurance：To be covered by the Buyer

(8) Payment：The Buyer shall，15 days prior to the time of shipment，open an irrevocable Letter of Credit payable at 60 days sight in favor of the Seller. The Letter of Credit shall expire 15 days after the completion of loading of the goods as stipulated.

(9) Documents required：

① Commercial invoice in triplicate indicating the Contract No，LC No. and H. S code of the waste paper；

② Weight list in triplicate showing the gross weight of each bale and total gross weight；

③ Full set of clean on board bill of lading made out to Tianjin Changhong Paper Products Co. , Ltd. notify the same and marked freight to collect；

④ Pre-shipment inspection ceritifcate in duplicate issued by China Certification &. Inspection Corporation Canada Inc mentioning the inspection are to be made strictly according to Chinese standard GB 16487. 4—2005，no excess prohibitive materials or harmful substances are found during on-the-site inspection；

⑤ Copy of shipping advice to be sent to the Buyer within 48 hours，advise the Buyer of the Contract No. ，names of commodity，loading quantity，invoice value，gross weight，name of vessel and shipment date by fax/mail.

(10) Remarks：

① FOB delivery

The Seller shall，15 days before the shipment date specified in the Contract，advise the Buyer by FAX of the Contract No. ，commodity，quantity，amount，packages，gross weight，measurement，and the date of shipment in order that the Buyer can charter a vessel/book shipping space.

In the event of the Seller's failure to effect loading when the vessel arrives duly at the loading port，all expenses including dead freight and/or demurrage charges thus incurred shall be for the Seller's account.

② Short delivery and claim

When the goods arrived at port of destination，the Buyer has the right to recheck the weight of goods. If short delivery is found，the Buyer has the right to lodge a claim against the Seller by the weight certificate issued by CIQ TIANJIN within 30 days after arrival at pot of destination. The Seller should refund the payment the Buyer already paid for the short delivered the quantity.

③ Late delivery and Penalty

Should the Seller fail to make delivery on time as stipulated in the Contract，with the exception of Force Majeure causes，the Buyer shall agree to postpone the delivery on the condition that the Seller agree to pay a penalty which shall be deducted by the paying bank from the payment under negotiation. The rate of penalty is charged at __0.01__ ％ for every __7__ days，odd days less than __7__ days should be counted as __7__ days. But the penalty，however，shall not exceed __10__ ％ of the total value of the goods involved in the delayed delivery. In case the Seller fail to make delivery __30__ days later than the time of shipment stipulated in the Contract，the Buyer shall have the right to cancel the

Contract and the Seller, in spite of the cancellation, shall nevertheless pay the aforesaid penalty to the Buyer without delay.

The Buyer shall have the right to lodge a claim against the Seller for the losses sustained if any.

Seller	Buyer
Belinda W	Liu Changhong

知识链接

单据化条款和非单据化条款

对于信用证结算方式,所谓单据化条款,是指对于开证申请人来说,凡是对受益人有所要求的事项,都应在开证申请书中列明受益人应提供什么样的单据来满足此项要求,以便开证行在信用证中明确规定有关单据的名称、出单人和内容措词等。

所谓非单据化条款,是指如果信用证中包含某项条件而未规定需提交与之相符的单据。银行将认为未列明此条件,并对此不予置理。

例如,只规定受益人洽订的载货船只的船龄不得超过10年,但并未列明如何通过单据来证明,这样的条件将是无效的,银行不予理会,因而受益人也可不予理会,且不必要求改证删除。这就是说,对于非单据条件,其有效性是不被银行承认的,对受益人是无约束力的。

重点内容概要

任务八重点内容框架如图 8-5 所示。

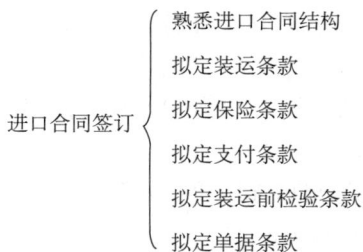

$$进口合同签订\begin{cases} 熟悉进口合同结构 \\ 拟定装运条款 \\ 拟定保险条款 \\ 拟定支付条款 \\ 拟定装运前检验条款 \\ 拟定单据条款 \end{cases}$$

图　8-5

同步训练

一、单选题

1. 被称之为大保单的保险单据是(　　)。

    A. 保险单　　　　B. 保险凭证　　　　C. 批单　　　　D. 预约保险单

2. 在以下支付方式下,银行费用最低的是(　　)。

    A. 信用证　　　　B. 托收　　　　C. 电汇　　　　D. 票汇

3. 在以下支付方式下,属于银行信用的是(　　)。

    A. 托收　　　　B. 信用证　　　　C. 电汇　　　　D. 货到付款

4. 被称之为双保险信用证的是(　　)。

A. 即期信用证　　B. 承兑信用证　　　C. 保兑信用证　　　D. 可转让信用证

5. 以下（　　）付款方式对进口商而言风险最小。

A. 托收　　　　　　B. 信用证　　　　　C. 100％前 T/T　　D. 100％后 T/T

二、多选题

1. 进口合同结构分为（　　）几部分。

A. 约首　　　　　　B. 本文　　　　　　C. 正文　　　　　　D. 约尾

2. 本文是合同的主体部分,在此部分双方当事人具体列明各项交易的条件或条款,包括（　　）,这些条款体现了双方当事人的权利和义务。

A. 品名和品质　　　　　　　　　　B. 数量和包装

C. 单价和金额　　　　　　　　　　D. 装运和保险

3. 拟写装运条款一般包括（　　）。

A. 装运地点　　　B. 装运时间　　　C. 分批与转运　　　D. 装运通知

4. 一个合同项下的货物分若干批或若干期装运,叫做分批装运。造成分批装运的原因可能是（　　）。

A. 成交量适用　　　　　　　　　　B. 市场销售的需要

C. 运输工具的限制　　　　　　　　D. 期货成交后需逐批生产

5. 保险公司与被保险人双方签订的预约保险合同,除了规定总的保险范围、保险种类、航程区域、运输工具、保险条件外,还包括（　　）等。

A. 总保险限额　　　　　　　　　　B. 保险费率

C. 保险期限　　　　　　　　　　　D. 保险结算办法

三、判断题

1. 进口合同的条款要完整、严谨,利于日后合同顺利履行。　　　　　　　　　（　　）

2. 装运时间与交货时间总是一致的。　　　　　　　　　　　　　　　　　　（　　）

3. 信用证条款有单据化和非单据化之分,受益人交单议付货款时,二者都要满足,开证行才履行付款义务。　　　　　　　　　　　　　　　　　　　　　　　　　　（　　）

4. 批单是指投保人需补充或更改保险单内容时出具的一种凭证,必须粘贴在原保险单上,并加盖骑缝单,作为保险单不可分割的一部分。　　　　　　　　　　　　　　（　　）

5. 为加强进口可用作原料的固体废物检验检疫监督管理,保护环境,国家对进口废物原料实行装运前检验制度。　　　　　　　　　　　　　　　　　　　　　　　　（　　）

任务九

进口合同履行

能力目标

- 了解租船订舱、预约投保、报检通关流程
- 熟悉自动进口许可证申领程序
- 掌握开证申请书填制规范及付汇单据审核要领

知识目标

- 了解自动进口许可证的有关规定
- 熟悉开证申请书的主要内容
- 掌握各种付汇单据的要点

经过一段时间的信函往来,天津长虹纸制品有限公司与加拿大 Ample Recycling Co. 客户就废纸美废 8♯ 达成第 CH090905 号进口合同,在进口合同履行阶段,王宇首先要向天津商务委申领自动进口许可证,然后根据合同中约定的开证日期,联系银行申请开立信用证,待国外供货商基本将货物备妥后,着手办理租船订舱及投保、审单付汇、报检与报关等手续,废纸到港后争取顺利通关放行。

9.1 申请自动进口许可证

工作内容

天津长虹纸制品有限公司与加拿大客户签订废纸进口合同后,结合前期工作,获悉废纸进口需要申领自动进口许可证,为此在向银行申请开立信用证之前,王宇需要办理自动进口许可证申请手续。

操作过程

【步骤一】申领电子钥匙。

天津长虹纸制品有限公司到天津商务委领取用于身份认证的钥匙并正确安装电子钥匙的驱动程序。

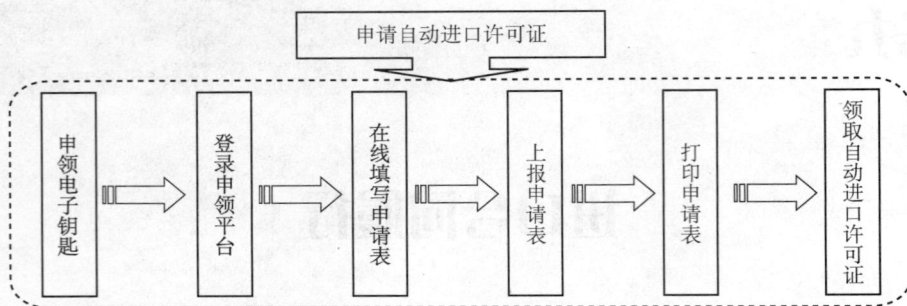

【步骤二】 登录申领平台。

（1）打开 IE 浏览器，输入 www. licence. org. cn，登录商务部配额许可证事务局许可证申领平台，选择"自动进口许可证申领系统"，以企业身份登录（见图 9-1）。

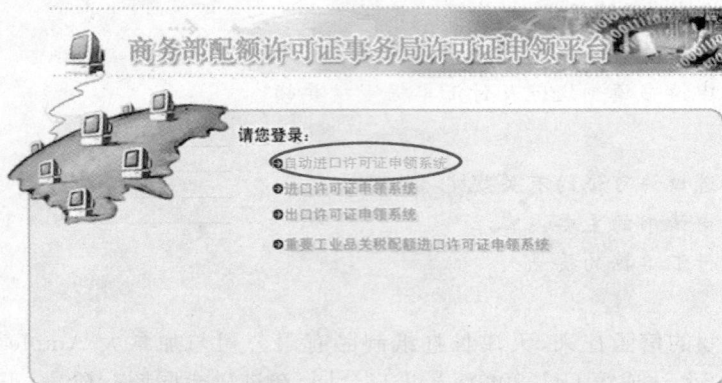

图　9-1

（2）在登录窗口中输入"企业代码"、"用户名称"和"用户口令"，单击"登录"按钮进入本系统（见图 9-2）。如果通过身份验证，则转到操作主页面（见图 9-3）。

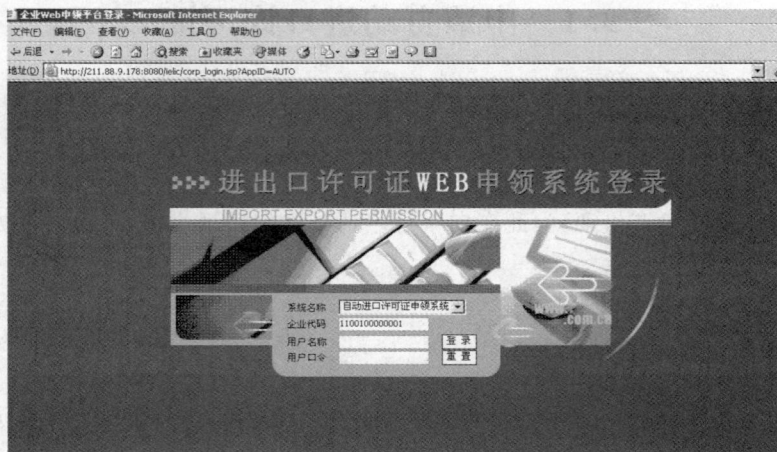

图　9-2

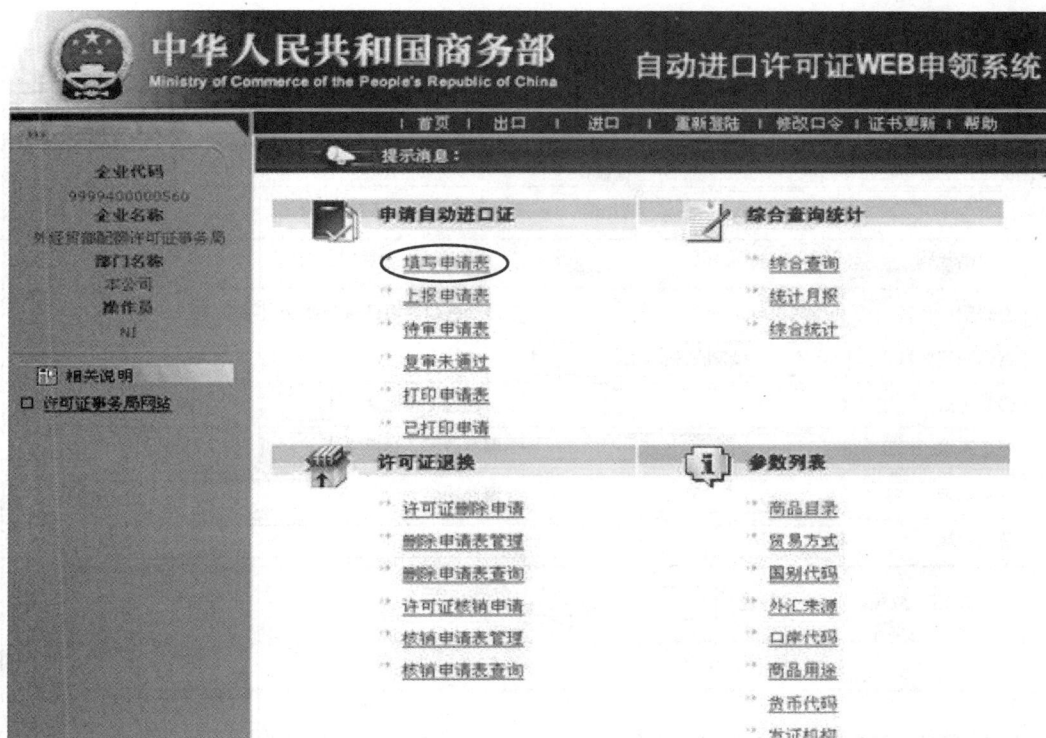

图 9-3

【步骤三】在线填写申请表。

在自动进口许可证 WEB 申领主界面中单击链接"填写申请表"（见图 9-3），即可进入自动进口许可证的录入界面（见图 9-4）。

录入完毕，单击"保存"按钮则该申请将进行数据有效性验证并给出相应提示信息，如没有问题则被保存到数据库中。

【步骤四】上报申请表。

单击自动进口许可证 WEB 申领系统主页面中的"上报申请表"链接，系统会弹出显示该企业未上报的申请表列表，可以选中需要上报的申请表，单击"上报"按钮，系统会弹出确认窗口，是否上报成功会在系统弹出的上报结果窗口中以列表形式显示（见图 9-5）。

【步骤五】打印申请表。

单击自动进口许可证 WEB 申领系统主页面中的"待审申请表"链接，系统会弹出窗口显示该企业待初审核的申请表列表（略），单击"打印申请表"链接，系统会弹出窗口显示该企业复审通过且未打印的申请表列表（略），在列表中"选择"栏内选择要打印的申请表后，单击"打印"按钮，打印选择了的申请表（见样例 9-1）。

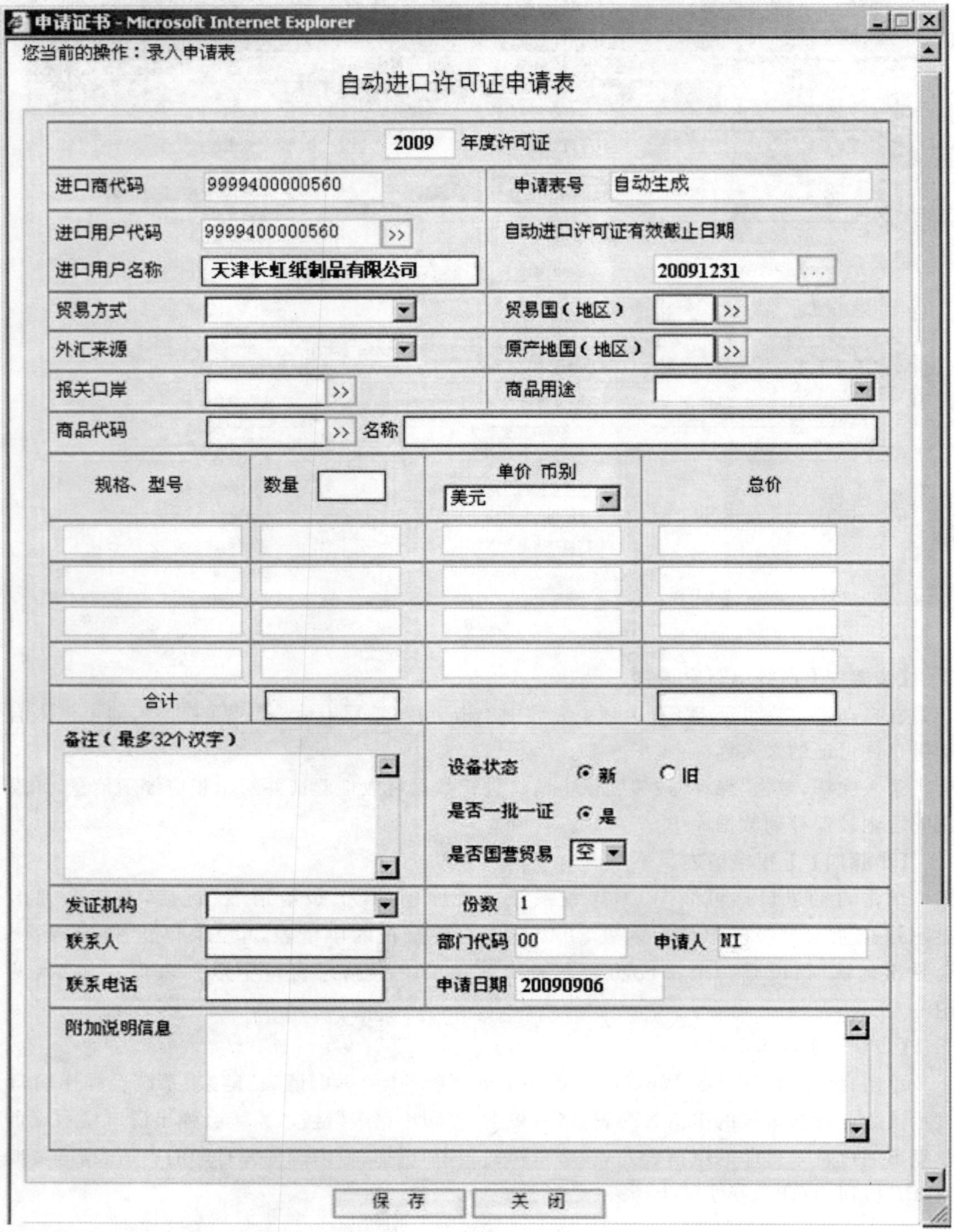

申请证书 - Microsoft Internet Explorer

您当前的操作：录入申请表

自动进口许可证申请表

| 2009 | 年度许可证 |

进口商代码　9999400000560　　　申请表号　自动生成

进口用户代码　9999400000560　>>　　自动进口许可证有效截止日期

进口用户名称　天津长虹纸制品有限公司　　　　20091231　...

贸易方式　[　　　　]　　　贸易国（地区）　[　]　>>

外汇来源　[　　　　]　　　原产地国（地区）　[　]　>>

报关口岸　[　　　]　>>　　商品用途　[　　　　]

商品代码　[　　　]　>>　名称　[　　　　　　]

规格、型号	数量 [　]	单价 币别 [美元 ▾]	总价
合计	[　　　]		[　　　]

备注（最多32个汉字）

设备状态　　⊙新　　○旧

是否一批一证　⊙是

是否国营贸易　[空 ▾]

发证机构　[　　　　]　　份数 [1]

联系人　[　　　　]　　部门代码 00　　申请人 NI

联系电话　[　　　　]　　申请日期 20090906

附加说明信息

| 保　存 | 关　闭 |

图　9-4

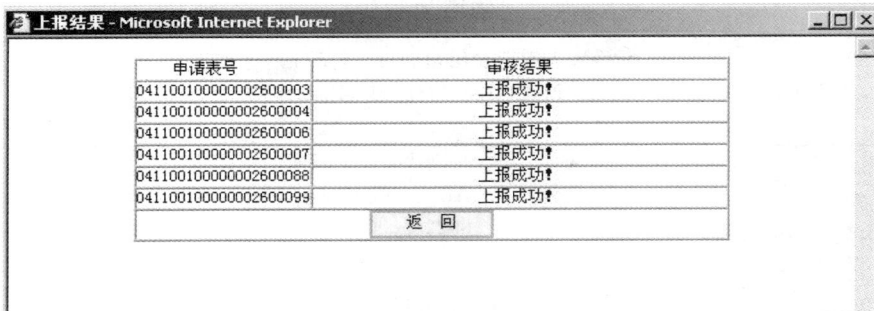

图　9-5

样例 9-1

【步骤六】 领取自动进口许可证。

王宇带着打印出来的自动进口许可证申请表,连同废纸进口合同复印件、进出口资格证书复印件和备案登记表复印件到天津商务委领取自动进口许可证(见样例 9-2)。

样例 9-2

中华人民共和国自动进口许可证
AUTOMATIC IMPORT LICENCE OF THE PEOPLE'S REPUBLIC OF CHINA

No. 2370653

1. 进口商： Importer 天津长虹纸制品有限公司 1200487908123	3. 自动进口许可证号： Automatic import licence No. 0922090906
2. 进口用户： Consignee 天津长虹纸制品有限公司 1200487908123	4. 自动进口许可证有效截止日期： Automatic import licence expiry date 20091231
5. 贸易方式： Terms of trade 一般贸易	8. 贸易国（地区）： Country/Region of exportation 加拿大
6. 外汇来源： Terms of foreign exchange 银行购汇	9. 原产地国（地区）： Country/Region of origin 加拿大
7. 报关口岸： Place of clearance 东疆海关	10. 商品用途： Use of goods 自用

11. 商品名称： Description of goods 废纸	商品编码： Code of goods 4707300000	商品状态： Status of goods 废旧

12. 规格,型号 Specification	13. 单位 Unit	14. 数量 Quantity	15. 单价 Unit price	16. 总值 Amount	17. 总值折美元 Amount in USD
美废 8♯	吨	* 200 *	* USD157.50 *	* USD31 500.00 *	* USD31 500.00 *
* * * * * * *	* * * *	* * * * *	* * * * * * *	* * * * * * * *	* * * * * * *
18. 总计 Total		* 200 *		* USD31 500.00 *	* USD31 500.00 *

19. 备注： Supplementary details	20. 发证机关签章： Issuing authorty's stamp
	21. 发证日期： 20090915 Licence date

第一联（正本）海关验放凭证

知识链接

自动进口许可证制度与自动进口许可证

自动进口许可证制度,即把进口许可证毫无数量限制地签发给进口商,也就是说,凡是列入许可证项下的商品清单中的货物,进口商只要申请,就可获批进口。

自动进口许可证(Automatic Import License)是指免费批准申请的进口许可证,这种许可证一般不限制有关产品的进口的数量,而主要是为国家统计进口贸易提供数据,有时也用于监督目的,为政府提供可能损害国内工业的大量重要产品的进口情况。

实行自动进口许可管理的货物目录,包括具体货物名称、税则号,由商务部会商有关部门确定,并至少在实施前21天公布。

自动进口许可证由商务部授权配额许可证事务局、各省、自治区、直辖市、计划单列市商务委(厅)和国家有关部门(统称发证机构)签发。

进口属于自动进口许可管理的货物,进口经营者应当在向海关申报前,向商务部授权的自动进口许可证发证机构提交自动进口许可证申请。海关凭加盖"自动进口许可证专用章"的《自动进口许可证》办理报关手续。未办理自动许可手续的,海关不予放行。银行凭《自动进口许可证》办理售汇和付汇手续。

凡内容正确且形式完备的许可申请,发证机构收到后应在管理可行的限度内立即核准,签发自动进口许可证。特殊情况下,最多不超过10个工作日。发证机构应按规定将有关电子数据及时传送商务部。

任何进口经营者,只要符合国家关于从事自动许可货物进口经营法律法规的要求,均有资格申请和获得《自动进口许可证》。属于国家指定经营管理的货物,只有指定经营企业有资格申请和获得自动进口许可证;非指定经营企业如需进口属于指定经营的货物,应委托指定经营企业代理进口,并由指定经营企业申请自动进口许可证。

9.2　开立信用证

工作内容

经过友好洽商,双方签订的进口合同规定,进口商天津长虹纸制品有限公司最迟在装运前15天申请开立信用证。为保证进口废纸能及时到货,王宇根据合同要求,填写开证申请书,与中行天津静海支行联系具体开证事宜。

操作过程

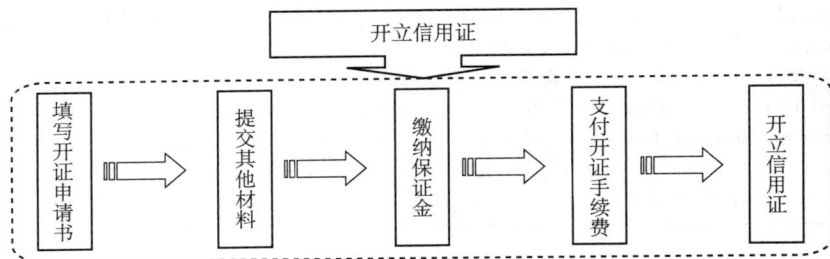

【步骤一】王宇依据买卖双方签订的进口合同(见样例 8-3),填写开证申请书(见样例 9-3)及开证申请人承诺书(见样例 9-4)。

样例 9-3

IRREVOCABLE DOCUMENTARY CREDIT APPLICATION

(Please mark × in appropriate boxes)

(1) TO:BANK OF CHINA TIANJIN JINGHAI SUB-BRANCH   (2) Date:Sept. 10,2009

(3) Credit to be issued by Full Teletransmission ☐ Airmail ☐ With A Preliminary Advice by Teletransmission	Irrevocable Documentary Credit No. (4) Date and Place of Expiry Date:OCT. 15,2009 Place:IN CANADA
(5) Advising Bank	(6) Beneficiary(Name and Address) AMPLE RECYCLING CO. 67 TIDWORTH ST. TORONTO,ONTARIO, CANADA M1S1Y7
(7) Applicant(Name and Address) TIANJIN CHANGHONG PAPER PRODUCTS CO.,LTD. NO. 19999 YINGBIN ROAD,JINGHAI,TIANJIN, CHINA	(8) Currency Code and Amount In Figures USD31 500. 00 In Words:SAY US DOLLARS THIRTY-ONE THOUSAND FIVE HUNDRED ONLY

(9) Partial Shipments ☐allowed ☒not allowed	Transshipment ☒allowe ☐not allowed	(11) Credit available with ☒any bank ☐Issuing Bank ☐by sight payment ☐by acceptance ☒ by negotiation ☐by deferred payment Against presentation of the documents detailed herein and ☒ beneficiary's draft for 100% of invoice value
(10) Loading on board/dispatch/taking in charge at/from TORONTO CANADA For transportation to XINGANG,CHINA Latest Date of Shipment OCT. 31,2009		At ☐sight ☒60 days sight ☐days after date of shipment drawn on ☒Issuing Bank

(12) Trade Term:☒FOB ☐CFR ☐CIF ☐other term(please specify):	(13) Form of L/C ☐Transferable ☒Not Transferable	(14) Confirmation ☐Confirm ☒Without

(15) Documents Required:(marked with ×)

① ☒Signed Commercial Invoice in   3   originals and   2   copies indicating L/C No. and Contract No. and HS Code of waste paper.

② ☒Full set ☐2/3 set (including   3   originals and   non-negotiable copies) of clean on board ocean Bills of Lading made out to TIANJIN CHANGHONG PAPER PRODUCTS CO.,LTD., marked Freight ☒Collect ☐Prepaid,notifying ☒Applicant with full name and address

③ ☒Airway Bill consigned to ☐Applicant ☐Issuing Bank and notify ☐Applicant ☐Issuing Bank,marked Freight ☐Collect ☐Prepaid and indicating actual flight date

④ ☐Railway Bill showing Freight ☐Collect ☐Prepaid and consigned to

⑤ ☐Full set (including   originals and   copies) of Insurance Policy/Certificate for at least 110% of the invoice value showing claims payable in China in currency of the draft,blank endorsed, covering　□ocean marine transportation　□air transportation　□overland transportation all risks，war risks and

⑥ ⊠~~Packing List~~/Weight Memo in ___3___ originals and ___2___ copies indicating GROSS WEIGHT OF EACH CONTTIANER AND TOTAL GROSS WEIGHT

⑦ □Certificate of Quantity in _____ originals and _____ copies issued by _____ indicating _____

⑧ □Certificate of Origin in _____ originals and _____ copies issued by _____

⑨ □Certificate of Quality in _____ originals and _____ copies issued by _____ indicating _____

⑩ ⊠Beneficiary's Certified Copy of Fax /E-mail dispatched to the applicant within 48 hours after shipment advising name of vessel /~~flight No. /wagon No.~~, B/L No. , loading port /~~airport of departure~~, date of shipment, contract No. , L/C No. , commodity, quantity, weight and value of shipment.

⑪ □Beneficiary's Certificate certifying that extra copies of all documents required in this Credit have been sent to the Applicant within _____ days after shipment.

⑫ □ Other documents：+Copy of pre-shipment inspection ceritifcate in duplicate issued by China Certification &. Inspection Corporation Canada Inc mentioning the inspection are to be made strictly according to Chinese standard GB 16487 • 4—2005，no excess prohibitive materials or harmful substances are found during on-the-site inspection.

+Original Beneficiary's Certificate state that Original Pre-shipment Inspection Certificate and copy of invoice and weight list and B/L to be sent to applicant within 2 days after shipment.

(16) Description of the goods：

Commodity：Waste Paper 8#

　　　Prohibitive Materials≤2%

　　　Moisture≤12%

　　　Out-Throws≤1%

Quantity：200MTS(+/-10PCT)

Unit Price：USD157. 50/MT FOB TORONTO，CANADA

Details as per Contract No. CH090905

(17) Additional Conditions

① ⊠All Banking charges and interest，if any，outside Issuing Bank and our reimbursement charge are for account of the Beneficiary.

② ⊠Documents to be presented within ___15___ days after the date of shipment but within the validity of the Credit.

③ □Third party as shipper/consignor in transport documents not acceptable.

④ ⊠Short form/blank back B/L not acceptable.

⑤ ⊠Both quantity and amount ___10___ % more or less are allowed.

⑥ ⊠All documents should be forwarded to the Issuing Bank in one lot by courier.

⑦ □Other terms：

(18) Signature and seal of the Applicant	(19) For bank user only
Contact Person：刘长虹	
Tel：022-68812690　Fax：022-68812691	

样例 9-4

开 证 申 请 人 承 诺 书

中国银行：

我公司已办妥一切进口手续，现请贵行按我公司申请书内容开出不可撤销跟单信用证。

我公司声明如下：

(1) 我公司同意贵行依照国际商会第 600 号出版物《跟单信用证统一惯例》办理该信用证项下一切事宜，并同意承担由此产生的一切责任。

(2) 我公司保证按时向贵行支付该证项下的货款、手续、利息及一切费用等所需的外汇和人民币资金。

(3) 我公司保证在贵行单到通知书中规定的期限之内通知贵行办理对外付款/承兑，否则贵行可以认为我公司已接受单据，同意付款/承兑。

(4) 我公司保证在单证表面相符的条件下办理有关付款/承兑手续，如因单证有不符之处而拒绝付款/承兑，我公司保证在贵行单到通知书规定的日期之前将全套单据如数退还贵行并附书面拒绝理由，由贵行按国际惯例确定能否对外拒付。如贵行确定我公司所提拒付理由不成立，或虽然拒付理由成立，但我公司未能退还全套单据，贵行有权主动办理对外付款/承兑，并从我公司账户中扣款。

(5) 该信用证及其项下业务往来中如因邮电传递发生遗失、延误、错漏，贵行当不负责。

(6) 该信用证如需修改，由我公司向贵行提出书面申请，由贵行根据具体情况确定能否办理修改。我公司确认所有修改当由信用证受益人接受时才能生效。

(7) 我公司在收到贵行开出的信用证、修改副本后，保证及时与原申请书核对，如有不符之处，保证在接到副本之日起，两个工作日内通知贵行。如未通知，当视为正确无误。

(8) 如因申请书字迹不清或词意含混而引起的一切后果由我公司负责。

(签字盖章)刘长虹

【步骤二】提交其他资料。

开证行通常会要求企业提供进口合同正本(见样例 8-3)、自动进口许可证(见样例 9-2)、贸易进口付汇核销单(见样例 10-2)。对于首次开证的企业，银行还会要求其提供进口付汇备案表等资料。

【步骤三】缴纳保证金。

开证行审核信用证开立申请书及相关资料后，还要求企业办理保证金手续。如果进口商是开证行授信企业，则可以利用授信额度，无需另外缴纳保证金。如果没有授信，则需要开立保证金账户，并缴纳保证金。开证行要求缴纳保证金的比例由银行对企业财务状况、经营风险、信用状况综合评估决定，分为差额和全额保证金。

对于资信较好的企业会收取差额保证金，一般在 30％ 左右，即低于交易金额的保证金。全额保证金即银行收取交易金额 100％ 的保证金。

【步骤四】支付开证手续费。

进口商需按银行规定支付开证手续费，开证手续费一般为信用证金额的 1.25‰。

【步骤五】开立信用证。

办结前期手续后，开证行登录 SWIFT 开证系统，按照信用证申请书内容录入信用证各个域。习惯做法是先打印一份副本交进口商审核(见样例 9-5)，审核无误后再对外开出信用证。

样例 9-5

MTS 700	Issue of a Documentary Credit		
Basic Header	F 01 BKCHCNBJA200 1201 619225		
Application Header	* Bank of China Tianjin Jinghai Sub-Branch		
	* Tianjin		
User Header	Service Code	103:	
	Bank. Priority	113:	
	Msg User Ref.	108:	
	Info. From CI	115:	
Sequence of Total	* 27	:	1/1
Form of Doc. Credit	* 40A	:	IRREVOCABLE
APPLICABLE RULES	* 40E	:	UCP LATEST VERSION
Doc. Credit Number	* 20	:	R0058970—B
Date of Issue	31C	:	090915
Expiry	* 31D	:	Date 091015 Place IN CANADA
Applicant	* 50	:	TIANJIN CHANGHONG PAPER PRODUCTS CO. ,LTD.
			NO. 1999 YINGBIN ROAD,JINGHAI,TIANJIN,CHINA
Beneficiary	* 59	:	AMPLE RECYCLING CO
			67 TIDWORTH ST. TORONTO, ONTARIO,
			CANADA M1Y7
Amount	* 32B	:	Currency USD Amount 31 500. 00
Max. Credit Amount	* 39B	:	NOT EXCEEDING
Available with/by	* 41D	:	ANY BANK
			BY NEGOTIATION
Draft at...	42 C	:	60 DAYS SIGHT
Drawee	42 A	:	* BANK OF CHINA
			* TIANJIN JINGHAI SUB-BRANCH
Partial Shipments	43 P	:	NOT ALLOWED
Transhipment	43 T	:	ALLOWED
Loading in Charge	44 A	:	TORONTO,CANADA
For Transport to...	44 B	:	TIANJIN,CHINA
Latest Date of Ship.	44 C	:	091031
Descript. Of Goods	45 A	:	

WASTE PAPER 8#

PROHIBITIVE MATERIALS≤2%

MOISTURE≤12%

OUT-THROWS≤1%

DETAILS AS PER S/C NO. CH090905

Documents required	46 A	:	

+ SIGNED COMMERCIAL INVOICE IN 3 ORIGINALS AND 2 COPIES INDICATING L/C NO. AND CONTRACT NO. AND HS CODE OF WASTE PAPER.

+FULL SET(3/3)OF CLEAN ON BOARD OCEAN BILLS OF LADING MADE OUT TO TIANJIN CHANGHONG PAPER PRODUCTS CO. ,LTD, MARKED FREIGHT TO COLLECT, NOTIFYING APPLICANT WITH FULL NAME AND ADDRESS SHOWING THE SHIPPING AGENT AT DESTINAITON.

+ WEIGHT MEMO IN 3 ORIGINALS AND 2 COPIES INDICATING GROSS WEIGHT OF EACH CONTTIANER AND TOTAL GROSS WEIGHT

+ COPY OF PRE-SHIPMENT INSPECTION CERITIFCATE IN DUPLICATE ISSUED BY CHINA CERTIFICATION &. INSPECTION CORPORATION CANADA INC MENTIONING THE INSPECTION ARE TO BE MADE STRICTLY ACCORDING TOCHINESE STANDARD GB 16487—2005, NO EXCESS PROHIBITIVE MATERIALS OR HARMFUL SUBSTANCES ARE FOUND DURING ON-THE-SITE INSPECTION.

+ BENEFICIARY'S CERTIFIED COPY OF FAX DISPATCHING TO THE APPLICANT WITHIN 48 HOURS AFTER SHIPMENT ADVISING NAME OF VESSEL,B/L NO. ,LOADING PORT,DATE OF SHIPMENT,CONTRACT NO. ,L/C NO. ,COMMODITY,WEIGHT AND VALUE OF SHIPMENT

+ORIGINAL BENEFICIARY'S CERTIFICATE STATE THAT

ORIGINAL PRE-SHIPMENT INSPECTION CERTIFICATE AND COPY OF INVOICE,WEIGHT LIST AND B/L TO BE SENT DIRECTLY TO THE APPLICANT WITHIN 2DAYS AFTER SHIPMENT.

Additional Cond.   47 A   :

+10% MORE OR LESS BOTH IN QUANTITY AND AMOUNT ALLOWED

+A FEE OF USD60(OR EQUIVALENT IN OTHER CURRENCY)FOR EACH SET OF DOCUMENTS PRESENTED WITH DISCREPANCY(IES)WILL BE DEDUCTED FROM PROCEEDS.

+IN CASE OF DISCREPANT DOCUMENTS PRESENTED TO US AND REFUSED BY US,WE MAY RELEASE THE DOCUMENTS TO THE APPLICANT AGAINST PAYMENT/ACCEPTANCE UNLESS WE RECEIVE DISPOSAL INSTRUCTION TO THE CONTRARY FROM THE PRESENTER PRIOR TO OUR RELEASE OF DOCUMENTS.

Details of Charges   71B   :   +ALL CHARGES OUTSIDE OUR COUNTERS ARE FOR BENEFICIARY'S ACCOUNT

Presentation Period   48   :   15 DAYS FROM THE DATE OF SHIPMENT.

Confirmation   * 49   :   WITHOUT

Instructions   78   :   + THE DOCUMENTS MUST BE SENT TO US IN ONE ENVELOPE BY SPECIAL COURIER(DHL OR SIMILAR)AT THE FOLLOWING ADDRESS:BANK OF CHINA, TIANJIN BRANCH NO. 80 JIEFANGBEI LU,TIANJIN,CHINA

+ AT RECEIPT OF STRICTLY CONFORM DOCUMENTS AT OUR COUNTERS, WE WILL COVER THE NEGOTIATING BANK AS PER ITS INSTRUCTIONS.

Send to Rec info   72   :   /TELEBEN 86. 22. 8838 1234

/FAX 86. 22. 8838 5678

Trailer   Order is MAC:PAC:ENC:CHK:TNG:PDE:

MAC:743257CE

CHK:409843197AC0

知识链接

开证申请书

开证申请书(Documentary Credit Applicant)是银行开立信用证的依据,是申请人与开证行之间明确彼此权利与义务关系的契约。每个银行都有自己的开证申请书格式,格式不完全相同,但内容大体相当。一般而言,申请书包括两部分:第一部分是请求银行开出信用证的内容;第二部分是进口企业对开证行的承诺书,用以明确双方的责任。

进口商应该在合同规定的开证时间内向出口商可接受的本地银行申请开立信用证。如合同规定开证日期,进口商应在规定期限内开立信用证;如合同只规定了装运期的起止日,则应保证受益人在装运期开始前收到信用证;如合同只规定了最晚装运日期,则应在合理时间内开证,以使出口商有足够的时间备货出运。开证日期通常控制在交货期前一个月至一个半月左右。

进口商根据银行规定的开证申请书格式,依据合同规定及惯例填写开证申请书,一般一式三份,分别用于银行结算部门留存,银行信贷部门留存,开证申请人留存。进口商填写开证申请书时,应该写明对信用证的各项要求,内容要明确、完整,所列内容应与买卖合同条款一致,不得将与信用证无关的内容和合同中过细的条款填写到开证申请书中,不能将不确切的、可做弹性解释的或有争议的内容填写到申请书中。各银行印制的开证申请书格式和内容大同小异。

开证申请书的背面是信用证开证申请人承诺书,是开证申请人对开证行的声明,用以明确双方责任。

为了最大限度地回避风险,除了开证申请书外,银行还会要求开证申请人提供有关合同的副本等相关文件。

9.3 办理租船订舱

工作内容

加拿大 Ample Recycling Co. 收到进口商天津长虹纸制品有限公司通过中行天津分行开立的信用证后,审证后没有发现任何不能接受条款,随即进入备货环节,待 200 吨废纸(美废 8♯)基本备妥后,通知进口商办理订舱手续。为此,王宇着手办理订舱手续,并通知加拿大 Ample Recycling Co. 客户大概的船期以便其做好交货准备。

操作过程

【步骤一】打开 IE 浏览器,打开百度搜索引擎,输入关键词"进口业务在线订舱"。

获悉锦程国际物流享有 20 多年的专业服务品质,在全球分布有 300 多家海外国际代理服务网络(见图 9-6),其中包括有涵盖多伦多和温哥华的海外代理,故将锦程物流作为目标货代之一,负责承运该批废纸。

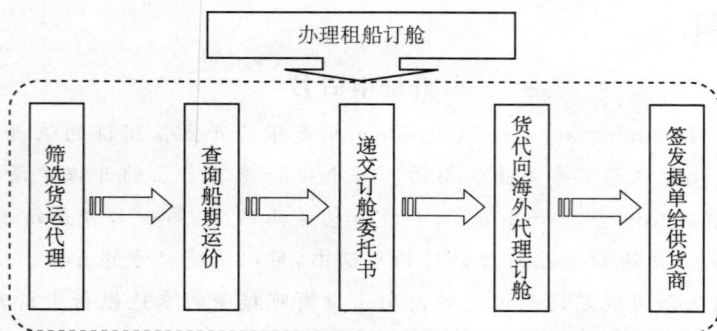

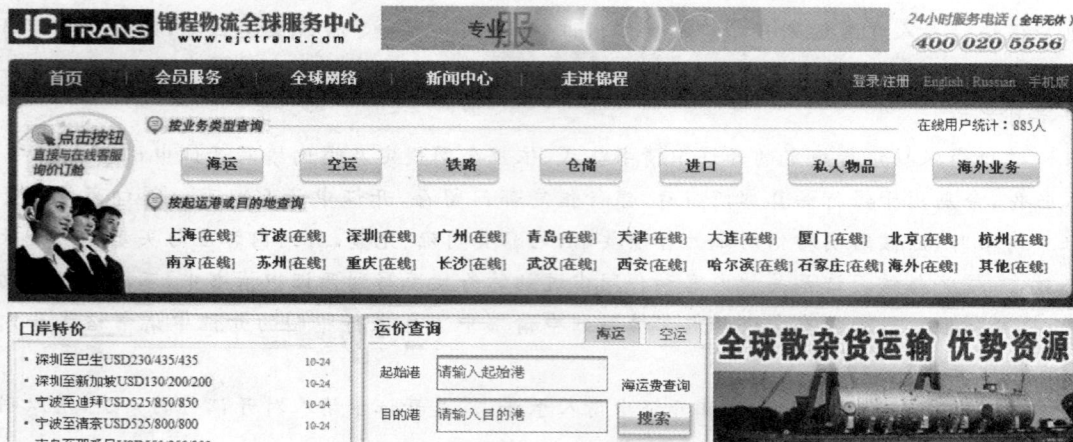

图 9-6

【步骤二】经过多方面比较,王宇认为锦程物流的运价尽管较其他小规模货代高一些(见图 9-7),但考虑到锦程的服务品牌和覆盖全球的海外代理网络,最终决定委托锦程物流负责该批废纸的运输事宜,与其签订合作协议。

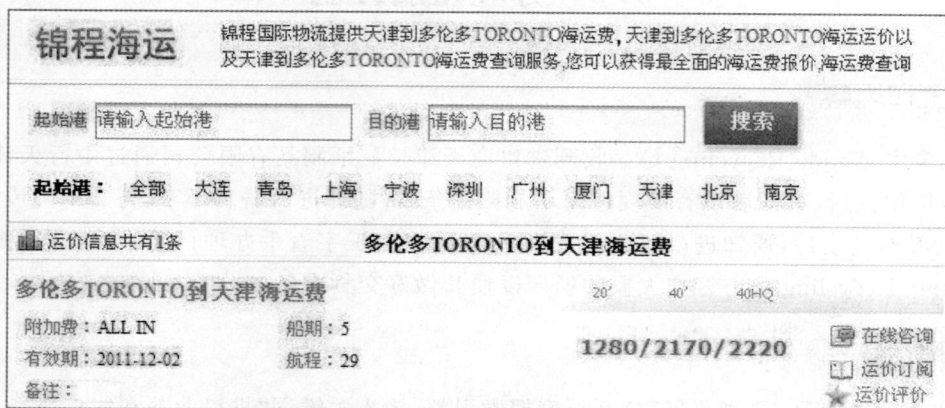

图 9-7

【步骤三】王宇填写订舱委托书(见样例 9-6)并发送给锦程物流有限公司,办理该批废纸的订舱手续。

样例 9-6

<table>
<tr><td colspan="4" align="center">货物运输委托书</td></tr>
<tr><td>To</td><td>grace@jctrans.com</td><td>From</td><td>changhongpaper@126.com</td></tr>
<tr><td>(1) 发货人</td><td colspan="3">AMPLE RECYCLING CO.</td></tr>
<tr><td>(2) 收货人</td><td colspan="3">TIANJIN CHANGHONG PAPER PRODUCTS CO.，LTD.</td></tr>
<tr><td rowspan="3">(3) 通知人</td><td colspan="3">TIANJIN CHANGHONG PAPER PRODUCTS CO.，LTD.</td></tr>
<tr><td colspan="3">NO. 1999 YINGBIN ROAD，JINGHAI，TIANJIN，CHINA 301600</td></tr>
<tr><td colspan="3">Tel：0086-22-68812690　Fax：0086-22-68812691</td></tr>
<tr><td>(4) 起运港</td><td>加拿大多伦多</td><td>(5) 目的港</td><td>中国天津</td></tr>
<tr><td>(6) 唛头</td><td>N/M</td><td>(7) 合同号</td><td>CH090905</td></tr>
<tr><td>(8) 品名</td><td>废纸</td><td>(9) 总件数</td><td>1 440 捆</td></tr>
<tr><td>(10) 总体积</td><td>432m³</td><td>(11) 总毛重</td><td>199 500kg</td></tr>
<tr><td>(12) 运输方式</td><td>海运</td><td>(13) 到付/预付</td><td>到付</td></tr>
<tr><td>(14) 分批</td><td>不允许</td><td>(15) 转运</td><td>允许</td></tr>
<tr><td>(16) 整箱</td><td>√　8×40HQ</td><td>(17) 拼箱</td><td></td></tr>
<tr><td>(18) 正本提单</td><td>√</td><td>(19) 电放提单</td><td></td></tr>
<tr><td>(20) 特殊要求</td><td colspan="3">在提单上显示目的港代理的名称、联系方式及联系人</td></tr>
<tr><td>(21) 国外供货商信息</td><td colspan="3">Ample Recycling Co.
67 Tidworth St. Toronto，Ontario，Canada M1Y7
Tel：001-647-300-9868
Fax：001-416-840-6862
E-mail：belinda @ample.com
ATTN：Ms. Belinda W</td></tr>
<tr><td colspan="4" align="right">（22）委托人签章</td></tr>
</table>

【步骤四】承运人锦程物流有限公司正式接受订舱后，向其加拿大海外代理发送订舱及配船计划，并告知国外供货商详细的联系方式。

【步骤五】加拿大海外代理得到订舱有关资料后，随即与国外供货商沟通有关货物出运情况与配船计划，同时将有关备货情况通过锦程物流有限公司转告天津长虹纸制品有限公司王宇。

【步骤六】进口商天津长虹纸制品有限公司王宇向加拿大供货商发出装船指示，通知出口商货物订舱情况，并在出口商备货过程中，保持与进口商、承运人或其海外代理的密切联系，及时掌握货运动态，随时解决突发事件。

【步骤七】当货物装船后，承运人海外代理向承运人发出货物装船确认函，同时向供货商签发海运提单（见样例 9-7）。

样例 9-7

Shipper					
AMPLE RECYCLING CO.				B/L NO. CA987653987	

KEYUN SHIPPING CO., LTD.

BILL OF LADING

Consignee

TIANJIN CHANGHONG PAPER PRODUCTS CO., LTD.
No. 1999 Yingbin Road, Jinghai, Tianjin, China 301600
Tel: 0086-22-68812690   Fax: 0086-22-68812691

RECEIVED by the Carrier the Goods as specified above in apparent good order and condition unless otherwise stated,to be transported to such place as agreed,authorized or permitted herein and subject to all the terms and conditions appearing on the front and reverse of this Bill of Lading to which the Merchant agrees by accepting this Bill of Lading, any local privileges and customs not withstanding.

Notify Party

SAME AS CONSIGNEE

The particulars given above as stated by shipper and the weight,measure, quantity,condition,contents and value of the Goods are unknown to the Carrier.

IN WITNESS whereof the number of Original Bills of Lading stated below have been signed,one of which being accomplished the other(s)to be void.

(Terms of Bill of Lading continued on the back hereof)

Pre-carriage by	Place of receipt	
Ocean vessel Voy. No. XIN YA ZHOU 0076E	Port of loading TORONTO, CANADA	
Port of discharge TIANJIN, CHINA	Place of delivery	Final destination for the Merchant reference

Container No. Seal No. Marks and Numbers	Number of containers or packages	Kind of packages: Description of good	Gross weight	Measurement
N/M		SHIPPER'S LOAD AND COUNT SAID TO CONTAIN	199 500KGS	432.000CBM
MUSU123456/68213 MUSU234567/68217 MUSU876543/68214 MUSU678654/68215 MUSU368765/68337 MUSU528769/68554 MUSU533878/68345 MUSU593456/68567	1 440 BALES	WASTE PAPER 8# ORIGINAL FREIGHT TO COLLECT		

Particulars furnished by shipper

Total No.of containers or packages (in words)	ONE THOUSAND FOUR HUNDRED AND FORTY BALES ONLY				
Freight and charges	Revenue tons	Rate	Per	Prepaid	Collect
SHIPPING AGENT AT DESTINATION: CHINA SHIPPING CONTAINER LINE(TIANJIN) CO., LTD. TEL: 022-5634 1234 FAX: 022-5634 1235 ATTN: MR LI PENG					

Ex. Rate	Freight prepaid at	Freight payable at	Place and date of issue TORONTO OCT. 31, 2009
	Total prepaid in	No.of original B(s)/L THREE	KEYUN SHIPPING CO., LTD. JACKSON As carrier

【步骤八】加拿大供货商向王宇发送装船通知(见样例 9-8)。

样例 9-8

Ample Recycling Co.

67 Tidworth St. Toronto，Ontario，Canada M1Y7

Tel：001-647-300-9868　　Fax：001-416-840-6862　　E-mail：belinda @ample. com

To：Tianjin Changhong Paper Products Co. ，Ltd.

Attn：Mr. Wang Yu

Tel：0086-22-66812690

Fax：0086-22-69912691

Date：Nov. 2，2009

Dear Mr. Wang，

Re：SHIPPING ADVICE

We are pleased to advise your esteemed company that the following mentioned goods were shipped out on Oct. 31，2009，Full details were shown as follows.

(1) Invoice No. ：20091025

(2) Number of Packages：1 440 BALES

(3) Total Gross Weight：199 500KGS

(4) Bill of Lading No. ：CA987653987

(5) Ocean Vessel：XIN YA ZHOU 0076E

(6) Port of Loading：TORONTO，CANADA

(7) Date of Shipment：OCT. 31，2009

(8) Port of Destination：TIANJIN，CHINA

(9) Description of Goods：WASTE PAPER 8#

(10) Marks and Number on B/L：N/M

(11) L/C No. ：R0058970—B

(12) Total Amount：USD31 421. 25

Yours faithfully，

Belinda W

知识链接

租船订舱单证

1. 进口货物订舱委托书

订舱委托书(Booking Note)简称托书,是进出口商为了买卖商品,委托船公司和货代公司进行船运而缮制的订舱的申请书。

订舱委托书没有固定格式,不同进出口公司缮制的托书不尽相同,但主要内容大体相同,主要包括托运人、收货人、装货港、卸货港、唛头、货物描述、货物毛重、货物体积、运费的支付方式、所订船期,委托人签章以及其他在订舱委托书中体现的特殊要求,例如目的港免用箱期申请等。

2. 配舱回单(Booking Receipt)

配舱回单是货代在取得货主的定舱资料后,以托运人的身份向船公司订舱后取得的单证,即船公司或代理人接受托运并配妥船只舱位后退回给货代单据。货代收到配舱回单后,可据此编制有关单证,如进仓通知单等。

3. 装船指示(Shipping Instruction)

装船指示是进口商在租船订舱后向出口商发出文件,通知出口商货物订舱情况,包括船名、航次、大概抵达装运港的时间等,以便出口商做好装船准备。

4. 装船通知(Shipping Advice)

装船通知是出口商把货装船后向进口商发出的文件,告知具体的装运细节,包括品名、件数、毛重、金额、船名、提单号、装运港、目的港、提单号、提单日及大概抵港日期,以便进口商及时办理保险事宜并做好接货准备。

9.4 办理预约投保

工作内容

王宇完成订舱手续,获悉船名航次后,为转移运输途中的风险,着手与中国人民财产保险股份有限公司天津分公司办理进口货物运输预约保险。

操作过程

办理预约投保

选择保险公司 → 选择投保类型 → 签订预约保险合同 → 预约保险起运通知书 → 保险生效

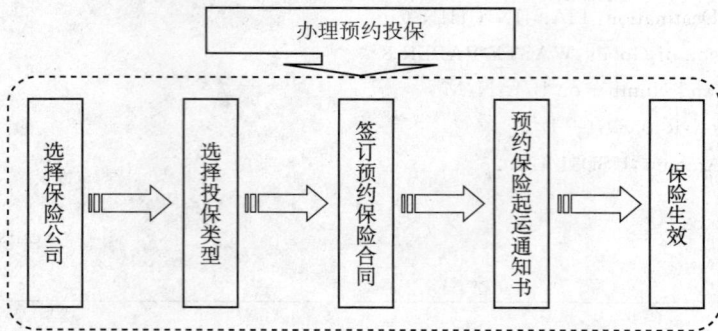

【步骤一】经过上网搜集信息,对多家保险公司进行筛选比较,王宇选定中国人民财产保险股份有限公司作为保险人,负责该批货物的保险事宜。

【步骤二】为了避免发生漏保意外,王宇决定采用预约保险形式,办理投保手续。

【步骤三】王宇就保险险别、保险费率、保险责任起讫等与中国人民财产保险股份有限公司达成一致意见后,参照与供货商签订的采购合同,与中国人民财产保险股份有限公司签订预约保险合同(见样例9-9)。

311

样例 9-9

进口货物运输预约保险合同

合同号:OP23456   2009 年 10 月 25 日

甲方:天津长虹纸制品有限公司

乙方:中国人民财产保险股份有限公司

双方就进口货物的运输预约保险拟定各条以资共同遵守。

1. 保险范围

甲方从国外进口全部货物,不论运输方式,凡贸易条件规定由买方办理保险的,都属于本合同范围之内。甲方应根据本合同规定,向乙方办理投保手续并支付保险费。

乙方对上述保险范围内的货物,负有自动承保的责任,在发生本合同规定范围内的损失时,均按本合同的规定,负责赔偿。

2. 保险金额

保险金额以货物的到岸价格(CIF)即货价加运费加保险费为准(运费可用实际运费,亦可由双方协定一个平均运费率计算)。

3. 保险险别和费率

各种货物需要投保的险别由甲方选定并在投保单中填明。乙方根据不同的险别规定不同的费率。现暂定如下:

货物种类	运输方式	保险险别	保险费率
废纸	海运	平安险	0.35‰

本合同自 2009 年 10 月 25 日起开始生效。

甲方   乙方

天津长虹纸制品有限公司   中国人民财产保险股份有限公司

【步骤四】王宇将收到加拿大 Ample Recycling Co 发送来的装船通知(见样例 9-8),填写《国际运输预约保险起运通知书》(见样例 9-10)并发给中国人民财产保险股份有限公司,至此保险正式生效。

样例 9-10

货物运输预约保险起运通知书

(1) 预约号次第OP23456 号

根据运输预约保险协议的规定,办理下列货物的运输保险。

(2) 被保险人: 天津长虹纸制品有限公司			
(3) 运输工具: XIN YA ZHOU 0076E	(4) 提单号: CA987653987		(5) 起运日期: OCT. 31,2009
(6) 装运港: TORONTO,CANADA	(7) 转运港:		(8) 目的港: TIANJIN,CHINA
(9) 运输标记	(10) 保险货物名称	(11) 件数	(12) 保险金额
N/M	WASTE PAPER 8#	1 440BALES	USD33 002.00

（13）投保险别：

Covering fpa as per ocean marine cargo clauses of PICC （abbreviated as CIC） dated 01/01/1981 warehouse to warehouse clause is included.

| （14）投保费率：0.35‰ | （15）保险费：USD11.55 |

（16）投保金额（大写）

U. S. DOLLARS ELEVEN AND CENTS FIFTY-FIVE ONLY

（17）附注：

（18）被保险人签章	（19）保险公司签章
2009 年 11 月 1 日	年　月　日

知识链接

预约投保和逐笔投保

按 FOB、CFR、FCA 和 CPT 条件成交的进口货物，由我进口企业自行办理保险。为简化投保手续和避免漏保，一般采用预约保险的做法，即被保险人（投保人）和保险人就保险标的物的范围、险别、责任、费率以及赔款处理等条款签订长期性的保险合同并按约定办法缴纳保险费。投保人在获悉每批货物起运时，应将船名、开船日期及航线、货物品名及数量、保险金额等内容，书面通知保险公司，保险公司对属于预约保险合同范围内的商品，一经起运，即自动承担保险责任。

未与保险公司签订预约保险合同的进口企业，则采用逐笔投保的方式。逐笔投保方式是收货人在接到国外出口商发来的装船通知后，直接向保险公司填写投保单，注明有关保险标的物的内容、装运情况、保险金额和险别等办理保险手续，保险公司接受投保核收保险费后，保险公司签发保险单，保单随即生效。

9.5　审单付汇

工作内容

王宇接到中国银行天津分行到单通知和信用证及其全套废纸（美废 8♯）进口单据复印件，着手进行审核付汇工作。

操作过程

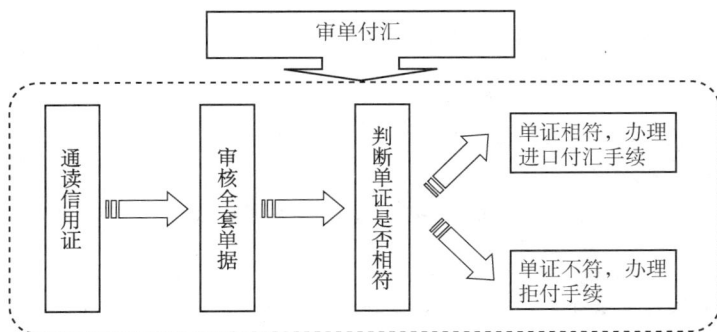

【步骤一】王宇对照"进口信用证到单通知"(见样例 9-11)仔细清点单据的种类及份数，尤其是提单的份数。

样例 9-11

<table>
<tr><td colspan="5" align="center">进口信用证到单通知
ADVICE OF BILL ARRIVAL</td></tr>
<tr><td>To：
致</td><td colspan="2">TIANJIN CHANGHONG PAPER PRODUCTS CO. ,LTD.
天津长虹纸制品有限公司</td><td>Date：
日期</td><td>2009-11-20</td></tr>
<tr><td>Contract No. ：
合同号</td><td colspan="2">CH090905</td><td>Draft Amount：
汇票金额</td><td>USD31 421. 25</td></tr>
<tr><td>L/C No. ：
信用证号</td><td colspan="2">R0058970—B</td><td>AB No. ：
到单编号</td><td>AB NO. 453423879</td></tr>
<tr><td>Tenor Type：
即期/远期</td><td colspan="2">AT 60 DAYS SIGHT</td><td>Maturity Date：
到期日</td><td>2009-11-15</td></tr>
<tr><td>Negotiating Bank：
议付行</td><td colspan="4">ROYAL BANK OF CANADA</td></tr>
<tr><td>Doc. Mail Date：
寄单日期</td><td colspan="4">2009-11-15</td></tr>
<tr><td colspan="5">Please find herewith enclosed the following documents sent from negotiating bank and acknowledge receipt by signing and returning us.
兹附奉议付行寄来的下列单据，请查收。</td></tr>
</table>

DRAFT	B/L	INVOICE	P/L	INSPECTION	SHIPING ADVICE	CERTIFICATE
2	3/3	5	5	1	1	1

DISCREPANCIES(IF ANY): 单据不符点
REMARKS: 备注(客户)
NOTE: (1) 该单据将于上述付款日对外付款,请贵公司于接本通知后三日内将所附《对外付款/承兑通知书》签署意见及核销单一式三联填妥加盖公章后交我行,以便及时对外付款。否则,我行将于上述付款日对外付款,不再另行通知。 (2) 如贵公司因单据不符需拒付,请于接本通知后三日内将所附的拒付通知交我行,并退回全套单据。
（银行盖章）

【步骤二】王宇首先从头至尾仔细通读信用证(见样例 9-5)全部条款,将重点条款进行标注,审单时引起重视。

【步骤三】王宇依据信用证仔细审核信用证项下全套单据,包括发票(见样例 9-12)、重量单(见样例 9-13)、提单(见样例 9-7)、装运前检验证书(见样例 9-14)、装运通知(见样例 9-15)、寄单证明(见样例 9-16)、汇票(见样例 9-17)等单据。

样例 9-12

Shipper/Exporter AMPLE RECYCLING CO. 67 TIDWORTH ST. TORONTO, ONTARIO, CANADA M1Y7	商 业 发 票 **COMMERCIAL INVOICE**	
For account & risk of Messer TIANJIN CHANGHONG PAPER PRODUCTS CO. ,LTD. NO. 1999 YINGBIN ROAD, JINGHAI, TIANJIN, CHINA	No. INV NO. 20091025	Date OCT. 20 ,2009
Transport Details SHIPMENT FROM TORONTO, CANADA TO TIANJIN,CHINA BY SEA	S/C No. CH090905	L/C No. R0058970—B
	Terms of payment L/C AT 60 DAYS SIGHT	

Marks & numbers	Number and kind of packages, Description of goods	Quantity	Unit price	Amount
N/M	WASTE PAPER 8# PROHIBITIVE MATERIALS ≤2% MOISTURE≤12% OUT-THROWS≤1%	199.50MT	USD157.50 PER MT FOB TORONTO	USD31 421.25

AMPLE RECYCLING CO.

AMPLE

General manager

样例 9-13

Shipper/Exporter AMPLE RECYCLING CO. 67 TIDWORTH ST. TORONTO, ONTARIO, CANADA M1Y7	重　量　单 **WEIGHT LIST**	
For account & risk of Messer TIANJIN CHANGHONG PAPER PRODUCTS CO.,LTD. NO.1999 YINGBIN ROAD, JINGHAI, TIANJIN, CHINA	No. INV NO. 20091025	Date OCT. 20,2009

Marks and Numbers	Number and kind of package Description of goods	Gross Weight
NO MARK 8×40FT HQ MUSU123456/68213 MUSU234567/68217 MUSU876543/68214 MUSU678654/68215 MUSU368765/68337 MUSU528769/68554 MUSU533878/68345 MUSU593456/68567	WASTE PAPER 8# PROHIBITIVE MATERIALS≤2% MOISTURE≤12% OUT-THROWS≤1% H. S CODE 4707300000	24 500.00KGS 25 040.00KGS 24 840.00KGS 24 880.00KGS 25 509.00KGS 24 440.00KGS 24 678.00KGS 25 613.00KGS TOTAL:199 500.00KGS

AMPLE RECYCLING CO.

AMPLE

General manager

样例 9-14

中国检验认证集团加拿大有限公司
CHINA CERTIFICATION & INSPECTION CORPORATION CANADA INC.

副本
COPY

Add: 250-5611 Cooney Road, Richmond BC, V6X3J5, Canada
Tel: 001-604-2780790
Fax: 001-604-2780970
E-mail: canada@ccic.com

证书编号（No.）CA10011161DBW
签证日期（Date）2009-10-20

运往中国的废物原料装运前检验证书
Certificate for Pre-shipment Inspection of Recycling Paper to China

发货人(Shipper)：　　　　　AMPLE RECYCLING CO.
　　　　　　　　　　　　　A840042907

货物种类 (Scrap Category)：　WASTE PAPER 8#

数量 (Quantity)：　　　　　8箱（CONTAINERS）
检验日期 (Date of Inspection)：　2009-10-24(Y-M-D)
检验地 (Country/Region of Inspection)：　加拿大/CANADA
申报出口口岸 (Export Port Declared)：　多伦多/TORONTO

1.货物装箱情况(Load Condition of Cargo)：
上述货物在检验地点检验后被装入如下标识符号的集装箱内运输。
The above goods have been loaded into container(s) with the following identified numbers after on-site inspection:

箱号(Container No.)	封号(seal No.)	箱号(Container No.)	封号(seal No.)	箱号(Container No.)	封号(seal No.)
MUSU123456	68213	MUSU234567	68217	MUSU876543	68214
MUSU678654	68215	MUSU368765	68337	MUSU528769	68554
MUSU533878	68345	MUSU593456	68567		
※		※		※	

2.检验(Inspection)：
根据中国国家标准GB 16487—2005对上述货物进行外观检验或放射性探测，在现场检验过程中未发现禁止物或有害物质或放射性超过标准规定。
The above cargo was visually inspected or radiation detected according to Chinese Standard GB 16487—2005. No excess prohibitive materials or harmful substances were found during on-the-site inspection.

3.结论(Conclusion)：
根据上述检验结果，本批货物符合中国国家标准GB 16487—2005《进口可用作原料的固体废物环境保护控制标准》的控制规格要求。
Based on the said inspection, the above cargo was in conformity with provisions of the Chinese Standard GB 16487—2005 (Environmental Protection Control Standard for Imported Solid Wastes as Raw Materials).

检验员(Inspector)：　　　　　Flora Wang
证书签字人(Authorized Signatory)：　秦展篷
检验公司(Inspection Company)：　中国检验认证集团加拿大有限公司/CCIC CANADA INC.

本证书仅证明上述货物在依据GB 16487—2005标准进行检验时的环保状况。该检验不包含对货物状况的其他鉴定(如货物的名称、归类、规格、品质、数量/重量等等)。因此，本证货物除环保状况外其他任何状况的证明或鉴定，也不应该被贸易各方作为可再生利用废物原料交易的合约依据(如付款或结汇的依据等)。
This Certificate can only be used for the sole purpose of certifying the conformity of the above inspected cargo with the Chinese Standard GB 16487—2005 (Environmental Protection Control Standard for Imported Solid Wastes as Raw Materials).Other aspects of the cargo, including but not limited to commodity name, classification, specification, quality, quantity/weight etc., were not part of this inspection. Therefore, the Certificate cannot be used for any purpose other than said sole purpose, and the parties of the recycling material transactions shall not rely on this Certificate as a proof of satisfaction of any contractual obligation by any parties.

CA10011161DBW

中国检验认证集团加拿大有限公司

本证书自签发日起90天内有效 *Authorized Signature(s)*
This Certificate is valid within 90 days from the date of issuing.

Member of CCIC Group

1/1

样例 9-15

Ample Recycling Co.

67 Tidworth St. Toronto，Ontario，Canada M1Y7

Tel：001-647-300-9868   Fax：001-416-840-6862   E-mail：belinda @ample. com

To：Tianjin Changhong Paper Products Co. ,Ltd.

Attn：Mr. Wang Yu

Tel：0086-22-66812690

Fax：0086-22-69912691

Date：Nov. 2，2009

Dear Mr. Wang，

Re：SHIPPING ADVICE

We are pleased to advise your esteemed company that the following mentioned goods were shipped out on Oct. 31，2009. Full details were shown as follows.

(1) Invoice No. ：20091025

(2) Number of Packages：1 440 BALES

(3) Total Gross Weight：199 500KGS

(4) Bill of Lading No. ：CA987653987

(5) Ocean Vessel：XIN YA ZHOU 0076E

(6) Port of Loading：TORONTO，CANADA

(7) Date of Shipment：OCT. 31，2009

(8) Port of Destination：TIANJIN，CHINA

(9) Description of Goods：WASTE PAPER 8#

(10) Marks and Number on B/L：N/M

(11) L/C No. ：R0058970—B

(12) Total Amount：USD31 421. 25

Yours faithfully，

Belinda W

AMPLE RECYCLING CO.

AMPLE

General manager

样例 9-16

Ample Recycling Co.

67 Tidworth St. Toronto，Ontario，Canada M1Y7

Tel：001-647-300-9868　　　Fax：001-416-840-6862　　　E-mail：belinda @ample. com

To：Tianjin Changhong Paper Products Co. ，Ltd.

Attn：Mr. Wang Yu

Tel：0086-22-66812690

Fax：0086-22-69912691

Date：Nov. 2，2009

Dear Mr. Wang，

CERTIFICATE

　　We hereby state that Original Pre-shipment Inspection Certificate and copy of invoice，weight list and B/L have been sent directly to Tianjin Changhong Paper Products Co. ，Ltd. within 2 days after shipment.

样例 9-17

BILL OF EXCHANGE			
Drawn under　BANK OF CHINA， 　　　　　TIANJIN JINGHAI SUB-BRANCH		L/C NO.　R0058970—B	
Dated　　　　　090915		Payable with interest@	%
NO.　20091025　Exchange for	USD31 421. 25	TORONTO	NOV. 2，2009
At　　60 DAYS　　Sight Of this FIRST of Exchange(Second of Exchange being Unpaid)			
Pay to the order of　ROYAL BANK OF CANADA			
SAY US DOLLARS THIRTY-ONE THOUSAND FOUR HUNDRED AND TWENTY-ONE AND CENTS TWENTY-FIVE ONLY			
To：BANK OF CHINA，TIANJIN BRANCH			

AMPLE RECYCLING CO.

AMPLE

General manager

　　【步骤四】王宇分别采用横向审核和纵向审核的办法，对照信用证，逐一审核发票、重量单、提单、装运前检验证明、装船通知、寄单证明函、汇票等全套单据。发现有以下不符点。

　　（1）发票货物标准部分没有按照信用证要求加注 DETAILS AS PER S/C NO. CH090905。

　　（2）信用证要求提供 WEIGHT MEMO，而供货商实际提供 WEIGHT LIST。

　　（3）寄单证明函漏签署。

　　【步骤五】考虑到这些不符点不很严重，天津长虹纸制品有限公司决定放弃不符点，在远期汇票办理承兑手续,同时填写对外付款/承兑通知书(见样例9-18)办理对外承兑付款手续。为了及时办理提货手续,天津长虹纸制品有限公司凭信托收据向中行天津静海支行借全套正本货运单据,并承认货物所有权属中行天津静海支行所有。

样例 9-18

对外付款/承兑通知书

银行业务编号:111P1234567891　　　　　　　　　　　日期:2009-11-25

结算方式	☑信用证　□保函　□托收　□其他		信用证/保函编号	R0058970—B
来单币种及金额	USD31 421.25		开证日期	090915
索汇币种金额	USD31 421.25	期限 60天 到期日		091115
来单行名称	ROYAL BANK OF CANADA		来单行编号	HAVBKK789
收款人名称	BANK OF CHINA,TIANJIN JINGHAI SUB-BRANCH			
收款行名称及地址	NO. 31 CHENGLI ROAD,JINGHAI DISTRICT,TIANJIN,CHINA			
付款人名称	TIANJIN CHANGHONG PAPER PRODUCTS CO. ,LTD.			
☑对公　组织机构代码 12030178—3		□对私	□个人身份证号码	
扣费币种及金额			□中国居民个人　□中国非居民个人	
合同号	CH090905	发票号	20091025	
提运单号	CA987653987	合同金额	USD31 500.00	

银行附言(各银行可根据本行业务要求规定其内容及格式)

申报号码	12030100021209112 5G987	实际付款币种及金额	USD31 421.25
付款编号	111P1234567891	若为购汇支出、购汇汇率	
收款人常驻国家名称及代码　加拿大　① ② ④		是否为保税货物项下付款　□是　　☑否	
是否为预付款　　□是　☑否		外汇局批件号/备案表号/业务编号	

付汇币种及金额	USD31 421.25		金额大写	叁万壹仟肆佰贰拾壹美元贰拾伍美分
其中	购汇金额		账号	
	现汇金额	USD31 421.25	账号	
	其他金额		账号	

交易编码　① ⓪ ① ⓪ ① ⓪　相应币种及金额　USD31 421.25　交易附言

□同意即期付款 ☑同意承兑并到期付款 □申请拒付 联系人及电话 王宇 022-68812690 申报日期 2009-11-25	付款人印鉴(银行预留印鉴)	银行业务章 经办　　复核　　负责人

注:对外付款/承兑通知书一式三联,第一联到单通知银行/客户留存联;第二联银行留存联;第三联申报主体留存联。

【步骤六】60天汇票到期后,中行天津静海支行第二次提示天津长虹纸制品有限公司,然后王宇到银行办理付款手续。

知识链接

审单常用方法

为了提高单证工作的质量,除了要求单证人员在工作时思想必须高度集中之外,也要讲究工作方法以求得事半功倍的效果,以信用证业务为例,有以下几种审单方法。

1. 纵向审核法

纵向审核法是指以信用证或合同(在非信用证付款条件下)为基础对规定的各项单据进行一一审核,要求有关单据的内容严格符合信用证的规定,做到"单证相符"。

2. 横向审核法

横向审核法在纵向审核的基础上,以商业发票为中心审核其他规定的单据,使有关的内容相互一致,特别注意共有项目是否相一致,做到"单单相符"。

在审单过程中如果发现单据的数字比较集中时,可以先将各种单据的所有数字,如单价、数量、毛净重、尺码、包装件数等进行全面的复核,然后,再采用纵横审单法对其他内容进行审核。

9.6 办理换单及报检报验

工作内容

王宇拿到全套废纸进口单据不久,也收到了锦程物流有限公司的"到货通知",首先确认该批废纸的商品编码4707300000,然后与海关税则核对,确认进口税率、再次确认废纸货物进口的监管条件为7AP,即办理报关时需要提供《自动进口许可证》、《入境货物通关单》和《废物进口批准证》。为此,王宇第一时间与锦程物流有限公司联系换单事宜,并委托其协助办理废纸进口的商检报验手续,争取尽快拿到商检通关单。

操作过程

办理换单及报检报验

核对到货通知 → 办理换单手续 → 填写报检委托书 → 录入报检数据 → 发送和接收回执 → 打印单证联系施检 → 领取进口通关单

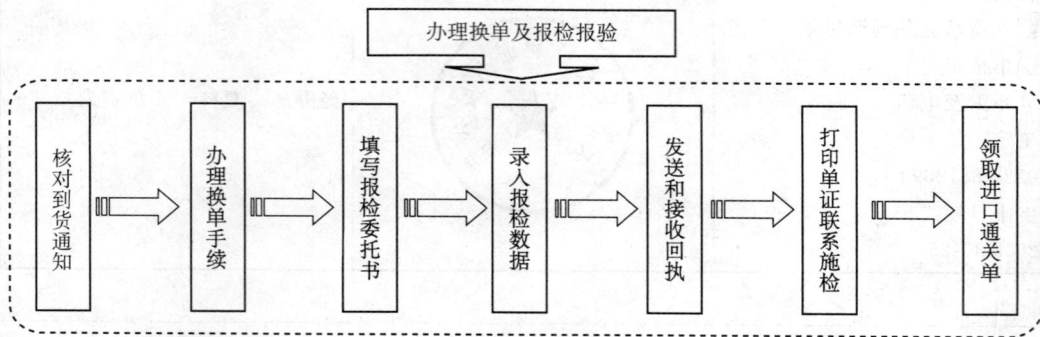

【步骤一】核对到货通知。

王宇首先确认"到货通知"上的货物品名、件数、毛净重是否与提单上的一致。若有错误,及时与加拿大供货商确认实际货物,是否需要更改舱单信息;其次要确认商品所适用的海关编码,因为这涉及废纸具体的进口监管证件、进口税率等。

【步骤二】办理换单手续。

锦程物流公司同船公司确认货物确实到达目的港后,持天津长虹纸制品有限公司已加盖公章的正本提单,到船公司代理处办理换单手续,即用正本提单换取船公司代理签发的提货单(见样例9-19),同时询问除换单费外是否有押箱费等其他费用。拿到提货单后,仔细核对提货单上的品名、件数、毛重、体积、集装箱号、铅封号是否正确,是否与原正本提单一致。

样例 9-19

提 货 单
DELIVERY ORDER

致: <u>东疆</u> 港区、场、站

收货人: <u>TIANJIN CHANGHONG PAPER PRODUCTS CO. ,LTD.</u>

下列货物已办妥手续,运费结清,准予交付收货人。

船名 XIN YA ZHOU	航次 0076E		起运港 TORONTO	目的港 TIANJIN
提单号 CA987653987	交付条款 CY-CY		到付海运费	
卸货地点 太平洋国际	到达日期 20091130		进库场日期	第一程运输
标记与集装箱号	货名	集装箱数	件数	重量/kgs	体积/m³
MUSU123456/68213	废纸	1×8HQ	1 440BALES	199 500	432.00
MUSU234567/68217					
MUSU876543/68214					
MUSU678654/68215					
MUSU368765/68337					
MUSU528769/68554					
MUSU533878/68345					
MUSU593456/68567					

请核对发货。

天津外轮代理公司
2009 年 12 月 2 日

凡属于法定检验检疫进口商品,必须向有关监督机构申报。

收货人章	海关章		
1	2	3	4
5	6	7	8

321

【步骤三】填写报检委托书。

王宇填写报检委托书(见样例 9-20)委托锦程物流有限公司代办进口废纸的报检手续。

样例 9-20

代理报检委托书

编号：XG20091203

_____天津东疆_____出入境检验检疫局：

本人委托(备案号/组织机构代码___12030178—3___)保证遵守国家有关检验检疫法律、法规的规定,保证提供的委托报检事项真实、单证相符。否则,愿承担相关法律责任。具体委托情况如下：

品名	废纸	H.S 编码	4707300000
数(重)量	8×40FT HQ	包装情况	捆
信用证/合同号	R0058970—B	许可文件号	0922090906
进口货物收货单位及地址	天津长虹纸制品有限公司 天津市静海县迎宾大道 1999 号	进口货物提/运单号	CA987653987
其他特殊要求			

特委托___天地报检服务公司___(代理报检注册登记号___4107210053___)代表本委托人办理上述货物的下列出入境检验检疫事宜：

☑(1)办理报检手续。

☑(2)代缴纳检验检疫费。

☐(3)联系和配合检验检疫机构实施检验检疫。

☑(4)领取检验检疫证单。

☐(5)其他与检验检疫有关事宜_____

联系人___王宇___

联系电话___022-68812690___

本委托书有效期至___2009___年___12___月___31___日

受托人确认声明

本企业完全接受本委托书。保证履行以下职责。

(1)对委托人提供的货物情况和单证的真实性、完整性进行核实。

(2)根据检验检疫有关法律法规规定办理上述货物检验检疫事宜。

(3)及时将办结检验检疫手续的有关委托内容的单证、文件移交委托人或其指定人员。

(4)如实告知委托人检验检疫部门对货物后续检验检疫及监管要求。

如在委托事项中发生违法和违规行为,愿承担相关法律和行政责任。

联系人___王强___

联系电话___2338 1234___

受托人(加盖公章)

2009 年 12 月 3 日

【步骤四】锦程物流公司委托天地报检服务公司录入报检数据。

(1)天地报检服务公司接到报检委托书后,双击桌面"榕基易检 2008"图标,打开"榕基易检"登录框(见图 9-8)。

(2)默认的用户账号为"系统超级用户",密码为"123"。若需要修改密码,可单击登录

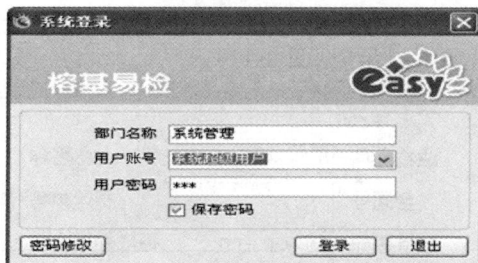

图　9-8

界面左下角的"密码修改"按钮进行修改。单击"登录"按钮后,进入到电子报检操作界面,选择"入境货物报检"(见图 9-9)。

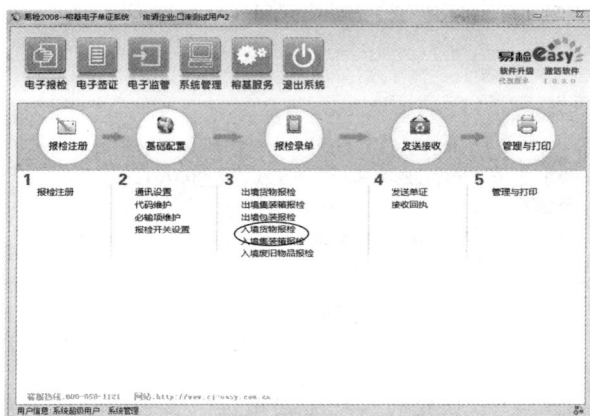

图　9-9

(3) 在入境货物报检操作界面,单击"新建单证",分别进行"主要单证信息"、"报检货物信息"、"运输及合同信息"、"报检集装箱信息"、"其他单证附加信息"的录入(见图 9-10)。

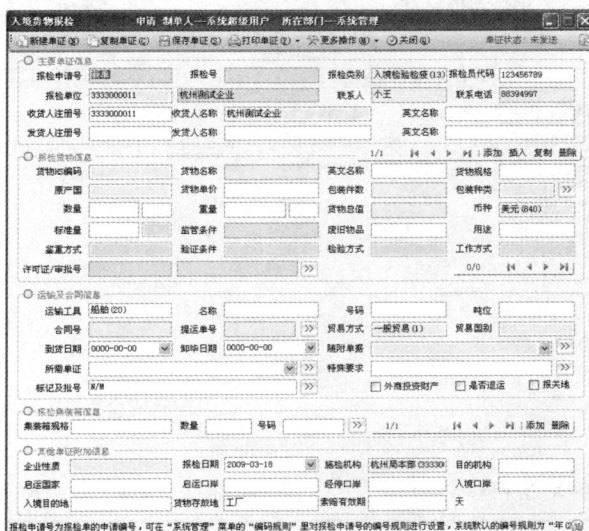

图　9-10

输入完毕后按 Ctrl+S 键,或在菜单选择"操作"→"保存"或单击保存快捷键保存,如果有必输项没有输入,将弹出如下提示(见图 9-11)。

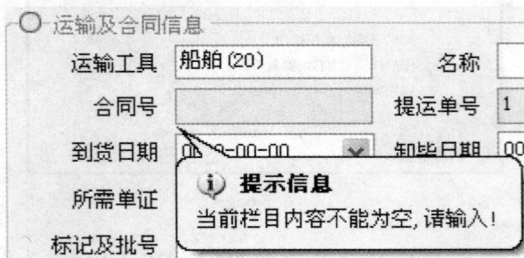

图 9-11

继续输入没有完成项,直到所有必输项均已正确输入;若保存成功,则弹出如下对话框(见图 9-12)。

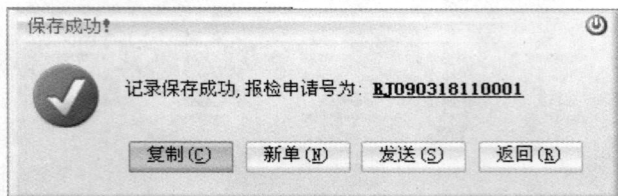

图 9-12

(4)发送申报表。

按照路径"电子报检"→"发送接收"→"发送单证",选择所要发送的报检单,单击"发送"按钮,就开始发送,直到发送完成为止。如由于网络等故障发送失败的,请先解决好网络问题,网络通常后,再次选中报检单,单击"发送"按钮(见图 9-13)。报检单成功发送后,会自动跳转到"待审核"状态。

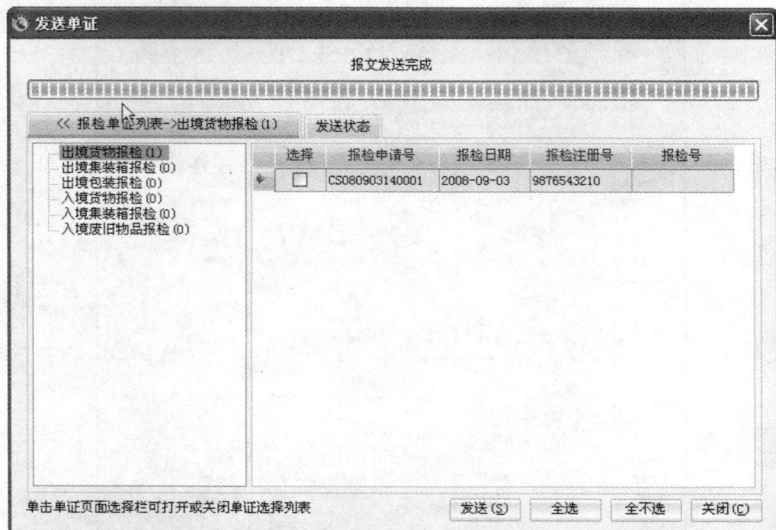

图 9-13

（5）接收回执。

报检单发送完毕，稍等一段时间，再接收回执。其中，电子回执很快，一般在4～5分钟之内即可接收到；人工审核回执收到的时间，则要根据检验检疫机构审核人员的具体审核时间而定。

按照路径"电子报检"→"发送接收"→"接收回执"，单击"接收"按钮，开始接收回执。接收到回执后，可以双击打开回执条，查看回执的具体内容（见图9-14）。

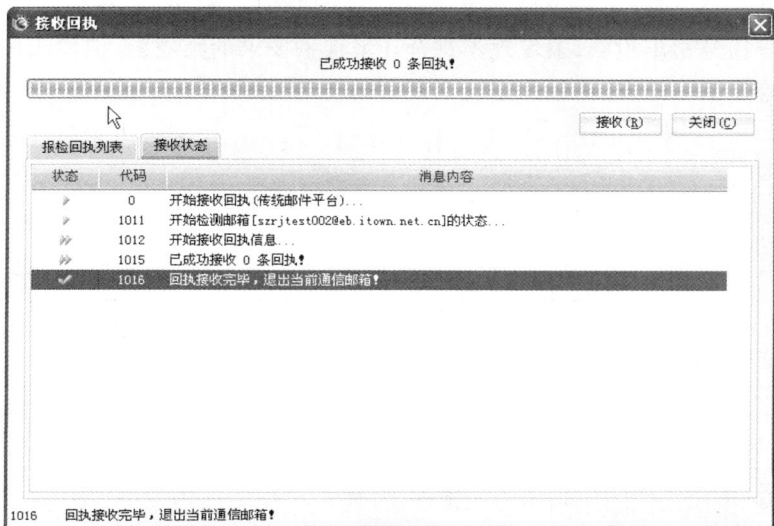

图　9-14

接收到回执后，报检单会根据所接收回执的具体内容及回执代码自动改变状态到被正式接收状态、被拒绝状态等。

若报检单状态为"被拒绝"，则按回执提示进行修改，修改完毕再重新发送。

若报检单状态为"被正式接收"，则可考虑打印报检单等，到检验检疫机构缴费、签字盖章、领取相关证单。

（6）打印报检单。

报检单在收到"被正式接收"的回执后，会自动跳转到"被正式接收"的状态。对此状态下的报检单，可以进行打印。打印内容有报检单、回执等。

【步骤五】天地报检服务公司打印《入境货物报检单》连同以下单证提供给口岸检验检疫部门，联系具体施检事宜。

（1）一般单证包括：进口合同副本（见样例8-3）、商业发票副本（见样例9-12）、重量单副本（见任样例9-13）、提单副本（见样例9-7）。

（2）特殊单证包括：国家环保总局签发的《进口废物批准证书》（见样例6-8）、国家环保总局认可的装运前检验机构出具的《装运前检验合格证书》正本（见样例9-14）、《进口废物原料境外供货企业注册证书》复印件（见样例6-23）、《进口废物原料国内收货人登记证书》复印件（见样例6-27）、进口废物原料利用单位的《进口废物作原料利用环境风险报告书》或《进口废物作原料利用环境风险报告表》（仅第一次进口时提供）。

【步骤六】口岸检验检疫部门现场查验，查验的项目包括卫生检疫、动植物检疫、环保项目检验、品质检验和数/重量检验等,其中,重点查验的第一项是环保项目,主要检查是否有禁止混有的夹带废物、严格控制的夹杂物是否在限制范围内、一般控制的夹杂废物是否在合理范围内等,因各种废物对环境影响的危害程度不同,环控标准对一般控制的夹带废物的限量标准也不一样,废纸或纸板、木及木制品废料控制为 1.5% 以内。第二项是查验废纸的重量,以防止短重。

经口岸检验检疫部门查验,该批 199.5 吨废纸(美废 8♯)未发现不符合环保要求的夹杂物,检验检疫部门出具《入境货物通关单》(见样例 9-21),并在《入境货物通关单》备注栏内注明"上述货物经初步检验,未发现不符合环境保护要求的物质"。但发现短重 10 795 千克,口岸检验检疫部门签发《重量鉴定证明书》(见样例 9-22)。

样例 9-21

中华人民共和国出入境检验检疫
入境货物通关单

编号:4419001110089991000

1. 收货人 天津长虹纸制品有限公司 天津市静海县迎宾大道 1999 号 301600		5. 标记及号码
2. 发货人 AMPLE RECYCLING CO.(A840042907)		N/M
3. 合同/提(运)单号 CH090905/CA987653987	4. 输出国家或地区 加拿大	
6. 运输工具名称及号码 XIN YA ZHOU 0076E	7. 目的地 天津市静海县	8. 集装箱规格及数量 海运 40 尺高柜 8 个

9. 货物名称及规格 废纸 美废 8♯ *** (以下空白)	10. H.S 编码 4707300000 *** (以下空白)	11. 申报总值 USD31 421.25 *** (以下空白)	12. 数/重量、包装数量及种类 199 500 千克 *** (以下空白)

13. 证明

上述货物业已报检/申报,请海关予以放行

签字:

日期:2009 年 12 月 6 日

14. 备注
上述货物经初步查验,未发现不符合环境保护要求的物质。

样例 9-22

中华人民共和国出入境检验检疫
ENTRY-EXIT INSPECTION AND QUARANTINE OF THE PEOPLE'S REPUBLIC OF CHINA

重量鉴定证明书
Survey Report on Weight

编号 No. :120600205025368

发货人名称及地址 Name and addresss of Consignor	AMPLE RECYCLING CO.
收货人名称及地址 Name and addresss of Consignee	TIANJIN CHANGHONG PAPER PRODUCTS CO., LTD.
品名 Description of Goods	WASTE PAPER 8#

报检重量 Weight declared	199 500KGS	产地 Place of Origin	CANADA	标记及号码 Mark & No.	N/M
包装种类及数量 Number and type of packages	1 440BALES				
集装箱号 Container No.	8*40FT HQ MUSU123456*(8)				
铅封号 Seal No.	8*40FT HQ 68213*(8)				

加工厂名称、地址及编号 Name, address and Approval No.nof the approved establishment	TIANJIN CHANGHONG PAPER PRODUCTS CO., LTD. NO.1999 YINGBIN ROAD, JINGHAI, TIANJIN, CHINA

启运地 Place of despatch	TORONTO,CANADA	到达国家及地点 Country and place of Destination	TIANJIN,CHINA
运输工具 Means of Conveyance	XIN YA ZHOU 0076E	发货日期 Date of despatch	OCT.31，2009

ON ARRIVAL AT PORT OF DESTINATION, WE INVITED TO CHECK THE ABOVE MENTIONED GOODS BALE BY BALE, THE RESULT AS FOLLOWS:

MUSU123456/68213	23 405.00KGS
MUSU234567/68217	23 040.00KGS
MUSU876543/68214	24 340.00KGS
MUSU678654/68215	23 280.00KGS
MUSU368765/68337	24 109.00KGS
MUSU528769/68554	23 540.00KGS
MUSU533878/68345	23 378.00KGS
MUSU593456/68567	23 613.00KGS
	188705.00KGS

CONCLUSION: THE ABOVE MENTIONED GOODS ARE SHORT DELIVERED BY 10795KGS.

签署地点 Place of Issue	TIANJIN,CHINA	签署日期 Date of Issue	DEC.25,2009
授权签字人 Authorized Officer	LI WEN	签名 Signature	

A 0077334

知识链接

入境货物报检

入境货物报检方式可分为三种。

1. 进境一般报检

法定检验检疫入境货物的货主或其代理,持有关证单向卸货口岸检验检疫机构申请取得《入境货物通关单》,并对货物进行检验检疫的报检。

进境一般报检时,《入境货物通关单》的签发和对货物的检验检疫都由口岸检验检疫机构完成。总之,是在口岸报检,签证通关,在口岸施检。

2. 进境流向报检

进境流向报检即口岸清关转异地进行检验检疫的报检,指法定检验检疫入境货物的收货人或其代理人,持有关证单在卸货口岸向口岸检验检疫机构报检,获取《入境货物调离通知单》和《入境货物通过单》并通关后,由进境口岸检验检疫机构进行必要的检验检疫处理,货物调往目的地后,再由目的地检验检疫机构进行检验检疫监管。

3. 异地施检报检

异地施检报检是指已在口岸完成进境流向报检,货物到达目的地后,该批进境货物的货主或其代理人在规定的时间内,向目的地检验检疫机构申请进行检验检疫的报检。

上述三种报检方式的区别见表9-1。

表 9-1　一般报检、流向报检、异地施检报检的区别

报检类别	报检地点	领取证单种类	检验地点	领取证单种类
一般报检	报关地	入境货物通关单	报关地	检验检疫证明等
流向报检	报关地	入境货物通关单 & 入境货物调离通知单		
异地施检报检	目的地		目的地	检验检疫证明等

"进境流向报检"和"进境异地施检报检"是属于同一批货物进行报检时的两个环节。

经过"进境流向报检",就要有货物的"进境异地施检报检"与其相对应。

因"进境流向报检"只在口岸对装运货物的运输工具和外包装进行了必要的检疫处理,并未对整批货物进行检验检疫。

只有当实施检验检疫的机构对货物实施了具体的检验、检疫后,货主才能获得相应的准许进口货物销售使用的合法凭证,也就是《入境货物检验检疫证明》,这样也就完成了进境货物的检验检疫工作,货物可以自由买卖。

在异地施检报检时应提供口岸检验检疫机构签发的《入境货物调离通知单》。

9.7　办理进口通关

工作内容

在办妥该批废纸的《入境货物通关单》后,王宇随后填写报关委托书依然委托锦程物流

有限公司办理货物的进口通关手续,争取及早提到货物。

操作过程

办理进口通关

填写代理报关委托书 → 报关数据预录入 → 电子报关 → 报关单审核 → 现场接单复核 → 缴纳税款放行

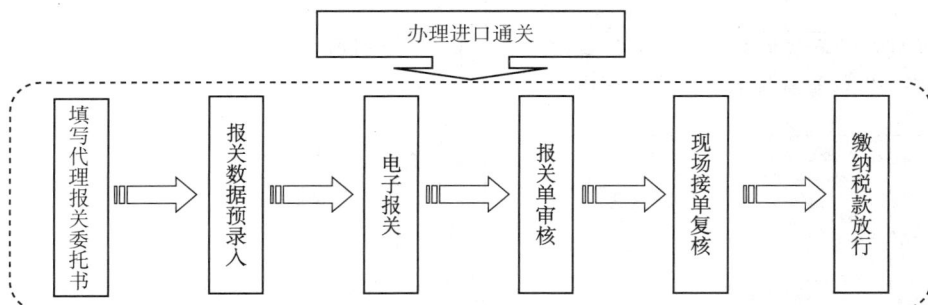

【步骤一】填写代理报关委托书。

王宇按照报关委托书缮制规范填写代理报关委托书(见样例 9-23)和《进口货物报关单》草表(见样例 9-24)。

样例 9-23

代理报关委托书

锦程物流有限公司:

我单位现(A. 逐票 | B. 长期)委托贵公司代理　　　等通关事宜。(A. 报关查验 | B. 垫缴税款

C. 办理海关证明联 | D. 审批手册　E. 核销手册　F. 申办减免税手续　G. 其他)详见《委托报关协议》。

我单位保证遵守《中华人民共和国海关法》和国家有关法规,保证所提供的情况真实、完整、单货相符。否则,愿承担相关法律责任。

本委托书有效期自签字之日起至 2009 年 12 月 31 日止。

委托方(盖章):

法定代表人或其授权签署《代理报关委托书》的人(签字)

2009 年 12 月 10 日

为明确委托报关具体事项和各自责任,双方经平等协商签订协议如下:

委托方	天津长虹纸制品有限公司	被委托方	锦程物流有限公司	
主要货物名称	废纸	* 报关单编码	NO.	
H. S 编码	4 7 07 30 00 00	收到单证日期	2009 年 12 月 10 日	
进出口日期	2009 年 11 月 30 日	收到单证情况	合同 ☑	发票 ☑
提单号	CA987653987		装箱清单 ☑	提(运)单 ☑
贸易方式	一般贸易		加工贸易手册 □	许可证件 ☑
原产地/货源地	加拿大		其他 废物进口许可证、通关单 ☑	
传真电话		报关收费	人民币: 150 元	

<table>
<tr><td>其他要求：</td><td>承诺说明：</td></tr>
</table>

其他要求：	承诺说明：
背面所列通用条款是本协议不可分割的一部分，对本协议的签署构成了对背面通用条款的同意。	背面所列通用条款是本协议不可分割的一部分，对本协议的签署构成了对背面通用条款的同意。
委托方业务签章：	被委托方业务签章：
经办人签章：王宇 联系电话：022-68812690 2009 年 12 月 10 日	经办报关员签章： 联系电话：　　　　　年　　月　　日

（白联海关留存，黄联被委托方留存，红联委托方留存。）　　　　　　　　中国报关协会监制

CCBA

样例 9-24

中华人民共和国海关进口货物报关单

预录入编号：745502585　　　　　　　　　　海关编号：020120091011016989

进口口岸	东疆海关 0213		备案号		进口日期 20091130	申报日期 20091210
经营单位	天津长虹纸制品有限公司 1216930016	运输方式 江海运输	运输工具名称 XIN YA ZHOU 0076E			提运单号 CA987653987
收货单位	天津长虹纸制品有限公司 1216930016	贸易方式 一般贸易	征免性质 一般征税	征税比例		
许可证号 0922090906		起运国（地区） 加拿大	装货港 多伦多		境内目的地 天津	
批准文号 758912345		成交方式 FOB	运费	保费		杂费
合同协议号 CH090905		件数 1 440	包装种类 捆	毛重/KGS 199 500.00		净重/KGS 199 500.00
集装箱号 MUSU123456 * 8(16)			随附单据 7AP		用途 企业自用	
标记唛码及备注 　N/M　MUSU234567　MUSU876543　MUSU678654　MUSU368765　MUSU528769 　　　　MUSU533878　MUSU593456						

项号	商品编号	商品名称、规格型号	数量及单位	最终目的国（地区）	单价	总价	币制	征免
01	4704300000	废纸	199 500.00KGS	中国	157.50	31 421.25	美元	照章

税费征收情况				
录入员　　　　录入单位	兹声明以上申报无讹并承担法律责任。		海关审单批注及放行日期(签章)	
报关员　　　王丽	天津长虹纸制品有限公司		审单	审价
	申报单位(签章)			
单位地址　　天津市静海县迎宾大道 1999 号			征税	统计
邮编　301600　电话　022-68812690　填制日期			查验	放行

【步骤二】王宇将《代理报关委托书》(见样例 9-23)、《进口货物报关单》草表(见样例 9-24)、《进口废物批准证书》(见样例 6-8)、《自动进口许可证》(见样例 9-2)、《入境货物通关单》(见样例 9-21)、进口合同(见样例 8-3)、信用证(见样例 9-5)、商业发票(见样例 9-12)、重量单(见样例 9-13)、提单(见样例 9-7)、提货单(见样例 9-19)等快递至锦程物流有限公司委托其办理进口报关手续。

【步骤三】锦程物流有限公司报关员在线办理废纸进口报关信息录入手续。

(1) 锦程物流有限公司录入操作人员将报关员 IC 卡或者操作员卡插入读卡器或 USB 接口中。在 Windows 桌面上单击"QP 预录入"快捷方式 ![QP预录入] 进入中国电子口岸"报关单预录入/申报(报关行版)"子系统登录页面(见图 9-15)。

(2) 录入操作人员输入口令,单击"确认"按钮,进入到电子口岸通关系统页面,在中国电子口岸通关系统中选择要进入的子系统"报关申报"(见图 9-16)。

(3) 单击"报关申报"后进入报关录入系统,在页面的功能菜单上单击"报关单",弹出下拉菜单,选择下拉菜单中的"进口报关单"(见图 9-17),进入报关单录入/申报页面。

(4) 单击"进口报关单",进入到报关单录入/申报页面(见图 9-18),根据出口企业提供的报关单草表,进行报关申报数据录入。在整个录入过程中,报关员 IC 卡或者操作员卡都需要插在 USB 接口中。本系统根据报关员 IC 卡或者操作员卡的信息进行报关员和操作员身份验证,并自动进行电子签名、加密。如果系统检测到用户在操作系统时,报关员 IC 卡或者操作员卡不存在或与登录时报关员 IC 卡或者操作员卡信息不一致,会提示报错,不能进行正常操作。

(5) 未录完的报关单,可暂存在本地服务器的数据库中,想继续录入时可通过查询界面,输入预录入号,随时调出此票报关单。数据录入完毕后,如需暂存,单击"暂存"按钮,即弹出对话框(见图 9-19)。

(6) 数据录入完毕后,如需上载,单击"上载"按钮,系统通过逻辑校验和单证校验,该票

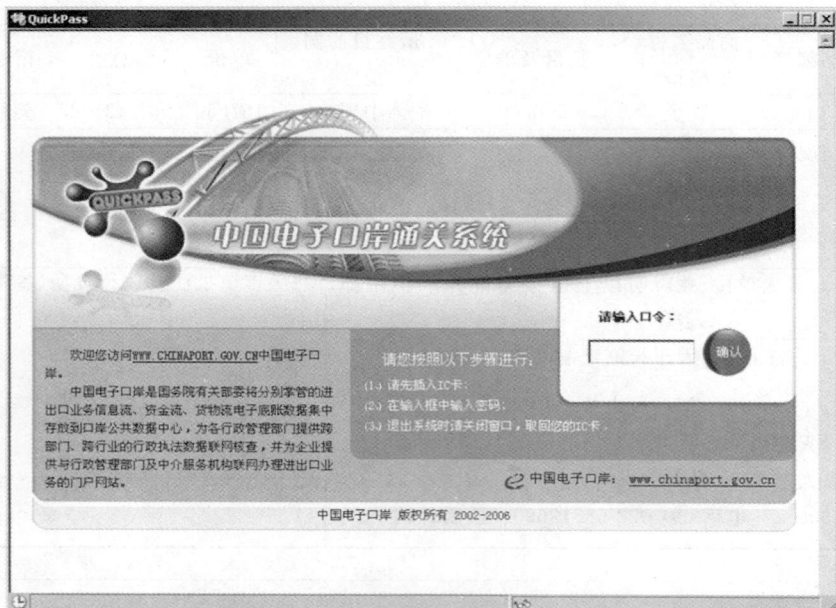

图　9-15

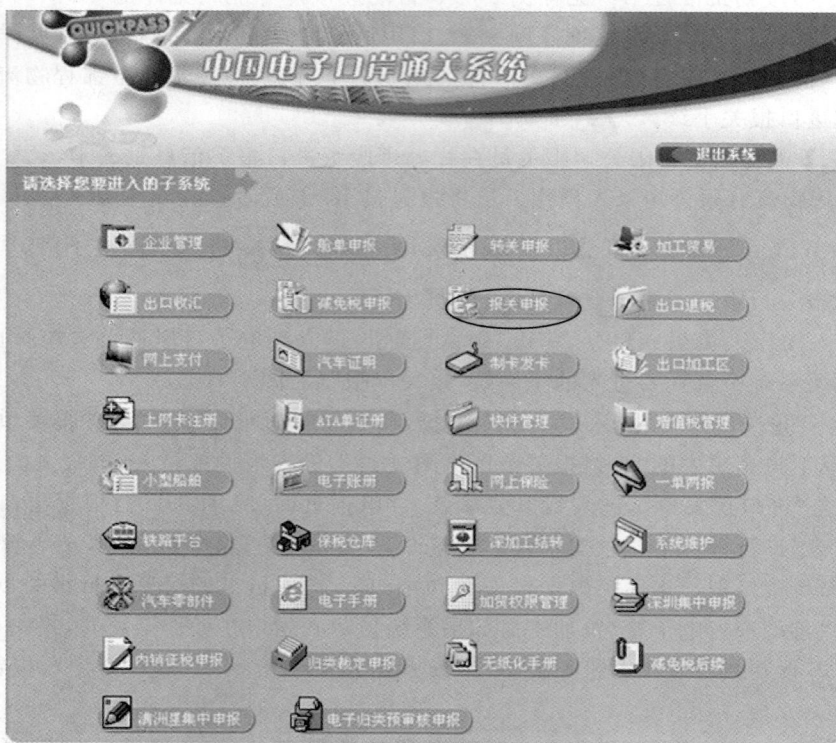

图　9-16

报关单数据即将传送至数据中心,并弹出对话框。单击"确定"按钮,完成上载(见图9-20)。

(7) 数据录入完毕后,需要向海关申报的,单击"申报"按钮,系统通过逻辑校验和单证

图　9-17

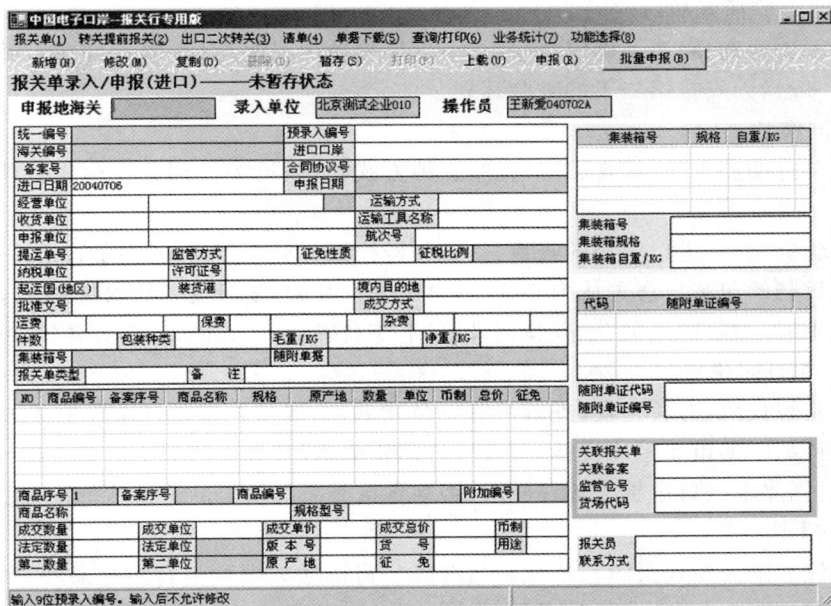

图　9-18

校验,该票报关单数据将传送至数据中心,并由数据中心将数据传送到海关审单中心。此时系统弹出对话框。单击"确定"按钮,完成申报(见图 9-21)。

图　9-19

图　9-20

图　9-21

系统将对上载或申报的报关单自动进行逻辑校验,通过系统提供的报关单查询功能查看上载或申报的报关单是否通过逻辑校验。通过逻辑校验的报关单在工作站上进行数字签名后,其数据自动存入局域网服务器,并向数据中心发送。未通过逻辑校验的报关单,通过系统提供的修改、下载等功能,对该票报关单修改后继续执行上载或申报。

数据中心将对局域网服务器报关单数据进行状态判断,若报关单数据为上载,数据中心将保存此票报关单数据至预暂存库并发送数据中心回执给局域网服务器;对于操作端直接申报的报关单数据,数据中心将此票报关单数据保存在数据中心执法库,并发送数据中心回执给局域网服务器,同时将数据直接传输至海关。

数据中心将自动转发海关退单回执或审结回执至局域网服务器,企业可在局域网服务器上查询。报关单位查询到海关审核通过的回执后,可打印正式的纸质报关单向海关申报。

【步骤四】锦程物流有限公司报关员办理海关现场通关手续。

(1)查验单据是否齐全,单据之间是否一致。

将全套报关单据递交给海关,海关查验单据是否齐全,单据之间是否一致。该环节对征税货物核查比较严格,决定缴纳进口税率的高低。

(2)打印查验通知单。

废纸属于法检商品,海关确定查验后,由现场接单关员打印《查验通知单》,并接受安排查验计划,一般当天安排第二天的查验计划。

(3)陪同实货查验。

海关查验分彻底查验、抽查、外形查验三种方式,目前海关大部分查验实行的是随机性的抽检制。

海关查验货物时,进口货物的收货人,或其授权报关员应当到场,并负责协助搬移货物,开拆和重封货物的包装。海关认为必要时,可以径行开验、复验或者提取货样。

查验结束后,由陪同人员在《查验记录单》上签名确认,一式两份,双方各执一份。

【步骤五】打印税单。

海关查验解控后,海关签发《进口增值税缴款书》。如果在审单环节没有发现该批废纸低于海关统计的同期市场平均价格,可直接打印税单;若某进口商品低于海关统计的同期市场平均价格,则要求进口申报人解释原因,否则将按照海关认定的价格估价征税。

【步骤六】核注放行。

锦程物流有限公司代天津长虹纸制品有限公司持缴款书至银行柜台缴税,纳税后银行加盖"收讫章",交海关核注;若开通网上电子缴税的,系统会自动核注,缴税速度已大大提高。

海关收到银行的已缴税回执后,在货物的进口提货单或特制的放行单上签盖"海关放行章"。

【步骤七】办理提货、还箱手续。

锦程物流有限公司凭盖有"海关放行章"的提货单先去港区办理提箱计划,一般当日排次日提箱计划,同时到箱管科办理设备交接单。提箱后,应在免费期内及时掏箱以免产生滞箱。

卸货还箱后,从场站取回设备交接单证明箱体无残损,去船公司或船代取回押箱费。

至此,199.50吨废纸进口通关手续全部办结,货物安全入库。

知识链接

进出口报关单联网核查系统

为维护国家金融秩序,加强外汇管理,打击骗汇等犯罪行为,海关总署、中国人民银行、国家外汇管理局决定,自 1999 年 1 月 1 日起在全国范围内启用进出口报关单联网核查系统,具体规定如下:外汇管理局、银行受理进出口企业收付外汇业务,必须先将企业提交的进出口报关单外汇核销证明联(以下简称"报关单证明联")通过联网核查系统复核无误后,方可为企业办理进出口收付外汇业务。

海关负责在签发报关单证明联次日,将相关电子数据提供上网核查,以提高报关单核查效率,确保进出口报关单的真实性和合法性。

企业办理进出口收付外汇业务时,需同时提交海关正式签发的报关单证明联和本企业外汇核销 IC 卡(由进出口企业持有效证件向主管海关申请办理)。

海关提供的全国进出口报关单电子数据与海关正式签发的报关单证明联具有同等效力。凡企业提交的报关单证明联与海关提供的相应电子数据不一致的,外汇管理局、银行不予办理外汇业务,由企业持报关单证明联向签发海关进行核对并更改。

进出口企业办理进出口收付外汇业务过程中,凡有弄虚作假的,外汇管理局、银行立即停止为其办理进出口收付外汇业务,并根据《中华人民共和国海关法》、《中华人民共和国外汇管理条例》追究当事人的责任。

重点内容概要

任务九重点内容框架如图 9-22 所示。

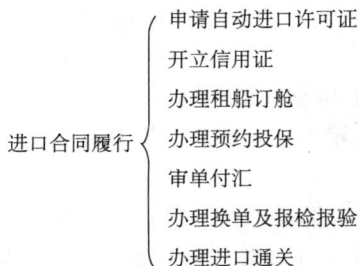

进口合同履行
- 申请自动进口许可证
- 开立信用证
- 办理租船订舱
- 办理预约投保
- 审单付汇
- 办理换单及报检报验
- 办理进口通关

图　9-22

同步训练

一、单选题

1. 在 FOB 条件下,卖方装船后给买方发出(　　)以便后者办理保险事宜,并做好接货准备。

　　A. 订舱委托书　　B. 配舱回单　　　　C. 装船指示　　　　D. 装船通知

2. 在 FOB 条件下,买方办妥租船订舱事宜后给卖方发出(　　)以便后者做好装船准备。

A. 订舱委托书　　B. 配舱回单　　　　C. 装船指示　　　　D. 装船通知

3. 在进口业务中,为了避免漏保意外发生,一般进口商与保险公司签订(　　　)。

  A. 预约保险合同　　　　　　　　B. 保险合同

  C. 保险协议　　　　　　　　　　D. 索赔协议

4. 进口采用信用证支付方式,在办理付汇时需要填写(　　　)。

  A. 境外汇款申请书　　　　　　　B. 境内汇款申请书

  C. 对外付款/承兑通知书　　　　　D. 境内付款/承兑通知书

5. 进口货物到港后,一般收货人应该凭提单换取(　　　)。

  A. 到货通知　　　B. 提货单　　　　C. 大副收据　　　　D. 场站收据

二、多选题

1. 进口商申请开立信用证,一般包括的程序有(　　　)。

  A. 填写开证申请书　　　　　　　B. 缴纳保证金

  C. 缴纳开证手续费　　　　　　　D. 对外开证

2. 进口商委托货代办理废纸入境报检手续,除提交发票、箱单、提单外,还需要提交的单据有(　　　)。

  A. 代理报检委托书　　　　　　　B. 装运前检验合格证书

  C. 进口废物批准证书　　　　　　D. 进口废物原料境外供货企业注册证书

3. 入境货物报检方式有(　　　)。

  A. 进境一般报检　　　　　　　　B. 进境流向报检

  C. 进境特殊报检　　　　　　　　D. 异地施检报检

4. 进口商委托报关行办理废纸进口报关手续,除提交代理报关委托书、进口报关单草表、发票、箱单、提单外,还需要提交的单据有(　　　)。

  A. 入境货物通关单　　　　　　　B. 装运前检验合格证书

  C. 进口废物批准证书　　　　　　D. 自动进口许可证

5. 进口业务中,常用的付汇单据一般包括(　　　)。

  A. 商业发票　　　B. 装箱单　　　　C. 提单　　　　D. 保险单

三、判断题

1. 自动进口许可证是指免费批准申请的进口许可证,这种许可证一般不限制有关产品的进口数量,而主要是为国家统计进口贸易提供数据,有时也用于监督目的,为政府提供可能损害国内工业的大量重要产品的进口情况。　　　　　　　　　　　　　　(　　　)

2. 申请和获得《自动进口许可证》需要一定的资质条件。　　　　　　　　(　　　)

3. 开证申请书是银行开立信用证的依据,是申请人与开证行之间明确彼此权利与义务关系的契约。　　　　　　　　　　　　　　　　　　　　　　　　　　(　　　)

4. 装船指示(Shipping Instruction)与装船通知(Shipping Advice)是一回事。　　(　　　)

5. 进境流向报检和进境异地施检报检是属于同一批货物进行报检时的两个环节。

                      (　　　)

任务十

进口业务善后

能力目标

- 熟悉进口付汇核销流程
- 掌握进口付汇核销单填制规范及进口索赔的拟写

知识目标

- 了解进口付汇核销的有关规定
- 掌握进口索赔的要点

经过不懈努力,199.5吨废纸美废8♯顺利入关进境,满足了天津长虹纸制品有限公司对原材料的需求,保证生产顺利进行。接下来,王宇需要海关签发进口付汇证明联以办理进口付汇核销等善后事宜。

10.1　进口付汇核销

工作内容

199.5吨废纸美废8♯到货约两周后,王宇联系锦程物流有限公司,向其催问天津海关是否签发进口付汇证明联,以便199.5吨废纸美废8♯报关后一个月内到外汇局办理进口付汇核销手续。

操作过程

【步骤一】办理对外付汇进口名录。

该项工作天津长虹纸制品有限公司在进口交易前准备环节已经办妥,详见任务六进口交易前准备——子任务6.3办理对外付汇进口单位名录。

【步骤二】对外付汇。

该项工作天津长虹纸制品有限公司在进口合同履行环节已经办妥,详见任务九进口合同履行——子任务9.5审单付汇。

【步骤三】取得进口货物报关单付汇专用联。

报关放行后约2～3周,海关签发进口货物报关单付汇证明联,海关退回的报关单付汇

进口付汇核销

| 办理对外付汇进口名录 | → | 办理对外付汇 | → | 取得进口货物报关单付汇专用联 | → | 办理进口付汇核销 |

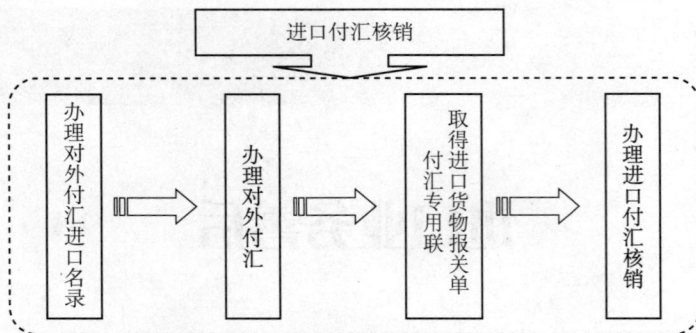

证明联须加盖"海关验讫章"(见样例 10-1)。

样例 10-1

中华人民共和国海关进口货物报关单　　　付汇证明联

预录入编号:745502585　　　　　　　　　海关编号:020120091011016989

进口口岸	东疆海关 0213		备案号		进口日期 20091130	申报日期 20091210
经营单位	天津长虹纸制品有限公司 1216930016	运输方式 江海运输	运输工具名称 XIN YA ZHOU 0076E			提运单号 CA987653987
收货单位	天津长虹纸制品有限公司 1216930016	贸易方式 一般贸易	征免性质 一般征税		征税比例	
许可证号	0922090906	起运国(地区) 加拿大	装货港 多伦多		境内目的地 天津静海县	
批准文号	75891234	成交方式 FOB	运费	保费	杂费	
合同协议号 CH090905		件数 1 440	包装种类 捆	毛重/KGS 199 500.00	净重/KGS 199 500.00	
集装箱号	MUSU123456 * 8(16)	随附单据 7AP			用途 企业自用	

标记唛码及备注

　N/M　MUSU234567　MUSU876543　MUSU678654　MUSU368765　MUSU528769
　　　　MUSU533878　MUSU593456

项号	商品编号	商品名称、规格型号	数量及单位	最终目的国(地区)	单价	总价	币制	征免
01	4704300000	废纸	199 500.00KGS	中国	157.50	31 421.25	美元	照章

税费征收情况

（中华人民共和国天津海关 验讫章 2009）　（进口付汇专用章）

录入员　　　　录入单位	兹声明以上申报无讹并承担法律责任。	海关审单批注及放行日期(签章)	
报关员　　王丽	天津长虹纸制品有限公司	审单	审价
	申报单位(签章)		
单位地址　天津市静海县迎宾大道 1999 号		征税	统计
邮编　301600　电话　022-68812690　填制日期		查验	放行

【步骤四】办理进口付汇核销。

(1) 备齐如下单证,送属地外汇局审核。

① 进口付汇核销单(一式二联)(见样例 10-2)。

开立信用证时,天津长虹纸制品有限公司已经填写进口付汇核销单(一式二联),付汇金额栏填写实际开证金额,并加盖单位印章。单到付汇时,付汇银行审核进口单位提供的各种单据内容相符无误后,外汇指定银行应在付汇日期栏进行逐笔登记。核销完毕,加盖"已核销章",第一联留存,第二联退进口单位。

样例 10-2

贸易进口付汇核销单(代申报单)

(1) 印单局代码:120107		(2) 核销单编号:75891234
(3) 单位代码: 　　　　12030178-3	单位名称 天津长虹纸制品有限公司	(4) 所在地外汇局名称: 天津国家外汇管理局静海支局
(5) 付汇银行名称 中国银行天津静海支行	(6) 收汇人国别 　　　　加拿大	(7) 交易编码 　　　　101010
收款人是否在保税区:是□ 否☑	(8) 交易附言	
(9) 对外付汇币种 USD 其中:购汇金额	(10) 对外付汇总额 USD31 421.25 现汇金额 USD31 421.25	其他方式金额
(11) 人民币账号	外汇账号	
(12) 付汇性质		
☑正常付汇 □不在名录　　□90 天以上信用证　　□90 天以上托收　　□异地付汇 □90 天以上到货　　□转口贸易 备案表编号		
预计到货日期　　2009/11/30	进口批件号	合同/发票号 CH090905/20091025
(13) 结算方式 60 天远期信用证		
信用证　90 天以内☑　　90 天以上□　　承兑日期　/ /　付汇日期 2010/01/20　期限 60 天		
托收　　90 天以内□　　90 天以上□　　承兑日期　/ /　付汇日期　/ /　期限　天		

汇款	预付货款□		货到付汇(凭报关单付汇)□		付汇日期	/	/
	报关单号	报关日期	/	/	报关单币种	金额	
	报关单号	报关日期	/	/	报关单币种	金额	
	报关单号	报关日期	/	/	报关单币种	金额	
	(若报关单填写不完,可另附纸。)						
其他□			付汇日期	/	/		

以下由付汇银行填写

(14) 申报号码：□□□□□□ □□□□ □□ □□□□□□ □□□□

业务编号： 　　　　审核日期： / / 　　(付汇银行签章)

进口单位签章

注：(1) 本核销单一式三联,第一联外汇指定银行存档,第二联退进口单位；

(2) 进口单位编码为国家技术监督局编制的企业代码；

(3) 申报号码和交易编码按国际收支申报统计规定的原则填写。

② 进口货物报关单付汇证明联(见样例 10-1)。

③ 进口付汇到货核销表(见样例 10-3)。

④ 报关单联网核查 IC 卡。

(2) 属地外汇局采取逐笔同步核销方式办理进口付汇报审业务手续

① 进口单位须备齐上述单据,一并交外汇管理局进口核销业务人员初审。

② 初审人员对于未通过审核的单据,应在向企业报审人员明确不能报审的原因后退还进口单位。

③ 初审结束后,经办人员签字并转交其他业务人员复核。

④ 复核人员对于未通过审核的单据,应在向企业报审人员明确不能报审的原因后退还进口单位。

⑤ 复核无误,则复核员签字并将企业报审的全部单据及 IC 卡留存并留下企业名称、联系电话、联系人。

⑥ 外汇局工作人员将进口货物报关单及企业 IC 卡通过"进出口报关单联网核查系统"检验真伪,如纸质报关单与核查系统中的报关单电子底账无误时,外汇局工作人员在到货核销表及进口报关单上加盖"已报审章",进口货物报关单、IC 卡退进口单位。属地外汇管理局检查企业各项进口付汇业务内容无误后,为企业办理核销手续,允许进口企业继续进行进口付汇业务。如核查系统中无此笔报关单底账或与纸制报关单不一致,则要求企业说明情况,如是海关原因,需由企业到海关申请补录或修改,如核查后认定是伪造报关单,则将有关材料及情况转检查部门调查、处罚。

样例 10-3

进口单位名称：天津长虹纸制品有限公司
进口单位编码：12030178-3
核销表编号：091201

2009 年 12 月贸易进口付汇到货核销表

			付汇情况							报关到货情况				备注
序号	核销单号	备案表号	付汇币种金额	付汇日期	结算方式	付汇银行名称	应到货日期	报关单号	收货单位	报关币种金额	报关日期	与付汇差额	凭报关单付汇	
1	75891234		USD 31 421.25	2010-01-20	L/C	中行天津静海支行	2009-11-30	745502585	天津长虹纸制品有限公司	USD 31 421.25	2009-12-10	/	/	
付汇合计笔数：1			付汇合计金额：USD31 421.25				到货报关合计笔数：1			到货报关合计金额：USD31 421.25		退汇合计金额：	凭报关单付汇金额：	
至本月累计笔数：28			至本月累计金额：USD288 617.54				至本月累计笔数：32			至本月累计金额：USD319 881.45		至本月累计金额：	至本月累计金额：	

填表人：

负责人：

填表日期：2009年12月25日
本核销表内容属实。进口单位（签章）

注：(1) 本表一式二联，第一联送外汇局，第二联进口单位留存；
(2) 本表合计和累计栏金额为折扣美元金额；
(3) 累计栏为本年年初至本月的累计数；
(4) 一次到货多次付汇的，在"付汇情况"栏填写本次实际付汇情况，在"报关到货情况"栏只填写一次。

知识链接

进口付汇核销

1. 进口付汇

货物进口后,进口企业(或代理单位)凭盖有海关"放行章"或"验讫章"的该批货物的进口报关单,连同"核销单"通过向银行购买外汇或从现汇账户支付的方式,向境外支付有关进口货物的货款、预付款、尾款等款项。

2. 进口付汇核销监管制度

外汇局对已汇出货款的进口单位,通过核对注销的方式审核其购买的货物是否及时足额到货的一种事后管理制度。

3. 进口付汇核销监管制度的特点

(1) 以核销单为线索;

(2) 以进口付汇为监管范围;

(3) 以"名录"为监管对象;

(4) 以事后核对为基本原则;

(5) 以进口到货为核查内容;

(6) 以外汇局、银行与海关的密切配合为基础。

4. 进口付汇核销制度的原则

(1) 属地管理原则;

(2) 谁核销谁办核查;

(3) 核销情况决定进口付汇的直接程度;

(4) 单单相应。

5. "贸易进口付汇核销单"(代申报单)

核销单一式二联,是指由国家外汇管理局制定格式、上部由进口商根据付汇实际情况填写,申请进口付汇;下部由有关外汇指定银行填写并签章,外汇指定银行审核并凭以办理进口付汇;外汇局凭以核销的凭证。一份核销单只可凭以办理一次付汇,经过签章的核销单由进口商定期汇总向属地外汇管理局申报核销。

国家外汇管理局及其分支局(以下简称外汇局)负责所有进口付汇的核销、核查和管理,并对进口单位和外汇指定银行进行监督、检查。外汇指定银行应当向所在地外汇局报送核销单及有关报表,对外付汇的进口单位应当向所在地外汇局办理进口付汇核销报审手续。

货到汇款项下的进口付汇由外汇指定银行在凭正本进口货物报关单(付汇核销专用联,下同)办理进口付汇的同时视为办妥核销手续;其他结算方式项下的进口付汇由进口单位凭核销单、备案表、正本进口货物报关单(转口贸易项下的进口付汇凭转口所得的结汇水单)直接向外汇局办理核销报审手续。

10.2 处理进口索赔

工作内容

199.5吨废纸(美废8♯)到天津港后,为了能及时办理进境通关手续,王宇委托锦程物流公司协助办理进口报检手续,及时申领《入境货物通关单》。同时,为了发生短重情况时更好地行使索赔权,王宇请求口岸检验部门核准实际到货的废纸重量,并签发《重量鉴定证书》,现在王宇就短重问题向加拿大供货商提出索赔。

操作过程

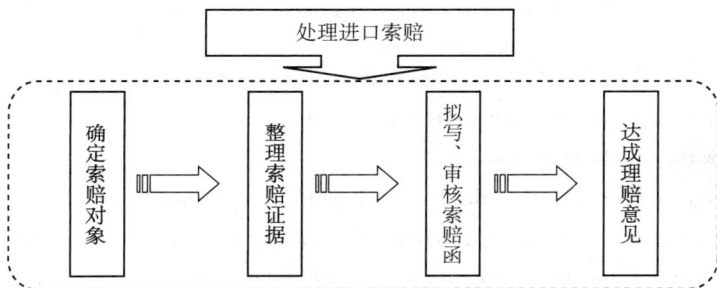

【步骤一】确定索赔对象。

(1)王宇查看货代公司签发的清洁提单,提单显示的重量为199 500KGS,同时提单的货物描述部分注明Shipper's load and account,said to contain,这样就排除了承运人的责任。

(2)王宇随后查阅投保单,投保单上勾选的险别为平安险,而短量险属于一般附加险,不包括在平安险赔偿责任范围内,故也排除了保险公司责任。

(3)王宇最后把索赔对象锁定为供货商,向供货商发函提出赔偿要求。

【步骤二】整理索赔证据。

王宇整理以下文件,邮寄给供货商。

(1)天津出入境检验检疫局签发的重量鉴定证书(见样例9-22)。

(2)买卖双方签订的进口合同(见样例8-3)。

(3)进口商提供的商业发票、重量单(见样例9-12和样例9-13)。

(4)货代公司签发的海运提单(见样例9-7)。

【步骤三】拟写、审核索赔函。

(1)王宇依据事实,拟写索赔函给加拿大供货商,在索赔期内提出赔偿要求(见样例10-4)。

样例 10-4

Tianjin Changhong Paper Products Co. ,Ltd.

No. 1999 Yingbin Road,Jinghai,Tianjin,China 301600

Tel:0086-22-68812690　　Fax:0086-22-68812691　　E-mail:changhongpaper@126. com

---

To:Ample Recycling Co.

Attn:Ms. Belinda W

Tel:001-647-300-9868

Fax:001-416-840-6862

Date:Dec. 20,2009

Dear Ms. Belinda W,

Re:waste paper 8# under Contact No. CH090905

We'd like to advise you that 6×40ft container of waste paper 8# already arrived at port of Tianjin. According to the contract signed between us,upon arrival at destination port,we asked CIQ Tianjin to recheck the weight of goods.

We are sorry to inform you that the Survey Report on Examination of Shortage issued by CIQ Tianjin showing the goods were short delivered by 18. 25MTS. Enclosed please find the copy of the Survey Report on Examination of Shortage,original of which and other relative documents will be sent to you by courier service.

A thorough examination showed that the short delivered was due to short loading at port of loading,for which the supplier should be definitely responsible.

On the basis of the Survey Report on Examination of Shortage issued by CIQ Tianjin,we hereby lodge a claim against you as follows.

Our claim for short delivered:

Quantity short 10. 705MTS×USD157. 50＝USD1 686. 04

Plus survey charges　　　　　　　　　USD416. 66

Total amount of claim　　　　　　　　USD2 102. 70

We look forward to your settlement at an early date.

Yours sincerely

Wang yu

Tianjin Changhong Paper Products Co. ,Ltd.

（2）王宇将拟写的索赔函,交给经理审核。

（3）经理审核通过后,王宇及时将传真发出,并将传真报告附在传真上归档。

【步骤四】达成理赔意见。

加拿大供货商,收到索赔函后,认真查找了问题所在,双方达成理赔意见(见样例10-5)。

样例 10-5

Ample Recycling Co.

67 Tidworth St. Toronto,Ontario,Canada M1Y7

Tel:001-647-300-9868　　Fax:001-416-840-6862　　E-mail:belinda @ample. com

---

To:Tianjin Changhong Paper Products Co. ,Ltd.

Attn:Mr. Wang Yu

Tel:0086-22-68812690

Fax:0086-22-68812691

Date:Dec. 22,2009

Dear Mr. Wang,

Re:Your claim to 10. 705MTS waste paper 8# under Contact No. CH090905

We have received your letter dated Dec. 20,2009,in which a claim was lodged for a short weight of 10. 705MTS of waste paper 8#. We wish to express our deepest regret over the unfortunate incident, you must have had much difficulty in meeting your demands in production.

After a check-up by our staff in the warehouse,it was found that there were something wrong with our scale on the day when we loaded the waste paper into container,thus result in the negligence on the part of warehouse manager,for which we tend our apologies.

In view of our long-standing business relation,we agree to make payment by cheque for USD 2102. 70,the amount of claim into your account with Bank of China upon receipt of your agreement.

We hope this matter will not affect our good relationship in future.

Yours faithfully

Ms. Belinda W

知识链接

索赔与理赔

1. 索赔与理赔的含义

索赔是指买卖合同的一方当事人因另一方当事人违约致使其遭受损失而向另一方当事人提出要求损害赔偿的行为。即受损方向违约方提出的赔偿要求。

理赔是违约方对于对方提出的索赔要求进行处理。即违约方受理受损方提出的索赔要求。

索赔与理赔是一个问题的两个方面,在受害方是索赔,在违约方是理赔。

2. 引发争议的原因

卖方违约:不按合同规定的交货期交货,或不交货,或所交货物的品质、规格、数量、包装等与合同(或信用证)规定不符,或所提供的货运单据种类不齐、份数不足等。

买方违约:按信用证方式成交时,不按期开证或不开证;不按合同规定付款赎单,无理拒收货物;在FOB条件下,不按合同规定如期派船接货等。

买卖双方均负有违约责任：合同条款不够明确，以致买卖双方对合同条款的理解或解释不一致引起争议索赔。

从违约性质看，争议产生的原因，一是当事人一方的故意行为导致违约而引起争议；二是由于当事人一方的疏忽、过失或业务生疏导致违约而引起争议。此外，对合同义务的重视不足，往往也是导致违约、发生纠纷的原因之一。

根本性违约：解除合同，并要求损害赔偿。

非根本性违约：不能解除合同，只可要求损害赔偿。

3. 异议与索赔条款

异议与索赔条款的内容，除规定一方如违反合同，另一方有权索赔外，还包括索赔的依据、索赔期限、赔偿损失的办法和赔付金额等项。

（1）索赔依据：包括法律依据和事实依据，二者缺一不可。

① 法律依据：指当事人之间签订的合同所依据的法律法规。若合同中未明确的，则以合同适用的法律或国际惯例作为解释依据。

② 事实依据：指违约事实的证明及出证机构。

合同中对事实依据的规定，必须明确索赔时提供证明文件以及出具证明文件的机构，以证实违约的真实性。如果索赔时证据不全、证据不足或出证机构不符合要求等，都可能遭到对方的拒赔。例如：交货时间不符，以船公司签发的提单作为证明；交货品质不符，以商检证书作为证明；不付货款，以银行出具的买方拒付证书作为证明等。

（2）索赔期限：是索赔方向违约方提赔的有效时限，逾期提赔，违约方可不予受理。

① 法定索赔期限：指合同适用的法律所规定的索赔期，只有在买卖合同中未规定索赔期时才起作用。比如合同适用《联合国国际货物销售合同公约》，若合同没有约定索赔期限，索赔期为自买方实际收到货物之日起算两年内索赔。

② 约定索赔期限：指买卖双方在合同中规定的索赔期。索赔期的长短，视买卖货物的性质、运输、检验的繁简等情况而定。常用的表示方法有：

货物运抵目的港后×××天起算；

货物运抵目的港卸至码头后×××天起算；

货物运抵最终目的地后×××天起算；

货物经检验后×××天起算。

在法律上，约定索赔期限的效力，可超过法定索赔的期限。

❀ 重点内容概要 ❀

任务十重点内容框架如图 10-1 所示。

进口业务善后 { 进口付汇核销 / 处理进口索赔

图 10-1

同步训练

一、单选题

1. 进口付汇核销单一般（　　　）。

    A. 一式一联　　　　　B. 一式二联　　　　　C. 一式三联　　　　　D. 一式四联

2. （　　　）负责所有进口付汇的核销、核查和管理，并对进口单位行进行监督、检查。

    A. 外汇指定银行　　　B. 海关　　　　　　　C. 质检总局　　　　　D. 外汇局

3. 货到汇款项下的进口付汇由（　　　）在凭正本进口货物报关单（付汇核销专用联）办理进口付汇的同时视为办妥核销手续。

    A. 外汇指定银行　　　B. 海关　　　　　　　C. 国税局　　　　　　D. 外汇局

4. 若合同没有约定索赔期限，根据《联合国国际货物销售合同公约》，索赔期为自买方实际收到货物之日起算（　　　）年内索赔。

    A. 一　　　　　　　　B. 二　　　　　　　　C. 三　　　　　　　　D. 四

5. 当进口货物发生短重，向进口商索赔的有利证据之一是（　　　）。

    A. 进口商出具的重量单　　　　　　　　　　B. 出口商出具的重量核实单

    C. 权威部门出具的重量鉴定证书　　　　　　D. 货代公司出具的提单

二、多选题

1. 办理进口付汇核销一般需要提交的单据有（　　　）。

    A. 进口付汇核销单　　　　　　　　　　　　B. 进口货物报关单付汇证明联

    C. 进口付汇到货核销表　　　　　　　　　　D. 商业发票

2. 进口付汇核销监管制度除具有以事后核对为基本原则、以外汇局、银行与海关的密切配合为基础的特点外，还包括（　　　）。

    A. 以核销单为线索　　　　　　　　　　　　B. 以进口付汇为监管范围

    C. 以进口到货为核查内容　　　　　　　　　D. 以"名录"为监管对象

3. 约定索赔期限，常用的表示方法有（　　　）。

    A. 货物运抵目的港后×××天起算

    B. 货物运抵目的港卸至码头后×××天起算

    C. 货物运抵最终目的地后×××天起算

    D. 货物经检验后×××天起算

4. 买卖双方在执行合同中，引发争议的原因有（　　　）。

    A. 卖方违约　　　　　　　　　　　　　　　B. 买方违约

    C. 相关方违约　　　　　　　　　　　　　　D. 买卖双方均负有违约

5. 异议与索赔条款的内容，除规定一方如违反合同，另一方有权索赔外，还包括（　　　）。

    A. 索赔的依据　　　　　　　　　　　　　　B. 索赔期限

    C. 赔偿损失的办法　　　　　　　　　　　　D. 赔付金额

三、判断题

1. 海关退回的报关单付汇证明联须加盖"海关验讫章"。　　　　　　　　　　　　（　　　）

2．核销完毕，进口付汇核销单加盖"已核销章"，第一联留存，第二联退回口单位。

                           （ ）

3．进口付汇核销监管制度是外汇局对已汇出货款的进口单位，通过核对注销的方式审核其购买的货物是否及时足额到货的一种事前管理制度。   （ ）

4．索赔与理赔是一个问题的两个方面，在受害方是索赔，在违约方是理赔。 （ ）

5．索赔依据包括法律依据和事实依据，二者任选其一即可。   （ ）

附录A

实用网站及软件

政府网站平台	办理工商注册登记——企业法人营业执照	http://qyj.saic.gov.cn	中国企业登记网	
	办理企业组织代码——组织机构代码证	http://www.nacao.org.cn	全国组织机构代码网	
	办理税务登记——税务登记证	http://www.chinatax.gov.cn	国家税务总局网站	
	开立基本账户——开户许可证	http://www.pbc.gov.cn	中国人民银行网站	
	备案进出口经营权——对外贸易经营者登记备案	http://www.mofcom.gov.cn	商务部网站	
	办理自理报关注册手续——进出口货物收发货人注册登记	http://customs.gov.cn	海关总署网站	
	办理检验检疫备案手续——自理报检单位登记证明书	http://www.eciq.cn	中国电子检验检疫业务网站	
	办理出口退税登记——出口企业退税登记证	http://www.tjsat.gov.cn/index.jsp	天津市国家税务局网站	
	申请中国电子口岸入网——办理电子口岸入网手续	www.chinaport.gov.cn/pub	中国电子口岸网站	

续表

实际业务中使用的真实专业软件	办理报检报验	九城电子申报系统（报检软件）	
	办理原产地申领	尊网商通无纸单证系统（申领原产地证软件）	
	办理出口报关	报关单预录入/申报系统（报关行版的 QP 报关单录入软件）	
	办理外汇核销	出口收汇核销网上报审系统（核销软件）	
	办理出口退税	外贸企业出口退税申报系统（退税软件）	
	制单结汇	EASYTODO——外贸业务管理系统（制单软件）	
网上服务平台列举	寻找潜在客户	http://www.europages.com	欧洲黄页	EUROPAGES
	查询运费、办理租船订舱	http://www.shippingchina.com	中国海运网	
		http://www.jctrans.com	锦程物流网	JC TRANS
	查询保费、办理在线投保手续	http://www.marins.com.cn/web/Index.aspx	中国货运保险网	
		http://www.baoyuntong.com	保运通	

附录B

"国际贸易实务与操作" 课程标准

一、课程性质与作用

"国际贸易实务与操作"课程是国际贸易、国际贸易实务、国际商务、商务经纪与代理、报关与国际货运等专业的一门职业技术核心课。其前修课程主要包括"国际贸易"、"国际商法"、"港口与航线",通过这三门课程的学习,使学生了解国际贸易的关税、非关税的知识;许可证及配额的管理制度;世界主要港口的特点及港口作业习惯。通过这三门课程的学习,为"国际贸易实务与操作"提供了知识和技能方面的准备。"国际市场开发实务"是同学期开设的课程,"外贸单证实务"、"商务英语函电"、"进出口业务流程综合实训"是其后续课程,"国际贸易实务与操作"为这几门课的学习奠定了基础。"国际贸易实务与操作"不仅讲授国际贸易的基本知识,而且侧重实际的业务流程操作,重点培养学生的动手能力,提高学生的就业能力,为今后课程的学习及今后走向工作岗位打下基础。该门课程不仅为学生今后走向外销岗位奠定基础,而且为取得外贸业务员相关职业资格证书打下基础,实现毕业证书与职业资格证书的"双证融通"。

二、课程目标

1. 知识目标

(1) 了解进出口业务全流程;

(2) 掌握有关国际贸易实务的基本知识与相关合同条款内容;

(3) 熟悉相关的国际贸易惯例。

2. 能力目标

(1) 能够根据进出口双方风险、责任以及费用的划分,恰当地使用6种常用贸易术语(FOB/CIF/CFR/FCA/CIP/CPT);

(2) 能够熟练运用三种常用支付方式(汇付、托收、信用证)进行结汇、付汇;

(3) 能够将贸易术语和支付方式相结合,正确拟定商品的品名、品质、数量、包装、价格、运输、保险、支付、商检等条款,拟定完整的进出口合同;

(4) 能够正确进行商品价格核算以及进出口商品盈亏核算表的填制;

(5) 能够掌握进出口业务各个环节的操作步骤、操作要领。

3. 素质目标

(1) 恪守合同的职业道德与职业习惯;

(2) 自觉维护企业利益的意识;

(3) 规范的书面文字表达能力;

(4) 认真严谨的工作作风。

三、课程设计理念与思路

本课程设计理念是围绕着真实的进出口业务流程展开,分为出口贸易实务与操作和进口贸易实务与操作两大项目,按照"项目导向、任务驱动、工学结合"的现代职业教育理念,校企共同分析外贸业务员的典型工作任务,设计教学项目。坚持以就业为导向,以培养应用型人才为目标,提升学生的职业能力。充分体现"做中学、学中做"的特点,以工作任务为主线来实施课程整体设计。

本课程的总体设计思路是:以业务类型为载体,按照出口业务流程操作、进口业务流程操作为主线进行设计。在邀请外贸业务专家对本专业所覆盖的业务员岗位进行任务与职责分析的基础上,以就业为导向,按照高职学生认知特点,采用由易到难的方式进行教学,让学生在完成具体任务的过程中训练职业技能,发展职业能力。本课程共设置出口交易前准备、出口交易磋商、出口合同签订、出口合同履行、出口业务善后、进口交易前准备、进口交易磋商、进口合同签订、进口合同履行、进口业务善后10项典型任务操作,这些任务操作是以外销员岗位应具备的基本知识、基本能力和基本素质作为线索来设计的,课程内容突出对学生职业能力的培养。

本课程的设计理念和设计思路如图 B-1 所示。

四、教学内容与要求

本课程分为出口贸易操作和进口贸易操作两大项目,并辅以 10 项典型工作任务操作,是教学做一体化课程。理论与实践相结合、仿真与全真相结合、手工操作与上机操作相结合、学习与考证相结合。教学过程以学生为主体,重点突出职业能力的培养。校企合作共同完成课程教学、实训与考核的教学模式。

在该教学模式指导下,课程教学内容依据外贸业务员职业岗位标准、实际工作任务单元和考证需要进行设计,并力求符合教育部提出的"注重基础、突出实用、增加弹性、精选内容"的要求。通过走访外贸行业企业,召开校企专家访谈会和研讨会,选取教学内容,经过整理归纳,分解为 10 项典型工作任务。以任务为单位组织教学,以业务流程为载体,以操作技能为核心,辅助相关专业理论知识,培养学生的综合职业能力,满足学生就业与发展的需要。本课程建议学时为 48~66 课时,实际运用中可根据学生的不同情况适当调整讲授内容和学时量分配。

本课程教学中应该坚持客观性、发展性和理论联系实际的基本原则,通过项目任务单元实施、流程表解析、操作范例演示等方式,突出国际贸易实务的直观性和可操作性特点。同时,由于本课程内容多、涉及知识面广,而项目任务教学的运用又大幅压缩了理论授课时间,以学生自主学习为主、老师课堂讲授为辅的模式,对于既缺乏理论知识又缺乏实践经验的高职学生来讲,需要付出更多努力,尤其应按照老师的要求及时完成课前预习与课后复习的自学任务。

系统性——系统设计课程教学内容、活动载体、教学团队、教学场所、教学方法、考核体系等内容。
职业性——课程建设全面融入职业要素,课程培养对应职业岗位,师资队伍充实优秀职业人,实训场所营造职业氛围,教学运行融入职业要素。

开放性——课程建设应是开放的,由校内专任教师和校外外经贸企业专家、业务员共同进行课程建设。
实践性——课程建设要重视实践性,以提升学生的职业能力为本位,通过"做中教、做中学、做中考",实现"教学做考"一体化。

设计理念设计思路

校企合作,根据外经贸企业业务员岗位职业标准,分析外贸企业业务员的典型工作过程和任务。

以职业能力为本位,以工作过程为主线,系统开发课程内容,设计项目任务,编写项目教材等。

按双元双师模式建设教学团队,在校内外实训基地开展以学生为主体,融"教学做考"为一体,以工作任务为驱动的项目教学。

实施形成性考核与终结性考核相结合、课程考核与职业考证相结合的多样化课程评价体系。

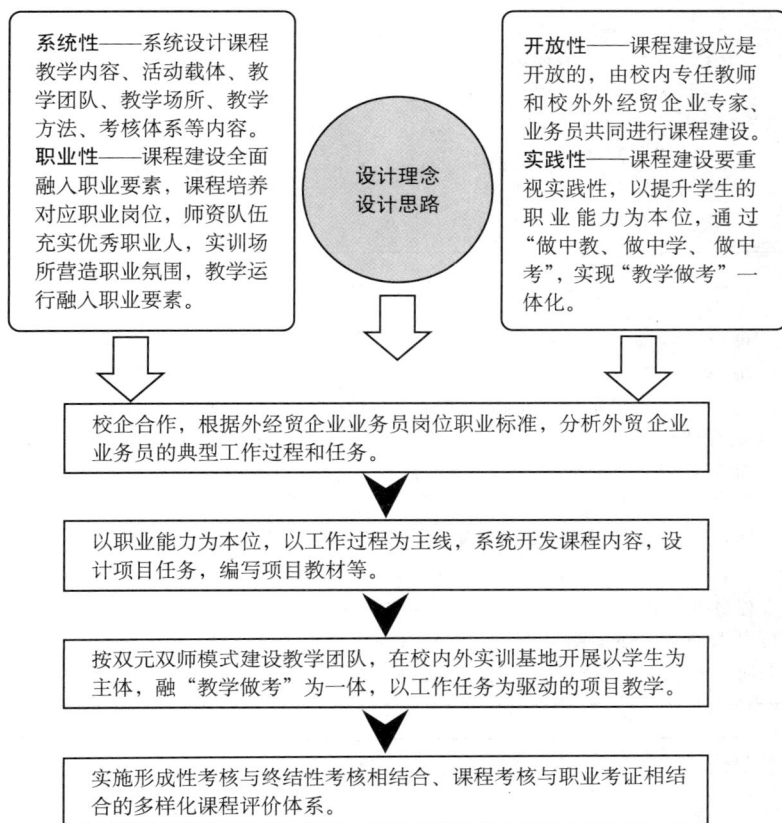

图 B-1 课程设计理念与思路示意图

项目一 出口工作服到法国的贸易实务与操作

任务一 出口交易前准备		学时:4~6
工作任务	1.1 办理公司成立相关手续 1.2 办理相关出口登记备案手续 1.3 调研国际市场行情 1.4 熟悉出口商品及其监管条件	
教学目标	能力目标	知识目标
	1. 能够办理公司成立相关手续 2. 能够办理相关出口登记备案手续 3. 能够掌握调研国际市场常用方法 4. 能够正确查询商品海关编码及监管条件	1. 了解公司成立的相关基本知识 2. 熟悉出口登记备案手续要领 3. 熟悉国际市场调研的内容 4. 熟悉海关编码查询的规则
重点难点及解决方法	查询商品海关编码及监管条件——演示法、小组讨论、操作训练	
教学建议	本任务教学涉及的内容比较多,也比较庞杂,学生初次接触,会摸不清头绪,教师可引导学生多浏览相关网站,熟悉交易前应办理的各种手续。教学的重点落在正确查询商品海关编码及监管条件上,这是每笔交易开始前就需要清楚的要点,后续的所有手续都要符合海关的监管条件,才能保证出口业务的顺利进行	

任务二　　出口交易磋商		学时:6～8
工作任务	2.1　开发寻找国外潜在客户 2.2　调研国外客户资信 2.3　建立业务关系及询盘 2.4　出口报价核算及发盘操作 2.5　出口还价核算及还盘操作 2.6　接受及出口合同生效	

教学目标	能力目标	知识目标
	1. 掌握国外客户搜索方法和技巧 2. 能够撰写国外客户调查申请书 3. 能够草拟建立业务关系函及询盘 4. 能够核算出口报价并草拟发盘函 5. 能够核算还价并草拟还盘函 6. 能够正确识别有效接受	1. 熟悉和了解开发国外客户常用途径 2. 了解客户资信的主要内容 3. 掌握建立业务关系函常用语句 4. 掌握发盘函的常用语句 5. 掌握还盘函的常用语句 6. 掌握接受函的常用语句

重点难点及 解决方法	正确拟写发盘、还盘和接受函——案例教学法、分析比较法、小组教学

教学建议	本任务涉及出口交易的关键环节,一笔业务通常需要进行多次的讨价还价才能达成,教师可以引导学生借助网络查找一些讨价还价的技巧和策略,不断提高学生交易磋商的能力。同时,通过反复训练提高学生业务信函的撰写能力

任务三　　出口合同签订		学时:4～6
工作任务	3.1　熟悉出口合同结构 3.2　拟定货物描述条款 3.3　拟定价格条款 3.4　拟定装运条款 3.5　拟定保险条款 3.6　拟定支付条款 3.7　拟定一般性交易条款	

教学目标	能力目标	知识目标
	1. 能够掌握出口合同的框架结构 2. 能够正确拟定货物描述条款 3. 能够正确拟定价格条款 4. 能够正确拟定运输条款 5. 能够正确拟定保险条款 6. 能够正确拟定支付条款 7. 能够正确拟定一般性交易条款	1. 熟悉和了解出口合同的种类 2. 掌握合同货物描述条款的主要内容 3. 掌握合同价格条款的主要内容 4. 掌握合同运输条款的主要内容 5. 掌握合同保险条款的主要内容 6. 掌握合同支付条款的主要内容 7. 掌握合同一般性交易条款的主要内容

重点难点及 解决方法	正确拟写合同中的主要交易条款——讲授、案例教学法、分析比较法

教学建议	本任务涉及将出口交易磋商的结果固化的过程,是交易双方达成交易的证明,也是双方今后履约及日后索赔的依据,在整个交易环节中是很重要的部分,但学生初次接触觉得比较枯燥,都是条条框框,教师可以借助案例教学启发学生在实际业务中拟写严谨合同的重要性

任务四　出口合同履行		学时:8～10
工作任务	4.1　落实信用证 4.2　备货组织货源 4.3　办理商检报验 4.4　申领原产地证 4.5　办理租船订舱 4.6　办理投保手续 4.7　办理出口报关 4.8　制单结汇	

教学目标	能力目标	知识目标
	1. 能够依据合同审核信用证并提出修改意见 2. 能够草拟国内采购合同 3. 能够办理商检报验手续 4. 能够及时申领原产地证 5. 能够办理租船订舱手续 6. 能够办理投保手续 7. 能够办理出口报关 8. 能够正确缮制结汇单证	1. 了解信用证的种类、熟悉信用证的主要内容 2. 熟悉国内采购合同的主要内容 3. 掌握商检报验的内容及流程 4. 掌握原产地证的种类及作用 5. 掌握租船订舱的程序及要领 6. 掌握保险单的种类及主要内容 7. 掌握报关基本内容及其流程 8. 掌握各种结汇单据种类及的主要内容

重点难点及解决方法	常用结汇单据的缮制——示范讲解、模拟实际操作、实物教学法、点评分析

教学建议	本任务涉及出口交易的履行过程,实操性很强,建议教师引导学生登录中国检验检疫电子业务网、贸促会网上商务认证中心网等模拟相关出口手续的操作,或借助相关专业教学软件(如南京世格)进行操作,激发学生的学习兴趣,提高教学效果。同时,重点使学生掌握各种出口结汇单据缮制的要领,保证安全及时收汇

任务五　出口业务善后		学时:2～4
工作任务	5.1　与供货厂家结算货款 5.2　出口收汇核销 5.3　出口退税	

教学目标	能力目标	知识目标
	1. 能够办理增值税发票认证手续 2. 能够办理出口收汇核销手续 3. 能够办理出口退税手续	1. 了解有关增值税发票的基本常识 2. 掌握外汇核销的基本知识 3. 掌握出口退税的基本知识

重点难点及解决方法	办理出口退税——演示法、模拟实际操作

教学建议	本任务涉及出口交易的最后环节,在实际出口业务中,此部分大多由财务部门负责,但是也需要具体的业务提供相关资料或给予配合,考虑到贸易公司小型化的趋势,企业对人才的需求也是一人多岗,如果课时允许,建议教师在教学中将此部分知识和技能传授给学生,提高学生的就业能力

356

项目二　进口加拿大废纸的贸易实务与操作

任务六　进口交易前准备		学时:4～6
工作任务	6.1　了解进口商品国内外市场行情 6.2　熟悉进口商品及其监管条件 6.3　办理进口单位付汇名录 6.4　落实各种进口批文	
教学目标	能力目标	知识目标
	1.掌握调研国际国内市场常用方法 2.正确查询商品海关编码及监管条件 3.能够正确办理企业进口名录 4.能够及时落实相关的进口批文	1.熟悉国际市场调研的内容 2.熟悉海关编码查询的规则 3.熟悉办理企业进口名录的流程 4.熟悉办理进口批文的有关知识
重点难点及 解决方法	落实进口批文——演示法、模拟实际操作	
教学建议	本任务教学涉及的内容比较多,通过项目一的学习,学生基本熟悉了出口业务的操作流程,开始接触进口业务,往往身份转变不过来,教师提醒学生注意自己身份的变化,熟悉了解进口交易前应办理的各种手续,特别是落实各种进口批文,否则货到港也不能办理进口通关手续,因此教学的重点在落实各种进口批文,以保证进口业务的顺利进行	

任务七　进口交易磋商		学时:6～8
工作任务	7.1　开发寻找国外供货商 7.2　调研国外供货商资信 7.3　草拟进口询盘函 7.4　比较国外供货商发盘 7.5　拟写还盘函 7.6　接受及进口合同生效	
教学目标	能力目标	知识目标
	1.掌握国外供货商搜索方法和技巧 2.能够撰写国外客户调查申请书 3.能够草拟进口询盘函 4.能够比较国外供货商发盘 5.能够草拟还盘函 6.能够正确识别、有效接受	1.熟悉和了解开发国外客户常用途径 2.了解客户资信的主要内容 3.掌握询盘函常用语句 4.掌握比较发盘的方式及内容 5.掌握还盘函的常用语句 6.掌握接受函的常用语句
重点难点及 解决方法	比较国外供货商发盘——分析比较法、归纳总结法	
教学建议	本任务涉及进口交易的关键环节,一笔业务通常需要进行多次的讨价还价才能达成,教师可以引导学生借助网络查找一些讨价还价的技巧和策略,特别是通过训练使学生掌握如何比较国外供货商的发盘,从而选择最有利的交易条件。同时,通过反复训练提高学生业务信函的撰写能力	

任务八　进口合同签订		学时:6～8
工作任务	8.1　熟悉进口合同结构 8.2　拟定装运条款 8.3　拟定保险条款 8.4　拟定支付条款 8.5　拟定装运前检验条款 8.6　拟定单据条款	

续表

	能力目标	知识目标
教学目标	1. 能够掌握进口合同的框架结构 2. 能够正确拟定运输条款 3. 能够正确拟定保险条款 4. 能够正确拟定支付条款 5. 能够正确拟定检验条款 6. 能够正确拟定单据条款	1. 熟悉和了解进口合同的种类 2. 掌握合同运输条款的主要内容 3. 掌握合同保险条款的主要内容 4. 掌握合同支付条款的主要内容 5. 掌握合同检验条款的主要内容 6. 掌握合同单据条款的主要内容
重点难点及 解决方法	检验条款和单据条款——讲授、案例教学法、实际操作、分析比较法	
教学建议	本任务涉及将进口交易磋商的结果固化的过程,是交易双方达成交易的证明,也是双方今后履约及日后索赔的依据,在整个交易环节中是很重要的部分,但学生初次接触觉得比较枯燥,都是条条框框,教师可以借助案例教学启发学生在实际业务中拟写严谨合同的重要性	

任务九 进口合同履行		学时:6～8
工作任务	9.1 申请自动进口许可证 9.2 开立信用证 9.3 办理租船订舱 9.4 办理预约投保 9.5 审单付汇 9.6 办理换单及报检报验 9.7 办理进口通关	
	能力目标	知识目标
教学目标	1. 能够正确填写开证申请书 2. 能够及时办理租船订舱及投保手续 3. 能够掌握单据审核的要领 4. 能够办理报检报关手续	1. 掌握开立信用证的基本知识 2. 掌握租船订舱及投保的基本知识 3. 掌握结汇单据常见差错 4. 掌握报检报关基本知识
重点难点及 解决方法	进口付汇单据审核——演示法、模拟训练法	
教学建议	本任务涉及进口交易的履行过程,实操性很强,建议教师借助相关专业教学软件(如南京世格)进行操作,激发学生的学习兴趣,提高教学效果。同时,重点使学生掌握各种进口付汇单据审核的要领,保证及时付汇	

任务十 进口业务善后		学时:2
工作任务	10.1 进口付汇核销 10.2 处理进口索赔	
	能力目标	知识目标
教学目标	1. 能够办理进口付汇核销手续 2. 能够及时办理进口索赔事宜	1. 了解进口付汇核销的基本知识 2. 掌握进口索赔的内容及依据
重点难点及 解决方法	进口付汇核销——演示法、模拟实际操作	
教学建议	本任务涉及进口交易的最后环节,在实际进口业务中,此部分大多由财务部门负责,但是也需要具体的业务提供相关资料或给予配合,考虑到贸易公司小型化的趋势,企业对人才的需求也是一人多岗,如果课时允许,建议教师在教学中,也将此部分知识和技能传授给学生,提高学生的就业能力	

五、教学资源与条件

1. 教学团队建设

本课程实施"双元双师"课程教学团队建设模式,通过培养和遴选,形成优秀的教师职业人队伍(校内专任教师)和优秀的外贸行业职业人队伍(行业兼职教师),并且所有专任教师均取得"双师"资格,具备"双师"素质。课程教学团队参与课程建设的全过程,通过共同制定课程标准、教学大纲与计划,共同编写教材、共同备课、共同授课、共同命题等方式将学生培养成为合格的外贸企业准职业人。主讲老师和教学团队应团结协作、爱岗敬业、乐于奉献、开拓进取、勇于接受新的教育观念,教学思想活跃。团队的年龄结构、知识结构、职称结构、学历结构应合理。同时,授课教师应积极参与教研、科研项目,并以项目合作为主渠道,积极承担行业企业的活动,把行业发展的新知识、新成果、新技术用于教学,不断更新和丰富教学内容,增强学生的学习兴趣,也使学生在国际贸易的知识、能力和素质方面更贴近人才培养目标。专任教师与兼职教师在教学任务上既有分工又有合作,通过分工,各自发挥优势;通过合作,相互得以提高。

教师任职条件如下。

(1) 专任教师

需具有扎实的国际贸易理论功底和一定的外贸企业工作经历,熟悉相关的法律法规知识和企业工作流程;熟知国际贸易行业的发展现状、业务范围、岗位职责与标准,能够熟练操作国际贸易各环节的业务,要及时跟踪外经贸企业一线最新惯例和操作规范。能够娴熟地运用项目教学法、课证融合教学法、工学交替教学法、案例教学法、情境教学法等多种教学方法,多媒体教学、网络教学等多种手段,灵活地进行课堂教学并指导学生开展实训实践。

(2) 兼职教师

在外贸企业从事国际贸易具体业务操作的专家、能工巧匠,具有大学本科以上学历,中级以上职业资质,兼职教师不仅能够把外经贸企业一线的实际操作的程序和具体环节带进课堂,而且能及时向学生传递实际业务中的最新操作方法、最鲜活的典型案例,保证课堂教学与外经贸企业一线实际的一致性。能够熟练进行国际贸易流程中的交易前准备、交易磋商、合同签订、合同履行及业务善后等内容的操作示范教学。

2. 教学资源条件

(1) 本课程应选用优秀的高职高专教材、实训指导书、考证辅导教材和其他参考文献资料,结合网络教学,满足学生在课前预习、课堂学习、课后复习、课外自学及实验实训等不同阶段的学习及实践需要。有条件的院校还可以通过制作课程教学网站来辅助教学。

(2) 依据课程建设目标和教学内容要求,结合专业的实际需求和学生的实际情况,制定切实合理的教学大纲、授课计划,设计教学单元,编写教案。

(3) 充分利用丰富生动的多媒体教学资源,精心设计和制作教学课件,提升学生的学习兴趣和学习效果。

(4) 建设并完善本课程的校内实训场所,包括实训室、实训设备及实训软件,以满足课堂仿真实训教学的需要;同时克服困难,不断拓展校外实践基地,充分开展工学结合,以满足国际贸易全真实践教学的需要。

六、教学方法与手段

本课程围绕既定的教学目标、教学模式与内容,充分利用上述教学资源条件,并注意因材施教,灵活运用多种教学方法和手段,有效地提高学生学习的积极性与主动性,提升课程综合教学效果。

1. 学方法设计

作为一门实践性很强的综合性应用学科,根据课程设计及教学需要,本课程采用灵活多样的教学方法,旨在有效激发学生学习、实践和考证的积极性,综合提升教师的教学能力和学生的知识能力、职业能力与素质能力。在教学中,除了基本教学方法外,应特别强调下列教学方法的运用。

(1)任务驱动教学法

本课程在教学中,以出口贸易操作和进口贸易操作为两大主线,并辅以10项典型工作任务,充分利用校内外实训基地和南京世格等仿真教学软件,经过导学及知识准备,教师引导学生自主地交替进行各种真实业务背景下的外贸业务操作与训练。以项目为导向,任务单元为驱动,融"教、学、做、考"为一体,教师配合指导、答疑、评价,将理论知识的学习和运用置于仿真或全真的任务模块单元中展开,项目任务完成后学生能够牢固掌握相应的国际贸易业务基本知识与操作技能。

(2)课证融合教学法

本课程深入实施"课证融合"的教育教学改革,教学内容与国际贸易岗位职业标准、外贸业务员资格考证内容紧密结合。从教材、大纲、授课计划到授课内容、考核方式,全面融入"双证"教育理念,以教促考,以考促教,使学生学完本课程后能较顺利地考取国际贸易从业人员资格证书,实现"双证"毕业,以保证学生顺利就业和优质就业。

(3)工学交替教学法

本课程教学充分利用了校内实训室和校外实习基地,一方面,运用基于工作流程的国际贸易仿真教学软件,通过计算机模拟操作训练,以案例和仿真单元为实习实训模块,使学生足不出户即可模拟实际工作环境完成外贸业务操作,培养学生的实践动手能力,有效实现专业知识向动手能力的转化。另一方面,通过安排学生到校外实习基地的相关岗位进行专业实习及顶岗实习,实施工学交替,进行国际贸易实战训练,实现理论与实际相结合、知识与应用相结合、思考与操作相结合。

(4)案例教学法

本课程实施的案例教学分为两类,教师可根据实际情况选择使用。一是讲解型案例,即将案例教学融入传统的讲授教学法之中。这类案例通常是针对课程知识体系中的重难点问题设计,又称"知识点案例"。二是讨论型案例,即将典型案例作为学生讨论的主题。学生通过对案例的研讨和剖析,提出各自的解决方案,教师加以点评。通过案例教学,引导学生分析和研究国际贸易实际案例,使其能够接触和感受实际工作中将会遇到的真实情况,有效缩短行业实际与课堂教学之间的距离,克服课程教学与实践脱节的弊病,有助于培养学生自主学习的能力、分析解决问题的能力、逻辑思维和语言表述能力。

(5)情境教学法

充分使用虚拟公司、虚拟实验等现代技术手段,将教学内容以动漫方式展示,让学生扮演国际贸易业务中的不同角色,模拟开展外贸工作,体验并掌握相关知识和操作方法,增加教学的娱乐性和趣味性,有效提高学生的学习兴趣和积极性,使之能够尽快熟悉国际贸易工作的全过程,了解并适应未来所从事的国际贸易工作。

2. 教学手段设计

本课程是一门集理论、实践和信息技术于一身的综合性应用学科,具有内容复杂、图表数据多、操作性强的特点,要求学生对授课内容具有一定的感性认知、形象思维和实际操作能力。因此,为了更好地实现教学模式的改革,突出不同教学方法的特点,教学手段也应随之改革,尤其要重视优质教学资源建设和网络信息资源的利用。本课程借助内容丰富、新颖的教学手段,有效地保障教学、实践及考证目标的实现。

(1)仿真模拟教学技术

本课程教学中,通过学生的角色扮演,模拟整个国际贸易业务流程,设计国际贸易仿真环境。操作演示和训练采用南京世格等专用模拟软件和技能训练系统,并辅之以纸质单证缮制训练,加深对所讲理论知识、基本概念的理解。同时,系统本身有一个功能强大的资源库,学生可以查找外贸业务的相关信息。

(2)现代化多媒体教学技术

本课程广泛采用多媒体课件或软件进行教学。丰富生动的多媒体教学资源,有利于增加学生的学习兴趣、提高学习效果。精心设计教学课件,通过创建问题情境,激发学生的学习兴趣。在课件设计中,营造轻松活泼的课堂气氛,将抽象化的问题融入学生熟悉的生活情境,并通过动画演示、教学录像等手段,增强其可视性,让学生通过对熟悉事物的认知来理解理论知识,激发学习兴趣。

(3)配套课程网站的建设

国际贸易实务与操作课程网站建设应坚持高等职业教育的时代性和职业性特点,设置课程标准、课程资源、视频教学、实训实践、任务模块库、习题库、职业资格考证、网络互动等模块,涵盖本课程的所有理论教学、实践教学、辅导与考试、课外知识扩充等方面的内容,满足课程教学、实训实践、课外训练、单元测试、考证辅导以及网络实时互动的需要。注意将最新研究成果、教学资源和行业发展动态等及时在课程网站予以发布,实现优质教学资源共享。网络教学手段为教师的创新性施教提供了资源,为学生的自主性学习创建了平台。从社会效益来讲,免费的公共教学资源降低了学习门槛,鼓励了自主学习者,可以让更多的人实现终身学习,促进学习型社会的逐渐形成。

(4)视频、幻灯仪、网络平台等直观教学技术

本课程教学中还可充分利用幻灯仪、网上直播系统、视频点播、课件库、素材库、光盘下载、期刊网等各种现代化辅助教学手段,突破根据单一统编教材进行教学的模式,实现优质资源共享。教学中随时可以展示国际贸易纸质资料及样例,演示外贸单证填制技巧,视频演播外贸业务案例等,使学生有身临其境的感觉,增强课堂教学的趣味性和生动性,提高学生的信息收集能力,增加学生的信息量,扩大学生的知识面,全面提升教学质量。

七、考核评价

本课程全面配合工学结合、课证融合的教学需要,以职业岗位能力为重点,以职业资格认证为参照标准,融"教、学、做、考"于一体,实施知识、能力、素质考核并重的多元化课程考

核方式。考核评价的标准充分体现以任务单元驱动的项目化课程特征,将形成性考核与终结性考核相结合、理论考核与实践考核相结合、学习考核与国际贸易业务员考证相结合、书面考核与电子化考核相结合。考核评价的内容包括学生的知识掌握情况、实践操作能力、学习态度和基本职业素质。

　　具体考核由平时成绩、任务实训成绩、期末外贸业务员模拟考证成绩三部分构成。其中,平时成绩占20%,主要根据学生的平时出勤、作业、听课情况而定;任务实训成绩占20%,主要利用校内实训室或机房进行考核,根据任务单元的实务操作情况,实训报告、案例分析等的完成情况进行综合评价;期末国际贸易从业人员资格证书模拟考试成绩占60%,即通过书面模拟考证来综合考查学生的考证水平与能力,考查学生的国际贸易综合技能与知识的掌握情况。

参 考 文 献

[1] 叶红玉,俞晓峰. 外贸业务实训教程[M]. 北京:中国商务出版社,2011.

[2] 李二敏. 进出口贸易综合实训教程[M]. 北京:对外经济贸易大学出版社,2011.

[3] 严玉康,赵三宝. 进出口业务综合实训[M]. 上海:立信会计出版社,2010.

[4] 李乐峰,刘晓军. 国际贸易实务[M]. 南京:南京大学出版社,2010.

[5] 傅龙海,陈剑霞,傅安妮. 国际贸易操作实训[M]. 北京:对外经济贸易大学出版社,2009.

[6] 章安平. 出口业务操作[M]. 北京:高等教育出版社,2009.

[7] 赵轶. 进出口贸易实务[M]. 北京:清华大学出版社,2008.

[8] 杨金玲. 国际商务单证实务[M]. 北京:首都经济贸易大学出版社,2008.